戦国期の政治経済構造

戦国期の政治経済構造

永原慶二著

岩波書店

はしがき

本書は私の戦国期研究にかかわる諸論稿を集成したものである。第Ⅱ部・第Ⅲ部所載の論稿はすべて一九九〇年代に執筆しているが、第Ⅰ部所載のものはいずれも七〇年代中頃に書かれている。その間の事情はあとがきに述べる通りである。それぞれの論稿は執筆時点の研究史の状況を念頭においているため、力点の置きどころがおのずからに異なる。しかし、全体としては序章で各論稿に即しやや詳しく述べるように、ほぼ共通した問題関心に立っている。

書物の表題は、当然全体を通ずる問題をもっとも端的に示すものでなくてはならない。しかし論文集の場合はその性質上余り限定した形にしぼりこむことがむつかしい。本書の問題関心の中核は戦国期の大名領国制におかれているからそれを表題に示すのがよいと考えたが、収載した諸論稿を見わたすと、それではやや狭くなり、問題を包括的に表現し切れないと感じた。その結果、大名領国制という日本歴史上それまでなかった地域国家体制とその展開を可能にした政治的・経済的諸条件の解明という研究目標を大まかに表示するものとして『戦国期の政治経済構造』と名付けることとした。

今回、長期間に随時執筆してきた諸論稿を一冊の書物にまとめるに当っては、どうしても補足した方がよいと思われる素材的史実を若干書き込み、また読みやすくするための文章上の加筆・削除を全体にわたって行なった。しかしそれらはいずれも論旨の変更に及ぶ種類のものではない。どの論稿も基本的には発表された当時の理解・主張をそのまま示している。諸論稿の発表年次・所載書・誌名は巻末に一括掲示した。

本書の上梓は以前に発表した二つの論文集（『日本封建制成立過程の研究』一九六一年、『日本中世社会構造の研究』

一九七三年）と同様岩波書店にお引き受けいただいた。同社および万端について御世話下さった伊藤修氏に厚く御礼申し上げる。

一九九七年三月

永　原　慶　二

目　次

序章　視点と構成

十六世紀がほぼそれに当る戦国時代とは日本歴史上どのような時代であったのか。その規模や成熟度は様々としても、大名領国という地域国家が列島各地で形成され、独自の政治・経済圏を生み出そうとしていったことは、古代以来の「都と鄙」「中央と地方」という伝統的な中央集中型の政治社会秩序を一挙に解体させた。国際的には周知のようなヨーロッパ人の来航、明・朝鮮とのさまざまなレベルの交通の拡大が、火薬・鉄砲・金銀精錬・木綿など生産諸技術の面でも新しい飛躍をもたらした。

本書に収載した諸論稿は、そうした変革の時代の全体像を直接歴史叙述として描き出そうとしたものではない。しかしその稀有の時代は日本社会に何を生み出し後代に何をもたらしたのかという問題を私なりに考えてみようというところから出発している。その際この時代に漲る社会的活力の要因としては少くとも次のような諸事実があると考えられる。

第一は、この時代に先立つ十四、五世紀を通じての農民の「イエ」の成立と「イエ」連合としての惣型村落共同体の形成、「百姓」上層の加地子名主職集積を梃子《てこ》とする小領主化の進行、それら小領主的階層の守護大名・国人領主への被官化といった社会基盤の一連の変化である。そしてそれを受けて、十六世紀には荘園公領制の「職」の秩序の解体が決定的となり、地域領主諸階層間の複雑かつ激烈な抗争のなかから大名領国制が形成されてゆくことである。

第二は、そのような社会基盤の変動をよびおこした基底の条件としての顕著な経済発展である。この時期、農業の問題にしても稲作生産力の上昇のみならず、青苧・荏胡麻・紙などを始めとする農産物加工の発展、木綿の国内栽培の開始と拡大、それに起因する衣料生産能率の向上など多方面の発展がある。さらに、タタラ鉄(「くろがね」)・金銀精錬・窯業・土木・建築等、多様な生産技術が中国・朝鮮との交通の拡大の中でもたらされ、手工業生産における職能分化も大きく進展した。

第三は、物資流通と輸送手段としての水陸運の発展である。大名は領国内流通を市・宿町と商人の編成を中心に組織立てていったが、同時に大量の兵糧米・建築材・武器などの緊急確保のため、領外主要港津の豪商を軸とする海上交通との連繋を重視した。領国内河川舟運・馬借の陸運とそれら海上廻船とを結びつけることによって、物流ネットワークを編成してゆくのである。そうした動きと連動して貨幣流通と信用体系が拡大してゆくこともこの時代を特徴づける重要な事実である。

第四は、大名領国制という領域支配体制の形成である。戦国大名は惣型村落の自律的動きや中小領主層の地域一揆、周辺大名との領土戦争などのために、右の第二・第三の点にかかわる生産諸力・経済的諸関係の掌握に対応する権力編成・統治体制づくりに専念した。新たに服属させた国人領主たち、またつぎつぎに成長、数を増してくる村々の小領主層をどのように編成するか、また自律性を強める百姓層をいかに支配するか。それらのための現実的な軍事・権力組織、支配のための制度と法、正統性と「合意」の確保等々、荘園公領制下には見られなかった新しい事態がきびしく要求されるのである。貫高制と、「国法」の創出がおそらく地域国家形成の核心であろう。

戦国時代は少くとも右のようないくつかの側面においてそれ以前の時代とは異なる新しい展開を示し、日本国の下位の領域国家というべき大名領国を各地に生み出した。それは、列島における地域の自立化と地方の都市の形成をともなうと同時に領国間交通の拡大を通じて列島社会の統合を推進することともなった。

本書ではごく大まかにはこのような戦国時代像を念頭においている。収載した諸論稿は長期間にわたって随時執筆したものであり、その間の学界における問題関心や研究水準には大きな推移がある。しかし、ささやかではあれ一人の研究者が取り組みつづけて来た仕事であるから、それなりに全体に共通する構想や視点がある。以下、その点を各論稿に即しかいつまんで述べることによって本書を読んで下さる方の便宜としたい。

第Ⅰ部は大名領国制の基本構造にかかわるものである。その第一の「大名領国制の構造」は一九七六年十月に公刊された『岩波講座日本歴史・中世4』に発表したもので、講座の性質上、問題の包括的な把握を目標としており、個別研究論文とはやや性質を異にする。

この稿が準備された七〇年代前半の頃の研究史的状況では、中世(平安後期~戦国期)を一括して荘園制の時代と見、家父長的奴隷制に基づく名主的経営をその社会基盤の中核としてとらえるという見解が有力であった。しかしその理解に従えば十六世紀の戦国時代は荘園公領制とその基盤としての家父長的奴隷制の解体期ということになり、中世から近世への過渡期という理解に落ち着かざるをえない。

私はこれに対して、戦国期は在地領主制の高度化した事態に対応する大名領国制の展開期と考える。その意味は、戦国期を規定する基盤の動きとして右に指摘したような農民上層の小領主的上昇が進行すると、戦国大名・国人領主等は、これら小領主層を家臣化し自己の在地支配体制の末端に編成してゆく。戦国大名の農村に広く分布する軍役衆とはまさしくかれらのことであり、これによって新たに力をのばしてくる封建的領域支配層は、中世前期に一般的であった族団的「イエ」権力とは異なって、非血縁の在地小領主層をひろくその軍事的・権力的基盤に編成してゆくのである。在地小領主層は大名権力のもとで日常的には村落管理者的機能を果し、軍事的には有力家臣＝寄親の指揮下に入る寄子として機能した。

こうして戦国大名は独自の領域支配体制を創出してゆくが、その際もっとも重要で核心的意味をもった施策が貫高制であった。貫高制は第一に、大名が検地もしくは指出しの徴収を通じて荘園公領制下の「公田」にくらべて、それを大きく上廻る「踏出増分」を把握し、反当り基準年貢額＝貫文高を定めることによって、年貢の増徴とその安定化を目ざした。第二に、大名は同時に村落小領主層の主たる取分である「加地子」「内徳」をもいったん掌握した上でその収得権を認める代償としてかれらを「軍役衆」に編成し、また村落管理者的機能を果させたのである。第三に、貫高の確定を通じて主従制に取り込んだ国人・小領主層への知行宛行を統一的に行ない、それに照応する知行人の軍役量や普請役等をも数的に確定した。貫高制はその意味で農民支配＝年貢収取と知行制＝軍役等の収取とを同時一体的に実現しようとするものであった。

第Ⅰ部第二論文「大名領国制下の農民支配原則」、第三論文「大名領国制下の貫高制」は、第一論文で提示した右のような大名領国制の基本的性格を、とくに小領主層の編成と貫高制に即して検証しようとするものである。第二論文では戦国期農村における中核的階層を家父長的奴隷制に立つ「中世名主」と見る安良城盛昭等の見解を批判し、小農経営の発展と不可分の関係で成長する小領主層を検出し、それこそが大名領国制の在り方を特徴づけるものと考えた。第三論文はアメリカの日本史学者との研究会議のためのペーパーであるため、論述が筋書きだけになっている。また第四論文「大名領国制の史的位置」は、そうした私の理解を執筆当時の研究史の中において、諸説とのかかわりで検証しようとしたものである。以上四つの論稿はそれぞれ特定の目的のもとに執筆したものであるため、相互間には同主旨の記述・主張があって一冊の書物に集成して見ると重複感を免かれ難いところもあるが、それぞれ別個の側面も取り上げており、相互に補完する性質ももっているので、すべてもとのままの形で収載することとした。

次に第Ⅱ部は、第Ⅰ部の大名領国制論でほとんど取り上げることが出来なかった流通史的問題を主題としている。戦国大名にとって諸職人の編成も重要であったが、年貢米の換貨、兵糧・武器の調達・輸送を始めとする領内領外流通の担い手としての商人の掌握は、とりわけ切実な意味をもつ。大名領国制は、権力編成と土地・農民支配を主軸として成立しているといえるが、じつはそれと不可分に流通支配の問題を抱えているのである。

第Ⅱ部の諸論稿は、いずれもそうした問題を具体的に考察しようとしたものである。第一論文「伊勢・紀伊の海賊商人と戦国大名」では、後北条・今川・武田等の東国大名が、その軍事力の重要な一環として、伊勢・志摩・紀伊等に本拠をもつ「海賊」水軍を招致しているが、後北条の梶原、武田の小浜氏等は同時に廻船商業と領国内商業にもかかわる商人であり、水軍と海賊商人の一体化した性格をもつものであることを指摘した。

第二論文「伊勢商人と永楽銭基準通貨圏」では、第一・三論文で追求した紀伊・伊勢・三河と東国方面との海上交通・物流の活発さ、東国大名の領国維持が伊勢とくに中心港としての大湊との結びつきを欠かせないものとしていた事実を通貨面から検討し、伊勢以東を永楽銭基準通貨圏としてとらえようとした。撰銭令を検討すると、大内等の西国大名領や室町幕府の令では永楽銭をむしろ非良銭視し、その混用割合に制限を設けているのに対し、大湊関係や東国の諸例では永楽銭は他の諸々の渡来銭に比し断然高い評価が与えられていて、西国畿内と伊勢以東の東国とでは通貨事情に大きな相違がある。その点から東国がゆるやかながら永楽銭を基準とする一つの通貨圏を形成していたと見られると考えた。

第三論文「戦国期伊勢・三河湾地域の物資流通構造」では東国大名の家臣化した水軍の実体が海賊商人であったという第一論文で指摘した事実の基盤にある伊勢・三河湾地域の物流の在り方を海上交通およびそれと統合する河川交通とその流域生産力の問題にさかのぼって追求した。秀吉の二〇万に及ぶ兵力での小田原包囲戦の兵糧の主要部分が、この地域で調達されたと思われること、その海上輸送が海賊商人と一体性の強い伊勢大湊の廻船業者等の手によって行なわれたこと、またそれが可能であった前提にはすでにそれ以前から伊勢・東海・関東の商業的海運が一定の展開をとげており、今川・後北条などの東国大名と伊勢商人との結びつきが成立していたこと、等があったことを指摘した。

第四論文「戦国織豊期日本海海運の構造」では、第一―第三論文で見て来たような問題を、越前・若狭地域を中心とする海運・河川舟運・馬背輸送の結合として展開する物流の在り方に即して検証しようとした。商人の活動や物流・運輸機構は大名権力によって編成される以前から発展してきているものであって、小浜・敦賀・三国湊のような主要港津の都市的形成も初発から大名によって主導されたものではない。その意味から日本海海運の在り方を見直すと、戦国期廻船の主力となっていた船型は「ハガセ」とよばれた六枚櫂の中型船で、これが主要港間をつなぐと同時にそのあいだにある浦々を結ぶ一～二人乗の「テント船」が、伊勢湾の「小廻船」と同様の役割を果していることが明らかとなる。ハガセ型廻船は各地の年貢米の他越後の青苧、出雲のタタラ鉄(「くろがね」)を小浜・敦賀に運ぶ主力船型であったが、本稿ではとくに、年貢米の流通組織が戦国期ではなお安定・確定化されておらず、廻船にも「旅舟」と呼ばれる非定期的なものが多いこの時代特有の物流形態・市場構造の解明に力を入れるとともに、豊臣期にかけてそれがどのように転換してゆくかを考えた。

第五論文「上杉領国経済と蔵田五郎左衛門」は、諸大名領国においてもその役割の重要性が予測されるが、史料的制約もあって実態がなかなかつかみ切れない特権的御用商人の活動形態を越後上杉氏の御用商人蔵田五郎左衛門について追跡したもの。蔵田は伊勢神宮の御師の家の出身であったが、京都・越後方面に広く活躍し、越後青苧取引から上杉の御用商人化し、春日山本城の蔵役人となり、財政・外交など多方面にわたって謙信になくてならない存在となってゆく。その多彩な活動形態の追求から領国経済の在り方に接近しようとした。

また第六論文「戦国期の都市と物流」は第Ⅰ・Ⅱ部の諸論稿を通じて考えてきた物流・市場・都市などの諸問題についての私なりの認識を、近年発展の顕著な研究史の動向の中に位置づけ検証しようとしたもの。従来、戦国城下町というものをすべて大名権力の要求に従って計画的に建設されたものとする理解が常識といってもよい状態であったが、ここでは、市・町・港津などの都市的空間が、十五～六世紀の経済発展の中でいわば自生的に萌芽発展し、大名の軍事的拠点としての城郭と初めから一体的ではなかったこと、しかし大名は領国支配の拠点創出のため、それら都市的空間とその担い手たる商人の編成・掌握につとめ、市・町と城との一体化が推進されてゆく筋道を考えた。

以上が第Ⅱ部諸論稿の意図と論点である。第Ⅰ部ではいわば封建的領域国家形成の基本的階級関係・編成原理を構造的にとらえるというアプローチをとったのに対し、第Ⅱ部はそれを流通史的側面の具体的な史実に即して補完しようとするものである。

第Ⅲ部は大名領国の上位に位置する中央政権にかかわる問題である。大名領国は第Ⅰ部で見たような基本構造にもかかわらず、経済的には第Ⅱ部で見たように、外部、とくに中央地帯との連繫なしには成り立たなかった。と同時に政治的にも中央とのかかわりを無視することは出来なかった。大名領国体制は、領国内の土地・人民支配、そのための軍事力編成等の実際については大名を頂点とする自立的な公権力としての性格を目ざし、それに近い実体をつくりあげていった。しかし、そうした地域国家の王としての大名が、その支配領域内の領主諸層、民衆に対して自己が唯一の公的支配者であるという立場を貫ぬこうとするとき、その立場の「公儀」性・支配の正統性をどこに求め、どのように主張するかということはきわめて重要かつ困難な問題であった。戦国大名は何よりも地域国家の王として領域の土地・人民を守り平和領域を確保することを正統性の根拠としたが、同時に将軍・天皇とのかかわり、上部権威の推戴も無視出来なかった。応仁の乱以降、将軍・天皇の極端な無力化にもかかわらず、戦国大名は形骸化した将軍の内書や天皇の綸旨を奉戴し、実際の大名間の外交・軍事等にもそれを少くとも形としては拠り所として行動していることが多い。

第Ⅲ部の第一論文「応仁・戦国期の天皇」はそうした問題を念頭において、戦国大名たちはどのような形で支配の正統性の根拠を天皇に求めたか。またそれに対応する天皇の側の政治的経済的実力と権威はどのような状態としてあり、またどのようにしてそれを維持しようとしていたかを検討する。近年戦国時代において天皇の政治的役割や権威が再生浮上したと見る論も提起されているがその当否はどうか、といった問題も吟味する。本来ならこの問題は戦国大名と天皇を直結させて論ずるよりも、大名—将軍—天皇という筋道を通して論ぜられるべきである。すでに義満の時以来、将軍権力は天皇を武家王権の権威源泉としてとりこみ位置づける道を歩んできているからである。第一論文はこの点で将軍の問題を残しているといわなくてはならないが、それは執筆目的が天皇論にしぼられていたという事情とかかわっているためである。

第二論文「天下人」は戦国動乱の帰結として登場する統一政権の問題であるが、ここでは天下人の全国統一過程や統一のための政策等の考察を主題としているわけではない。信長は戦国大名の一人に過ぎないし、秀吉はそのまた家臣に過ぎない立場から、短期間のうちに上昇、とくに秀吉はすべての大名を臣従させ、自身を唯一の知行宛行権者として諸大名以下に君臨しようとした。その場合、かれを「天下人」たらしめる論理は何か。それは将軍・天皇を権威源泉として奉戴するだけでは成り立たない。天下人とはそもそも一大名あるいはその一家臣から出身した人物が全国支配権を奪取するなかでしか出現しえないから既存の政治秩序に対しては「革命」を認めるものでなくてはならない。しかし「革命」政権もまた何らかの権威によってその正統性をオーソライズされなくては、その「革命」に不可避的に付随する不安を克服することができない。「天道」の思想はまさしくそのような必要を充たすものとして引き出される。この稿は天道思想とそれが日本の政治的風土の中で展開するとき、伝統的な天皇とどのようにかかわってゆくか、といった政治思想的次元からの試みである。

そうした意味で以上の二つの論稿は、第Ⅰ部・Ⅱ部とは異なるアプローチをとっている。第Ⅲ部についてもⅠ・Ⅱ部と同様のアプローチをとろうとすればそれは統一過程の政治経済の全体にかかわることとなり、到底本書の限りで果すことはできない。その点で本書はどこまでも戦国期の大名領国制の構成と段階ともいうべきものを主題としていて、第Ⅲ部はそれとのかかわりで、統一過程への一定の展望を試みるにとどまっていることをあらかじめお断わりしておかなくてはならない。

第I部　大名領国制と土地・農民支配

第一　大名領国制の構造

はじめに――「大名領国制」について

まずはじめに、ここで用いられる「大名領国」という概念を規定しておこう。広く考えれば、「大名領国」概念の中に、近世の大名領＝藩をふくめることも不当でないが、兵農分離を前提とした近世の大名領は、それ以前の段階とは性格を大きく変えているから、ここではそれは対象外とし、中世の大名領のみをさすこととする。

しかし、中世の大名領についても、広狭二様に解することが可能である。狭くとってこれを戦国大名領に限定する考えは比較的広く通用しているが、室町期の守護の管国支配を、その内容上「大名領国」の端緒段階と見ることもあながち不当ではないし、当時守護が「大名」とよばれていたことも明白な事実である。したがってやや広く、かつ戦国期の大名領を長期的な視野から見とおそうとすれば、戦後の研究史上「守護領国」とよばれてきたものを「大名領国」概念の中にとりこんで考えてゆくこともそれなりに意味があると思われる。けれども、守護の領国大名化の程度については、守護が究極的には荘園制をその支配基盤としており、独自の土地所有体制や支配原理を築いたものとしては積極的に評価しえないとする理解も提起され、「守護領国」概念もその点で再検討の余地があるとされているのが研究の現状である。そこでここでは、ひとまず、戦国期の大名領に限って「大名領国」概念を用いることとする。

ところで、「大名領国」の範囲をこのように限定しても、もうひとつあらかじめ明確にしておくべきことは、「大名」の理解である。戦国大名のうち有力なものの多くは、おおむね国を単位とする領域を支配し、しばしばそれに照応する守護職をもってその公権性の根拠としている。しかし一般に戦国大名と目されているものの中にも、その領域が一国に達しなかったり、国という境域を単位としない場合も少なくなく、また守護職をもたないものもある。そうした多様な状態をふくんで、それを「戦国大名」と一括規定しうるもっとも端的な基準は何かといえば、それは、荘園制下の地頭職などの所職を梃子とし、族団的武力を核として成長した国人領主と異なり、支配領域においても、軍事力の構成においても、複数の国人領を包摂・統合した、より大規模な領域を独自の公権的支配の対象としているところに求められよう。

さらに、「大名領国制」という体制概念についてもあらかじめ一言しておく必要があろう。大名領国制を規定する基本が個々の大名領国の構造にあることは論を俟たない。個々の大名領国に普遍的に成立し、先行する荘園制段階とは異なる政治・社会構造の性格が大名領国制の基礎である。しかし同時に、それを基礎とし、かつそれら諸領国の連関の中ででき上っている戦国期の歴史的社会の構造的総体の特有の在り方をとらえるとき、大名領国制ははじめて厳密な意味で戦国時代社会を包括的にとらえる歴史的範疇となりうるであろう。すなわち、この時期の現実においては、発達した大名領国とともに、それにまだ包摂されず相対的に自立性を保持した中・小の国人領や地域一揆的な地方権力も各地に併存する。また他方には衰弱したとはいえ、日本中世国家の王権とよぶべき将軍・天皇もなお存在し一定の機能をもっている。大名領国制とは、究極的にはそれらをも包摂する構造的総体をとらえうる体制原理的な概念でなければならない。

以下こうした前提的理解に立って本題に入ることとするが、本稿では、大名領国制を基本的には、封建的土地領有制を土台とし、複合的構造をもつ日本封建国家の下位国家体制と見る立場から、極力、それが志向した基本方向、その固有の性格を原理的に明らかにすることに力点をおきたい。研究史の流れの中では、(1)これをあるいは荘園制の最終段階と位置づけたり、あるいは幕藩体制への過渡段階と見たりすることも少なくないが、そうした規定からでは、大名領国制の「中世的な古さ」や幕藩体制に比較して見られる土地領有体制の「未熟さ」が強調されがちとなり、一つの歴史段階として構造的に把握することができないであろう。もとより権力の志向するところと現実とのあいだにはつねに一定の差異があり、その解明こそが歴史認識にとって不可欠の問題であるが、問題の本質を明確にするためには、まず大名領国制が成立する基本的筋道を追求してゆくことが有効であると思われる。

一　大名領国制形成期の社会状況

1　荘園制の解体と守護・国人・小領主

大名領国制の前提としての荘園制社会は、南北朝内乱を転機として、本格的な解体過程に入った。(1)荘園制的土地領有体制の特徴をもっとも典型的に示す重層・分散的「職」の所有秩序体系の解体とその頂点としての本家職の急激な不知行化、(2)地域的分割による重層的所職の解消と一円領の出現、とくに「武家領」の増加、(3)残存する寺社本所一円地における武家方請所および代官請負＝京済年貢（銭納）制の普及、(4)年貢収取率の一般的低下と在地における加地子得分権の客体化、荘園の枠をこえるその移動、等はその主要な指標である。

足利義満による内乱の克服は、公家政権の政治的諸権能の幕府への吸収、武・公一体化と武家王権の確立をその本質とし、それとともに、幕府は解体に瀕しつつある荘園制の維持に政策的重点を転換させ、それを土台とする経済的・政治的秩序の再編に力を傾けるようになった。しかしながら、事態はすでに、中央政権の政策によって列島諸地域の支配秩序を左右しうる状況ではなく、荘園制を根底から解体にみちびく社会の構造的変化が、いずれの地域においても根深く進行しはじめていた。守護・国人・小領主という三つの重層的支配階層が、それぞれ新たな性格をもって領域的支配体制形成の動きを本格化しはじめたのである。

三者のうち、社会の構造的変化をとりわけその深層部からおしすすめたのは小領主層であった。「小領主層」という概念は研究史上まだ十分に熟しておらず、問題も残されているが、一言にしていい表わせば、加地子収取権を集積し、地主的な性格を強めるとともに、小経営、農民の「家」の成立にともなう村落共同体の諸機能と在地秩序を掌握することによって周辺小農民に対する搾取者的性格を強めつつある農民上層である。それはまだ明確に領主階級に転化したとはいい切れない中間的階層であるが、社会基盤における小経営の進展にともなって、必然的に領主的性格を強めだしており、荘園制下の「名主」とはすでにその性格を異にしつつあるものであった。したがってそれを「名主」「加地子名主」「中世的地主」などとよぶだけでは、かれらのもっとも重要な側面がとらえにくいわけであって、一面ではなお農民的性格をもちつつも、半面では領主的性格を備えだした中間的階層として、「小領主」とよぶことが適切であると思われる。

このような意味での小領主層は、一定の直接経営地とともに加地子収取権の集積をその第一次的な経済基盤としたのであるが、本来、荘園制的収取関係においては領主によって体制的に承認されていなかった加地子を、ここでは本年貢分を上廻るほどの比重をもって収取しているのである。(2) ひとくちにいって、それは荘園体制が剰余の分配関係を従来どおりの形で固定してゆくことができなくなった結果であり、その本来の体制の外部に剰余の重要部分を加地子として掌握する新たな関係が出現したことを意味するのである。そのような加地子収取関係の出現は、もとより、ただちに社会的階層としての小領主層の一般的成立と同義ではなく、加地子収取権者もなお一面では「百姓」的村落民であるが、加地子収取権の集積が進行すれば、それが独自の階層の成立に結果することは必至である。そしてまた、それは荘園体制からは独立した在地的秩序として、加地子収取関係を保障し合う小領主層の共同組織の形成を促すこ

とになるであろう。(3)

つぎはその上位にある国人領主の問題である。この「国人」概念についても論議は多い。しかし、初めは荘園制下の地頭職・下司職等の所職を拠りどころとしつつ、荘園制解体過程において、在地の小領主層を家臣化して急速に地域領主として自立的成長を遂げつつあった階層ということができよう。かれらは、従前からの散在的、複数の所職を保持する場合は、室町期においても、荘園制的職秩序の中にくみこまれている側面を完全には止揚していない。(4) けれども、多くの場合、その本拠とする地域においては、すでに事実上独自の武家領を形成していたし、さらにその周辺の荘郷等に、請負代官制を通じて事実上の領域支配を拡大しつつあった。国人領主の典型例とされる毛利氏の場合、本宗家が安芸吉田荘に入部する一方、散在所職たる越後佐橋荘南条地頭職・河内加賀田郷地頭職等を庶流家に分与し、本宗家から手放してしまうのは南北朝内乱期であり、他面、室町期を通じて吉田荘に隣接する主殿寮領入江保領家職以下を請負うなどの形をとって、新たな支配領域の形成・拡大を推進しているのである。

国人領主は上部権力との関係では、しばしば守護被官となり、あるいは将軍直勤御家人＝奉公衆となった。しかし毛利をはじめとする三三名の安芸国人が、応永十一（一四〇四）年、新守護山名満氏に対抗して「国人同心条々」を盟約（『毛利家文書』一、二四号）した事実が示すように、かれらは幕府＝守護領国体制に対抗し、独自に横断的な地域結集を推進する方向性ももちはじめていた。また著名な、南北朝内乱期の「松浦党一揆契諾」に見られるように、農民支配、市場支配など領域統治のために、在地支配者層の地域的連携がさけられなくなる情勢は、経済発展とともに各地で高まっていたから、政治的にも経済的にも、国人層の自立と地域的結集は必至であった。かれらは、領域支配者としてその実力を強化するために、域内の小領主層に給分を与えてこれを被官化し、さらに土地掌握を強めるため検地をも実施しはじめている。上野の国人新田岩松は十四世紀末から十五世紀初頭にかけて独自の検注を行なっている し（『正木文書』）、安芸の国人小早川氏も、長享二（一四八八）年には、検地奉行を定め、沼田荘内の検地を実施している(『小早川家文書』二、二二二号)。

つぎに守護の動きはどうか。室町期を通じ守護職が世襲化するとともに、その権限が、あるいは幕府の承認により、あるいは事実上、多面的に拡大されたことは顕著な傾向である。代表例として越後上杉の場合を見るなら、(5)国衙領および国衙機能の吸収とともに、管国内の国人に対する軍功感状授与、所領安堵、相論裁判等の権限を逐次掌握拡大している。また守護が段銭を恒常役化するなど多方面にわたって領国制支配の方向を推し進めている事実も多く認められる。守護は軍事指揮・検断権をその本来の権限とする関係から、管国内の土地・人民に対する一般的支配権を確立するにはかならずしも有利な立場にあったとはいえない。それはむしろ荘園領主権を接収した国人領主によって掌握される可能性が高かった。それにもかかわらず、応仁の乱以前の段階において、守護がしばしば恒常的な守護段銭の収取権を獲得強化していったことは、本年貢・加地子とともに、守護段銭が公租的性質の濃い封建地代の一部として定置されたことを意味し、その点からも守護は領国大名化の道を大きくふみだしたのである。

このように見れば、室町幕府権力のもっとも安定していたと見られる十五世紀前半の段階において、じつはそれを根底からゆるがす小領主・国人・守護という地域的領主制を指向する三階層の、荘園制ないし室町幕府体制を掘りくずす動きが力強く推進されつつあったことは明らかである。しかも三者は、統一的な共通の体制秩序の中にそれぞれに位置づけられた関係として存在したのではない。収取関係についていえば、守護段銭・本年貢(荘園領主取分であると同時に国人領主取分に転化しつつある)・加地子の収取権や収取量はなんら相互的に規定された関係とはいえず、たえず鋭い競合状態の中にあった。また政治的・身分的な側面から見ても、三者のあいだに主従制的上下の身分秩序が貫徹しているわけではない。そうしたさまざまな面での不安定な関係は、実力的な競争を通して一定の秩序に再編成され終るまで、長い時間と激しい戦いを必要とするであろう。それが応仁の乱から戦国争乱にかけての時期の基礎的動向であった。

2　農民闘争と階級的結集

応仁の乱を境として、室町幕府体制の解体は決定的となり、とくに明応二(一四九三)年、細川政元が将軍足利義材を追放した事件を画期として、社会は完全に戦国動乱期に突入した。

この間、農民闘争も新たな段階に入る。従来、山城国一揆を転機として農民闘争は衰退に向うという理解が強かったが、近時の諸研究はむしろ十六世紀にかけて、農民闘争がいっそう発展をとげてゆく様相を明らかにしている。この時期の農民闘争の特徴を、大名領国制形成との関連において見れば、およそつぎの二点に要約されるであろう。

第一は、農民闘争における集団性・組織性の進展である。村落共同体を基礎とする「惣」ないし「惣百姓」的農民組織や農民闘争形態の発展は、南北朝内乱期以来、一貫した社会動向であるが、この時期に入ると、それはいちだんと顕著になってくる。「六角氏式目」を分析した勝俣鎮夫は、「年貢諸成物無沙汰せしめ、譴責使を請くべからざらんが為め、諸口切り塞ぎ出合はざる在々所々、はなはだ以て狼藉の条、所行必定に於ては、或は御退治を加へられ、或は過料を相懸けらるべし、一荘一郷の働きに限らず、名主百姓等門戸を閉ざす者堅く御成敗を加へらるべき事」(第二条)などの条項に即して「一荘一郷」にわたる集団的対捍行為の高揚に注目しているが、(6)そうした動向は、畿内先進地域のみならず広範な各地に展開しつつあった。周防の大内氏は、永享十一(一四三九)年、早くも「百姓逃散御定法之事」を定め、「植木荘寺社本所領并びに諸給分本領等の百姓、或は土貢を拘へ持ち、或は嗷訴を企てんと欲し、他所へ逃散の条、誡めざるべからず」(「大内氏掟書」一条)と令している。集団的な年貢納入拒否・逃散・嗷訴等の農民闘争は、守護領国制支配が先進的に展開されつつあった周防においてさえこのように深刻な状況を生みだしているのである。

しかもさらに注目すべきは、こうした一荘一郷的な自律的集団が闘争局面にとどまらず、自検断・在地裁判・在地徳政・耕地売買や貸借関係の在地保障など、広範な社会経済機能・秩序のための日常的恒常組織にまで高められていることである。(7) いうまでもなく、検断・裁判権などは本来領主権のもっとも重要な部分であるが、その一部が郷村組織に留保掌握されたことは、領主農民間の力関係を大きく変更するものであった。

伊勢国小倭郷では、明応三(一四九四)年、同郷住民のあいだで二通の起請文が作成された。その一通には村落上層の限られた人びとのみが連署しており、内容は、「衆中」に「公事」出来の際は「一家中」として「裁許」する、「此衆中構非儀無同心之儀者放一揆」などと規定し、むしろ権力的色彩の強いものである。他の一通には「小倭百姓衆」とよばれる人びとが連署しており、内容としては田畠山林境目の不正禁止、道路の損壊の禁止、盗賊行為の禁止など、郷内平和維持のための諸条項があげられている。この二つの文書をはじめて本格的に分析した瀬田勝哉(8)は、両者の関連について、後者は前者によって強制署名させられたものと推定しており、かつ前者の署名者たちが当郷における在地徳政の実施主体でもあったことを明らかにしている。

惣型の郷村が恒常的な自治組織として政治的権能をもち、また農民闘争組織としても強力さを発揮する場合は、こうした事例が示すように、その内部に従来の名主的階層と平百姓的階層との分化が進行し、前者が指導権を掌握することによって小領主化傾向を強めるのが普通である。この点はそれとして重要な問題であり、そこに戦国大名の農村支配方式がかかわってくるのである。しかしさしずめの問題に即していえば、従来荘園制的支配権＝所職をもたない村落住民ないしは惣的組織が、一定の政治的権能を掌握し、それに依拠しつつ激しい闘争を展開していることは、この時期におけるきわめて特徴的な現象であって、とりわけ畿内近国ではその種の郷村が各地に成長していたと見られるのである。とくにそれらが一向一揆に結合した場合、上級領主側から見ればそこはいわば解放地区的な性質を帯び、もっとも深刻な危機的状況が生みだされているのである。

注目される第二の特徴は、百姓・下人の逃亡が広範にひきおこされていることである。十五〜六世紀の国人領主・

戦国大名は百姓・下人の逃亡禁止に関する史料をすくなからず残している。藤木久志は、大名領国制下の百姓の土地緊縛=人返法が、年貢未納のままの逃亡の場合を除き、一般的な法的完成にまで達していたと見ることについては疑問を提起しているが、(9)氏自身も他方で認めるとおり、後北条の場合など「人返」はもっとも重要な「国法」とされているのであり、逃亡がこの時期のきわめて顕著な動向であったことは疑う余地がない。

中世後期、とりわけ戦国期において、なぜそのように百姓・下人の逃亡が顕著となるのかは、今日のところ十分な史料的裏づけをもって説明されていない。後述するように貫高制年貢の搾取強化や精銭要求のきびしさが農民経営を破壊したことも少なくあるまい。また逃亡先がしばしば町場であることも注意されているが、近傍の寺院への駈込み(10)や、隣接する他領への逃亡も広く見られるから、いちがいに都市への流入による脱農民的方向だけを重視するわけにはいかない。おそらく逃亡の契機は多様だったろうが、なかでも注目されるのは、永正十八(一五二一)年の周防大内の法令である(「大内氏掟書」一七二条)。「一、於所々居住の仁等、濫吹によつて、其罪を恐れて、一旦逃失せしむといへとも、幾程なく立帰つて自由に横行せしむる事、罪科尤かろからす、(中略)次諸人領内百姓等、本地頭を閣て、他人の被官として一字を所望の条、無道第一也、剰逃散以下嗷々儀出来之時、果して御成敗のため其煩なきにあらす者、其百姓といひ、許容の輩といひ、共に以て重科に処せらるべし、同逃散の百姓等其外子細ある族、僧俗男女をいはず諸人所領内に不可拘置者也」、すなわちこれによれば、「逃失」は百姓の「濫吹」による罪を免かれるための一時的な行動であり、また百姓中には、その地の領主以外の人の被官となって本来の領主の支配から離脱する動きも少なくなかったのである。したがって「逃散以下嗷々儀」というように逃散は明らかに「嗷々儀」と同種の性格のものと見られているのであり、窮乏に基づく欠落とは区別されねばならない。十五〜六世紀における小領主層の成長と、守護・国人によるその被官化は、この時期の一貫した社会動向であり、百姓の「逃失」もじつはそうした動向と絡みあいつつ多発していたのである。

この点は一面からすれば、惣的組織の内部に被官関係が浸透し、惣結合が動揺するという意味で、第一の特徴とは矛盾するものでもある。しかし十六世紀においては、疑いもなく一方では惣的結合が強化され、他方では一郷一領主をこえた被官関係の拡大や逃失等個別的な農民の動きが拡大していたのであって、両者の同時的存在が、農民闘争の性格を複雑・広範なものとしていたのである。

大名領国制形成期の農民闘争は以上二つの点を特徴としつつ展開したのであるが、それでは、そうした闘争に直面した領主階級側の状況はどうか。国人領主の分布状況を知る手掛りとしては、天正十五(一五八七)年、肥後において秀吉＝佐々成政の検地に反対した国人一揆への参加者が五二〜五四名の多数に及んだ事実がある。[11] これは当時「城主」と見られていた人びとのうち、一揆側に参加した人数であるから、国人の総数ということになればもっと多いわけである。こうした事例からも分かるように、相当な力をもつ国人の数は画一的に断じられないとしても、一郡で二、三人から数人程度というのがひとつの目安となろう。かれらのある部分は守護大名の被官に組織されていたろうが、その主従制は流動的でなお割拠的な未組織状態にあったものも少なくなかった。

したがって、国人領主層は、相互の抗争と共倒れを回避するためにも、また個々の所領範囲をこえて展開しはじめた農民闘争に対決してゆくためにも、地域的結集がさしせまった必要事であった。十四〜十六世紀を通じて簇生する国人一揆はその第一段階を示すものである。そのうち十五世紀段階のそれは、安芸国人一揆が新守護への対抗を主要な契機として結成されたように、軍事的性格が強い。ところが応仁以降の国人一揆は、農民闘争・人返・市場問題など領域支配のための諸契機を媒介とするものが多くなっているのである。[12] 永正九(一五一二)年、天野・毛利・平賀・小早川・阿曾沼・高橋・野間・吉川等九名の安芸国人が締結した「申合条々」は、外部からの攻撃に対する軍事同盟のほか、「此衆中親類被官已下」の者が「他出」＝他領へ移動・逃亡した際は、互に許容しないで還住させる、この衆中で「論所之儀」＝所領争いがおこった場合は相互に理非を糺して解決してゆく、というように、所領支配のための協力問題をとりあげている(『平賀家文書』一六八号)。おなじく十六世紀初頭のころのものと見られる史料によれば、越後の国人山吉景盛と只見助頼とは、「領中雑務」について、「御近所之義」=「郡内之義」として地域的な協力関係をとり結び、「人の下人、罪人等」の「走入」については相互に返還することを申し合せている[13](『上杉家文書』一、二八六号)。さらにまた、享禄五(一五三二)年、大和宇陀郡の国人である秋山・沢・芳野・小川等は「郡内一揆」を結び、被官の逃亡その他不法の走入人の相互返還のほか、「方質の取り合い」の禁止など、相互の関係の円滑をはかるための地域協定を結んでいる(「沢氏古文書」八)。

こうした諸事例は、十六世紀に入ると、国人領主の階級的結集の必要性が、軍事面のみならず政治的にも経済的にも急速に高まりつつあったことを鮮かに示すものである。けれども「一揆」や「条々申合」という形式は、階級結集としては、端緒的なものにすぎず、結集力が弱く不安定であったことも明らかである。農民の惣型一揆の場合も、国人の一揆の場合も、一揆形式をとるかぎり、その内部に発生する諸矛盾を解決してゆく手段は「衆中談合」しかありえない。したがってその限界を克服してゆくには、荘園制的な「職」の秩序に代る新たな縦の体制秩序を形成する他はない。

戦国期の大名領国制はまさしくこの点を歴史的な課題として登場してくるのである。大まかに見れば、国人一揆を起点としつつ、その仲間の第一人者が権力を集中し、他を家臣もしくは目下《めした》の同盟者とすることによって大名領国をつくりあげるか、守護が先行体制における公権力を梃子とすることによって大名領国をつくりあげるか、道はどちらかである。そのいずれが現実となるかは、幕府体制および荘園制の残存度、領内国人領主と守護との力関係、農民闘争の展開度等々、さまざまの要因の複合関係によって規定されてゆくであろう。しかしいずれの道によってそれが実現されるにせよ、大名領国制は、荘園制の解体にともなう新たな階級・階層関係の再編として展開するのであり、十四世紀以降一貫して進行しつつあった領域支配体制形成の到達点としての位置をもつものである。

二　大名領国制の農民支配と権力編成

1　貫高制の性格

大名領国制形成の基本課題を、右に見てきたところをふまえて展望すれば、⑴多様な形態をとって展開する農民闘争を抑止して、夫丸等の役賦課を確実にすると共に加地子等の形で農村内部に留保されだした剰余部分を大名側に極力吸収しうる農民支配体制を構築すること、⑵そのために割拠的な国人領主層や国人一揆および小領主層を主従制に編成し、拡大された領域支配に必要な軍事力・権力体系を組織すること、の二点とすることができるだろう。かれらはこの二つの課題の解決を、断えざる軍事的・政治的な緊張のなかで、機敏かつ有効に推進しなければならなかったが、そのための基本政策として、右二課題の同時的解決を目ざしたものが、他ならぬ貫高制であった。(14)

そこでまず、貫高制の具体的な姿を、それがもっとも典型的に展開されたと見られる後北条領国の場合に即して明らかにしておこう。後北条領では、すでに永正十六(一五一九)年の、菊寿丸(北条長綱＝早雲の第二子)宛の「伊勢宗瑞知行宛行注文」(「箱根神社文書」『新編相州古文書』一)において、所領規模が貫高で表示されている。したがって後北条領の貫高表示はその領国支配で早くから採用されていたわけであるが、貫高制とよぶにふさわしい制度的整備は以後長い間に逐次進められ、佐脇栄智が指摘するように、氏康の代、天文十九(一五五〇)年のいわゆる税制改革においてほぼ完成した姿をととのえたと思われる。(15)その要点は次のとおりである。

(イ)　検地に基づいて郷別に貫高を確定する。これは田地一段五〇〇文、畠地一段一六五文(秋成一〇〇文、夏成六五文)を基準とし、検地によって確定された面積をそれに掛けて算出する。これが「田畠踏立辻」である。

(ロ) この「踏立辻」から寺社・侍等の給分、公事免・堤免・代官定使給分を差引き、「定納高」を決定する。天正六(一五七八)年確定の武蔵三保谷郷(直轄領)の場合、それは表I-1-1のようになる(「道祖土文書」『新編武州古文書』比企郡三九号)。この定納高が直轄領なら大名の手許に、給地なら給人の手許に納められる基本年貢額である。

(ハ) この貫高を基準として、直轄領・給地を問わず全領にわたって大名(小田原本城主)が諸点役の替として収取する役銭が賦課された。この役銭は本年貢の一〇〇分の六というのが天文十九年改革の基本であって、荘園制以来の複雑な雑公事等を整理して確定された新賦課基準である。たとえば本城主の直轄領である相模国田名郷はこの年、貫高一二四貫七九一文、したがって役銭は七貫四八七文で、これを六月、十月の二度に分けて小田原の「御蔵」へ納入する定めであった。この際の一二四貫七九一文が、「踏立辻」か「定納辻」かは史料に明示されていないがおそらくは後者であろう。

(ニ) こうして確定された貫高に基づいて給人には知行が宛行われる。給人知行貫高は基本的には土地指定を受けた給地であるが、一部は直轄領からの蔵出しあるいは役銭からの給付であることもある。そして無役分を差引いた知行役辻に基づいて「知行役」と「人数着到・出銭」が賦課される。たとえば三保谷郷の直轄領代官をつとめる道祖土図書は、その隣郷である八林郷に居住し、ここで二五貫文の知行を受け、本城主の直属給人となっている小領主的存在の人物である。その「知行役」は城普請等の奉行役であり、それと別に、その二五貫に対する「人数着到」という軍役があった。元亀三(一五五二)年時点で、本人一騎と徒歩の鑓持一人、指物持一人の計三人である(「道祖土文書」『新編武州古文書』比企郡三八号)。また、同じ年、岩槻の太田氏房に従っていた二八四貫四〇〇文の給人宮城四郎兵衛尉泰業の「人数着到」は、本人をふくめ騎馬八人、旗指物持徒兵四人、弓徒兵一人、鉄砲徒兵二人、鑓徒兵一七人、歩

表I-1-1　武蔵三保谷郷の貫高(天正6)

	貫　文
田畠踏立辻	266.080
寺社，侍給分	61.570
残　御領所	204.510
公事免，堤免，代官定使給分等	44.510
残　定　納	160.000

者四人、合計三六人役であった(「豊嶋宮城文書」)。これからすると「人数着到」という軍役人数はほぼ貫高に照応する関係で定められているわけである。

以上(イ)〜(ニ)が後北条領国における貫高制の基本的なしくみであるが、なお補足すれば、

(ホ) 貫高決定に際し、漁村など、耕地のみによってはとらえにくい村柄では、物納させる塩・海産物などを一定の基準で貫高に換算している。たとえば天正十一(一五八三)年の伊豆白浜郷の場合は、一〇三貫五〇〇文のうち、四三貫余を米、一〇貫余を籾、一貫六五〇文を熨斗鮑、一〇貫余を塩(但しこの年塩は不用のため米)で納めるように定められている(「伊古奈比咩命神社文書」『静岡県史料』一)。また沼津近傍の口野五ヵ村の年貢が「地方年貢」と「津方年貢」の両建てとなっているのも(「植松文書」『静岡県史料』一)同じ方式である。すなわち貫高は、領主側の規定する基準高であって、銭納年貢額そのものではないのである。

(ヘ) この点は貫高制年貢の納入形態の問題にもかかわるところであり、とくに田地年貢が実際は米納で在地の蔵に納められるケースが多い。しかし大名は段銭以下の役銭については精銭による納入を切実に求め、撰銭規定を設けてこれを強制した。だが、これにはいちじるしい無理がともなうため、永禄頃から農民側に対する「徳政」として「納法」とよぶ一定の換算基準(米の場合一〇〇文＝一斗四升)を定めて、物納を認めている。

では、ほぼこのような内容をもつ後北条領の貫高制は、諸他の大名領国に、どこまで共通するものであろうか。まず、貫高制がどの範囲で採用されたのだろうか。これについては、管見に入った主なものだけでも伊達・芦名・白河(結城)・上杉・佐竹・江戸・小山・結城・武田・今川・松平・織田・朝倉・小早川・毛利・吉川・大内・尼子・大友・長宗我部など多数の大名領国で多かれ少なかれ貫高が用いられていたことが指摘できる。しかも田地一段当りの貫文額が、後北条領のように画一的に五〇〇文というわけではないが、ほぼそれを中心とする上下の範囲におさまる数値を示す場合が多く、大まかにいえば多くの領国で共通の傾向をもっている。たとえば、今川領の場合は国人葛

山氏の検地で上田一段六〇〇文、中田五〇〇文、下田四〇〇文であり(天文二十一年駿河佐野郷検地割付「柏木文書」『静岡県史料』一)、これは後北条領とほとんど一致している。北の伊達の場合も稙宗が家臣に与えた多数の買地安堵状を検討すると、田地一段当り四〇〇―六〇〇文程度というのがもっとも一般的な傾向である。また西の毛利領の場合も、田地一段五〇〇文前後が大体の基準であることは村田修三がすでに指摘している。[16]

このような共通性はおそらく室町幕府体制のもとで広く採用されるに至った所領の貫高表示方式を継承したところに由来するだろう。たとえば応永初年、小早川支配下で「椋梨三〇〇貫文之内領家之御分の料足十貫五百文」(『小早川家文書』一、一〇三号)、また応仁前後のころ、備中国衙領は「一万六千貫之在所」とよばれており(寛正二年、新見荘上使祐清祐成注進状、「東寺百合文書」江17―22)、播磨の福井荘二八カ村は「分銭一万貫之在所」といわれている(延徳二年、『吉川家文書』一、三三二号)。こうした所領規模の貫高表示は、幕府が南北朝内乱期に軍賦「二十分一」「五十分一」といった役銭賦課を行なったり、あるいは各種の軍役を賦課したりするために、その基準として採用した方式である。その数字はやはり当時の現実の段当り代銭納年貢額を基礎とし、これに「公田」面積を掛けることによってはじきだしたものであろうが、「公田」面積・貫高はここでもあくまで基準数値的なものであった。椋梨三〇〇貫の領家年貢が一〇貫五〇〇文であったことが示すように、現実の荘園年貢収取が壊滅的状態となったため、武家方としてこのような基準貫高の設定が必要となったのである。こうした点は岸田裕之が追求した山名の備後支配においても明らかである。[17] 戦国大名がこのような、室町幕府体制のもとで形成された貫高表示方式を原型として継承することは自然であったし、それゆえにこそ、多くの領国に共通する傾向をもってあらわれてくるのである。

その意味では、大名領国の貫高制に、荘園年貢やそれを継承した室町幕府の貫高表示方式との一定の連続性があることはたしかである。後北条が田地一段五〇〇文という基準を早雲の段階から早くも採用しえたのも、このような歴史的前提があったからであろう。けれども後北条の貫高制が先行貫高表示方式と根本的に異なるところは、田地一段当り五〇〇文という数字自体は、荘園の本年貢との比較でそれ程大幅に高いものとはいえなくとも、検地をふまえた貫高決定の際に掌握した面積が実在面積そのものでないにしても、大田文以来の「公田」よりはるかに大きい点にある。もし耕地面積の把握が、実体に接近していれば、郷全体としての貫高はそれだけ増額され大名の剰余部分掌握度は高まるわけである。その意味では、戦国大名の検地＝土地掌握がどのようなものであったかが大きなポイントになるが、その点は次項で検討する。

貫高制についてもう一つ考えるべきことは、どの領国においても、果して後北条領のように農民支配＝年貢収取と知行宛行、知行役・着到(軍)役収取とを統一的に実現しうるだけの内容をそなえていたかどうかという点であろう。その点、東国大名の場合は、武田領でも、検地に基づいて面積を掌握し、米以外の雑多な現実の収取物をそれぞれ一定の基準によって貫高に換算するとともに、それによって確定された貫高に基づいて軍役を賦課している。[18] ただこの場合、検地は給人の所領別に行なわれたらしいことが「恵林寺領検地帳」や「諏訪神長殿知行御検地帳」(「守矢文書」)の存在から推定されるのであり、後北条領のように郷別に確定された貫高でなかったらしいところに、その貫徹度の限界があると思われる。

毛利領の貫高は、それにくらべると、とくに知行宛行＝軍役賦課基準という側面に比重がかけられていたようである。弘治二(一五五六)年、毛利は、これまで同盟者的性格の濃厚であった安芸国人の熊谷をようやく臣従さすことに成功し、同国西条之内上阿土五〇貫、熊野之内五〇貫、および小方村之内一〇〇貫、計「二百貫文之地」を宛行った(『熊谷家文書』一三二号)。この場合、その数値が区切りのよい概数であることからも窺われるように、それは検地に基づく現実の土地・年貢の把握をふまえたものではなく、宛行にあたって、さしづめの基準規模を示したものである。その意味でこの知行貫高はかならずしも現実の年貢収取と関連づけられているとはいえないのである。この熊谷の二〇〇貫文之地についていえば、熊谷が現実にどれだけの年貢額をとっていたかはただちに判断しえない。しかし、毛利の場合は、その後防長の征服によって貫高制を強化することになり、とくに征服地の下級家臣への宛行の場合は、耕地の一ブロックごとに保有者・面積・分銭(貫文額)を記した「給地打渡坪付」を渡しており、土地掌握度が高められている。[19] たとえば永禄四(一五六一)年の松原隼人佐給地打渡坪付(「松原彦右衛門譜録」)は、田一段小分銭八〇〇文、田一段小七〇〇文、田二段小一貫三〇〇文、畠二段四〇〇文などというように、田地一段当り五〇〇―六〇〇文、畠一段当り二〇〇文程度の分銭高が計二六筆の各筆毎に記されている。ここに毛利の場合も東国大名と異ならない志向が示されていると見ることができる。

以上のように戦国大名の貫高制は、領国により相当の偏差があることは明らかであるが、全体としていえることは、それが荘園制下の本年貢をそのまま継承するものではなく、室町幕府体制下においてすでに荘園年貢とは異なる性格をもって成立していた貫高表示方式を継承しつつ、さらに独自の指出し検地等によって、土地・年貢・軍役等の統一把握方式をいちだんと高める過程で設定されたものであったという点であろう。そこに貫高制が大名領国制支配の基軸的施策であるといえる所以がある。

2 農民支配の基調

では貫高制を基軸とする大名領国制の農民支配はどのような内容・性質をもっていただろうか。

第一は、検地増分の踏出しによる剰余の追求である。貫高制の施行と不可分の関係をなす検地は、従来、太閤検地との対比においてその限界面が強調されてきた。たしかに戦国大名の検地は領国全体にわたって一挙的に実施するものではなく、多くの場合は知行宛行や公事(争論)を契機とするものであり、その施行方式も、ほとんどが「指出し」であったと見られ、一筆毎の新規丈量ではなかった点で、その限界を認めなくてはならない。けれども、後北条の場合、天文十二(一五四三)年の代替り検地、弘治元(一五五五)年の武蔵検地はとくに大規模かつ広範囲にわたっており、

表I-1-2　後北条検地における増分の割合

郷名	検地年	本年貢(A)	増分(B)	(B)/(A)
		貫文	貫文	
宮寺郷志村分(武蔵)	1567(永禄10)	12.000*	11.884	0.990
前岡郷(相模)	1574(天正2)	109.500	107.253	0.979
野葉郷(〃)	〃	42.750	63.617	1.488
苻川郷(武蔵)	1577(天正5)	永楽 17.242	24.111**	1.398
三保谷郷(〃)	1578(天正6)	212.070	54.010	0.255
荒川郷(〃)	1588(天正16)	永楽 16.541	3.668	0.222

〔備考〕　* 本年貢増分は滝山御蔵納入分のみ.
** このほか増分5貫文竹谷・大野両名に下す.

新征服地や直轄領だけでなく、郷別一円に実施した。しかも天文十年実施の相模国下中村上町検地帳(「種徳寺文書」)を見ると、田畠一筆ごとに面積・保有者名を記した詳細なものであるから、たといこれも「指出」であったとしても、その厳密さは評価しなければならない。「上町検地帳」は大名側が掌握していた検地帳の写しを交付されたものであり、同種の残存例はない。他はみな郷村側に与えられた「検地書出」という結論的数値だけであるため、それに目を奪われて一般に戦国大名検地はかんたんな指出しだったと考えられてきたのである。しかし大名側が「御前帳」とよばれる台帳を保有していたことは確実であり(天文二十年、「新井文書」『静岡県史料』一)、また検地にあたっては検地奉行が現地に赴いて検分したこと、隠田については大名側への通告者を優遇し代官にとり立てたこと(天正五年、北条氏朱印状『新編武州古文書』入間郡六三号)なども確認できるから、その検地の実質を軽視することは正しくない。

それゆえ、後北条領では検地の結果、かならず相当の増分が踏出された。表I-1-2はその状態を示す。従前の年貢額に対する増分の割合は、郷によって区々であるが、野葉郷・苻川郷などは一〇〇%をはるかにこえた額が踏出されている。このような検地増分は、武田領に関する村上直[20]、今川領に関する下村效[21]・有光友学[22]の研究によっても、程度の差はあれ確認されていることであって、戦国大名検地が、現実の耕地の実体を把握しようという強い意欲をもっていたことを示唆するものである。毛利領の場合、検地の施行範囲、徹底度は東国大名にくらべて劣ると見られるが、永禄二(一五五九)年、周防国吉敷郡秋穂荘の検地によって、雑賀隆知当知行地分からは少なくとも三〇石以上の「検地踏上ノ分」がとらえられている(『萩藩閥閲録』巻六九、信常弥右衛門の六号)。また出雲大東・大西検地による「帳外田畠」を「加恩」として三輪与三兵衛尉に宛行っていることもある(同前、巻五七、渋谷九右衛門の三号)。そうした例はけっして少なくなく、毛利領でも増分追求の方向は東国大名と共通するといってよい。

では第二に、このような増分の踏出しによって、農村に留保されていた剰余部分はどこまで大名側に吸収掌握されただろうか。別言すれば、「増分」の性格とからむことであるが、農村に成立した加地子部分が大名権力によってどのように処理されただろうか。従来は増分の性格を一般的な隠田の摘発によるものとする理解が根強かったが、近年の有光友学[23]・勝俣鎮夫[24]等の研究は、今川領でも武田領でも増分の主要な内容は加地子部分であることを明らかにした。勝俣が恵林寺領検地帳の分析を通じて明らかにしたところによれば、武田領の農村の土地保有者は検地を媒介にして、「軍役衆」と「惣百姓」に大別される。そして、(イ)軍役衆身分となれば検地によって名田加地子を増分としていったん踏出されても、これは軍役に対する給恩として与えられる(名田宛行)、また軍役衆はその後の検地は免除される。(ロ)軍役衆以外の者(惣百姓)の保持する加地子部分は増分として従来の本高に加え、新名請高に算入し、これから一定の免除分を差引いた形で実際の収取高を確定する、という方式が「国法」として施行されているのである。

後北条領では加地子を大名権力が一律に増分として没収したり、給恩対象とするような制度的措置はとらなかったらしい。しかし検地の施行によって、土地面積の把握が進めば、郷全体として負担すべき年貢額は、それ以前にくらべて急増するから、農村に留保されていた剰余の一定部分はそうした形で大名権力の側に吸い上げられていった。もとよりその場合でも、寺社や有力農民の手許にある程度の「内徳」が存在していたことは事実であり、それは相模の宝金剛寺宛北条氏直寺領安堵状の副状に「御寺領御判形申調進入候、御文言ニ御内所務之員数雖可被書載候、既先年之御検地帳ニモ三年以前之御改之帳面ニモ、本途無異儀御拘、然ニ本途ニ付ク内所務今更改而仰出不及候、本途御拘ニ候へハ、それに付来御内徳ニ候間……」(『新編相州古文書』一)といっているところからも確認される。[25] ここでは、大名側が寺院領主の内所務あるいは加地子部分の存在を実際上、一定の範囲で承認しているのであるが、それにもかかわらず制度上は、大名が内徳や加地子を公的に承認保障する形は一切とっていない。つまり名田加地子を武田領や今川領のように、それとして給恩対象とすることはなかったのである。[26]

西国諸大名の場合は今日のところ十分明らかでないが、織田・毛利・大内・大友氏などの領国で「名主職」を大名が知行対象として安堵し宛行っている形は広く認められる。[27] それからすれば、荘園制解体期に成立してきた名主加地子収取関係を後北条のように原則的に圧縮否認してゆくのではなく、武田が給恩＝軍役賦課対象としてはその存在を制度的に認めたケースに似て、大名が自己の支配体系にくりこむ形でこれを大名領国制的に再編していったと見てよいのである。それは従来しばしば名主加地子の存在を容認する点で、ただちに荘園制的関係の存続として理解されてきたが、じつはこれを給恩対象として大名が掌握した点において、荘園制とは異なる積極的意味をもっているのである。

戦国大名がこのように名主加地子を否定もしくは領国制的に再編する過程は、身分制の側面では名田加地子収取者としての名主身分を認めず、荘園制下の名主・百姓的二階層制を否定する方向に連なっている。後北条領の場合、名主身分が完全に否定し去られたとはいえず、大名発給文書の中にもしばしば「小代官名主中」といった宛所が見られる。しかしそれは小代官とならんで支配機構の末端に位置づけられた一郷一人もしくはごく少数の役職であり、それゆえ、そうした名主には「名主免五〇〇文」(永禄十年、武蔵原宿郷)、「名主免三貫文」(天正十三年、武蔵恩田郷)などといった形で給分が与えられているのであるから、その形は荘園制下の名田保有者としての名主よりもすでに近世の名主《なぬし》給料に接続するものといった方がよい。同様の方向は今川・武田領でも認められるところであり、大名領国制下の農民身分は基本的には「百姓」に一元化されてゆくのである。このことはもちろん、「下人」や「脇の者」などの従属身分層が存在しなくなったとか、現実の経営形態において、家父長的大経営がまったく消滅したとかいうことを意味するものではない。しかし逆に「名主」「名」などの文字が史料上に現われることをもって、ただちに大名領国制の農民支配の原則が本質的に荘園制のそれを継承し、それと異ならない、と見ることが事実にあたらないことも明らかである。

第三は、右のような搾取強化を保障するための経済外強制体系の創出である。それは農民闘争の抑制のための諸規制といってもよい。具体的には農民の土地緊縛の強化と、村落共同体支配層として惣型農民闘争の指導的役割を担っていた小領主層を、大名権力の側に編成替することによって、惣型闘争組織を弱体化ないし解体させることである。

先述のように、戦国期の農民闘争は一荘一郷ぐるみの惣百姓型の年貢減免闘争と個別的な逃失・欠落型の闘争との複合として展開されていたが、とりわけ後者は農業労働力・軍事夫役の確保のいずれからみても大名領国制支配の基盤を脅かすものであった。そのため大名は逃亡百姓・下人の人返しから一歩を進めて、百姓の土地緊縛に力を注ぐようになった。後北条領の鉢形支城主北条氏邦は、元亀三(一五七二)年、「若し百姓等免角申し、他所へ罷り移る者之れあらば、見合いに搦め取り披露を遂ぐべき者也」(『新編武州古文書』秩父郡二六号)と給人斎藤八右衛門に命じている。これは氏邦が定峯の内間々田で六貫一七〇文の増分を同人に宛行ったとき、増分に反対する百姓の逃散の動きを事前に制止する目的をもって発しているのである。

後北条領ではさらに夫役の確保・兵力動員をいっそう積極化するために、「人改」も実施した。元亀二年、上杉との軍事的緊張が高まる中で大規模な軍事動員をはかることを直接の契機として、「当郷ニ有之者一人も隠置、此帳ニ不付者、後日聞出次第、小代官名主可切頸事」「若ゝ此帳ニ不載者申出者大忠也、何にても永代望之儀可被仰付候」といった内容をふくむ本城主の布告が武蔵富部郷に発せられており(『新編武州古文書』久良岐郡一〇一号)、密告を奨励しながら百姓の「帳つけ」を強行しているのである。また天正八(一五八〇)年には、「豆州四方郷村之儀ニ付而惣領主へ申出筋目之事」として、本城主から、当作は寸歩も残さず仕付くべし、領主の儀に背き他郷へ移る百姓はすべて召返すべし、等の内容をもった「郷中仕置」が発せられているが(「小出文書」『静岡県史料』一)、それはおそらく伊豆田方郡のみならず、全領に向けられた「国法」であったと思われる。

大名の農民闘争への対応は、こうした土地緊縛のみならず、小領主層の被官化とそれへの特権付与による惣型闘争組織の解体という形でも進められた。小領主層の被官化の問題は後述するが、かれらのうち特定の人物をえらび、開発・用水・治水等、本来村落共同体に属する諸機能の管理権を保障するという方式を積極的に推進していることが注目される。荒川沿いの武蔵井草郷を水損から守るため、永禄六(一五六三)年、領主側が現地土豪牛村助十郎をえらび、これを「政所」に任じ「政所免」「つつみ免」を与えていること(『新編武州古文書』比企郡一号)、永禄二年、武蔵足立郡宮内村の開発に際し「郷中百姓等、無兎角可為入籠」しと小領主級の存在である大嶋大炊助に命じていること(同前、足立郡七二号)などはその典型的事例である。荘園制段階の「勧農」が一般に荘官層の手によって遂行されたのに対し、ここではそれが、村落共同体の共同機能として展開されつつある現実をふまえながら、大名がその機能を被官化した特定の小領主的階層に掌握させることによって、村落=農民支配の体制を編成しようとしているのである。

以上を要約すれば、大名領国制の農民支配は、(イ)大量の増分踏出をともなう検地=土地把握・年貢収取の強化、(ロ)加地子収取関係の否定(圧縮)ないしはその領国制的再編と荘園制的「名主」身分の否定=新たな性格をもつ「百姓」身分への一元化、(ハ)農民の土地緊縛の強化と被官化した小領主層を媒介とする村落共同体機能の領国制的編成、の三点を、貫徹度の差はあれ基本方向とするものであったといえるであろう。

3 権力編成の特徴

前節で見たような新しい農民支配の方向を貫徹してゆくために、大名領国制はそれに必要な階級的結集・権力編成を遂行しなければならない。それは第一に経済発展＝市場・交通関係の地域的拡大、農民闘争の進展、領国間戦争の激化という一連の状況に有効に対処しうる政治的・軍事的「領域」の形成、第二に、支配階級の国人一揆的なゆるやかで不安定な結集形態の主従制的再編の強化、国人領主の割拠性の克服、大名への権力集中、第三は封建的階層分化の進行によって農村内部から反復的に登場してくる小領主層の掌握、といった諸点を内容とするものでなくてはならない。一言にしていえば、支配階級諸層全体の利益を確保するために、割拠的な個別的な領主諸層の要求を抑制し、権力を大名に集中させることである。

一　領国制的権力編成における国人領主の問題

そこでまず、国人領主の問題について見よう。国人領主とは、すでにふれたように、荘園制以来の所職（地頭職・下司職など）をもち、それを梃子に地域領主に転化しつつあった在地領主層である。ここでは例を国人から戦国大名への道を典型的に歩んだ毛利の場合にとりながら見てゆこう。毛利氏が所領支配の面において、本拠地吉田のあった高田郡域をこえて安芸の各地にひろがりを見せだすのは、応仁の乱を契機として安芸南部に勢力を扶植しつつあった周防守護大内に服属するようになってからであるが、本格的に戦国大名への道を歩みだすのはやはり元就が家督を継いだ大永三（一五二三）年以降である。すなわち、高田郡の南方に隣接する賀茂郡米山に拠る国人天野興定を服属させたのが大永五年、高田郡の南西につづく安佐郡三入荘の国人熊谷信直および吉田の東北に隣接する高田郡甲立の国人宍戸元源を目下《めした》の同盟者的服属関係にとりこんだのが天文二（一五三三）年である。この時点で毛利はようやく「家中」とよばれた「譜代」家臣の外側に、周辺の国人領主を「国衆」として臣従させ、戦国大名としての姿をととのえだすのである。つづいて宮・多賀山・和智などの国人を従え、守護武田を滅ぼす一方、天文十九年には横暴をきわめた譜代の重臣井上一族を誅伐して、「家中」支配権を確立し、自己の立場を「公儀」として前面におしだすようになる。この井上誅伐事件は、単純に国人領主権の確立、または国人領主から戦国大名への転機というものではなく、すでに領国大名への道をふみだしていた毛利が、その飛躍をおしすすめるための足固めとして家中支配権を確立するために強行したものであった。

これ以降、毛利の領国支配は芸備両国にわたって進展、弘治元(一五五五)年の厳島合戦の勝利により両国内の国人領主の多くは毛利領国の「国衆」として編成された。しかしこの芸備統一過程は、軍事行動による征服よりも政治的統合が主力であったから、豆・相・武三国の領国化を軍事的征服を中心に推進し、いちはやく統一的知行制によって「小田原衆所領役帳」を成立させた北条の場合にくらべると、国衆の相対的自立性ははるかに濃厚であった。有力国衆の熊谷が、毛利から前述のように西条の内で二〇〇貫を宛行れたのはようやく弘治二年になってであり(『熊谷家文書』一三二号)、三入の本領については毛利知行制としての貫高さえ明確でなかった。弘治三年、大内を滅ぼしたのち、元就は吉川・阿曽沼・宍戸・天野・出羽・小早川・平賀・熊谷といった芸備国衆と軍勢狼藉・陣払の禁止などのことについて「申合条々」を結ぶが、これは一一名の傘型連判の形式をとっていた(『毛利家文書』一、二二六号)。このことは少なくとも軍事組織の面ではまだ国衆がほとんど独立軍団的性格を維持していたために、依然として横の同盟形式をとらざるをえなかった状況を示すものである。

毛利は大内討滅によって防長を新領域にとりこみ、ここでは前述のように検地を実施し、知行宛行には「坪付」を副える形をとるようになった。これは相手方が征服によって新たに服属させた「外様」であったため、毛利としてははじめて本格的に採用できた貫高知行制である。かくして、毛利家臣団には、「譜代」「国衆」「外様」という、服属の時期・地域に応じた家臣のあいだの身分的区分が採用されることとなるが、全体として国衆級家臣のもつ自立的領主権を一挙に大名の手に集中することには多くの困難がともなった。大内討滅後の時期においてさえ、元就が「芸備衆も当家よかれと内心共に存候衆は更不覚候」(『毛利家文書』二、四一八号)といっているのは、まさしくそのような権力集中の困難さを背景にした不安を示すものである。

このような事態は、守護職を梃子として戦国大名への道を歩んだ豊後の大友氏の場合でもおなじであった。「世帯不弁之儀如何被申談候哉、はや二ヶ月及び、飢にのぞみ候事、前代未聞、不及申候、これは我々が恥辱と可申候哉、各いるがせと申べく候哉、失面目たる子細候、さ候間、諸郷荘点役事、国中平均ニやぶり候よし及度々雖申候、于今無其実、曲事候、一向年寄中いるがせに候間……」(『増補訂正編年大友史料』一三、三三三号)とは、大友親治が「老衆衆中」に対し直入郷諸給人の点役督促を命じた文書の一節である。これは親治の代であるから、戦国大名というより、戦国大名に転化する直前の段階の守護大名が直面していた困難を示すものというべきかもしれぬ。勝俣鎮夫は、伊達・相良・六角などの諸領国法を検討し、それらが、大名の強大な権力意思を示すものというよりも、主君＝大名の恣意を制約し、主君の権力行使の許容範囲を規定するために、家臣の側から主君に誓約させた主従間協約という色彩が濃厚であることを指摘したが、[28] それはこの例にも見られるように大名領国制下の主従関係に共通する傾向であった。

しかし、半面、大名側はそうした事態を克服するために、家臣への新規の所領宛行に際しては給地を極力分散させ、できれば本領さえ所替を行なおうとしたし、検地によって踏出された給地の増分を直轄蔵入分として、給地にクサビをうちこむなど、多くの対策を重ねたこともいうまでもない。島津領において、近世の外城《とじょう》制として定着される支配方式は、桑波田興によって戦国期にはじまることが明らかにされている。[29] それは有力家臣を本領から切り離し(「召移し」)、外城とよぶ単位領域の支配に当らせるしくみであった。また大名が領国一円にわたる裁判権を強化したり、給人の恣意的な年貢収取や百姓駆使を規制しようとしたこともひろく諸領国に認められるところである。

以上のような諸事実をふまえてみれば、国人領主層の大名領国制的編成においては、一面では大名権力による国人領主権規制のための各種の施策が推進されながら、他面では国人領主の領主権、とりわけ軍事力の根強い自立性が残されており、その力の均衡の中で大名と国人の領主権が重層的に編成されていったことが明らかである。しかもそうした状態は、たんに大名権力の未熟さ、大名領国制的結集の未完成を意味するものではなく、なお在地領主制に基礎をおく戦国期大名領国制の本来的な在り方と解さねばならないだろう。

二　領国制的権力編成における小領主の問題

大名領国制の権力編成にとって、小領主層の問題は、大名直属の軍事力を強化しつつ、右のような自立性の強い国人級家臣を牽制するという特定の意味をもつものであった。小領主とは本来主として名主級の上層農民で、加地子収取権を買得集積し、村落共同体秩序を掌握・私物化しつつ領主的上昇を指向する社会層である。かれらの掌握は、発生史的にいえば、戦国大名だけが目ざしたわけではなく、すでに十五世紀段階の国人領主がそれを進めはじめており(30)、毛利にしても国人領主段階で組織した譜代の中には、庶流の出身者のほか、中村・赤川・井上・児玉・国司など、本拠地吉田周辺の小領主級の家筋から出た人々が少なくない(31)。そのような傾向は熊谷・平賀など他の国人領主にしても同様である。しかしとくに重要なことは、毛利自身が、大名領国形成過程において各地の村落上層の小領主的階層の人びとを「一戸衆」として独自に組織したことである。「一戸衆」の実体はかならずしも十分明らかでないが、それが譜代・国衆・外様とは別の直属下級家臣であったことは、「毛利氏正月佳例書」(『毛利家文書』一、二四五号)に、「惣郷一戸衆」は正月五日に参賀するように規定されていたことからも窺われる。また「一戸衆」に近似した存在である「一所衆」あるいは「一所之者」は、他領において寄子として表現されるような存在であり、寄親としての上級家臣に預けられたが、本来はやはり毛利が直接組織していたものらしい(32)。元亀三(一五七二)年の「毛利氏掟」(『毛利家文書』二、四〇四号)が「与力一所之者、可任公儀事、付、与力一所之者給地明所之儀寄親裁判可為曲事」といっているのはそれを証明している。このことからも分かるように、農村内部に広範に成長してくる小領主層を「一所衆」としてとらえ、大名直属被官とした上で寄親に預けることが、一面では上級家臣の軍事力の自律性を規制し、他面では大名の統制力の及びやすい軍事編成をつくりだすのに適合していたのである。

東北の伊達領の場合では、「名懸衆」が同様の性格をもっていた。小林清治が「天正日記」に収める「玉日記」「矢日記」の検討から結論づけたところでは、天正十七(一五八九)年の時点で、「名懸衆」の総数は四〇〇名程度であり、すべて大名直属の徒士であった。(33) かれらも村落上層の人々であり、伊達の直轄領のみならず、給地の中にも設定され、直属被官の身分のまま、寄子として有力家臣の「指南」の下に配属された。

後北条領では「大途御被官」とよばれる在郷の直属下級家臣がある。(34) これは永禄二(一五五九)年作成の「小田原衆所領役帳」にはほとんど姿を現わさないが、それが作成された永禄二年以降の時期に、戦国争乱の大規模化に対応する大名直属軍事力の強化、国人級家臣の牽制と農村支配体制の確立を目的として、全領にわたって広く組織されていったと考えられる。天正五年、武蔵荒川郷の持田四郎左衛門・同主計助はその手兵とともに、「棟別赦免」され「大途之御ひくわん」として、鉢形支城主北条氏邦の指揮下におかれた(『新編武州古文書』榛沢郡一五号)。四郎左衛門は本人とも六人、主計助は本人とも五人の軍役負担者であり、こうした小規模の「大途御被官」が広範に領国中に組織されるのである。相模の石田村を本領とする給人池田は、足軽大将で四四二貫八三二文の給分を与えられ、五六人の軍役を負担する伊波氏の一跡を継承した中級の家臣であるが、その「指南」下には「寄子衆」一六名がつけられ、そのうち一名は二五貫、他はすべて一〇貫以上二〇貫未満の給分を与えられていた(年欠、北条虎印判状『厚木市史史料集』中世編七〇、七七号)。一段＝五〇〇文で換算すれば、一〇貫の給分は田地二町ということになる。村落上層の小領主的階層が「寄子衆」であり、それが身分としては「大途被官」であったわけである。

武田領は、村落上層民の被官化＝軍役衆化という点ではいっそう徹底した方向を推し進めた。勝俣鎮夫が明らかにしたところでは、恵林寺領のうち郷分では惣百姓四三に対し「軍役衆」一二、両町屋では三三に対し八、黒沢では四五に対し九という組織状況であった。(35) 村落住民のほぼ二〇％が「軍役衆」化されているのである。また天正八年の井口郷は、同心衆一〇、本屋一四、新屋二〇、明二、という構成であり(『新編甲州古文書』三五四号)、本屋・新屋は惣百姓身分であろうから、ここでもほぼ同じ傾向が認められる。これら「軍役衆」は、恵林寺領でも有力家臣の寄子に編成されており、他の領国と原理的に同じ方式が採用されていたわけである。ただ武田領の「軍役衆」＝寄子は右の比率が示すようにその数が他の領国にくらべ相当に多いと見られるところに特徴があったといえよう。

このような村落上層の小領主的階層は、村田修三が近江甲賀郡の「郡中惣」について明らかにしたところでは、周辺農民に対する領主的搾取を単独では実現しえないが、集団としてはそのような機能をにぎりつつあるものであった(36)。甲賀郡中惣では小領主連合が用水を支配することによってそれを実現していた。それゆえに、かれらは放置すれば、惣型農民闘争のエネルギーを発動させつつ反権力的動きをとることも必至である。大名も国人領主もそれだけに、これら小領主層掌握を権力安定のカギとして重視せざるをえなかった。それは大名と国人との競り合いでもある。小領主層をどのような形で誰が編成するか、それは農民闘争の解体の問題であると同時に、大名・国人間の力関係を左右する点で、すこぶる重要な問題であった。その意味で寄子制度はまさしく、大名領国制が創出した小領主層の特有の組織形態であった。

しかしなお、これに加えて、そのようにして大名権力側に組織されてゆく小領主層が、どこまで農業経営から分離しうるかが、軍事力の内容を決定するカギとして重要な意味をもった。次第に大規模・長期化する戦争に耐えうる軍事力たるためには、何よりもこの寄子級の人々が、主として耕地を貸出し、加地子収取に依存する存在となっており、直接経営の比重を縮小していることが必要である。この点はおそらく地域によって相当の偏差があったと思われる。濃尾地域では、すでに十五世紀中葉のころ、主として加地子収入の依拠する小領主的階層が成立しつつあったし(37)、近江では宮島敬一が示したように寺社領百姓の中に、そうした変化をふまえ「近年蒙名字」(「多賀神社文書」)という被官層が広く生れつつあった(38)。これに対してたとえば、豊後大友の被官豊前宇佐郡の元重氏は、永禄十(一五六七)年、元重名を中心に旧来から保持した田畠六町八段二〇代と散在地一町三段一五代程度の「下作職」を保持する存在であったが（「元重文書」一八号、『大分県史料』八）、天正二（一五七四）年、同家の鎮頼が子孫に残した「置文」には、「下作職等、又者他下作等、専可相求置之事」「役職名田計り頼候而油断候ハヽ、可為無力事覚悟ニ存候」という動きをとった。[39] そこに見られるところは鎮頼の加地子名主職への不信と強い直接経営への志向である。元重は宇佐三六人衆とよばれるものの一人で、大友軍事力の基盤であったが、その内実はこうしたものであった。またおなじようなタイプに属する下毛郡の成恒氏は、大友の重臣田原紹忍の同心となっているが、多数の下人関係文書を残すとともに、天正二年には、「某《それがし》拘分事、野辺天水計之大悪所候之所、近年増米増銭過分被仰付、年々令迷惑候、殊依為遠方地、自作不成之候間……」という目安を提出している（「成恒文書」九、一号、『大分県史料』八）。これに至っては、完全に農業経営主としての主張に他ならない。周知のように長宗我部領・島津領においては、近世に入っても郷士制度が存続するが、それはこれら地域の土豪層の農業経営からの分離の困難さを示すものである。そうした形が同心寄子の現実の存在の状態であった場合、その軍事力の限界、非機動性は明らかである。この点では、西国大名の社会基盤の後進性が検討される必要がある。

以上、大名領国における領主階級諸層の結集形態の特徴として、(イ)国人級家臣の場合は、軍事面、領主権の諸側面における相対的自律性の顕著さ、(ロ)それと対抗する目的をもって寄子的編成を進められた小領主層＝下級直属家臣の場合には、かれらの在地性の根深さがもっとも困難な問題であることは明らかである。大名はそのような権力編成の困難さを克服するために、ある者は領国全体に独自の支配＝権力機構として、支城網を形成した。またある者は郡毎に直属の奉行あるいは分郡守護等をおく方式を採用した。後者はとくに守護系の大名の場合に多く見られ、大内ではかねて守護―守護代―小守護代―郡代（または郡司・郡奉行）という組織をととのえ、段銭・段米徴収などのための「郡帳」を作成し、それらを大名権力の直属機構としていた。[40] 大友では郡単位に郡代・「方分」をおいた上、郷・

院・荘などの地域ごとに「政所」をおき、これに「准田銭」の徴収や知行宛行における下地打渡などの任務を行なわせている。後北条のように支城制の推進によって家臣団統制と地域支配体制を整備していった場合にも、「郡代」という文字が史料上に一、二散見される。このような事実を見ると、大名は領域支配を補強するために、いわば国―郡制的な旧支配機構を独自の目的で再編活用することも少なくなかったといわなくてはならない。戦国大名が、実質的には室町幕府体制から離脱することによって戦国大名たりえたにもかかわらず、領国支配の拠り所として守護職や官途を渇望し、(41) さらには幕府・天皇という中央機構への連繫をさえ求める背景には、このような問題が存在していたのである。しかし、もとよりそれは戦国大名が、自からの実力による封建的領域支配と異質の官僚制的国家統治体制に依存しなければ存立しえなかったことを意味するものではなく、かれらの実体的な領域支配方式そのものが、次章に述べるように「公儀」の源泉であったことはいうまでもない。

三　領国経済体制の編成と構造

1　領国経済の前提

大名領国制の形成は、支配階級諸層の領域的結集と農民支配という階級問題を主要な課題としたが、同時にそれを物質的な側面から支える領国経済体制の編成もきわめて重要な意味をもっていた。

領国経済体制の課題は大名領国を統合性ある経済圏として編成し、常時臨戦状態にある領国経済を農業・手工業生産・流通・交通などの諸側面からこれに対応できるようにするという点にある。しかしそうした課題の実現に対しては、それを制約する多くの条件があった。なかでもあらかじめとくに考えておかねばならないことは、(1)深刻な生産力破壊要因、⑵領国経済圏の統合を阻害する市場構造の割拠性と他方における超領国性、の二点であろう。

まず生産力破壊要因の問題から考えよう。領国経済を支える農業生産力は、基調としては中世後期を通ずる経営の集約化小経営生産力の向上によって発展しつつあったが、半面それを阻害し、破壊する条件も不断に存在した。合戦が戦乱にまきこまれた村々に「狼藉・放火」やそれにともなう不作等の犠牲を強いたことはいうまでもないが、生産力に対して破壊的な影響を全領にもたらしたのは、なによりも、(イ)検地増分の追求を軸とする搾取強化、(ロ)軍役および城普請陣夫役以下の各種夫役の強化、(ハ)貫高制にもとづく精銭収取の強化、(ニ)それら各様の賦課・収奪に吸着する高利貸的収奪の浸透、等の一連の社会経済的要因である。

貫高制は、後北条領のようにとくに段銭・棟別銭の貨幣収取を強行しようとした領国でも、年貢は納入段階ではやはり現物納であるのが普通であった。他の領国でも、現実の収取形態は米をはじめとする現物納が主力であった。そのかぎりでは貫高制を無限定に貨幣収取の強行と解することは正しくない。しかし、大名が貨幣要求を強くもっていたことは疑いない事実である。全領から収取する段銭・棟別銭の類は、多くの場合貨幣を優先し、しかも精銭による納入を要求した。それは悪銭による減価を防ぐ目的ばかりでなく、軍需物資を中心とする領外取引のために欠かすことができないものであった。大内(「大内氏掟書」六一～六二、一四四、一六七条)、相良(「相良氏法度」五条)、浅井、武田(「甲州法度之次第」四二条)、結城(「結城氏新法度」八三条)、北条(永禄二年「代物法度」等)などの諸大名はみな「法度」として精銭確保＝撰銭の問題をとりあげている。なかでも近江の浅井長政が、永禄九(一五六六)年の「料足掟条々」(『菅浦文書』上)のうちの一ヵ条に「自他国当谷居住之仁、其外往還之商人、定置公用之外を、清《(精)》銭を撰び本国へ遣儀堅令停止畢」といっているのは、その意図をもっともよく示すものである。

このような大名権力による年貢夫役の搾取強化ときびしい精銭要求は、農民経済に破壊的な影響を与えずにはおかない。諸領国で頻発する農民の「欠落」の少からざる部分は、その結果不可避となった年貢未納・負債累積をのがれるためのものであった。浅井の「料足掟条々」の別の箇条が、質取拒否や「質物下直」の取引を厳禁し、質取金融の円滑化に力を入れていることもそうした窮乏状況の一面を示すものである。また駿河大平郷の小領主で今川の給人となっていた星谷右衛門尉は、永禄十二(一五六九)年、「在々所々借置米銭、急度令催促可請取之、次福島伊賀守仁出置切符辰年未進分、是又可催促、若百姓等於令難渋者、重而可加下知」という氏真朱印状を受けている(「星谷文書」『静岡県史料』一)。これは大平郷の年貢徴収の役に当っている星谷が、百姓の未納分を肩替りして納入し、それを百姓への米銭貸付の形としていたため、大名の朱印状によって、その取立てを認められたものであり、大名の搾取とそれに吸着する高利貸的収奪の一体性を示すものである。

大名領国制下の農業生産には、大名側の生産力増強要求にもかかわらず、半面ではこのように深刻な破壊要因が働き、大名はその矛盾になやまなくてはならなかった。しかも領国経済にとってもう一つ大きな困難は、領国を可能な限り統合された経済圏として編成することを妨げる市場構造の割拠性であった。それはすでに見てきたような領国内部における国人・小領主の割拠的傾向が不可避的にもたらすものである。遠江国引佐郡祝田・都田両郷をふくむ井伊谷東南辺地域は、浜名湖北岸に位置し、今川勢力下で、現地には国人領主井伊が君臨していた。永禄九年、この地域に今川方から徳政令が発布されると、「銭主方」は井伊に働きかけ、徳政の実施を永禄十一年に至っても拒否しつづけた(「蜂前神社文書」『静岡県史料』五)。この「銭主」は、井伊谷地域の多く土地を買得する地主でもある瀬戸方久以下の人々であった(「瀬戸文書」同前、五)。これら銭主方と国人井伊とが結託して「私に仕り」、徳政実施をにぎりつぶそうとしたのである。これを怒った百姓たちは、今川に訴え集団的な動きをとり始めたために、今川方は徳政実施の厳命を下す一方、瀬戸方久の買得した「名職」「永地」は徳政から除外として安堵し、さらに新城根小屋における「蔵取立商売」の諸役を免除することでこれと妥協している。

この事件は、曳馬市(浜松)に近く、また信州・三河への街道も通る上に、国人領主の城下でもあった経済的中心地域において、多くの農民が窮乏に追いこめられている事実とともに、国人領主と銭主が結託して、大名に抵抗している状態を鮮かに示している。井伊谷南辺には「五日市場」があり、それから東南に三キロメートルほどへだたった蜂前神社前にも「いち《(市)》免」があったことから見て、井伊谷とその周辺地域は、独立的な国人領であり、同時に一つの市場圏としても一定のまとまりをもっていたと見られるのである。おそらく、こうした市場圏の割拠性は大名領国下にひろく存在した一般的傾向であり、政治的統合性をもつ領国経済圏形成のための市場政策や農村統治策としばしば競合・対立する性質のものであった。松本豊寿は高知平野について、(42)小林健太郎は濃尾平野について、(43)この時期の市場の分布とその性格を検討し、ほぼ二―三ないし四―六キロメートルの距離で市場集落が形成されるとともに、その若干を包括する中心集落における豪族屋敷の存在を、歴史地理学的方法によって検出している。このことも一方では戦国期における市場関係の発達を示すとともに、それらがなお多く、国人級在地領主の割拠的支配下におかれていたことを示すものである。

以上示した二つの問題が、領国経済体制の形成を強く制約している条件である。したがって、大名がこれらの条件をどのような形で克服し、解決してゆくか、それが領国経済政策の根幹となるのである。

2　領国制下の生産力掌握形態

大名権力は右のような制約的諸条件を克服するために、荘園制ないしは室町幕府体制下には見られない積極的諸政策を推進した。この点を農業面と手工業面とから見ておこう。

一　農業生産力の掌握形態

農業面では、逃亡禁止、人返など一括すれば農民に対する土地緊縛政策とよぶべきもののほか、積極的な開発促進と、水論・山論等に対する調停機能の掌握が注目される。荒地の開発、治水灌漑への積極的取組みの問題は、中村吉治の研究以来、大名の勧農政策の特徴として注目されている。[44] 荒地開発は関東のように開拓のおくれていた地域ではとくべつに切実な問題であり、それが農業生産力向上の早道でもあった。これに関して大名領国制の特徴をもっともよく示すものとして注目しなくてはならないのは、「其郷近辺之荒地御領所私領共切開次第被下置間」(「持田文書」『新編武州古文書』榛沢郡一六号)というように、公領私領を問わず、貫高把握が行なわれていない未開地はすべて大名支配権に属するものという大名「公儀」の論理が強調されていることである。荘園制下の土地把握は律令制の熟田支配を継承して、「公田」依存の傾向が強かったため、未開地はもとより、逐次在地で開発されてゆく新田部分に対しても、中央領主はその把握に積極性を欠いていた。それに対して、ここでは未墾地をふくむ領国全域にわたって、大名側の上位の領有権と開発認可権が意識的に強調され、開発地が検地―増分追求の対象とされる論理と政策が採用されているのである。

したがって、開発はその遂行主体や、開発地の諸役免除期間なども、大名権力によって承認されるものでなければならなかった。後北条領の開発関係史料を検討してみると、それらはほとんど例外なく、郷村の小領主層に宛てられており、(イ)「郷中百姓」「他所之者」の駆使が認められていること、(ロ)五~七年程度の相当に長期の諸役免許期間が与えられていること、(ハ)その開発主体となった小領主層は、しばしば大名の被官として一定の給分を与えられた存在であること、がはっきりする(たとえば『新編武州古文書』足立郡七一~七五号、榛沢郡三三号など)。これらのことは大名が土豪的階層を、家父長制的大経営主としてでなく、村落共同体の経済的諸機能を掌握する小領主の側面においてとらえ、さらにこれを被官として組織することを通じて、村落規模での開発を領国制的に編成しようとしていることを示している。

治水灌漑についても同じ傾向が認められる。武蔵岩付領の井草郷は荒川の氾濫にさらされやすいところであったが、これについては当郷の小領主牛村助十郎に対し「井草郷水そん之地ニ御座候間、其方一入せいニいれ、御大途走廻、尤ニ候、政所免、つゝみ免其方ニ預置申、来春田口伊与守談合ニ而つゝみをもつき立尤ニ候」(『新編武州古文書』比企郡一号)といっている通り、助十郎に「政所免」とともに、「つつみ免」をも与え、村落支配と水路支配を一体的に遂行させているのである。しかも大名の分肢である支城主太田(北条)氏房はこれに関して、井草郷の給人細谷三河守の給地百姓に対しても「箕田郷水堰」建設のため、奉行の差配下に「大普請之人足」に出ることを命じ、遅参一日につき五日の超過召使という「惣国之法」に基づいて工事を進めさせている(同前、一二号)。このことは、未墾地はすべて大名の上級支配権のもとにおかれるという論理と同じく、治水灌漑工事とそれに必要な人夫動員の権限が、究極的には大名の「公儀」的権限に属するという論理を明確におしだしたものである。

大名が郷村相互間あるいは給人相互間の山論・水論について積極的に調停的役割を演じたのも、まさにこのような大名の未墾地・山野・河川をふくむ全領土に対する「公儀」的支配権に基づくものであり、それが大名の立場を個々給人と区別する公的立場としてあとづける条件であった。戦国大名の分国法を見ると、「相良氏法度」「今川仮名目録」「塵芥集」「六角氏式目」など、多くのものが用水ないし用水争論に関する詳細な規定箇条をおいている。分国法典ではないが、毛利が「家中」＝譜代に対して「公儀」的立場を確立してゆくときその一つの足場としたのも、「御家来井手溝」の争論に対する調停機能の掌握であった(『毛利家文書』二、三九六号)。

そうした用水争論の調停は、開発が古くから進行しているうえ、小農の自立的成長の進んだ畿内近国では大名の「公儀」的立場の強化にとくに有効であったと思われる。近江北部に領国を形成した浅井は、その領域内の高時川をはじめとする中小河川からの用水をめぐる在地の争いをしばしば調停しているが、現存文書の上で認められるものだけでも、天文～永禄年間に七件におよんでいる。[45] また従来、幕府体制への依存に固執し、領国支配に積極性を欠くと見られていた三好長慶も永禄二(一五五九)年、摂津の郡家村と真上村の井手をめぐる争論に裁許を与えており(「郡家区有文書」『高槻市史』三)、越前の朝倉でも河口十郷用水の争論に対し、「十郷用水掟書」を給人・寺庵・百姓中に下して調停している(「大連文書」一号、『越前若狭古文書選』)。

以上のような性格をもつ大名の勧農政策は、生産力増強政策一般には解消できない特殊な意味をもっている。一面、自らが強行するさまざまの収奪そのものが農業生産力を破壊する重要な契機でもあるというジレンマの中で、大名はこうした勧農策を推進したのであるが、それは熟田地の生産力掌握のみならず、未墾地・用水・山野等をふくみ、かつ直轄地・給地にわたる領国全域に対する公儀的支配権を、既存の守護職や国郡制に依存することによってではなく、その生産基盤から独自に掌握してゆくことによって確立・掌握しようとするものであったのである。

二　手工業生産力の掌握形態

では手工業についてはどうか。これもまず、その組織化をもっとも高度に進めた後北条領国について見ると、永禄二(一五五九)年成立の「小田原衆所領役帳」には、総職人頭と見られる須藤惣左衛門二〇〇貫文を筆頭として、三島の唐紙・銀師、鎌倉の鍛冶・大工・番匠・結桶師・笠木師・経師、藤沢の大鋸引、韮山の大鋸引・切革・青貝師・欛《つか》左右《そう》師・石切・鍛冶、江戸の鍛冶・番匠などが「職人衆」として組織され、それぞれに、御蔵出をふくむ給分を与えられ、その合計貫高は七八九貫余に及んでいた(46)。三島・韮山・鎌倉・江戸などは、後北条氏の軍事・政治拠点であると同時に都市的性格を帯びはじめたところであり、ここに主として軍事的需要に直結する職人集団を配置し、給分を与え、被官化するという方式がとられているのである。小田原には「役帳」には載せられていない石切・紺屋・畳などの職人も給分を受けている者がいた。しかし「役帳」成立の時点では、八王子・鉢形などの支城領下の諸職人の掌握と組織化はまだ十分進んでいなかったと見られるから(47)、とくに武蔵地方では、この時期以降、小領主層の「大途被官」化と併行して、これ以外の職人編成も進められていったに相違ない。たとえば武蔵児玉郡金屋に集住していた鋳物師集団の人びとには永禄十一年、鉢形城主北条氏邦から貫高給分が与えられ(『新編武州古文書』児玉郡二二一~三〇号)、「鉢形之鋳物師」として編成されるとともに、小田原本城主の御用をつとめる義務も負わされ、そのため公用伝馬の使用が認められている。

このような形で被官=給人的な身分編成を受けた職人は、藤沢の大鋸引集団の棟梁森氏が藤沢宿の触口役・問屋・伝馬支配を兼ねていたことからも明らかなように、領国支配体制の中に位置づけられていたのであり、また戦時には軍役衆なみの参陣も命ぜられた。(48) 播磨野里の鋳物師集団の棟梁であった芥田氏が、国人領主小寺則職の被官として「合戦」に「粉骨」の働きをしていることや(「芥田文書」)、武田が、敵城攻囲の際しばしば「金山衆」を参陣させていることなどもそれを示している。

これら被官=給人型の職人編成は、小領主的階層に開発・勧農権を付与するとともに、これを被官化することによって、農業生産力を掌握していったのとまさしく照応的な形態であり、それゆえ大名課役への奉仕がきびしく要求された。藤沢大鋸引の場合、年間三〇日が「公用」とよぶ課役奉仕日数と定められ、この間は一日一人一七文だけが支払われたが、「公用」以外の動員には「作料」として五〇文が支払われる規定であった。これは伊豆松崎の船番匠の場合も全く同様であったから(「松田文書」『静岡県史料』一)、おそらく全領国に適用された基準であろう。そして公用の場合、鍛冶なら原料の鉄・燃料の炭を大名側から与えて作業させており(「浜村文書」『静岡県史料』一)、また本城主直属の職人は支城主といえども本城主の許可なしにこれを使役することが禁止されていた。番匠・鍛冶・鋳物師等、軍事力に直結する職種については、本城主・支城主を中心にこのような身分的・地域的編成と、「公用」収取体系が整備され、それを通じ給人の掌握する土着的な職人を規制・再編していったわけである。

しかし多様な職人集団の中には、別の形で編成されているものもある。武具生産の上で重要な位置をもつ皮革業者は、「役帳」の職人衆としては姿を現わさないが、これは別個の編成方式をとっていたからだと思われる。すなわち、かれらは「伊豆国中革作」(「宮本文書」『静岡県史料』一)、「相模中郡皮作」(『新編相州古文書』五、補遺五〇~五六号)といった形で、「触頭」とよぶ棟梁に、国郡単位に統轄されており、一定量の製品を「公用」として大名に納入する義務を負うことによって棟別諸役を免ぜられ、領国内の営業活動を所定の範囲で許可されていた。そしてこの場合にも任意に他者の被官となったり、他所に移動したりすることは禁ぜられ(「宮本文書」『静岡県史料』一)、百姓の土地緊縛に見合う身分統制が加えられている。鍛冶の場合も、棟別銭・諸役が免ぜられる代り、毎年鑓先二丁(二〇丁カ)の進納が命ぜられるという形もあり(『北条氏照文書』八号)、おそらくこの形が手工業生産力の領国制的編成の裾野を形づくっていたであろう。(鋳物師の場合真継氏の「諸国鋳物師公事」の収取という公家側の家職制的権限が存在し、そうしたものが、鋳物師の大名領国制的編成を直線的な形で展開させない要因となっていたかもしれない。この点、皮革業が国郡編成をとった背景にも類似の問題があったかもしれぬ)。

以上のように、大名は手工業面についても、職人の被官化・諸役免除等を通ずる身分的・地域的編成と、大名の「公儀」的論理に立つ領国内営業活動認可権によって、旧来の国人領、村落に結合されていた職人の割拠的な存在形態を解体し、その再編を推進していたのである。この間には過重な「公用」に対する職人の抵抗も少くなく、侘言・逃亡・公用未進が広く発生しているし、大名領国によって職人掌握の進展度も異なるが、政策基調としては以上のように見て差支えないであろう。なお従来戦国大名の経済政策については、「楽市」とともに「楽座」が強調されるが、この時代に手工業者の座的集団組織の全面否定が推進されたと見ることが正しくないことは以上によって明白であろう。(49)

3　領国制下の市場政策

領国制市場政策は、すでにふれたところであるが、二つの基本課題を担っていた。一つは主として国人・小領主層の掌握する旧来の市場構造の割拠性を克服し、政治的に統御できる領国市場圏を形成すること、他は、それをふまえて常時臨戦の状況に即応しうる商人編成・物流組織・精銭確保の流通機構と宿駅交通路を整備すること、この二つである。

第一の割拠的市場構造の再編統合は、大名の城下市の楽市政策および新宿(新市)取立政策を中心として展開される。戦国大名の楽市令は天文十八(一五四九)年の六角氏による近江石寺の楽市令を初見とするが、それにつづく今川氏真の駿河大宮、織田信長の美濃加納、同近江金森、徳川家康の三河小山、柴田勝家の越前北庄、後北条の各六斎市(楽市規定をもつ)などの諸事例を検討すれば、それらがたんなる自由市場の創出を目的とするものでないことは明らかである。それは先行する国人領・社寺門前市などの旧来の市場支配関係、特定商人の営業独占を否定して、それらを新たに大名権力のもとに掌握するか、そうした古い市場関係に対抗して大名が自分の城下をはじめとする諸要地に直轄的新市を建設し、ここに商人を呼び集める目的から発せられたのである。

それらの点を後北条領についてみると、第一は、小田原・韮山・玉縄・江戸・岩付・松山・鉢形・八王子など、本・支城下町の建設と振興、第二はそれら支城を中核とする諸「領」に新市を取り立て、若干の六斎市の組合せによって有機的経済圏を仕立てあげること、という二段階をもって推進されている。第一の本・支城下町の建設・振興は、なによりも大名とその分肢権力の居住地として、年貢物の販売と共に兵糧・武器・生活物資を潤沢に集積することを直接目的とするものである。それは支城下町松山本郷の場合にもっともよく示されている。上田氏を支城主とする松山の「山之根」＝城下の市には、永禄年間すでに「本郷町人」とよばれるほどの商人集団が形成されていたが、上田およびそれを継承した後北条の城下商業繁栄策はすこぶる積極的であり、永禄から天正にかけて数多くの「法度」「掟」の類を次々に発布している。天正九(一五八一)年の法度は、「山之根其外松山領」に他所の商人が立ち入って物資を買付け松山本郷の市に立たないまま退去することを防ぐため、領内郷村に対し、そうした商人への物資売却を禁止している。また天正十四(一五八六)年の制札では、本郷新市場に対し、当市之日にここで取引されたものは他所への搬出も一切構いなしとし、当市の商売物には一切の役をかけず、当市に来た負債者に対し借銭・借米等の催促を加えてはならないとしている(『新編武州古文書』比企郡七四〜八五号)。これらはいずれも多数の領外商人の招致によって、支城主の必要とする取引を有利にみちびこうとする意図を示すものである。上杉謙信は永禄七(一五六四)年、領内の直轄港町であった柏崎の再興を計り、いったん「居所を方々に構え」四散した商人の還住を命じたが、それに従わないものも少なくなく、なかには移転先の「領主」がそれら商人の還住をおさえている場合もあった(『上杉家文書』一、四九六号)。このことは「領主」＝給人たちもそれぞれ独自に商人を掌握しようとして、大名と「領主」＝給人化した国人とのあいだに商品流通の掌握をめぐるするどい競合関係があったことを示すものである。大名の城下町繁栄策の政治的意図はまさしくそのような「領主」の動きを抑制するところにあったといえよう。

さらにもうひとつ注目すべき問題は、領国内に大名が六斎市および新宿を積極的に設立していった動きである。後北条領の場合、関戸(一五六四年)・世田谷(一五七八年)・高萩(一五八三年)・白子(一五八七年)・井草(同年)などの、多くは楽市規定をともなう六斎市が「新宿」として民衆の要求を受けとめる形で直接本城主の指令によって建設されており、他に関戸(一五八五年)・松山(一五八六年)・赤岩(一五八八年)・小手指(年不明)にも新宿が設立されている。六斎市の性格については、大石慎三郎[50]・中丸和伯[51]・藤木久志[52]・杉山博[53]等の所論があり、とくに大石は若干の六斎市の組合せからなる有機的連関をもった市場圏の形成に注目し、藤木はそれをふまえ六斎市が集中的に設立される年代が、精銭収取の破綻から段銭・棟別銭などが物納へ転換しはじめる永禄―天正期と一致していることに注目して、これを農民的商品交換の場と見るよりもむしろ大名側が年貢米等を領内に再投下する場と見るべきだという見解を提示した。これらはいずれも重要な指摘であって、大名側はこうした「新宿」の設定によって、民衆の要求にこたえると共に給人・寺社の割拠的な旧市場支配関係を解体し、支城下を中心に一定の有機的結合をもつ市場圏を大名(支城主)のイニシアティヴのもとに創出していったのである。この過程は一面では、農民を個々の寺社・給人の支配から解放し、農民が直接的に市場に参加しやすい関係をつくり出す点では農民の要求を反映していたが、もっとも本質的な点は、大名側が「納法」によって年貢納入の米麦と銭との換算基準を定め、麦の場合、貫高一〇〇文＝三斗五升とする一方、秩父谷中の取引は「五盃入升（枡）を以て百文に二斗五升」の価格以外の取引を禁じている事実である。一口にいって、安い法定麦価で収取し、高い取引値段を強制することによって、領主経済を有利にみちびいているのである。[54]

このことからも分かるように、城下の市町繁栄策にせよ各地の六斎市設立策にせよ、それらは何よりも大名経済の利害を先とするものであったから、「楽市」といっても完全な意味での自由取引を目的とするものではなかった。大名はむしろ右のような価格統制や取引規制を行なっていると同時に、特定の商人を御用商人や蔵入地代官などに編成し、それ以外の商人には課役・関銭の類をきびしく賦課することによって規制を加えていったのである。後北条の賀藤、上杉の蔵田、芦名の簗田、今川の友野・松木、織田の伊藤・今井など、大名権力に直結した御用商人の活動形態は、すでに豊田武の研究によって明らかにされている。[55] 豊田はそれについて結論的には(1)課役地子の免除、(2)独占権の賦与、(3)商人の統制権、の三点をあげている。しかし、(1)はかならずしも厳密な意味での特権的御用商人にかぎるとはいえない。むしろかれらが大名の被官＝侍身分をもち、後北条の宇野や織田の今井のように直轄領代官をつとめるほどに大名権力と一体化していたことが重要である。そしてかれらが領国内商業の商人司・商人頭として領内諸商人に対する公用徴収権をもち、木綿・青苧などの重要商品に賦課される公用の徴収にあたるとともに、友野が「当国損亡之時従勢州関東江買越米穀重用之時友野座方令商売」(「友野文書」五号、『静岡県史料』三)とされ、松木が「度々致京都上下令奉公」(「矢入文書」一号、同前、三)といわれるように、兵糧・戦略物資のための領外取引をほとんど一手に引き受ける形の活動を行なっていたことがその最大の特徴である。

大名はいかに流通組織の強権的な編成を進めたとしても、すべての商人を御用商人化することはできなかったし、また得策でもなかった。むしろこのような形で、戦略的機能を担当しうる有力商人を被官化することによって確実に御用商人化し、他は上述のような一定範囲での統制下にくみ入れておくにとどめるのである。ただその際、大名が領国市場政策の立脚点としたのは、商人の営業活動認可権、諸役賦課・免除権を行使し、さらには水陸交通路の通行認可権など、領国全体にわたる市場・交通の「公儀」的支配権を掌握しているという主張である。武田領には、永禄二(一五五九)年時点で、領国内商荷物輸送について「諸役免許」を認められていた商人・荷主の全貌を示す文書が残されているが(『新編甲州古文書』八三一号)、これによれば、領国内の給人・商人に対する駄数別免許のほか、「越国筋往還自由者」「会津高橋郷」商人(?)「濃州商人」「塩硝鉛下《くだし》」など領外商人と見られる人々にも、領国内活動の免許が与えられているのである。それは領内商人に対する身分的特権付与ではなく、領外商人の領国内における営業活動に対する課役免除の特権の付与である。そのことは、大名の支配が、被官身分編成を通じての人的支配のみならず、領国という一つの領域的世界の全域の土地とともに、商人や交通路にいたるまでの支配全般に及びつつあることを物語るものである。

荘園領主もしくは荘園制下の在地領主の支配は、本来分散的・重層的な所職の支配であったため、「公田」と「荘民」に対する年貢・夫役の収取や市場銭の取立は可能であったが、それをこえた広い地域にわたる商業や交通を統一的に支配することは不可能であった。遠隔地取引に従事する商人や巡回型職人が、中央貴族に従属し、形式的にせよ、それから諸国営業活動の保障をうけるという形が長らくつづいたのは、個別の荘園支配ではそれができないからであった。つまり、荘園領主はこの点でも「公儀」たりえないのである。これに対して、大名の領国支配は、その貫徹度に差があるにしても、農業のみならず、手工業、さらに商業・交通上の諸機能を統轄しうる領域的公権力として、自らを位置づけている。そして実際その論理にもとづいて右のような「諸役免許」権を発動し、あるいは交通路・伝馬・宿駅整備等の統一的交通政策、さらには、精銭と悪銭との混合率を規定した領国の「代物法度」(56)＝通貨政策などを展開しているのである。この点が経済的分野における荘園制と大名領国制の重要な差異であった。

むすび――大名領国制における「中央」

以上見てきたところを総括すれば、その所有形態において分散的・重層的な形態を特質とし、しかも「職」の秩序体系において求心的な編成をとる荘園体制とは異なって、戦国期の大名領国はなお多くの限界をもつにせよ、政治的にも経済的にも自立性の強い領域支配体制であったことが明らかである。そして、その領域支配は、一族団を中心とする狭隘な権力構成と異なり、多数の国人領主と、さらにその基底部に広く成長してきた小領主層を結集し、荘園や国人領とは比較にならぬ広域の土地・人民・社会分業諸関係を独自かつ統一的に掌握する体制を目指すものであった。戦国期の大名領国は、地域の生産力格差や領域規模の差、また支配体制の成熟度などの差異をふくむにせよ、基本的にはそうした内容をもって、室町幕府体制ないしはその基盤における荘園体制から離脱したところのその特有の存在原理があった。それは「日本国」の下位にある地域国家といってよい。

大名領国の領主制的支配原理は、まだ兵農分離を前提としない。たしかに給人たちは、大名権力によって、知行地を分散させられ、部分的には本領の移動を強制されているから、そのかぎりでは在地性否定の方向が推進されだしている。しかし、かれらの多くはそれぞれに城や市を握って地域割拠していた。また戦国大名は、小農民経営の進展にともなって村落上層に成長してくる小領主層の一部を在村のままに「軍役衆」としてとらえ、同時に村落支配機能を遂行させる点に、その権力の基盤をおき、それによって農民闘争と対決していったから、究極において在地領主制の上に立つ権力であるといわなくてはならない。それは一言にしていうなら、在地領主制のもっとも高度に広域的に組織化された段階、あるいは在地領主制の最終的歴史段階というべきものである。ここにおいて在地領主制は、はじめて領域的世界の土地・人民、社会分業支配をひろく実現する独自の領国を形成しようとしたのである。大名が自からの立場を「公儀」とするに至ったことは、その政治思想面における表現であり、それこそ領域国家的支配の政治的理念を示すものである。

大名領国制はこのような意味において、在地領主制を基本的な構成原理とする日本中世社会の最後の一段階であるが、そのことは半面では在地領主制の矛盾がすでに最高度に深化していたことを意味しており、その点ではそこに近世幕藩体制への移行の萌芽が多面的に吹き出しているのである。貫高制についてはしばしば近世の石高制との相違面が強調されるが、それが、農民支配＝収取と知行＝軍役編成を統一的に実現する基準高であるという点では、石高制と近似した性格を持つ(57)。その支配＝収取原則が、分化した所職的権利、とくに加地子・内徳収取権と名主身分を極力否定し、単一的な「百姓」身分による農民支配を推進しようとした政策基調も、近世的な「一職」支配に直接接続してゆく性格のものであり、内徳の全面否定が行なわれていないとしても、大名領国制的支配を「在地不掌握」とか「荘園制的本年貢体系への依存」権力などと規定することによってはその本質をとらえることができない。

しかし、そのように見た場合、では大名領国制は果してどこまで領域国家体制を実際に形成できたのか、大名領国と中央政権＝王権(58)とのあいだにはやはり無視できない制度的・政治的関係があるのではないか、戦国大名が守護職や官途を切望し、求心的な動きを示すこともこれと切り離せない問題なのではないか、また地方と中央地帯との経済的関係も無視できないではないかといった一連の疑問が提出されるであろう。

たしかに、多くの戦国大名が、中央の王権や経済とのあいだにそのような求心性をもったことは事実である。大名の一国的な段銭収取や、領国全般にわたる「公儀」的支配は、国郡制的な旧支配組織や「守護職」をふまえた場合に「公儀」的権力行使の論拠がえやすかったことは当然である。したがって大名が「守護職」を欲したことも不思議ではなく、前例のない陸奥守護職を受けた伊達、九州六ヵ国の守護職の確保に執心した大友の場合などにおいてそれはとりわけ顕著であった。しかしこれらのことも、将軍を頂点とする守護職補任の秩序体系が、全国的な権力編成原理として現実的に機能していたことを意味するものではない。幕府―守護職の体系が権力面で機能しているということは、守護職の担い手が他者によって侵害された場合には、幕府―守護の権力体系によって法廷的・政治的恢復の措置がとられるものでなくてはなるまい。だが戦国期の幕府にはそうした現実的能力はもちろん、そのような指向性すらほとんど存在しない。

今谷明は、応仁の乱以降戦国期の室町幕府の在り方を、管領代奉書のおびただしい存在に着目しつつ具体的に解明する試みを進め、戦国末期に至るまで幕府を再生維持しようとする動向が根強く存在したこと、それと結ぶ三好長慶政権などが、個々の大名領国には解消できない中央政権的な性質をもつ意味を追求した。(59) それは従来見逃がされてきた側面であり、畿内の一定の地域において幕府＝将軍あるいはそれと不可分なかかわりをもって天皇が特定の政治機能を演じていたことを示すものである。だがそのことも、全国の大名領国を何らかの形で統合する現実的権力ないしは生きた国制の体系が存在したことを意味するものではあるまい。石母田正は、戦国期の大名領国の性格を法史的側面から分析し、その独立国家的本質を強調しているが、(60) それは既述のごとく大名が農民支配のみならず社会分業の諸側面に対する上位支配＝「公儀」権を全面的に掌握しようとしていた点からも裏付けられるのであり、少くとも現実に生きた権力と国制の問題としては、全国を統合する関係は存在せず、この時点で将軍・天皇を全国的王権と見なす場合でも、その権能が権力的側面においては個々の領国を規制しうる関係としては機能していなかったというべきであろう。

しかしながら、このようにいうことは、大名領国制にとって、特定の王権や中央の経済機能の役割をなんら否定するものではない。将軍・天皇という、いまや極限まで圧縮された王権にせよ、それが形式として存在するかぎり、かつて果していた政治的・経済的な役割を復活機能させ、あるいはこれを自己権力の名分的拠点にしようとする動きはつねに現実的にありえたのである。今谷のいうとおり再度にわたって中絶した幕府が、形式的にもせよ復活させられた事実や、将軍との結合を指向する三好長慶政権の動きなどがそれをよく示すし、信長の統一過程すなわち大名の結集と自己の「天下人」化も将軍・天皇を媒介環として欠かすことができなかった。したがって、大名領国制にとって、将軍・天皇という王権の存在は、大名領国の分立関係を権力として規制し、現実的な国家権力の頂点として実体的に統合している存在ではないが、名分としてはもっとも有力な天下的統合の契機であり、その意味で将軍・天皇はたんなる「礼」的世界の存在以上に政治秩序的な意味をもっているのである。

さらに、諸大名領国にとって、中央のもつ意味はそうした政治的側面より以上に、経済的側面において大きかった。脇田晴子によって「首都経済圏」(61)とよばれる京都・奈良・堺などの中央都市を核とする畿内地域は、十五世紀段階ですでに農村内部に数多くの手工業座を発生させ、社会分業の進展度と市場形成度は他に比べて圧倒的に高く、それに応じて中央市場に向けての全国的な物資流通網が荘園制以来の展開をふまえて求心的な形で形成されていた。新興大名の領国の安定的形成が困難であった状況の中で、京都をはじめとする中央商人は、伝統的な公家・社寺の本所を権威的な拠りどころとしつつ、実際には地方大名とのあいだにも広い取引関係をくりひろげていた。さきに示したように今川の御用商人松木が「京都上下」するような活動形態をとっていたことや、陸奥の伊達が、十六世紀初葉から京都の有力商人坂東屋富松四郎左衛門氏久などとのあいだに恒常的な取引関係をもち、伊達のための京都における資金融通が同人によって行なわれていた事実(62)(『伊達家文書』一、八〇号)などは、大名領国経済が中央との結合なしには完結しえないことを端的に示している。上杉領国における商人であり家臣でもあった蔵田五郎左衛門もその一人であった。それらの存在は、鉄砲・塩硝・武器の買付といった軍事的な要素の強い取引関係にとどまらず、領国経済と中央経済との機能的・構造的なかかわりの存在を意味するものである。

大名領国制は、かくして一方においては、日本史上前例のないほど徹底した形での領域的な政治・経済圏の形成を指向した。それは戦国争乱とか下剋上といった言葉によって示される、たんなるアナーキー状況ではなく、むしろ高度に組織化された公的領域世界の分立という形をとった。しかし他方、畿内中央が政治的にも経済的にも特殊な位置をもち、しかも堺を通じて外国貿易をも独占しているかぎり、畿内を制して政治と経済を統合することによって、圧倒的に優位な中央政権が生みだされる可能性はつねに存在していた。

その際、大名領国支配にとって、将軍・天皇がいかなる意味での政治的存在であったかという点の理解をめぐって学説は分かれている。戦国大名にとって「守護職」、ひいては将軍を頂点とする統一的国制が不可欠であると見る見解は、結局室町幕府体制ないし荘園制が戦国時代を通ずる体制原理として存続しているという理解に結果する。実体に即して見れば、将軍や天皇が新たに一定の政治的役割を演ずるようになるのは、その独自の実力や権力機構・法的支配原理によってではなく、大名が必要に応じてその役割を演じさせたり停止させたりするのである。天皇・将軍を頂点とする国制の形式が廃絶されず、ともかく存続させられたことの政治的・社会的意味の重さは改めて問いなおすことは必要であるが、それと大名領国権力の独自に公儀的性格を備えた領域支配の問題とはあくまで析別した上で考察される必要がある。

この段階における日本封建社会の特質について、荘園制の存続や、地域領主制支配の貫徹に抵抗する門徒農民の「御百姓意識」(63)の存在を一般化して解釈し、あるいは国郡制的関係や将軍・天皇の存在を重視して、戦国期における領主制支配の未完成状態をそこに見出そうとする考え方も提起されているが、私はそうした側面を中心にすえることによっては大名領国制の歴史的位置と、それが近世への移行さらには日本史上に果した前進的役割をとらえることができないと考える。私は既述のように大名領国制を中世社会の最終段階と考えるが、そこには、これまで見てきたような変革的過程が内包されているのである。それは封建的支配階級にとっても、民衆にとっても、広域的な結集と対決をふくんだ地域の自立という、荘園制段階には見られなかった歴史的進歩の契機をふまえてはじめて実現された独自の歴史段階なのである。

(1) 戦国期の大名領国制をめぐる近年の研究動向については、本論文の準備的意味をこめて執筆した永原慶二「大名領国制の史的位置」(『歴史評論』三〇〇号、一九七五年、本書第Ⅰ部第四)を参照。なお大名領国制の今日の到達点を示す代表的労作としては、宮川満「戦国大名の領国制」(清水盛光・会田雄次編『封建国家の権力構造』創文社、一九六七年)、藤木久志『戦国社会史論』(東京大学出版会、一九七四年)および勝俣鎮夫の一連の業績をあげておきたい。

(2) 室町期の加地子収取関係の展開については、永原慶二「室町幕府=守護領国制下の土地制度」(同『日本中世社会構造の研究』岩波書店、一九七三年)を参照。

(3) 三浦圭一「惣村の起源とその役割」(『史林』五〇—二、三、一九六七年、のち同『中世民衆生活史の研究』思文閣出版、一九八一年、所収)は、和泉国熊取荘を中心に厖大な加地子収取権を買得した中家の場合に即して、在地における加地子徴収の保障がどのようにして行なわれるかを追求し、それが、荘園制秩序としてではなく、惣村機構として実現されていることを明らかにしている。

(4) 北爪真佐夫「国人領主と土豪」(歴史学研究会・日本史研究会編『講座日本史3』東京大学出版会、一九七〇年)。なお国人については田沼睦「室町幕府・守護・国人」(岩波講座『日本歴史』中世3、一九七六年)を参照。

(5) 羽下徳彦「越後に於る守護領国制の形成」(『史学雑誌』六八—八、一九五九年)。

(6) 勝俣鎮夫「六角氏式目における所務立法の考察」(『岐阜大学教育学部研究報告 人文科学』一七、一九六八年、のち同『戦国法成立史論』東京大学出版会、一九七九年、所収)。

(7) 在地裁判権については、笠松宏至「中世在地裁判権の一考察」(宝月圭吾先生還暦記念会編『日本社会経済史研究 中世編』吉川弘文館、一九六七年、のち同『日本中世法史論』東京大学出版会、一九七九年、所収)を参照。

(8) 瀬田勝哉「中世末期の在地徳政」(『史学雑誌』七七—九、一九六八年)。

(9) 藤木久志、前掲書、Ⅱ—第二章。

(10) 峰岸純夫「戦国時代の領と領国」(『慶応義塾志木高等学校紀要』一、一九六八年)。

(11) 森山恒雄「近世初期肥後国衆一揆の構造」(『九州文化史研究所紀要』七、一九五九年)。

(12) このような国人一揆の性格の時代的推移については、永原慶二「国一揆の史的性格」(『歴史公論』三、一九七六年)を参照。
(13) 藤木久志、前掲書、二〇七頁以下。
(14) 貫高制については藤木久志「貫高制論の課題」に問題整理がある(同、前掲書、三五五頁以下)。
(15) 佐脇栄智「後北条氏の税制改革について」(『日本歴史』一六三、一九六二年)、同「後北条氏の検地」(『日本歴史』一七七号、一九六三年)。のち同『後北条氏の基礎研究』吉川弘文館、一九七六年、所収。
(16) 村田修三「戦国大名毛利氏の権力構造」(『日本史研究』七三、一九六四年)。
(17) 岸田裕之「守護山名氏の備後国支配の展開と知行制」(福尾教授退官記念事業会編『日本中世史論集』吉川弘文館、一九七二年)。
(18) 勝俣鎮夫「戦国大名検地に関する一考察」(永原慶二編『戦国期の権力と社会』東京大学出版会、一九七六年、のち前掲『戦国法成立史論』所収)。
(19) 松岡久人「戦国期大内・毛利両氏の知行制の進展」(『史学研究』八二、一九六一年)、布引敏雄「戦国大名毛利氏と地下人一揆」(『山口県文書館紀要』二、一九七三年)などを参照。
(20) 村上直「戦国期における検地増分について」(『信濃』一五—一、一九六三年)。
(21) 下村效「戦国大名今川氏の検地」(『国史学』七九、一九六九年)。
(22) 有光友学「戦国大名今川氏の歴史的性格」(『日本史研究』一三八、一九七四年)。
(23) 同前。
(24) 勝俣鎮夫「遠州浜名神戸大福寺領注進状案について」(『日本歴史』三二〇、一九七四年、のち前掲『戦国法成立史論』所収)、同「戦国大名検地に関する一考察」(前掲)。
(25) 池上裕子「戦国大名領国における所領および家臣団編成の展開」(前掲『戦国期の権力と社会』所収)。
(26) 永原慶二「大名領国制下の農民支配原則」(前掲『戦国期の権力と社会』所収。本書第Ⅰ部第二)。
(27) 松岡久人前掲論文、外園豊基「中世後期宇佐領における在地動向」(『史学研究』一一二、一九七一年)。
(28) 勝俣鎮夫「塵芥集に見られる伊達氏の司法警察権についての一二の問題」(『中世の窓』一〇、一九六二年)。同「相良氏法度についての一考察」(前掲『日本社会経済史研究 中世編』、のち前掲『戦国法成立史論』所収)、同「六角氏式目における所務立法の考察」(前掲)。

(29) 桑波田興「戦国大名島津氏の軍事組織について」(『九州史学』一〇、一九五八年)。

(30) 永原慶二「東国における国人領主の存在形態」(前掲『日本中世社会構造の研究』)。

(31) この点は『高田郡史』上巻に詳しい。

(32) 村田修三の前掲論文は、一所衆を毛利陪臣と見ているが、私は本来毛利の直接掌握した下級家臣で、これを寄子として預けたと見たい。一所衆所帯注文が寄親に一括して与えられたことは村田の指摘の通り事実であるが、そのことは、一所衆が寄親の家臣であることを必ずしも意味しないであろう。

(33) 小林清治「戦国大名下級家臣団の存在形態」(『福島大学学芸学部論集』一七―一、一九六五年)。

(34) 池上裕子、前掲論文は小領主層の大途被官化過程を具体的にあとづけている。

(35) 勝俣鎮夫「戦国大名検地に関する一考察」(前掲)。

(36) 村田修三「用水支配と小領主連合」(『奈良女子大学文学部研究年報』一六、一九七三年)。

(37) 永原慶二「室町幕府＝守護領国制下の土地制度」(前掲)。

(38) 宮島敬一「荘園体制と地域的一揆体制」(『歴史学研究別冊―一九七五年大会報告』)。

(39) 外園豊基「豊前国の土豪元重氏について」(『大分県地方史』七八、一九七五年)。

(40) 松岡久人「大内氏の発展とその領国支配」(魚澄惣五郎編『大名領国と城下町』柳原書店、一九五七年)。

(41) 藤木久志、前掲書、Ⅲ―第二章「知行制の形成と守護職」。

(42) 松本豊寿『城下町の歴史地理学的研究』(吉川弘文館、一九六七年)とくに第二章「初期城下町成立の前提的集落」。

(43) 小林健太郎「大名領国成立期における中心集落の形成」(『史林』四八―一、一九六五年)。

(44) 中村吉治『近世初期農政史研究』岩波書店、一九三八年、三八七頁以下。

(45) 小和田哲男「戦国大名浅井氏の灌漑支配」(「生産の歴史地理」『歴史地理学紀要』一一、一九六九年)。

(46) 岩崎宗純「大名領国制下における職人衆の存在形態」(『小田原地方史研究』6、一九七四年)。

(47) 「小田原衆所領役帳」の史料的性格については、池上裕子の前掲論文、参照。
(48) 『藤沢市史』四、一〇三二頁以下(杉山博稿)。一九七二年。
(49) このような「楽座」の意味については佐々木銀弥「楽市楽座令と座の保障安堵」(前掲『戦国期の権力と社会』)。
(50) 大石慎三郎『日本近世社会の市場構造』岩波書店、一九七五年、第一章。
(51) 中丸和伯「後北条氏の発展と商業」(『歴史学研究』二二九、一九五九年)。
(52) 藤木久志、前掲書、Ⅲ—第一章。
(53) 杉山博「中世郷士における流通と交易」(和歌森太郎他編『中世郷土史研究法』朝倉書店、一九七〇年)。
(54) 峰岸純夫、前掲論文。
(55) 豊田武『中世日本商業史の研究』岩波書店、一九五二年、第四章第三節。
(56) 佐脇栄智「後北条氏の貨幣政策について」(『神奈川県史研究』一三、一九七一年)。
(57) 勝俣鎮夫「戦国大名検地に関する一考察」(前掲)。
(58) 私は足利義満の時期において、王権の現実的権力部分は将軍に、権威・儀礼的部分は天皇に帰属し、両者補完の形で王権を形成するに至ったと考える。この点は永原慶二「中世の封建支配と天皇」(『歴史教育研究』五八、一九七五年)を参照。
(59) 今谷明『戦国期の室町幕府』角川書店、一九七五年、第四章。
(60) 石母田正「解説」(日本思想大系『中世政治社会思想』上、岩波書店、一九七二年)。
(61) 脇田晴子『日本中世商業発達史の研究』御茶の水書房、一九六九年、第五章。
(62) 永原慶二「頤神軒存奭算用状についての覚書」(『山形大学山崎吉雄教授還暦記念論文集』一九七二年)。
(63) この「御百姓意識」論は「本福寺跡書」の「諸国ノ百姓ミナ主ヲ持タジ〳〵トスルモノ多アリ」という一節を典拠として、朝尾直弘・佐々木潤之介・藤木久志等が論を展開している。代表的には藤木久志「統一政権の成立」(岩波講座『日本歴史』近世1、一九七五年)を参照。

第二　大名領国制下の農民支配原則

はじめに

戦国期の大名領国制は、中世後期を通じて徐々に進行する農民層の封建的階層分化、すなわち小農民経営の発展と農民上層の小領主化、大名・給人による小領主の被官化を通じて、在地領主制をふまえた領域支配原理をもっとも高度に発達させた体制である、ということができよう。

したがって、戦国大名の領国支配は、「中世名主経営」(家父長的奴隷制)の維持を前提とし、荘園制下の本年貢＝公方年貢の収取にとどまると見る安良城盛昭の所論にもかかわらず、[1] じつはそれとは異なる独自の支配原則を創造・推進していっていると見られるのである。この点は最近の勝俣鎮夫・[2] 有光友学[3] 等の諸研究[4] によって、急速に解明されつつあるが、なお残された問題がないわけではない。

勝俣・有光の研究は、今川・武田領において、従来荘園制のもとでは領主が掌握できなかった名主加地子部分を、大名権力が検地を通じて把握し、本年貢部分と併せて一元化することによって貫高制とよばれる新収取体系を構築していることを論証した。この点は近年の研究動向のなかで画期的な意義をもつものである。けれども両氏の所論は検地増分が、たんなる部分的隠田の摘発によるものでなく、主として名主加地子部分の検出＝増分の踏出しとその把握にあった事実を解明するところに焦点をすえているため、受けとめ方によってはすべての耕地に名主加地子の収取関係が成立しているかのように受けとられないでもない。この点はこの時期の農業経営形態と土地制度の実態に即してより具体的に考察する必要がある。また両氏の所論においては大名権力による農民上層の加地子収取権否認の側面が重視されるが、半面これら農民上層が、軍役負担者として、また同時に村落共同体の支配層として大名権力の側に軍事的・政治的に編成されてゆく側面との統一的把握がかならずしも十分になされていないように思われる。この点で加地子収取権の否定と、軍役負担者としての編成という両側面の構造的関連をいっそう深くとらえる必要があると思われる。

本稿はそのような研究史の展開を念頭において、戦国大名の農民支配の原則を、地代収取体系と軍役編成および村落支配という三つの側面から分析的かつ総合的に解明しようとするものである。ここで「原則」という意味は、いうまでもなく、それが荘園制の農民支配方式と基本的に異なるものであることを明らかにするとともに、戦国大名を近世大名へのたんなる過渡形態と見る理解にも従わず、それを在地領主制を基礎とする領域支配の固有の特徴をもつ一段階と見る立場を裏づけようとする意図によるものである。

以下の考察は、相互に戦い合いつつも領国支配方式については濃厚な共通性をもつ今川・武田・後北条の三領国を素材とする。したがってそれはなお東国大名に限られており、厳密にはその考察から大名領国制一般の問題をただちには論じえないという限界をもつが、この三者に大名領国制の一つの典型を求めることはほとんど異論のないところであろうから、それによって、戦国大名領国制についての原理的な問題を考えてみることは可能であると考えるのである。

一　戦国期の農民層の構成

戦国大名の農民支配の原則を解明するための不可欠の基礎的前提は、かれらが直面した村落構造と農民層の構成の実体をどのようにとらえるか、という問題である。

この点についての先行諸説のうち有力なものは二つである。一つは、この時期の農民階層を基本的には家父長的奴隷制と規定できる「名主経営」と、それに従属し被給養的関係におかれている「小百姓・下人」的経営の二階層としてとらえる理解である。これは安良城盛昭によって提唱され、佐々木潤之介によって継承されている所説であるが、右二階層は本来不可分離の性質であるがゆえに、せんじつめれば「家父長的奴隷制経営」のみがこの段階の自立経営であるという理解に帰着するとみて差支ない。

もう一つは、「名主」層の加地子収取関係の広範な展開を想定する見方である。そこでは名主は家父長制大経営を主力とするよりも、作人に対する加地子収取関係にウェートをかけていると見る。これは勝俣・有光両氏の所論にうかがわれるところであるが、あくまで両氏の所論から間接的にみちびきだされる展望であって、両氏が直接農民階層論として提示したものではない。しかし加地子収取関係の展開を重視するかぎり、それは中世後期を通じて進行する加地子負担に耐えうる小農経営の発展を認め、それにもとづく「名主経営」の経営部分の縮小→「加地子名主」化という動向を基本的筋道とする理解に立っていると見ざるをえない。

このような農民階層の理解の仕方についての二つの説の差異は、当然ながら、村落の社会構造や農民闘争の理解にも緊密にかかわってくる。前説に立てば、「名主」的階層の闘争(年貢減免や給人領主の実力的収奪への対抗を内容とする「侘言《わびごと》」闘争を主要形態とする)は新旧あるいは上下関係にある支配層間の権力闘争と規定されることとなり、厳密な意味の農民闘争は「小百姓・下人」の「欠落」闘争を中心とすることとなる。これに対して後者の理解に立てば闘争主体としての小農層の役割を認めることとなるばかりでなく、さらに大名検地にもとづく加地子収取権の否定という要因を導入すれば、大多数の加地子名主も大名権力による被収奪者としての性格を濃くするから、かれらも農民闘争の主体の一部として位置づけられることになり、農民闘争はより広範な形でとらえられることになるであろう。

また、このような経営形態・階層関係・農民闘争の在り方と絡ませて見てゆくことにより、農民上層の小領主化＝軍役人化の方向もいっそう具体的に理解されるようになるであろう。すなわち、加地子名主層は一方で大名権力により加地子収取権を否定されるとともに、他方で下人・従属的小百姓ばかりでなく、増大しつつある小農的階層の下からの圧力によって、その存在を上下両方の側からたえず脅かされるから、かれらは自らの立場を維持するためには、大名への軍役奉仕義務を受け入れることによって、村落共同体における支配層的地位、さらには加地子・内徳の収取を事実上保障される方向に進まざるをえないのである。この点、前説の理解では、大名が「中世名主」層を権力基盤に組織した根拠は一方的な政策意図（「荘園体制」維持）としてとらえることとなり、この段階において新たに展開しつつある階級・階層関係がふくむ緊張関係の総体の中で事態をダイナミックにとらえることがむつかしくなってしまうと思われる。以下このような論点をふまえて、本節ではまず戦国期の村落構造・農民層構成の実体を、若干の事例について検討しよう。

〔**事例1**〕　天正十九（一五九一）年の小田原周辺農村の場合

秀吉は天正十八年、小田原城を包囲し、後北条氏を滅ぼすと、家康に与えたその遺領について翌年、広範な検地を実施させた。内田哲夫の調査研究によって相模の足柄上・下郡一〇ヵ村にわたるその折の検地帳が発見されている。(5)そのうち、平野部に属する柳川・西大友・金手・曾我谷津・金井嶋の五ヵ村の農民階層構成を、内田の整理に従って集約すると表Ⅰ-2-1の通りである。出入作関係等の問題があるから、厳密な意味での所有規模別階層構成とはいえ

表 I-2-1　天正 19 年相模 5 ヵ村の階層構成

保有規模	金井嶋村	柳川村	西大友村	金手村	曽我谷津村
4 町以上	0(0)	0(0)	1(0)	0(0)	0
3 町以上	1(0)	1(0)	1(0)	0(0)	0
2 町以上	2(0)	2(0)	1(1)	1(0)	0
1 町以上	5(0)	6(1)	8(5)	1(0)	8
0.5 町以上	6(2)	8(0)	8(7)	9(2)	8
0.5 町未満	17(6)	14(9)	28(26)	49(17)	61
計	31(8)	31(10)	47(39)	60(19)	77
以上ノウチ最高規模	町 反 畝 歩 3.1.8.6	町 反 畝 歩 3.2.2.24	町 反 畝 歩 6.3.4.8	町 反 畝 歩 2.2.8.19	町 反 畝 歩 1.6.8.23

〔備考〕 1）　各村戸数右側の括弧内数字は屋敷なし農家数.
2）　金手村 60 戸中 14 戸は屋敷のみ農家.

表 I-2-2　寛永初年の相模農村の身分階層

村　名	名　主	本百姓	わき者
矢倉沢村	1	10	25
怒 田 村	4	22	45
金井嶋村	2	16	42
千津島村	2	40	42
斑 目 村	2	13	32
内 山 村	3	21	44
入谷津村	3	39	120

ないが、大体の傾向は把握することができる。これによれば、村毎に傾向差はあるにしても、金井嶋・柳川村の場合、屋敷持の〇・五町以上二町未満という自立的小農経営と見なしうる階層（安良城は年貢四貫文＝約一町歩程度以上の農民経営はその内部に下人・名子をふくむ家父長的奴隷制経営と見ているが、その程度の小規模な経営ではたとい下人がいても家族労働を補足する程度のものであって、下人・名子的労働力を主力とする大経営とは区別されるべきものであるので、ここでは二町以下を大体の目安として家族労働を中心とする小経営と見ることにする）がそれぞれ11/31・14/31という割合で展開している。西大友・金手・曽我谷津村でもおなじような小経営が相当の比重を示している。それらはたんに太閤検地の小農取立政策に基づく帳簿上のみの表現とは考え難い。しかし同時に〇・五町未満の下層農民が大きな比重をもっていたことも明白であり、これらのうちの一定部分が他村に屋敷地をもつ自立的入作農民であるとしても、それ

を除く相当部分が、上層農との間に従属的・被給養的関係をもつか、その他の生業を兼ねるもので、農業だけでは非自立的な階層であったと思われる。

したがって、これらの村々では(1)下人等を隷属させる家父長制大経営、(2)家族労働力を主体とする自立的小農経営、(3)従属小作ないし自立性の弱い不安定な小経営という三つの経営形態がそれぞれ相当の比重をもって併存していたことは確実であり、小経営の一方的強調が正しくないとともに、家父長的奴隷制に立つ「名主経営」とそれへの従属経営の存在にのみ目を奪われることも正しくない。内田哲夫の調査によれば、寛永初期の足柄上・下郡の諸村の基本的身分階層は「本百姓」と「わき者」に区分され、表Ⅰ-2-2のような比重を示している。ここでの「わき者」は、「本百姓」に対する新興農民を意味するのであって、ただちに従属＝非自立性を示すものではない。むしろ新興の自立的小農をふくむものと見ねばならない。その意味でこのデータは兵農分離による一定の変容を受けつつある時期以後のものにせよ、右のような基本三階層の存在を示唆しているものと見られるのである。従来、家父長的「名主経営」を必然ならしめた生産力水準は小農経営の自立的展開を不可能とするという理解によって、両者を排他的な関係においてとらえる傾向が強かったが、本来小農経営の成立は一挙的に達成しうる性格のものではなく、むしろ長期的にこのような併存関係をとって展開するし、支配権力もまた二者択一的にでなく、そのような現実に対応する他はなかったと考える方が歴史具体的な理解である。

〔**事例2**〕　承応三(一六五四)年信濃国佐久郡臼田村の場合

戦国期そのものの具体相を直接とらえることは史料的制約が大きいから、もうひとつ、近世の側からの事例を見ておこう。戦国期には武田氏の旧支配下にあった佐久の臼田村には、宮川満が採訪した内容詳細な近世初期の村明細帳がある。(6) 本帳には寛永六(一六二九)年縄受とあるから、耕地所有規模はその時点、家族構成等は承応三年時点のものと考えられる。この村は村高一一三四石余、田畠計一〇五町余、家数四六(棟数一八三)、人口五二二、馬六〇、とい

表Ⅰ-2-3　承応3年の臼田村の階層構成

保有規模	戸　数	左ノウチ本家のみ	添屋・門屋	下　人	馬　牛
6町以上	1	0	4	8	3
5　〃	2	0	4	16	5
4　〃	2	0	6	17	6
3　〃	4	0	8	12	8
2　〃	14	3	17	26	17
1　〃	15	6	18	21	12
0.5 〃	4	3	1	0	1
0.5 未満	4	4	0	0	0
計	46	16	58	100	52

〔備考〕「本家のみ」とは当該農家が門屋・添屋などの従属戸をもたないもの.

うかなり大きな村柄である。表Ⅰ-2-3で分かるように二町以上の二三戸は合計三九戸の門屋・添屋と合計七九人の下人と三九頭の馬牛をもっている。添屋・門屋の家族員数はいずれも四~二名程度が多く、この面からも非自立的従属家族であることがうかがわれる。二町以上層は、門屋・添屋・下人・牛馬所有のどの面でも他を圧する地位をもち、ほぼ家父長制大経営とよびうる構成を示す。これが第一グループとしての上層農の存在形態である。

つぎに第二グループの中農層は二町未満~〇・五町以上層の一九戸である。この層は合計して一九戸の門屋・添屋と二一人の下人、一三頭の馬牛をもつが、うち約半数の九戸は門屋・添屋をもたず本家のみである。平均すると一戸の門屋・添屋と一・一人程度の下人をもつが、この層では一部をのぞけば大勢としては家族労働が主力となり、門屋・添屋・下人の労働力がそれを補充する形をとっているといえる。この第二グループがほぼ自立的小農といえる。

第三グループたる〇・五町未満層は、これだけでは自立できず、有力農家と半ば被給養関係を結ぶか、それほど隷属的でないにしても小作関係を結んでいるか、もしくは副業として他の生業を兼ねている下層農民である。この層には門屋・添屋・下人・牛馬がまったく存在せず、この面からもかれらが農民としては不安定で半自立的弱小経営であることが確かめられる。

以上、相模西部と信州佐久地方という二つの地域の近世初頭の農民階層構成・労働力・経営形態の実体を検討し、後者の場合が、前者に比してやや後進的状態を示すとしても、大勢として、①家父長制大経営、②自立的小経営、③門屋・添屋とは区別されるが、①と補完関係に立つ半自立的小経営、の三形態が併存し、①と同時に②が無視できない比重をもって展開していることが確認できる。とくに相模西部の場合はその調査時点が天正十九（一五九一）年であることからして、事実上ほぼ戦国期の事情を示していると見ることができる。

〔**事例3**〕　天正八（一五八〇）年甲斐巨摩郡井口郷の場合

武田勝頼時代の井口郷の構成を推定しうる史料に、一五八〇年の棟別銭徴収のために発せられた武田家朱印状の写しがある。[7] その要点を摘記すると、

井口郷免許
家壱　今福和泉守同心 井口織部
壱　原豊同心 善兵衛
（以下家八略ス）
残而可納次第
三貫四百文　本屋拾四間
壱貫九百八十文　新屋弐十間
三百弐十五文　明屋敷弐間
合五貫七百五文
此内壱貫三百五文今度改出
調衆　井口庄左衛門尉
同名四郎右衛門尉

天正八年庚辰十一月廿八日

（中略）

とあるところからも分かるように、この年、棟別銭徴収のための調査を行ない、今福和泉守同心となっている井口織部等一〇人の軍役衆には棟別銭を免じ、残りの負担額と納入義務者を確定したのである。負担義務戸は本屋一四、新屋二〇、明屋敷二であるが、「本屋」とは従来から負担していたもの、「新屋」とは今回新たに負担義務を負わされたものである。この「本屋」・「新屋」の区別がもっぱら棟別銭賦課に関して用いられていることは「甲州法度之次第」（三六・三七条）でも明らかである。したがってこの「本屋」・「新屋」という表示からただちにその経営的実体を推測するわけにはゆかないが、天正十二（一五八四）年の三輪郷棟別指出しには、「一間新家是者海野弥兵殿披官」とあり、[8] 新屋が軍役負担者の被官で従属的性格のつよい者であることが知られる。それらを参考として考えれば、井口郷では、①一〇戸の棟別免許の勤軍役御家人衆、②一四戸の従来からの棟別銭負担の百姓、③これまでは①の被官などとして棟別銭賦課の対象からはずされていたが、今回はじめて「百姓」として賦課対象とされたもの二〇戸、から成り立っていたわけである。このような構成は著名な永禄六（一五六三）年の「恵林寺領検地帳」でも同領の住民が「勤軍役御家人衆」（このうちに同心となっているものとそうでないものをふくむ）と「惣百姓」とから成っていた事実（表Ⅰ-2-4参照）とも基本的には符合するわけで、武田領の村には、元来は農民上層たる在村の「軍役衆」と、「惣百姓」という二つの基本身分が存在し、「惣百姓」はさらに棟別銭賦課の側面から「本屋」と「新屋」に区別されていたということができる。

武田領では「恵林寺領検地帳」のほか天正七（一五七九）年の「諏訪神長殿知行御検地帳」[9]、永禄十一（一五六八）年の信濃佐久郡「上原筑前守御恩地検地帳」[10]などによって農民の年貢負担規模がある程度判明する。しかしそれらはいずれも給人知行地別に作成されたものであるので、農民の所有規模を直接完全な形で示すものとはいいえない。参考までに表示すると表Ⅰ-2-5の通りである。武田領の貫高と段別との関係は後北条領ほど画一的でないので、これを正確に面積に換算することは無理としても、平均的に見れば、二〜四貫文程度が田畠混合しておよそ一〜二町歩程度と見て差支ないだろうから、ここでも自立的小農および一貫未満の弱小経営も、直接年貢負担者として、大名に把握されている状況を認めることができる。

以上のことから判断すると、武田領の農村では、すくなくとも有力給人の在村する場合は別として、直轄領や直轄領と給人不住の給地が混在している農村について考えれば、さきの臼田村の例に見られたような門屋・添屋的な隷属層(被官)をもつ上層農民が、軍役を勤める「御家人衆」として存在するとともに(戦国期の軍役人の被官で棟別免除されていたものは、軍役人自身が兵農分離により近世に入って百姓身分となると、そのもとで門屋となっている例

表Ⅰ-2-4　恵林寺領住民の身分構成

身分	地域		
	郷分	両町屋	黒沢
軍役衆	12	8	9
惣百姓	43	33	45
計	55	41	54

〔備考〕 1) 他に同心となって給恩を受ける御家人12人がいる．
2) 宮川満「戦国大名の領国制」(『封建国家の権力構造』所収)の集計による．

表Ⅰ-2-5　武田領の農民層の構成

	永禄6年恵林寺領百姓分	永禄11年上原領志賀分	天正7年神長領
10貫以上	1	0	0
5 〃	6	1	1(1)
4 〃	4	2	0
3 〃	9	0	1(1)
2 〃	7	4	2(2)
1 〃	36	4	7(4)
1貫未満	82	11	11(2)
計	145*	22**	22(10)***

* 高島緑雄「東国における戦国期寺領の構造」(『歴史評論』100)の計算に従った．
** 他に庄左衛門他計20名＝8貫010文
弥次郎他計3名＝2貫350文
源左衛門尉他計4名＝3貫510文
の一括記載がある．
*** (　)内は屋敷持数．

が認められる(11)、「惣百姓」身分として表現される自立的小農・半自立的弱小農が広範に展開していたといえよう。

〔**事例4**〕 永禄十二(一五六九)年相模国斑目郷の場合

さきの表I-2-2にも斑目村としてのせられている村落は、酒匂川の沖積地に立地した戦国期の斑目郷であるが、永禄十二年、風損について減免「侘言」を行なったことを契機に「検見」=検地が行なわれ、「定納高辻」が定められた(12)。この史料は安良城盛昭がとりあげて以来(13)、著名であるが、私は氏の解釈と若干異なる理解をもつ。すなわち、この史料によると、百姓側の「侘言」によって大名側は「検見」を行ない、「検見高辻」を確定の上、「諸引方」=減免分を定め、「残而定納高辻」とその百姓別負担額を定めた。その状況は安良城の整理の通りであり、表示すれば表I-2-6・7の通りである。「検見高辻」はおそらく後北条領の一般原則である一段当り田=五〇〇文、畠=一六五文に面積を乗じて算出した額であり、実際はそこから「諸引方」を差引き「定納高辻」一三六貫余を確定したのである。安良城はこの定納高辻について、その百姓の経営的性格を論じているが、表I-2-7のような負担状況について、四貫文以上層は下人もしくは名子的隷属者をもっていたものと考え、さらに四貫文未満七名のうち、「増田将監分」など他郷からの入作分と思われるものを除いた四名も、これが「定納高辻」であることを考慮すれば、元来はやはり

表I-2-6 永禄14年，相模斑目郷の貫高構成

検見高辻	貫 文 211.252	
此内諸引方	74.604	
内　　訳	諸公事銭	貫 文 50.409
	巳増分之内指置	18.295
	名主給	1.500
	その他	4.400
残而定納高辻	136.648	

表I-2-7 同年，定納高辻負担農民の構成

年貢負担区分	有姓	無姓	小計	合計
12貫以上	5	0	5*	9
8 〃	1	1	2	
6 〃	0	0	0	
4 〃	2	0	2**	
3 〃	0	2	2	2
1 〃	0	2	2	2
1貫未満	1	2	3	3
計	9	7	16	16

* このうちの一名である石塚五郎右衛門(14貫242文)は隣郷千津島居住．
** このうちの一名である石塚主計助(4貫313文)も隣郷千津島居住．

表 I-2-8　天文 10 年，相模国下中村上町検地帳に見える農民階層の構成

田＼畠	1 反未満	1 反～	3 反～	5 反～	7 反～	1 町～	2 町～	合計
1 反未満	15	28	4	1	1			49
1 反～	2	6			1	1		10
3 反～	1	1		1				3
5 反～		1			1	1		3
7 反～			1			1		2
1 町～						2	1	3
2 町～							2	2
								72

一町以上経営層であり、結局一六名とも隷属的生産者層を従えた家父長的奴隷制による「名主経営」と見なしている。

しかしながら、さきの信州佐久臼田村の史料から確認されたように、二町未満～〇・五町以上層は平均二戸の門屋・添屋と一人程度の下人を保有するにとどまり、二町未満～〇・五町以上層では門屋・添屋をもたない農家も半数近くを占めている。したがってこれから類推すれば、四貫文＝一町（江戸期の面積に換算して一町二段）程度のものは、下人・名子的隷属農をもったとしても、家族労働力を補充する程度の重みを占めるにすぎず、これらを家父長的奴隷制経営というのは実体的に見ていささか無理である。したがって四貫以下の四名（史料上の二貫六七二文＝源左衛門、三貫五七八文＝平右衛門、三貫二六四文＝九郎右衛門、二貫三文＝四郎兵衛）は、たとい「定納額」の平均およそ$\frac{212}{136}$倍＝一・五五倍にあたる「検見高辻」に換算して経営規模を考えてみても、やはり家父長的奴隷制経営というより自立性の高い家族的小経営と見る方が妥当であり、史料に現われる一六名をすべて家父長的奴隷制経営と規定するのは実体にそぐわない。四貫未満層が無姓であることもかれらが新たに自立してきた層であることを示唆している。そして、そう見る方がこれまで示してきた他の諸事例に見られる農民層の構成とも傾向を同じくしていて理解しやすいといえる。

なお参考としてあげるなら、後北条領の唯一の本格的検地帳としてその全貌を示してくれる「相模国中郡下中村上町検地帳」[14]では、表I-2-8のような構成となっており、ここでは弱小従属経営がいっそうはっきりした姿を示しているが(この中には入作農民もふくまれるであろうから割引して考えねばならない)、半面、田畠合計五段以上二町未満の自立的小農型経営も一〇戸程度あり、二町以上の家父長的大経営は五戸程度にとどまると見られる。

二　収取体系＝貫高制の特質

前節で見たような存在形態をとる農民層に対して大名領国制的支配が推進されてゆくのであるが、その支配は基本的にはどのような性格をもつものであろうか。以下、戦国大名の農民支配の基調＝原則の検討にあたっては、①収取体系＝貫高制の問題、②農民層内部への軍役編成の浸透の問題、③村落共同体の政治的掌握と農民層の身分編成の問題、の三つの視角から考察を進めたい。この三点はいうまでもなく土地所有・権力・村落共同体と身分制という農民支配のための基本的側面であって、その三者の統一的把握によってはじめて大名領国制の農民支配の性格が理解されると思われるのである。従来、戦国大名権力の基本的性格を家父長的奴隷制経営からただちに規定したり、近世幕藩領主の土地・農民支配との対比において消極的に「在地不掌握」と規定したり、戦国大名は荘園年貢＝公方年貢収取に終始しているという判断によって、その農民支配の原理は荘園制と本質を同じくする、といった見解が提起されてきたが、それらはそれぞれ一面の事実をふくみながらも、全体としていえば、以下見るような諸点に照らして、いずれも再検討の余地があるものと思われる。

1　後北条領の貫高制と「名田」否定政策

後北条領の貫高が、田一段＝五〇〇文(一部は三〇〇文)、畠一段＝一六五文を統一基準とすること、また天文十九

（一五五〇）年のいわゆる税制改革によって、旧来の諸雑税が整理され、大名が全領から取る役銭と総称する段銭・懸銭・棟別銭および普請役等が設定されたことは、先学の諸研究によってすでに明らかにされている。この事実は、それだけでも、後北条氏自身が、①統一的な新収取体系を創出したこと、②直轄領・給人領を問わず統一的な貫高年貢額を設定することによって、給人の恣意的支配＝収取を規制したこと、③役銭＝三税および普請役等の設定により従来の臨時国役・段銭系統ばかりでなく、荘園制的雑公事系統のものも、「公儀」に対する租税的性格づけをもって大名権力に集中しようとしたこと、など画期的な変革が推進されたことを意味するものである。

しかしここで戦国大名の収取体系の原理的問題についてなお考えねばならないことがらは、右のような田地・畠地の基準年貢額＝貫高設定の意味である。私はさきに「貫高制の歴史的前提」[15]と題する小文で、貫高を段銭にひきつけ、それを基準とするものであるかのように考えることは疑問であり、むしろ南北朝期以来の貫文高年貢との関係を無視すべきではなく、その段階の一段当り荘園年貢額と後北条をはじめとする戦国大名の田地一段当り五〇〇文前後の年貢貫高には密接な関連があると考えた。そのときも述べたように、田地一段当り五〇〇文程度という額は、それだけを抽出してみると、荘園制以来の本年貢額と比べていく分上廻ることは事実としてもきわだって高額に引き上げられたとはいえない。もとより荘園制解体期の荘園領主が現実に収取していた額は平均すればそれよりはるかに少額であろう。だが実収は別として、建て前としての一段当り本年貢高には五〇〇文前後という事例は少なくない。後北条が基準年貢額として田地段当り五〇〇文という数字を採用した背景にはそうした現実があったろうし、それゆえ五〇〇文という額は表面的にはかならずしもさして苛酷な収奪として受けとられない性質をもっていたわけである。

しかしこのことは戦国大名がもっぱら荘園本年貢に依拠し、それだけの収取に甘んじていたことを意味しない。後北条の場合、前節でもふれたように検地を行なった場合はそれを通じて掌握した面積に基準年貢額を掛けてまず「検見高辻」を確定するのであるが、斑目郷の場合でもこの年の「巳増分」に見られるとおり、検地の都度に耕地面積が

「踏出」されるから、それをふまえた「高辻」は増分を生みだし、おそらく、同一地域についての荘園本年貢額よりもはるかに多くなっているであろう。つまり後北条領の場合、一段当りの基準年貢額を一挙に大幅に引き上げるよりも面積の踏出しによって、増分という形で収取量をふやしていっているといえるのである。戦国大名の検地の施行範囲やその徹底度の評価は従来の研究では概して消極的であったが、近年の諸研究は検地が給地に及ぶとともに、同一地域にくりかえし行なわれ、土地掌握を強めていっている状況を明らかにしている。

ところで、後北条領の場合、今川領について有光・勝俣両氏が解明したような「名主加地子」部分はどのように処理されたであろうか。今川領・武田領と対比しながら検討して気のつくことは、「名田」(あるいは「名職」)という土地権利区分が、後北条氏の支配関係文書の上には一切出現しないことである。このことと、田地一段＝五〇〇文という画一的な貫高年貢額の設定とを結びつけて考えれば、後北条権力は「名田」という土地権利区分を設けて、名田所有者に加地子あるいは内徳といわれる一定の得分の収取権を承認する政策を建て前としては一切とらなかったと見るべきであろう。

そう見ると、後北条権力は結局従来の荘園年貢とほぼ似た額、あるいはせいぜいそれを多少上廻る程度の五〇〇文という年貢額を設定し、加地子・内徳部分にはいっさい手をつけなかったことでもあるから、荘園領主の収取体系と基本的には同じ性格にとどまったのではないかとも考えられよう。けれども荘園制的「公田」のような現実とはいちじるしく乖離したルーズな面積把握と異なり、「下中村上町検地帳」に見られるように、大名領国制のもとでは耕地ブロックごとに面積・担税者を確定する検地を行ない、大幅の増分を打ち出す方向を進めているから、たとい検地が全領に行きわたるものでないにしても、荘園制下の「公田」と現実の面積との間隙に加地子・内徳の収取関係が広く成立しえた事情とは全く異なり、その成立の余地は急速に狭められているのである。後北条領において、さきの斑目郷の風損減免もそうであるが、随所で「侘言」とよばれる年貢減免運動がひきおこされているのも、このような年貢収取の実質的強化と切り離して考えることはできない。

そこで、このような検地―貫高制にもとづく新収取体系が貫徹されてゆくとき、その打撃を大きく受けるのはむしろ農民上層のいわゆる名主的階層であったと思われる。なぜなら、上層農民ほどおそらくは「公田」とじっさいの面積のひらきや年貢の不納耕地を多くもち、加地子収取関係を展開させていない場合でも多額の内徳を留保していたであろうから、検地増分による収取強化の影響をもっともきびしく受けざるをえない。したがって、この新収取体系の貫徹は、一般農民のみならず、とくに大名権力と上層農民とのあいだの矛盾を急速に激化させるため、現実には大名側も一定の譲歩・妥協を行なわざるをえないのが常であった。それが「赦免分」とか「指置」とよばれる減免措置である。斑目郷でも「検見高辻」二一一貫余のうち七四貫余が「諸引方」となっている。そのうちでは「諸公事銭」五〇貫余と「巳増分之内指置」一八貫余の二口が大きな比重を占めている。「諸公事銭」が貫高のうちに算入される意味ははっきりしないが、「巳増分之内指置」は明らかに検地増分のうちから政治的配慮によって「赦免」されたものである。武蔵国三保谷郷でも天正六（一五七八）年四月の検地の結果が新増分五四貫をふくめ「田畠踏立辻」二六六貫余、それから諸給田等の分六一貫余を差引いて御領所の高は二〇四貫余とされ、それから公事免・堤免・代官給・定使給と百姓に永代赦免分、合計四四貫余を差引き、「定納高」は一六〇貫とされた。そしてさらに同年十二月には右のうちから水損によって半分指置き、この年は八〇貫が納入義務額とされている。[16] この「百姓に永代赦免」の分および「半分指置」分の分配の内訳は分からないが、実際には土豪であり代官である道祖土佐守をはじめとする有力農民が受けた利益が大きいであろう。この点は十二月の八〇貫文の減免がまず代官道祖土氏個人に宛てて通告され、代官と百姓との相談の上で残り八〇貫を岩付に納入せよとしていることからも推定できる。つまり、配分は代官道祖土氏の主導に委ねられているのである。

このように見ると、後北条領の新収取体系としては、名主加地子・内徳分が制度として全面的に否定されたということはいえず、むしろ形式的にはそれにほとんど手をつけていないといえるが、現実には検地による増分の追求によって、従来の名主的有力農民も原則的には一般百姓なみの扱いを受け、その上で、「赦免」「指置」を通じて大名権力による一定の政治的妥協＝融和措置が与えられたのである。

2　武田領の「名田」の給恩的性格

後北条領の右のような「名田」否定政策に対し、武田領ではどのような方針がとられたであろうか。武田はその分国法において、今川のそれを色濃く継受していることは周知のところであるが、有光友学の研究によれば、その模範とされた今川では、名主加地子を検地増分として吸収、年貢にくりこむ方向が推進された。それが実際徹底して行なわれたとすれば、後北条領の場合よりいっそうきびしい名田否定政策が遂行されたことになる。しかし、当時相対的独立を保ちつつ今川に連なっていた駿河国駿東郡の有力国人葛山氏が、天文二十一（一五五二）年実施した佐野郷の「検地割符」を見ると、田地一段上田＝六〇〇文、中田＝五〇〇文、下田＝四〇〇文、上畠＝二〇〇文、中畠＝一五〇文、下畠＝九五文という基準額が示されており(17)、平均的には後北条領とさして異ならない数値である。この葛山検地の基準が今川領一般にも大体の傾向としては通ずるものであることは今川領の諸事例によって認められる。とすれば、今川領においても名主加地子・内徳の大名への吸収政策が進められたとはいえ、その効果・実態は、後北条の場合とほぼ同程度であったといえるかもしれない。ただ注目すべきことに、今川関係史料には「名田」「名職」などの言葉が散見し、「名職」が大名から安堵されるという形をとっている。この点は後北条には見られないことであり、その意味では今川領の方が妥協的ともいえる。

そこでこうした今川領の動向も念頭におきながら武田領の方針を検討しよう。武田領では、後北条領とちがって、大名側の公式文書のうえにも「名田」という土地区分がたえず姿をあらわしてくる。「甲州法度之次第」の第六条には「百姓地」という言葉が見え、第七条にはそれと対照的に「名田地」という言葉が見える。とくに第七条で「名田地無意趣取放事非法之至也」とあることからすると、「名田地」は一般の「百姓地」から区別され、所有権の面でも保護のあついものであることがうかがわれる。またたとえば天正八(一五八〇)年の三井右近丞宛武田氏印判状に「累年拘来田畠、於為名田者、雖有増分、被任御国法可被成赦免[18]」とあるように、「名田」は検地増分が出ても「国法」として赦免されるのが建て前で、それが武田領国の制度として確認された田地区分であった。また永禄十三(一五七〇)年の波切助右衛門宛武田氏印判状に「河原郷之内名田七貫文之所、被下置候、然者窪田地陣中軍役之奉公、無疎略可被相勤者也[19]」とあることから明らかなように、「名田」は大名から宛行われ、その代償には軍役義務があった。名田は検地増分が免除されたのも、それが軍役勤仕に見合う恩給としての性質をもっていたからである。

このことは天正十年武田勝頼が滅亡したあと甲斐に入部した徳川家康が、武田旧臣にひろく所領安堵を行なった際の安堵状に、所領貫高のほか「名田屋敷被官等」の安堵がほとんど例外なく記載されていることからも確認できる[20]。軍役負担者には貫高によって示された所領恩地のほか、「名田」の所有、屋敷地棟別銭の免除、「被官」(軍役に随従するもの)召抱え(=被官居宅の棟別銭の免除)が一般に認められていたわけである。

では「名田」の年貢は「百姓地」の年貢とくらべてどのような相違があっただろうか。ここで想起されるのが永禄六年の「恵林寺領検地帳」である。この検地帳は年貢負担の住民を「惣百姓」と「勤軍役御家人衆」に二大別しており、「惣百姓」と「御家人衆」とでは、検地踏出高に対する免高に明確な差異がある。後者の方が免の割合が大きいのである。これはおそらく「御家人衆」が「名田」をもち、前記のようにその部分は検地増分を免除される「国法」に従って計算されたからであろう。『甲陽軍鑑』(第四七)には名田は「年貢少しつつ出し、残りは地主知行にふみてとる」という記載があるが、これは武田領の「名田」の性格をかなり的確に表現しているといえよう。名田は「加地子」を収取したり「内徳」を留保することを認められているために、「百姓地」にくらべて年貢そのものが割安となっているのである。このことは平沢清人が明らかにした伊那谷の事例からも確認することができる。(21) 氏によれば、武田から徳川に引きつがれた知行制度のもとで、「名田地」は「百姓地」より軽い年貢を負担する知行地で、村落の土地台帳も、「名田地」部分は「本帳」という形で別個に作成されているという。

以上のような諸事実からすると、①武田領では、後北条領のように「名田」を支配=収取体制の制度としては一切承認しないのとちがって、これを制度的に承認した、②しかしそれは無条件に名主の加地子・内徳を認めることではなく、軍役勤仕の代償として与えるものであるから、原則としては名主加地子部分も、いったん大名が掌握した上で恩給の対象としているのであって、荘園制下の名田加地子のような、荘園領主の掌握するものの外部に成立する場合とは性格が異なる、③名田はこのように「名主」身分の者の保有地一般をさすのではないから、武田領でも後北条領と同じく、名田保有を前提要件とする意味での「名主」身分は土地所有とかかわる制度としては存在しない。「恵林寺領検地帳」で、「勤軍役御家人衆」の他は「惣百姓」身分に一元化されていることがこれを証明している。したがって、武田領の名田は、大名の独自の収取体系のもとで、「百姓地」と区別された一定の優遇措置を受けている田地であり、それは下級軍役勤仕者に対する恩給対象地であったから、それら軍役衆は「名田地」と「百姓地」を個人としては併有する形をとるのが普通であったのである。

なお今川領の「名職」についても吟味の必要があるが、この点はのちに第四節で「名主」身分の問題をとりあげるところとも緊密にかかわるので、前述のように、その「名職」が武田領の「名田」に近い制度的性格をもつであろうことだけを注意して、後述部分にまかせたい。

三　農民諸闘争の構造的関連

戦国大名の新収取体系が貫徹されてゆくことが、大名権力と農民とのあいだに新たな矛盾を激成させることになるのは当然である。以下、そこに展開する農民諸闘争とその構造的関連を検討する。

1 「百姓」の反年貢闘争

大名権力に対する農民闘争の基本形態は、これまで見てきたところからすれば、貫高制的新収取体系に対する「百姓」の闘争である。このことは戦国大名が農民諸層を一元的な「百姓」身分としてとらえ、かれらから貫高年貢を取り立てる体制を基本とするかぎり必然である。年貢をめぐる「百姓」の闘争は、さきの斑目郷の風損減免運動にも明らかなように「百姓侘言」として展開されるのが普通である。しかも斑目郷の場合、後北条氏が「引方」＝減免を認めた公式文書に、差引負担すべき定納之辻の負担の内訳を個々の百姓別に記載したことは、それら百姓等が集団として要求をつづけていたからであろう。同じように天正十一(一五八二)年の旱損の際、減免侘言運動を展開した相模国子安郷に後北条氏が二〇貫文の「旱損御用捨」を与えた文書にも、一三名の百姓ごとに年貢負担額が記載されている。そしてこの文書の冒頭部分には「諸百姓被集有糺明」とあるから、[22] ここでも百姓の集団的行動がとられていたことは明らかである。それは末端支配階級としての「中世名主」の利害を基軸とした行動というより、年貢負担の点で共通の性格をもつ「百姓」集団の共同行動であったと見るべきであろう。またおなじような事態は、弘治二(一五五六)年の遠江の祝田鯉田の年貢減免闘争の場合にも認められる。すなわちここでは「年々水損以外《もってのほか》」であることを百姓等が「連々侘言」し、二〇貫文の年貢額を一四貫文定成に引き下げさせることに成功しているが、その定成一四貫文は一六名の百姓に配分割りあてられている。[23]

また「百姓」の闘争はこのような年貢減免＝「侘言」という形態だけであったわけではない。永禄三(一五六〇)年、相模西郡一〇ヵ村の百姓は小田原の本城に目安を捧げて、酒匂蔵に納入した年貢俵物の取返しを求めた。[24] これについて後北条氏は酒匂の代官小島を召出して事情を調査しているから、おそらく事のおこりは代官の非法にあったろう。また永禄八年、武蔵水口の百姓等は、その所属問題をめぐって領主側と対立し、そこを長田の内とした裁許を不満として、年貢不納を以て抵抗した。(25)ここで「百姓」の闘争が代官の施政や支配の方式に対する不満をきっかけとして集団的に展開されていったことは明らかである。さらに武田領の境郷・後屋敷郷の百姓たちは、元亀四(一五七三)年「田地役之普請幷土貢之籾子等」を府内まで運送することを集団的に拒否する闘争をくりひろげた。(26)

ところで「欠落」は藤木等が指摘するように主として「中世名主」に隷属する下人・小百姓層の闘争形態と断じうるだろうか。家内奴隷としての下人が逃亡するということは、それが存在するかぎりつねにありうるし、とくに家父長的奴隷制が動揺期に入っていた戦国期においては一般に広く認められるところである。下人と本質を同じくする隷属性の強い小百姓=名子の場合も同様である。しかし大名にとってもっとも重大な意味をもつのは下人・小百姓的従属民よりも、年貢負担の義務を負っている「百姓」の逃亡・移動であることはいうまでもあるまい。百姓が年貢を「引負」ったまま「退転」「欠落」するというケースは、後北条・今川・武田いずれの領国においても広く存在した。天正八(一五八〇)年、後北条氏が伊豆田方郡の「郷村之儀ニ付」「惣領主」へ通達した「筋目」は、第一条で「当作之事寸歩も不残可仕付」きことをいい、第二条では合戦のため放火された郷村で百姓が逃散している場合は、領主が年貢に手心を加えよといい、第三条では百姓の立帰りを計り、第四条では郷村の百姓が「領主之儀」に背き他郷へ移った場合は、行先の領主に断わり召返すべしといって、「百姓」の土地緊縛を全般に強化・推進しようとしている。(27)その決意の固さは、この中でもし召返しに兎角「難渋」する者があれば「大途」(小田原本城主)に報告し、その手を経て召返し、「百姓従類」の頸を切る、といっているところからもうかがわれる。これは直接には戦乱にともなう逃散を問題にしているのであるが、基本的には年貢確保のために、「百姓」の逃散や欠落を全面的に阻止しようとする目的に立つものである。大名にとってまず第一に重要なのは下人や従属的小百姓層よりもこのような「百姓」自身の広範な「年貢引負」―「欠落」の防止であったのである。

この点はまた武田領でも同じ様相を示す。天正九年、信州伊那の片蔵郷で「片蔵之郷百姓等者、御改之砌、去寅（天正六年）之増分致迷惑令逐電云々、然者件之増分一切被成御赦免之間、各令還住、田畠等無荒之様可被申付由」と勝頼から保科越前守に指示した文書がある。(28) 大名の検地―増分踏出しによる収奪強化が広範な「百姓」の抵抗や「逐電」を引き起し、それに対処するためには大名側が増分の全面免除までを認めてかれらの還住をはかる他なかったことが手にとるように示されている。

しかも注目すべきことは、このような百姓の年貢未進・引負・欠落とよばれるものが、収奪の強化によってもたらされた「百姓」の実質的な窮乏にだけ起因したのではないことである。駿河（駿東郡）の獅子浜地域の尾高・田連・多比・江浦などの村々は、天正八（一五八〇）年、津方年貢五四貫文のうち三分の一にあたる一八貫文の減免を三年間にわたって獲得している。(29) これは「四ヶ村之百姓退転之由御侘言申上」げるというように、「退転」を大名権力に対する圧力手段に用いて獲得したものであり、その中心にはこの地域の代官にも任命されていた植松右京亮（佐渡守）がいたと見られるのである。この地域ではこれに先立つ天正四年にも、三〇貫文の「地方之高辻」（当地域の年貢は「地方」と「浦方」の二本建てであった）のうち半分の減免を「侘言」によって北条氏光から認められているが、(30) 両度とも、氏光の朱印（印文「桐圭」）状は「植松佐渡守殿・五ヶ村百姓中」のように植松氏と百姓中に連名で宛てられている。おそらく植松に主導されつつ広範な「侘言」闘争が展開されたのであろう。獅子浜に隣接する西浦で、天正五年、百姓たちが年貢米の計量を代官にゆだねることに反対し、百姓の手で行なうことを認めさせた闘争を指導したのも、当浦の土豪的百姓大川兵庫助であった。(31)

このような百姓身分上層で、小領主的性格をもちはじめた村落の有力層の大名権力に対する闘争は、集団としてでなく個別的にも行なわれている。天文二十四（一五五五）年、遠江の棚草郷では紅林次郎左衛門・同名右京亮という一族が「数年未進」をつづけ、「催促」しても未進なしと称して逆に訴訟するという事件が起った。しかも調査の結果、同人等は七〇余貫文という多額の未進を累積していたため、「郷中追放」・「名職没収」に処されているが、この場合など明らかに窮乏による未進でなく、有力農民の小領主的上昇をめざす反権力闘争ということができる。その際重要なことはそのような動きが「百姓」の年貢減免をはじめとする諸闘争と緊密に結びつきながらひろく展開されていた点である。「百姓」の佗言闘争のなかに小領主的上昇をめざす百姓上層の独自の要求と動きがあり、それゆえに獲得された減免分もしばしば指導に当った彼等の手に有利な形で掌握されただろうことは既にふれたように十分推測しうるところである。だからといってそれを「中世名主」＝家父長的奴隷主の権力闘争として、広範な「百姓」の要求や動きと切り離してしまうことは、この段階における身分・階級関係の在り方の面から見ても、農民闘争の評価の面からも妥当ではないと思われる。

2 「下人・小百姓」層の欠落と反小領主闘争の関連

では、この段階の「下人・小百姓」層の闘争はどのような性格をもつものであったか。従来この問題の中心的史料として注目されているのは、駿河国駿東郡八幡郷(現清水町)の「欠落」史料である。[32] これには甚四郎親子共三人・小三郎妻子共五人・二郎三郎親子共五人・いぬ親子二人という家族四組計一五人と、鳥若以下計八名の個人名がそれぞれ欠落先と共に記されている。その欠落先として江戸・河越・藤沢・鎌倉・小田原など町場の多いことが指摘されているが、藤木久志は、これらのうち家族を構成するものは「小百姓」、個人名のものは「下人」と見ている。この八幡郷に隣接する泉郷(現清水町)でも元亀二(一五七一)年、「百姓窪田十郎左衛門者」の梅母子二人・善三郎親子三人と女(個別)二人が欠落したことについての召返令が出されている。[33] これについての安良城盛昭の理解も同様である。[34]「窪田十郎左衛門者」と同様の用例としては武蔵持田氏の軍役でかれに従う人を「持田四郎左衛門者」(第四節、参照)

といっている。これからすれば「窪田者」は軍役人窪田の被官ということになろう。その意味で私も安良城のように解することで大体誤りないと考える。しかし他面、このような名前や行先を記した情報を大名側に提供した者は、従来信ぜられてきたようにこれら下人・小百姓の抱え主自身とは限らず、むしろ郷の代官のような地位の者だと考えることも可能である。そもそもこの八幡郷の文書は後北条氏の虎印判状で、奉行たる安藤源左衛門尉に宛てたものであるが、それが八幡郷の郷社たる清水八幡神社に保存されてきているのは、安藤が主命を受けて欠落者を召還するに際し、八幡郷の代官(または「名主」)に文書を渡し、それが郷関係文書であるため、のちに八幡社に納められることとなったと思われる。そう見ると、この欠落者名簿はもともと郷代官によって作成された可能性が高く、もしそうだとすれば、ここに記された欠落者が、すべて名主的経営層の私的隷属民(下人・小百姓)だけであるとは断じえなくなる。甚四郎等の四家族が姓をもたないという事実は、それらがただちに名子・門屋的隷属農であることの証明にならないのは、「百姓」に無姓のものが少なくないことから明らかである。また鳥若以下の個人が元来個別の下人であったか、「百姓」の家族員であったかも分からない。さきの後北条氏の伊豆田方郡惣領主に宛てた「郷村之儀ニ付」いての布令のような土地緊縛政策がとられる限り、家族員の移動も、代官層からすれば、同じ性質のものとして追求せざるをえないであろう。後北条氏は、永禄十二(一五六九)年、相模で郷単位の「人改」を行なっており、その実施令の一条では「当郷に有之者一人も隠置、此帳ニ不付者、後日聞出次第小代官・名主可切頸事」といっている[35]。この人改による人頭把握の原則からすれば、小代官・名主層がそのような調査を行なっていたと見ることも不自然でない[36]。もちろんそれもひとつの推測にすぎないが、欠落をつねに下人・小百姓層のそれにひきつけてしまうことはおそらく正しくないだろう。既に見たように、「欠落」は年貢減免の「侘言」と不可分のものとして展開されているのであり、「百姓」自身がひろく欠落していると見られるのである。

侘言と欠落の性格をはっきりと区分し、その階級的性格の相違を強調する考え方の背後には、下人や小百姓層は、独自に農民的土地所有者でなく、奴隷的人格隷属が本質だから、欠落という闘争形態を基本型とする他はない、それに対して名主的農民は土地に対する権利を確立しているから土地の所有と経営を前提として、年貢減免＝剰余の確保・増加を目ざす闘争こそがその基本型となる、と見る理解があるであろう。しかし武田領や今川領の「名田（名職）地」においてこそ土地の私的所有権がひとまず保障されているが、「百姓地」においては「百姓等年貢無沙汰セシメバ新百姓ヲ申付クベシ」[37]というのが領国制支配の原則であり、そのような「百姓地」の永代売買が自由に行なわれ窮迫すれば土地を売って小作人となるという形が一般に可能だったとはいえない。したがって、下人・小百姓層でない自立的な「百姓」層であっても現実に「年貢引負」による「欠落」がひろく行なわれたわけであって、その点を考慮せず、欠落を一律に下人・小百姓層の闘争形態とすることはできないのである。戦国大名が、農民上層のいわゆる土豪的＝小領主的階層を自己の権力の末端に組織してゆくことは事実であるが、それはあくまで軍役との関係からであって、下人・小百姓という従属身分を積極的に維持するような権力でなかったことは、上述の一元的な「百姓」身分体制を指向していた点からも明らかである。

それでは、「下人・小百姓の欠落」型闘争はどのように理解したらよいであろうか。第一節で見たようにこの段階における農民上層が、多かれ少なかれ下人および小百姓層を隷属させている存在であったことは疑いないところであるから、両者間の矛盾も重要な問題であることは確かである。武田領の上層農民たる在村の勤軍役御家人衆は、例外なく「名田」とともに「被官」の保有を認められている。この「被官」は「御家人衆」が軍役を勤める際に、その兵力として随従させるものであるから、ただちにいわゆる名子被官的な生産関係の在り方を示すものではない。しかし「直奉公之在郷衆」[38]とよばれるような形で在村し、日常的には家父長制的大規模農業経営を行なっている「名主」的階層が、これら被官を実体的には名子被官的な形においてとらえていたこともたしかであろう。駿河国駿東郡大平郷の最上層に位置した星谷氏は、初め今川、のちに後北条の郷村代官的地位にあったと見られるが[39]、天正三（一五七五）

年には後北条氏から「被官屋敷十二間被下置」れているし、(40)その後慶長六(一六〇一)年にも、「手作・下人共高役弐百石之分諸役指置」が沼津に入部した大久保忠佐から認められている。(41)それは星谷家と徳川氏との特殊な関係を背景とするにせよ、二〇〇石に相当する広大な土地とその一部を占める手作地および下人の所有は、すでに戦国期においてその大体を形成していたと思われる。

しかも重要なことは、下人・小百姓・被官等を隷属させる階層は、それらだけを支配する立場にとどまっていたわけではない点である。かれらは、場合によっては単独で、場合によっては同族団的に、時としては同格の有力農民層の連合として、村落共同体の支配権能を掌握していた。たとえば半漁半農の郷村であった獅子浜の植松氏は、天文二十一(一五五二)年、葛山氏元から尾高村の「山屋敷」「百姓并小脇者」「納所事」「網渡」「網舟」の安堵を受けている。(42)それは「納所」などをのぞき、ほとんどすべて植松氏が、かれ自身の実力によって掌握してきたものであろう。「百姓并小脇者」に対する支配権や「網渡」(漁場)に対する支配権は村落共同体の中心に立つ、いわゆる〝村君〟的立場においてはじめて可能となるものである。それらは直接隷属させている下人・小百姓に対する支配にとどまらない村落住民全体に対する関係である。それは元来村落共同体の機能を掌握・統御していたことに由来するのであるが、いまやそれらが植松氏の私的な権能に転化しているのであって、その歴史的性格はまさしく「小領主」とよぶにふさわしいものである。戦国期の郷村にはこのような有力農民が単独かもしくは複数で存在し、上級領主と連繫しつつ村落民全体に対する領主的支配権を部分的に掌握行使することが普通なのである。駿東郡泉郷の有力農民杉本八郎左衛門と秋山善右衛門は、永禄十二(一五六九)年、後北条氏から泉郷の「井領(料)免并定使給」を「前々の如く」与えられているが、(43)「井料免」がこの両名に与えられることも、かれらがかねてこの郷の用水権を掌握する存在であり、その灌水地域に小領主的支配力を及ぼすものであったことを示している。(44)このような場合、小領主的階層はかれが直接隷属させる下人・小百姓層ばかりでなく、一般農民層とも半面対立関係に立つことになり、かれらの下からの突き上げを避けることができないのである。

そう見ると、村落共同体の支配層たる上層農民が、下人・小百姓的隷属層を保有することと、一般農民を小領主的に支配してゆくこととは、じつは不可分の関係にあることは明らかであろう。いわば前者は後者＝小領主的支配を推進するための前提であり不可欠の条件なのである。下人や小百姓の欠落型闘争は、右に見てきたように広範に展開している。しかし、その欠落闘争の意義は、たんに主家の家父長制的大経営をおびやかすことにとどまるものではない。むしろそのような形で主家の力を動揺さすことを通じて、主家の村落共同体に対する小領主的支配を困難ならしめるのであり、それがまた村落共同体支配層の政治的・軍事的掌握を通じて領国制支配を貫徹しようとする大名権力の基盤を脅かすことになるのである。この段階における農民闘争の把握において重要なのは、そのような矛盾の複合的構造と諸闘争の相関関係を統一的にとらえることである。

四　村落共同体支配層の軍事的・政治的編成

これまで見てきたように、村落共同体の支配機能を梃子として小領主的性格を発達させつつあった「百姓」上層は、戦国大名の新収取体系＝貫高制のもとで、名田(＝加地子・内徳の確保)所有を原則的には圧縮・否定され、他方、村落内部では下人・小百姓層の逃亡やしだいに勢力を増しつつあった自立的小農民層の抵抗にあって、上方・下方両面から挟撃され、窮地に立たされるようになり、その窮境を打開するためにも大名への抵抗を強めざるをえなかった。

一方、戦国大名は、これら小領主化しつつある村落支配層を年貢収取面において、いわば「百姓並み」に追い込めようとした結果、小農の動きを背景としたかれらの根強い抵抗に直面し、何らかの宥和策をおしすすめざるをえなかった。また戦国大名は、争乱のひろまりとともに、軍事力編成をこれら村落支配層のレベルにまで拡大する必要に迫られるようになった。

こうした諸要因に規定されて、戦国後期に進むと、戦国大名による村落支配層の軍事的・政治的編成が急速に進められてゆく。その点についても、これら農民上層を家父長的奴隷主という一側面からのみとらえれば、小農を含む村落共同体に対する政治的支配の問題を統一的に把握することが困難となり、結局、戦国大名は「中世名主」＝家父長的奴隷主を権力基盤としたという結論しか引き出せず、自立的小農と小領主の現実における成長を論理の中にくみこんだ形で兵農分離への展望をつかむことがむつかしくなる。安良城盛昭の、「太閤検地の歴史的前提」が、全体として卓越した理論構成を示しながら村落共同体と中世後期における小農と小領主の問題、したがってかれらの階級闘争の問題を論理の枠外におき去りにしていると見られるのはそのためである。

1 下級軍役衆の存在形態

そこで以下、こうした理論的問題を念頭におきつつ、対大名、対小農という両面のかかわりの中で進められる村落共同体支配層の軍事的・政治的編成の過程を若干の事例に即して検討しよう。

〔事例1〕 武蔵・道祖土氏および持田氏の場合

道祖土図書(土佐守)は、荒川右岸の八林郷(比企郡川島村)に在住し、すでに享禄三(一五三〇)年、太田資頼から居屋敷分をふくむ年貢二九貫五〇〇文を給分として認められた小領主的階層である。同郷は年代は判明しないが、かつて一二〇貫文の高辻であり、いまは一五七貫三〇〇文に増高され、そのうち六〇貫御料所、二五貫道祖土図書、二五貫小高大炊助、二〇貫道祖土藤十郎、一九貫尾崎監物、八貫内田源太左衛門の給分に分割されていた。道祖土図書の他の四人の給人が八林郷在住かどうかは分からないが、図書は八林のうちに「屋敷分」として二五貫文を給されていたから、その在郷は確実である。(45)

この道祖土図書は、前述のとおり天正六(一五七八)年、隣接する三保谷郷代官となっているが、これに先立つ永禄十(一五六七)年に後北条氏の虎印判状によって、三尾谷(三保谷)・戸森郷の「代官職」を命ぜられ[46]、元亀三(一五七二)年には、この二五貫文(八林之屋敷分)の給分に対して、「鑓一本、指物一本、馬上一騎」という「着到」(軍役)がおなじく虎印判状によって本城主から指定された[47]。つまり道祖土図書はいわゆる「大途被官」とよばれる小田原本城主の直属軍役人としての身分を確定されたのである。それによって、天正十六年、同人は「小田原番衆」として太田氏房から「三人　道祖土図書」という動員令を受けている[48]。この三人はさきの着到で定められた通りの人数である。

一方かれは三保谷郷が天正六年水損にあうと、前にのべたように損免運動に奔走し、検見を要請するとともに[49]、「定納高」の中から「半分指置」という大幅な特別減免を獲得したのであった[50]。道祖土図書自身は三保谷郷では直轄領の代官として五貫文の給分を受けていたこと以上に、この郷にどのような社会的・経済的なかかわりがあったかは一切明らかでないが、ここにかれが一方では本人ともわずか三人という兵力の下級の軍役衆となり、他面では近隣の郷「代官」として、行政支配機構の末端に編成されていった姿を明瞭にうかがうことができる。

この道祖土氏の八林郷と遠くない荒川郷(大里郡花園村)には持田四郎左衛門とよぶ土豪がいた。これも天正四年には鑓馬上(本人)、「同人者」二名計三名、天正五年には鑓馬上(本人)と鑓五計六名といった形の軍役負担を規定され、棟別を赦免されるとともに「大途被官」として毎年正月と七月に鉢形に出頭して改めを受けることとなっていた[51]。そして天正十四年には、持田四郎左衛門・同源三郎宛に「郷中掟」三カ条が下達されている。内容は郷中質取・喧嘩の禁止、人身売買の禁止、博奕・賭事の禁止、領主非分の際の直訴の容認等を規定しているが、これらを乱すものがあれば其郷に定め置く「連判衆」を重科に処すといっている[52]。おそらく右の両持田氏がその「連判衆」であろう。してみると、鉢形城主北条氏邦はこのような郷村秩序維持のための法令を持田を通じて荒川郷に徹底させているわけであり、ここでも小領主化しつつある村落支配層を軍役に編成すると同時に、その村落共同体における地位を利用して、これを政治的に編成することによって大名の村落支配を推進しようとしているのである。なお天正十六年にこの郷に検地が行なわれ、「此度改辻」が永楽銭二二貫二〇九文と決定されるとともに、そのうち三貫六三〇文が持田左京亮等「当開」の人々一一人に御扶持として与えられ、四郎左衛門にはさらにこの他一貫五四一文が御扶持として下されている。[53] これも一般的な開墾褒賞ということだけでなく、郷内有力農民に対する宥和策のあらわれと見られるものである。

〔**事例2**〕 甲斐・矢崎右衛門尉および同又右衛門尉の場合

つぎに右の道祖土・持田氏よりもさらに地位の低いと思われるケースを武田領の中から示そう。甲斐有野郷（山梨県中巨摩郡白根町有野）の矢崎右衛門尉は、武田氏が徴収する棟別銭の「調衆」という役目にあった。弘治四（一五五八）年の武田氏印判状によると、[54] 有野郷では「典厩被官有野民部丞、萩原豊前守同心縫右衛門、同衆新左衛門、御方様御小者助八」の四名が棟別銭の「免許」を受けており、「残而可納分合五貫八百文」となっている。武田領の棟別銭は本屋一間宛二〇〇文、新屋五〇文というのが標準と見られるから、[55] 本屋ばかりとすると棟別銭負担農家が他に一一軒程度あったことになる。御勅使川扇状地の扇頂部に近い小規模な一村落に、「御方様小者」までを含めるとはいえ四名におよぶ棟別免許者＝広い意味での「勤軍役御家人衆」が存在していたところに、この時期における大名権力の村落内部への浸透ぶりをうかがうことができる。

しかし注目すべきことに棟別銭等の「調衆」とされた矢崎右衛門尉・有野文右衛門の両人は、屋敷棟別の免許を受けていない。その点からすればこの両人は少なくともこの時期では軍役衆とはいえない。そして武田勝頼滅亡直後に入部した徳川家康の天正十（一五八二）年の安堵状によると、[56] 矢崎又右衛門尉（おなじ「矢崎徹之介家文書」であるからおそらく右衛門尉の子であろう）は「信州改替、於甲州四貫文・曲輪田内壱貫五百文・有野内名田内徳分三貫文」を「本給」として安堵されている。甲州四貫文はおそらく所付のないところから見て蔵出しの扶持分であろう。してみるとこの矢崎氏は弘治四(一五五八)年から天正十(一五八二)年までの二十数年のあいだに、計五貫五〇〇文程度のささやかな給分を得る機会をもったわけである。住居のある有野では「名田内徳分三貫文」しか給付されていない。それはおそらくかれの保有する有野分の耕地が「名田」と認められ、「内徳」として三貫文を留保する(逆にいえば、もし「百姓地」扱いならこの分を年貢として余計に納める)ことと思われる。従って矢崎又右衛門尉は、居住地たる有野の保有耕地を「名田」とされた以外になんらの特権ももっていないのである。そしてこの時点でもなお屋敷免すらもたないから、又右衛門尉は、武田滅亡の時点でも、厳密には軍役衆ではなかったのである。

この有野の東隣の六科郷に住む矢崎源右衛門尉は、有野の矢崎と同族であったかどうか分からないが、元亀二(一五七一)年に、その年から棟別銭を「赦免」され、また「御普請役隠田等之事、軍役衆可為同前」という扱いを受けるようになったうえ、「陣参」を命ぜられている。(57) 武田領では御普請役の免除と「隠田」の増分免除は軍役衆の基本的特権として「国法」とされているから、源右衛門尉は、こんどの陣参に際し、このような特権をあらかじめ軍役衆に準ずる者として与えられたのである。それゆえこの文書は末尾のところでこの陣参により「御扶持」を与えるともいっている。

この有野・六科の両矢崎氏は、村落共同体の頂点というよりそれに準ずる程度の階層と見た方がよい。こうした人びとまでが戦国末期の元亀〜天正の段階ともなると武田の村落支配体制のなかに取り込まれてゆくのであり、この例は、そうしたプロセスをよく示すものといえる。

〔**事例3**〕 駿河・植松右京亮の場合

右の矢崎氏に比べてはもちろん、さきの道祖土・持田両氏と比べてもいくぶん有力であったと見られる土豪的階層で、軍役衆となったものに、さきにもふれてきた植松氏がある。植松氏は現在の沼津市獅子浜、かつての口野五ヵ村といわれた江浦・尾高・獅子浜・田飛(比)・田連のうちの尾高に居住した。五ヵ村はいずれも、江浦湾の入江に面した半漁半農の村である。永禄九(一五六六)年の葛山氏元朱印状によると、[58]口野村陣夫五人分の配分が、江浦=植松小次郎、尾高=同右京亮、獅子浜=三ヶ二町田甚十郎・三ヶ一橋本内三(ママ)、田飛(比)=小者衆、田連=富永河内守、と規定されているから、この植松・町田・橋本・富永氏等がこの地域のほぼ同格の土豪的村落支配層であり、[60]なかんずく植松右京亮がその中心的存在であった。

この植松氏は、永禄十二年、この地方に後北条氏が勢力を伸ばしてくるまでは、葛山氏元に従っていたが、その氏元の発給文書の最初のものは、天文十九(一五五〇)年の「尾州出陣に具足馬以下嗜之間、自当年千疋宛可遣之」という宛行状である。[61]これ以前の文書がないこと、また千疋=一〇貫文という少額の給恩を当年より宛行うということから見ても、これが植松氏の葛山軍役衆化の第一歩と見て差支ない。

しかし永禄十二年、後北条氏が当地方に浸透してくると同時に、「葛山一札之任筋目」せ、段銭で二五貫文、神山の内で二五貫文の給田、計五〇貫を与えられた。[62]段銭二五貫文はもともと下地がなく、「神山」も現在の御殿場市域に属するところであるから、獅子浜とは相当の距離がある。これはそれまで植松右京亮が保持していた太平村(現沼津市、獅子浜の裏山を越えた隣村)の三〇貫文が何らかの理由でおなじ獅子浜の土豪的百姓である橋本氏に与えられた代替として給付されたのである。[63]従ってこの段銭二五貫、神山の内で二五貫という新たな給恩が、植松氏にとって真に歓迎すべきものであったかどうかは問題であるが、いずれにせよ、このときで植松氏は後北条氏の五〇貫文の知行人となったわけである。その後、植松氏は元亀三(一五七二)年には北条氏光(氏康の子)から五ヵ村漁業立物(獲物)に「出精」の御恩として五ヵ村当年貢のうちから五貫文が与えられた。[64]そして天正元(一五七三)年には土狩で三七貫、神山で三貫五一〇文、計四〇貫五一〇文の知行高に対し、氏光への軍役着到として「一本大小籏持役・笠具足、一本指物持・同、一本鑓二間之中柄・同、一騎馬上(本人)・甲大立物面頬手蓋具足馬鎧金、一人歩者、皮具足」という本人とも五人の軍役が割当てられた。この土狩(三島市の北部、獅子浜と神山の中間に位置する)を中心とする四〇貫余とさきの五〇貫との関係は不明だが、(65)いずれにせよ、これ以後植松氏の五人役の軍役負担は継続したようである。そのことは慶長六(一六〇一)年にも引きつづき「其方居屋敷・門屋敷五間」の屋敷役を免除されていることからも確認できる。(66)

植松氏はこのように、葛山氏、ついで後北条氏の在村軍役衆という存在であり、同時に村落支配の側面においても大名権力の政治的編成に確実にくみこまれていた。口野五ヵ村は「地方之高辻」三〇貫文、(67)「津方之年貢」五四貫文(68)という土地年貢と浦方年貢の二本建ての村であったが、植松氏はその村落共同体における支配者的地位・権能を「代官」として政治的に組織・編成されていたのである。

それゆえ葛山氏・後北条氏のこの面における政策の基本は、一方では植松氏が村落共同体に対してもつ優越的地位を極力大名権力によって擁護し、他方では大名側の要求する政治的支配の方針を、植松氏を媒介として村落内部に浸透させてゆくのである。以下その具体相を見よう。

天文二十一(一五五二)年、葛山氏元は、植松氏に対しその居住地たる口野尾高村および多比村について「一、山屋敷」以下の五項目を「親の右京亮の時の如く」管理せよと命じている。(69)したがって植松氏の両村に対する諸権利は伝統的な性格をもっていると見られるが、その内容はすでに前節で検討したように広範であり、村落共同体の諸機能・諸権利を事実上掌握支配する性質のものであった。永禄六(一五六三)年、おなじく葛山氏元から、「江豚」(「いるか」)の漁獲高の三分の一、その他諸立物(漁獲物)の三分の一および「小代官もらい」の諸特権が植松氏に安堵されていることも、(70)これと関係する。「小代官もらい」は小代官の役得のような性格のものであろうが、「江豚」「諸立物」という前二者はむしろ漁村共同体におけるかれの地位・実力に由来する慣習的権利であって、本来は上級領主によって安堵されるような性質のものではない。ところがこの文書に「縦雖有横合之申様、前々筋目を以判形を遣之上者、一切不可及許容」といっているように、植松氏のこのような伝統的特権行使に不満をもち、これに抵抗する者が現われだしたため、植松氏が葛山氏に願い出てこの安堵の判物を手に入れたのであろう。同じような動きとしては、天正元(一五七三)年、植松氏の「於五ヶ村、鰯もらい之儀」が北条氏光から保障され、「向後横合申者有之間敷」とされていることもある。(71) また天正四年には、植松右京亮に対し、「獅子浜五ヶ所之鰯庭」が後北条氏によって安堵されているし、(72) その翌年にも、いわしもらい、塩役取得が保障されている。(73) おそらく百姓層の成長により漁村共同体内部の矛盾が次第に激しくなって、植松氏の網元的特権に攻撃の鉾先を向けてきたため、植松氏は大名権力に依存することによって、その危機を回避しようとしているのである。

大名権力は、このように植松氏の村落共同体支配層としての立場を補強するとともに、それを通して権力意図の浸透をはかった。元亀二(一五七一)年、北条氏光は植松右京亮に対し、

一、獅子浜百姓が退転するため舟役を勤めないものが発生している、これを厳重に改め徴収せよ、

一、五カ村へ出入の舟は厳重に改め、塩硝・鉛・鉄砲をもっていた場合は至急報告せよ、

一、「たちうみ」(「立海」＝禁漁期?)の際は、口野四カ村の舟が出ることを禁止せよ、

といった三カ条を通達している。(74) この布達は植松右京亮個人に宛てられており、かれの手でこうした沿岸警備・漁場保護の責任を果たすことを求めているのである。また天正元年には、当浦出船、他国船着岸等に関する口野五カ村宛「法度」も植松氏に通達されており、(75) 大名側の植松氏援護がじつはこのような大名自身の政治的必要に発していることも明らかである。

以上によって大名領国制の農民支配が、小領主化しつつある村落共同体の支配的階層を一方では軍役衆に編成し、他方では「代官」(または後述のような意味での「名主」)として政治的に編成するという形で、二つの課題を同時的に推進することによって実現されていることが明らかである。軍役はもちろん直接には大名自身の軍事力強化を目的とするものであったが、村落支配層は軍役衆となることによって、その立場の権威性を強化し「代官」「名主」として

の政治的役割をより効果的に果たすことができたのである。いうなれば村落共同体支配層の軍役衆化は、かれの小領主・代官的側面を補強する役割を演じたのである。

2　大名領国制下の「名主」身分について

右に見てきたところから知られるように、戦国大名は村落共同体支配層を軍事的・政治的に編成し、その権力基盤を強化していったのであるが、その際、注目されるのは「名主」身分の位置づけ方の問題である。

すでに指摘したように、後北条・武田・今川いずれも、その農民支配の原則として、荘園制的な意味での名主(基本荘地の百姓名への分割とその徴税責任に基づく土地「所有」者的)身分を否定し、現実には複雑な内容をもつ農民諸階層を一元的に「百姓」身分として把握しようとした。これは「所有」・収取体系における「名田」制の原則的否定、その知行制的再編と照応する、戦国大名の農民支配の原則であった。それゆえこの原則が貫徹されれば、名主身分は基本的には消失するといってもよいのであるが、現実には、伝統的な村落の中核的身分階層であった名主層を何らかの形で編成替えしている場合もあるのである。以下この点をそれぞれの領国について検討しよう。

まず「名主」身分を再編しつつ、ある程度これを存続させた後北条領について見よう。後北条氏が郷村に宛てて検地高辻の書出、年貢・夫役の収納、移動・欠落の禁制、撰銭など、重要な布達を出す際の宛先は「代官(または小代官)名主百姓中」「代官(小代官)百姓中」「名主百姓中」などさまざまの形をとっている。その際、「代官(小代官)百姓中」とされる郷村には名主が存在しなかったのか、「名主百姓中」とされる郷村には代官が存在しなかったのか、あるいは「代官名主百姓中」とある場合の代官と名主の役割の相違はどこにあるのか、等々具体的に考えればさまざまの疑問が浮ぶ。相模田名郷で人改を行なった際の通達の宛書は百姓を含まず「小代官名主中」となっている(76)ことから推測すると、大名側の文書発給の目的や要求が代官・名主・百姓のどれにかかわるかによって、宛先も書き分けられているらしいが、諸例を検討しても必ずしも単一の原則に従って区別しているとは断定しえない。したがって、名主がすべての郷村に不可欠のものとして設置されていたのかどうかも疑わしい。

しかし、これらの「名主」が荘園制下の名主とは異なり、後北条領国のもとで、代官とならぶような郷村支配の任務を与えられていたことは明らかである。そのことは、たとえば天正十一(一五八三)年、郷の貫高と納法を定めた「白浜郷名主百姓中宛」の北条氏忠朱印状の中に「弐貫三百文名主免」とあることからも推定される。荘園制下の名主に制度化された給分のある例は一般的にはないだろう。それに対してこの「名主」は村役人的役割を演ずることによって免＝給分が制度的な形で与えられているのである。そしてこの白浜郷の「名主」は一人であることもまず確かである。また似たような例として、天文十二(一五四三)年、相模国東郡座間郷新土村の安藤与太郎が「七ヵ村之名主職之司」に命ぜられ「為名主御給恩相拘之段銭之内五貫文被下、諸役可為御免許」とされたことがある。安藤は新土村名主のうえに、七ヵ村名主職之司とされたため、段銭の内から五貫文の給分を与えられ諸役免許の特典も認められたのである。

さらに、天正七年、武蔵では、塩野庄左衛門尉・新井帯刀・小林源左衛門尉・新井九郎左衛門尉という四名の「世田谷ヨリノ四人衆」が、北条幻庵(氏綱の弟)から「大井郷名主職」に任命された事実がある。この「名主職」という用法は後北条関係史料では稀な例であるが、おそらく「名主」の意であろう。世田谷より移住した四名が大井郷の名主とされた理由は主として荒地開発＝土地「所有」の任務によるから、その意味では、荘園制的名主に近いとも考えられるが、そのような用法が他にないことを念頭におけば、やはり村落の支配機能を担う村役人的意味での名主であろう。とするとこの場合は一郷に四名主ということになる。名主は元来、後北条氏の郷村支配体系において不可欠の職務的地位ではなく、伝統的な土豪的有力農民やこの開発のような特別の任務を負わせる者を画一的な「百姓」身分にはめこんでしまうより、場合によっては「名主」として末端支配機能を担わせた方が得策であるため、随時このような形で、新しい性格の「名主」身分に取立て、一定の給分を与えたのだと思われる。

次に武田領の場合はどうか。ここではその発給文書に「名主」という文字が見られることはまったくないといってよい。前述のように武田はその新収取体系において「百姓地」に対する「名田地」を設け、その加地子または内徳を給分対象として在郷軍役衆に給付することを広く行なったが、「名主」という身分は一切設けなかったのではなかろうか。ここでは「恵林寺領検地帳」からも確認できるように「惣百姓」と「軍役衆」およびそれに隷属する「被官」に区別されているだけである。

ただ例外的には、天文二十二(一五五三)年と推定される穴山信君の二通の判物の中に、「なら田□(名ぬし方へ)」「なら田の名主地下人等」に宛てたものがある。[80] 奈良田は山間の小村であるが湯治場として当時も利用されていたところである。『新編甲州文書』の編者は後者の文書の欠落部分に「名ぬし方へ」と補っている。恐らく根拠あってのことであろうが、もしそうだとすれば、既にこの時点で「名主」は「みょうしゅ」でなく、「なぬし」と呼ばれていたことになる。しかしこれは例外的な一例であるので、ここではこれ以上の推測はさし控えておこう。

このように武田領では後北条領国とちがって郷村に「名主」や小代官をおかなかったとすれば、郷村支配はどのような形で行なわれたのであろうか。後北条領で「代官・名主・百姓中」などという形で発給される文書は、武田領の場合誰に宛てられたのか。武田領では後北条領にくらべ民政関係文書がきわめて少ないため断定しにくいが、宛先の明示された文書の多くは「郷」宛となっている。たとえば天正三(一五七五)年、河原宿郷に宛て竹木藁縄の御用を命じた文書、[81] 年未詳龍王河除を命じた水下之郷宛文書、[82] 永禄十二(一五六九)年、小河郷・牛牧郷に対して水損河除普請を命じた文書、[83] などすべて郷宛であって、「名主百姓中」といった後北条型の表現は見られない。

これらの事例からすると、武田領では後北条領の程度にも「名主」の名義を認めることがなかったのではなかろうか。とすれば、後北条領には「名主」とさして地位・機能にちがいないものとして「小代官」があり、[84] そのいずれかまたは両者併存の形で、大名領国の村落支配の末端機構を構成していたのであるが、武田領の村落支配はどのような形で行なわれたのであろうか。武田氏の直轄領では郷ごとに土豪層が代官に取り立てられたらしいが、それ以上はいまだちに解答を提示できない。

つぎに今川領の場合はどうか。ここでも旧時代以来の名田は原則的に否定し去られ、武田領の場合と同様に加地子・内徳の収取権はいったん大名権力に帰属し、その上で給分として軍役奉仕の代償として与えられるようになったともに、名主身分も原則的には消滅の方向に向ったと見られる。しかし、その方向は武田領ほど徹底していないし、また後北条領の新しい村落管理者型の「名主」のように大名側の明確な政策意図によって再編されたものともいえない。この間の事情は、「今川仮名目録」の第一条にも現われている。そこには、「譜代の名田、地頭無意趣に取放事、停止之畢、(中略)兼又彼名田年貢を可相増よし、のそむ人あらは、本百姓に、のそみのことく可相増かのよし尋る上、無其儀は、年貢増に付て、可取放也、但地頭本名主を取かへんため、新名主をかたらひ……」とある。ここでは譜代の名田の保持者が「本百姓」であり、それは「本名主」ともいわれている。ここでの「本」はいうまでもなく「新名主」の「新」に対する「もとの」という以上の意味ではないが、名田保持者＝名主＝百姓という関係で論旨が展開されている。また天文六(一五三七)年の富士宮若(若丸)宛今川義元判物には、「羽鮒清善次郎年来拘置名職等之事、右彼名主今度退敵地之上者」とあり[85]、「名職」所有者を「名主」とよんでいる。さらに天文十六年、万国六郎左衛門尉に宛てた今川義元朱印状も、信州衆出張に対してあげた同人の功績に対して、堀之内分年貢免除の恩典とともに、開作を進め相当の年貢を沙汰すれば「為名主永可相拘」とのべている[86]。この例では功労によって開作権を与えられた有力農民で軍役衆となった者が、「名主」となることを認められているのである。

このような事例について見ると、今川領では荘園制下と同様に名田所有者を名主とよんだかのようにも考えられる。けれども「今川仮名目録」第一条は大永六(一五二六)年の制定であるし、右の義元の判物や朱印状に見られる形の

「名主」の用法はその後例が見出せない。したがって、これらはあえて推定すれば、旧来の用法の名残だといってよいだろう。

その後の多くの例では、加地子・内徳を今川によって認められた名田の権利を「名職」といい（武田領の「名田地」にあたる）、一般の農民保有地を「百姓職」（武田領の「百姓地」）とよび、一元化された「百姓」身分の人びとがそのいずれをももつことができるという関係にあったようである。このように考えれば「百姓が名職をもつ」「名職を新百姓に付す」ということの意味・関係も自ずからに理解されるであろうし、「名職」とならんで「百姓職」という表現が多く見られるようになる理由も分かりやすいのである。

それでは、今川領では、後北条領で見られたような新しい郷村管理者的「名主」身分の設定は全く行なわなかったのか、またそうとすれば、村落支配はどのような組織を通して遂行されたのか、ということが疑問となるであろう。しばしばふれた今川と連盟的従属関係に入っていた葛山氏の領内である神山では、土豪武藤氏が葛山氏元から、天文十九（一五五〇）年「神山政所給弐貫文」を前々の如く宛行われており[87]、永禄五（一五六二）年、神山宿の伝馬役の負担問題で紛議が生じた折、氏元は「可申子細者、三日中に可参府、就此儀者為名主間、武藤伝馬敷拘之者一人脇之者一人可罷上来」と指示している[88]。これによると武藤は「名主」でもあったわけであり、この事件の関連文書では「神山代官・名主武藤新左衛門尉」と宛書されている[89]。したがって武藤氏は神山の政所・代官・名主を兼ねていたわけであり、その三者の機能がどのように異なるかははっきりしないにしても、みな神山宿の支配機能を担うものであったことは疑いない。今川領の郷村支配でも後北条領と同じように代官が中核的位置をもっていたことは、天文二十年の万好斎宛駿河国羽鳥郷代官職安堵の義元判物からもうかがわれる[90]。この場合、「代官所務」として毎日薪三把・年中米六俵・極月薪一二把、陣参の時陣夫一人の収取特典が認められている。このような事実をふまえて見ると、今川領では名主制は新制度として積極的に採用されたものではなく、軍役衆を代官に任命することによって郷村支配を行なうのが原則的方向であったのではないかと考えられる。

以上、東国の代表的戦国大名たちが、その権力基盤を拡大強化してゆく戦国末期段階においては、小領主的性格をもつ村落共同体の支配層を、一面では軍役衆、他面では代官・名主などの身分に編成し、かれらの軍事的・政治的な編成を一挙に推進してゆく過程を若干の事例に即して検討した。これらの階層は、中世後期における荘園制の最終的解体過程において、自らの手に留保する剰余部分を増大させ、一面では家父長制経営を確保しつつも、他方では加地子収取に基づく地代取得者的性格を濃くし、さらには小領主的地位へと自己を発展させようとしていた。そのようなかれらの志向は一方では大名領国制支配＝一元的「百姓」身分原則との矛盾を強め、他方では村落内部において小経営を発展させつつあった農民との対立をはげしくした。それはかれらの存立を脅かし、危機に追いこめるものであり、その窮境を脱するためには、結局は軍役衆に編入されることによって、その地位を確保する道をえらばざるをえなくなってゆく。大名領国制の農民支配の基本方向はこのような矛盾の総体の中で形成されたのである。

むすび

本稿は戦国期大名領国制を在地領主制を基礎とする封建的領域支配の最後の段階と見る立場から、そこにおける農民支配の基本的性格を明らかにしようとしたものである。私の理解では、中世後期社会は、荘園公領制の解体の進行と併行する在地領主制の自立的発展・深化(農民層における小経営の発展、一方における小領主層の成長)を基礎として、封建的領域支配の体制がもっとも発達した歴史段階である。それは、中世後期社会が完全に地方的な領域権力に分解し、律令制・荘園制の時期を通じて特徴的に形成されてきた日本社会の政治的・社会的・経済的編成の求心的構造(91)がまったく解消してしまったというものではない。ただ、中世後期社会を現実に展開させ変化させてゆく主体の在り方と変化の方向を原理的な形で明らかにし、すでに衰弱した荘園公領制や中央権力＝天皇・将軍を軸とする伝統的支配体制の存続面を強調することによって、戦国期を「荘園制の最終段階」と規定するのではかえって見えなくなってしまう部分に照明をあてようと考えたのである。(92)

近年中世史の分野においても「国家史」が重要な研究課題とされるとともに、「中世国家」を中央国家機構・機能の在り方、あるいはその統治原理の問題に焦点をあてて追求する試みが深化されるようになった。黒田俊雄によってとなえられた「権門体制」論や、入間田宣夫によって提起された「公田体制」論、藤木久志による大名領国制下の天皇・守護職・段銭の役割の重視などは、いずれもそのような傾向を示し、それぞれに研究史を前進させる成果をあげてきた。しかしながら、こうした視点はたしかに個別の領主制権力の追求によってはとらえ切れない問題の側面を浮き彫りにする点で有効であっても、中世後期のように領域支配権力が強力に発達してゆく側面をとらえることを軽視し、実体的な側面よりも旧体制の枠組だけを注視する危険におちいりやすい。近時の研究動向の中で国人領主→国人一揆→戦国大名領国制という領域権力の発展過程や、「所衆談合」「郡中惣」など群小地域権力の横断的な連合と下剋上とがこの時代の基本的社会動向として重視されるのもそうした反省によるのであって、そのことは中世国家論的な視角からしても、領主制の問題を改めて重視し、深めてゆく必要が痛感されていることを証明するものである。いかに律令制的な特質をもつ古代社会を史的前提とした日本中世社会であるとはいえ、在地領主制と領域支配の展開という基本的動向と切り離して中央の役割や既存の体制的枠組の形式的存続を強調することは、歴史認識としてはもっとも重要な発展的視角を欠落させることになりかねない。

このような意味で、「領主制」研究の深化が新たに要請されながら、戦国期大名領国制の研究がなお十分に飛躍しえないとすれば、それは大名領国制について、その独自の新しい側面を具体化するよりも、「家父長的奴隷制」「中世名主」「荘園制」などの長期的な体制概念によってこれを説明することに力点をおく所論にかたむきすぎるところに、一つの原因があるのではないかと思われる。本稿はそのような研究史への批判的受けとめ方に立って、極力、戦国期大名領国制の発展的・独自的側面を、前提的実体（第一節）→大名の基本政策＝新収取体系（第二節）→矛盾の展開構造（第三節）→小領主層の軍事的・政治的編成による領国体制の基盤確定（第四節）という序列に従って解明しようとした。それはまた兵農分離過程を媒介とする中世から近世への移行の基礎過程に照明をあてる試みでもある。

この試みをすすめるためには、当然のことながら多くの先行研究をふまえ、それに手を借りつつ、考えを進めてゆくという形をとらざるをえなかった。そこではとくに安良城・藤木両氏の所論を念頭において論を展開したため、勢い両氏に対して非礼にわたったことがあるかも知れない。しかしもとよりそれは、両氏の所論が卓越した論理と実証によって研究史上に聳立しているからである。稿を終るにあたって私の意図したところを記して諒恕を願うものである。

（1）安良城盛昭「太閤検地の歴史的前提」㈠㈡（『歴史学研究』一六三・一六四、一九五三年、のち同『日本封建社会成立史論』上、岩波書店、一九八四年、所収）によって提示され、ある意味では定説化してきた。とくに佐々木潤之介によって継承され、最近では藤木久志「戦国大名と百姓」（『日本民衆の歴史』第三巻、第一章）によって展開されている。ここで藤木は戦国大名が荘園領主取分たる本年貢以上のものをとらえていないと見ている。なお大山喬平「戦国大名領下の荘園所領」（『小葉田淳教授退官記念国史論集』所収）もおなじような理解を示している。

（2）勝俣鎮夫「遠州浜名神戸大福寺領注進状案について――戦国大名今川氏検地の一事例について」（『日本歴史』三二〇、のち同『戦国法成立史論』東京大学出版会、一九七八年、所収）は大山の前掲所論を再検討し、大山の結論とは異なり、今川氏が検地を通じて名体制を否定し、荘園制とは異なる収取方式をつくりだしたことを論証した。

（3）有光友学「戦国大名今川氏の歴史的性格」（『日本史研究』一三八、一九七四年）は今川氏が検地増分の踏出しを通じて名主加地子部分を掌握していった事実を明らかにした。有光は戦国大名の権力基盤が家父長的奴隷制にあり、氏自身の理解は安良城説と異ならないことを文中で強調しているが、氏自身が解明した最大の事実は、今川氏が名体制（加地子収取関係ないし内徳を確保できる家父長的大経営）に決定的な打撃を与えたことである。

（4）なお戦国大名の検地についての先行研究としては、下村效「戦国大名今川氏の検地」（『国史学』七九、一九六九年）および村上直「戦国期における検地〝増分〟について——武田・徳川領国支配の変遷を中心に」（『信濃』一五—一、一九六三年）などがある。

（5）内田哲夫「小田原領における近世初期の検地と農民」（『小田原地方史研究』2、一九七〇年）、同「わき者・柄在家・無田について」（同上誌4、一九七二年）。

（6）承応三年六月二十三日、臼田村上下家別明細帳（宮川満『太閤検地論』第Ⅲ部、御茶の水書房、一九六三年）。

（7）『甲斐国誌』巻一二一（『新編甲州古文書』一）。

（8）天正十二年極月三日、三輪郷棟別指出（「稲葉文書」『静岡県史料』三）。

（9）「守矢文書」（宮川満、前掲書）。

（10）「柳沢護氏所蔵文書」（『信濃史料』一三）。

（11）『新編甲州古文書』一二六四・一二七〇号、参照。

（12）北条氏印判状（永禄十二年）。相田二郎編『新編相州古文書』一、足柄上郡、七二号。

（13）安良城盛昭「太閤検地の歴史的前提」㈡（前掲）。

（14）「種徳寺（旧本光寺）文書」。この資料紹介は佐脇栄智によって行なわれている（『歴史地理』九一—一）。

（15）『神奈川県史』資料編古代・中世2、付録「県史だより」所収。

（16）天正六年卯月七日「三保谷郷検出書出」（『埼玉の中世文書』二八六号）、同年十二月十四日「北条氏印判状」（同、二八七号）。

（17）天文二十一年霜月十五日、「佐野郷検地割符」（「柏木文書」『静岡県史料』一）。

（18）『新編甲州古文書』二、一八八七号。

（19）同前、一二五六号。

（20）この家康の安堵状の全体については、中村孝也『徳川家康文書の研究』上（日本学術振興会、一九五八年）に目録・解説がある。

(21) 平沢清人『下伊那地方の中世末より近世への推移』同君論文刊行会、一九六九年、とくに七三頁以下。
(22) 天正十一年卯月二十七日、北条氏照印判状(『新編武州古文書』橘樹郡、三五号)。
(23) 弘治二年十二月二十八日、井伊直盛書状(「蜂前神社文書」『静岡県史料』五)。
(24) 永禄三年五月十五日、北条氏裁許印判状写(『新編相州古文書』一、二二七号)。
(25) (永禄八年)四月廿日、北条氏照印判状(『埼玉の中世文書』一八六号)。
(26) 元亀四年十月二十八日、武田家印判状(『新編甲州古文書』三、二四一六号)。
(27) (天正八年)二月二十五日、北条氏朱印状(「小出文書」『静岡県史料』一)。
(28) 「御判物古書写」(『信濃史料』)。
(29) (天正八年)二月二十五日、北条氏光朱印状(「植松文書」『静岡県史料』一)。
(30) (天正四年)十二月二十九日、北条氏光朱印状(同前)。
(31) 天正十四年十月廿日後北条氏朱印状(『豆州内浦漁民史料』上、一六号)。
(32) (天正元年)三月六日、後北条氏朱印状(「清水八幡神社文書」『静岡県史料』一)。
(33) (元亀二年)卯月廿日、北条家朱印状写(「判物証文写・今川二」『静岡県史』資料編8)
(34) 安良城盛昭「太閤検地の歴史的前提」(二)(前掲)。
(35) この文書は相模磯辺郷・田名郷に同文のものが出されている(『新編相州古文書』一)。
(36) これらの点については、小和田哲男「後北条氏領国における農民逃亡」(『静岡大学教育学部研究報告』二五号)を参照。
(37) 弘治三年九月十七日、今川義元判物(「大久保文書」『静岡県史料』五)。
(38) (永禄十年)五月晦日、穴山信君判物(『清水市史』中世史料編、三四七号)。「直奉公之在郷衆、居屋敷一間、同新屋一間、諸役棟別共ニ免許」と早川三郎宛に認められている。「新屋」は天正十二年の三輪郷棟別指出で「一間新屋、是者海野弥兵衛殿被官」とある(『静岡県史料』三)ことから見て被官の住屋であろう。被官とはこのように軍役衆に従う兵力となるため、棟別銭等が免除されたものである。
(39) 星谷氏は今日も大平地区に伝統的な屋敷を保ちつづけている。背後に丘陵を背負い、隣接して氏寺をもつその遺構は、一見して中世以来の村落支配層の姿を髣髴させる。同家はのち、徳川家康の側室となって頼宣・頼房を生んだお万の方を幼少時に養ったことがあるという特別の関係で、江戸時代を通じ安定した地位をこの地方で保ちつづけたようである。
(40) (天正三年)霜月二十八日、後北条氏朱印状(「星谷文書」『静岡県史料』一)。
(41) 慶長六年九月九日、竹田太郎兵衛書状(「星谷文書」同前)。
(42) 天文二十一年四月二十七日、葛山氏元判物(「植松文書」同前)。
(43) (永禄十二年)四月二十七日、後北条氏朱印状(「秋山文書」同前)。
(44) 泉郷は現在の清水町に属する豊かな平地農村地域であるが、その北部に豊富な富士の湧水が今日も湧き出しており、これがその南方の村である久米田・畠中などの水田を広くうるおしている。杉本・秋山両氏はこの用水権を掌握することによって、小領主的地位を確立したと考えられる。
(45) (年欠)九月二十三日、八林郷給人衆知行書上(『埼玉の中世文書』三〇四号)。
(46) (永禄十年)九月晦日、後北条氏朱印状(同前、二八四号)。
(47) (元亀三年)一月九日、北条氏印判状(同前、二八五号)。
(48) (天正十六年)五月五日、太田氏房印判状(同前、三〇〇号)。
(49) 天正六年卯月七日、三保谷郷検地書出(同前、二八六号)。
(50) (天正六年)十二月十四日、北条氏印判状(同前、二八七号)。
(51) (天正四年)十月二十一日、北条氏邦印判状(同前、四五六号)。(天正五年)五月二十日、同(同前、四五七号)。
(52) (天正十四年)三月十五日、北条氏邦禁制(同前、四五九号)。
(53) (天正十六年)八月十五日、北条氏邦印判状(同前、四六一号)。
(54) 弘治四年三月二日、武田晴信印判状(『新編甲州古文書』二、一九七二号)。
(55) 柴辻俊六「戦国期の棟別銭——甲斐武田氏領を中心に」(『日本史研究』一三四、一九七三年)。
(56) 天正十年十一月二十七日、徳川家康印判状(『新編甲州古文書』二、一九七三号)。
(57) 元亀二年卯月十九日、武田家印判状(同前、一九七四号)。

(58) 「植松文書」五号(『静岡県史料』一)。
(59) 町田郷左衛門には「尾高増手作共拾貫文、多比村之増五貫、合拾五貫之出之」と「植松文書」二号の中に見える。
(60) 他に口野に増田氏という同格の土豪がいた。「増田文書」一通が『静岡県史料』に収載されており、内容は「両代官」宛の永禄十一(一五六八)年の後北条氏の禁制である。おそらくこの増田氏と植松氏が口野五ヵ村の両代官であったと推定される。
(61) 天文十九年八月二十日、葛山氏元朱印状(「植松文書」一号)。
(62) (永禄十二年)閏五月十四日、北条氏光朱印状(同前、六号)。
(63) 「橋本文書」一～三号(『静岡県史料』一)。
(64) (元亀三年)十二月十二日、北条氏光朱印状(「植松文書」九号)。
(65) 植松氏は天正八(一五八〇)年に、北条氏光から「本領五拾貫文、如先御証文之、御本意之上、神山幷反銭にて」下しおかれている(同前、二九号)。するとこの軍役対象となった四〇貫余はこの本領五〇貫の外のようにも見えるが、その関係は確定しにくい。
(66) (慶長六年)三月十日、井出正次役銭免許手形(「植松文書」三二号)。
(67) (天正四年)十一月二十九日、北条氏光朱印状(同前、二四号)。
(68) ただしこの津方は、尾高・田連・田比・江浦の四ヵ村である(同前、二八号)。
(69) 天文二十一年四月二十七日、葛山氏元判物(同前、二号)。
(70) 永禄六年七月二日、葛山氏元判物(同前、三号)。
(71) (天正元年)二月朔日、北条氏光朱印状(同前、一一号)。
(72) (天正四年)卯月十日、北条氏朱印状(同前、二〇号)。
(73) (天正五年)八月二十三日、北条氏光朱印状(同前、二五号)。
(74) (元亀二年)四月晦日、北条氏光朱印状(同前、七号)。
(75) (天正元年)七月十六日、北条家朱印状(同前、一三号)。

(76) (永禄十二年)十二月二十七日、後北条氏朱印状(『新編相州古文書』一、高座郡、九八号)。
(77) 「伊古奈比咩命神社文書」(『静岡県史料』一)。
(78) 天文十二年十月二十四日、北条氏朱印状『新編相州古文書』一、高座郡、四三号)。
(79) 天正七年十二月十四日、北条幻庵印判状(『埼玉の中世文書』二〇九号)。
(80) 『新編甲州古文書』一八三九・四〇号。
(81) (天正三年)十二月二十三日、武田勝頼印判状(同前、一八五三号)。
(82) (年未詳)六月二十九日(同前、一八五五号)。
(83) 永禄十二年六月二十一日、武田信玄朱印状(『信濃史料』一三)。
(84) たとえば、天正十二年三月二十一日、正木棟別麦の納法について「中野阿佐ヶ谷小代官百姓中」宛虎印判状が発せられているが(『新編武州古文書』多摩郡、八三号)、この場合は小代官だけで名主が存在しなかったケースではなかろうか。
(85) 天文六年五月十五日、今川義元判物(『静岡県史料』二)。
(86) 「沢木文書」五号(同前、五)。
(87) 「武藤文書」一号(同前、一)。
(88) 同前、五号。
(89) 同前、六・七号。
(90) 「石上文書」一号(同前、三)。
(91) 永原慶二『日本の中世社会』(岩波書店、一九六八年)でこの問題を考えた。
(92) こうした視点からする研究史の整理については、永原慶二「大名領国制の史的位置」(『歴史評論』三〇〇号、一九七五年、本書第Ⅰ部第四)を参照。

第三　大名領国制下の貫高制

一　問題と視角

大名領国制下の貫高とは、戦国大名が耕地一反当りの基準年貢収取量の銭高による表示法である。大名は耕地面積にこの反当りの銭高を掛けることによって、所領規模、知行地の年貢量を定め、それにもとづいて農民支配と軍事力編成を同時的に実現することができる。そのしくみが貫高制である(1)。

ここでは、貫高制の基本的性格をこのようにとらえる立場から、次の三点を考える。

(1) 貫高制はどのような道筋をたどって形成され、どのようなしくみをもつか。それは荘園制下の年貢制度・知行制度とどのようにちがうか。

(2) 貫高制は大名・給人(大名の家臣となった国人領主・地侍)・百姓(身分)という、戦国時代の基本的三階層に、どのような影響をもたらしたか。

(3) 貫高制を成り立たせる市場・貨幣をめぐる条件はどのようなものであったか。それと関連して貫高制はどのような困難を抱えており、どのようにして解体していったか。

その際、このような問題の考察に入る前に、あらかじめ、貫高制の展開の地域的様相を通観し、われわれの考察の直接の対象地域を確定しておく必要がある。貫高制は、大名領国支配が、各地で個々に推進されていったために、それぞれの地域の社会的・経済的条件に規定されて、さまざまの偏差をもって展開したからである。そうした地域性は、大別すると、次の三地域に区分できる。

第一は、後北条・武田・今川・徳川・織田などの領国が形成された関東・東海道地域である。この地域では、貫高制は、どの大名領でもかなりよく似た形で、比較的に順調に展開した。この地域は元来、荘園領主の力が比較的弱く、在地領主層の自立的動きが早くから進んだうえ、荘園年貢は現物輸送の困難さなどから、貨幣で京都に送るような関係が早くから広まっていたことも、(2)貫高制の進展に連なる前提をつくったと思われる。

第二は、毛利・長宗我部・大友などの大名領国が形成された中国・四国・九州地域である。この地域でも貫高制は広く行なわれたが、第一の地域にくらべると、多くの点で不徹底であり、ある程度荘園制秩序も残存した。この地域の荘園年貢は第一の地域に比べ米の割合が比較的高かったことも、貫高制の前提として、かならずしも有利な条件ではなかった。

第三は、五畿内を中心とする中央地域である。この地域では貫高制の展開はいっそう不十分であった。ここでは荘園領主の支配力は比較的強く生きつづけたうえ、京都への輸送距離も短かかったから、年貢は米が中心であり、米高計算が広く行なわれていた。このことは貫高制の展開に不利な前提条件であった。織田信長は、尾張・美濃では貫高を用いたが、近江では米高を用いていた。

以上の三地域のうち第一地域は荘園制がもっとも弱体で貫高制・大名領国制が全国的に見て先行的に展開した地域であり、第三地域はその対極として荘園制の残存度が高く領国制の展開がおくれている。その意味で荘園制と大名領国制は反比例関係にある。以下の考察は、こうした地域差を念頭におきつつ、主として貫高制がもっとも先進的に展開した第一の地域を対象として進めることとする。

二　貫高制の形成

A　荘園制解体期の土地領有関係　まず初めに、戦国大名が貫高制を推進する前提である、荘園制解体期の土地領有関係を見ておこう。十四〜十五世紀の荘園制解体期においては、農民の生みだす生産物は、大別すると、(a)荘園領主、(b)荘官・地頭(国人領主)、(c)加地子名主、(d)守護、(e)農民、という五つの社会層のあいだで分配された。

このうち、(a)の荘園領主は、本来もっとも基本的な土地領有権者であったが、この時期では、しばしば荘園の土地・人民に対する実際の支配権を(b)や(d)に奪われ、(b)や(d)の荘務請負によって値切られ、減額された年貢を多くの場合銭貨で受けとるだけの無力な存在となりつつあった。これに対し、(b)荘官・地頭は、(a)に代って荘園領有権の実質をにぎり、独立の地域領主(国人領主)に上昇転化している。かれらのうち有力なものは、十五世紀のうちに、独自に検地を行ない、領内の有力な農民を家臣に編成しはじめていた。また(d)守護は、律令制以来の国々の政庁であった国衙の機構・権能を接収し、一国全体に対する公的支配権を強め、守護段銭をとるようになった。この守護段銭は国内の耕地一段につき銭五〇文などという形でとる、一種の租税的性質のものであった。守護はこの段銭徴収を梃子として一国全体に対する土地領有権を形成しはじめた。

(c)の加地子名主は、(a)・(b)・(d)と異なり、百姓身分の者であるが、農民の手許に残った生産物の一部が加地子という形で売買されるようになると、その収取権を買い集めて地主的な性格を発達させた。当時、加地子収取の権利は、荘園領主の禁止にもかかわらず、自由に売買されるようになり、一反当りの加地子の量も、次第に年貢の量をこえるほどになった。このような加地子名主職は荘園領主が本来形成していた土地領有秩序の外部に生まれ出た荘園制解体期の産物である。

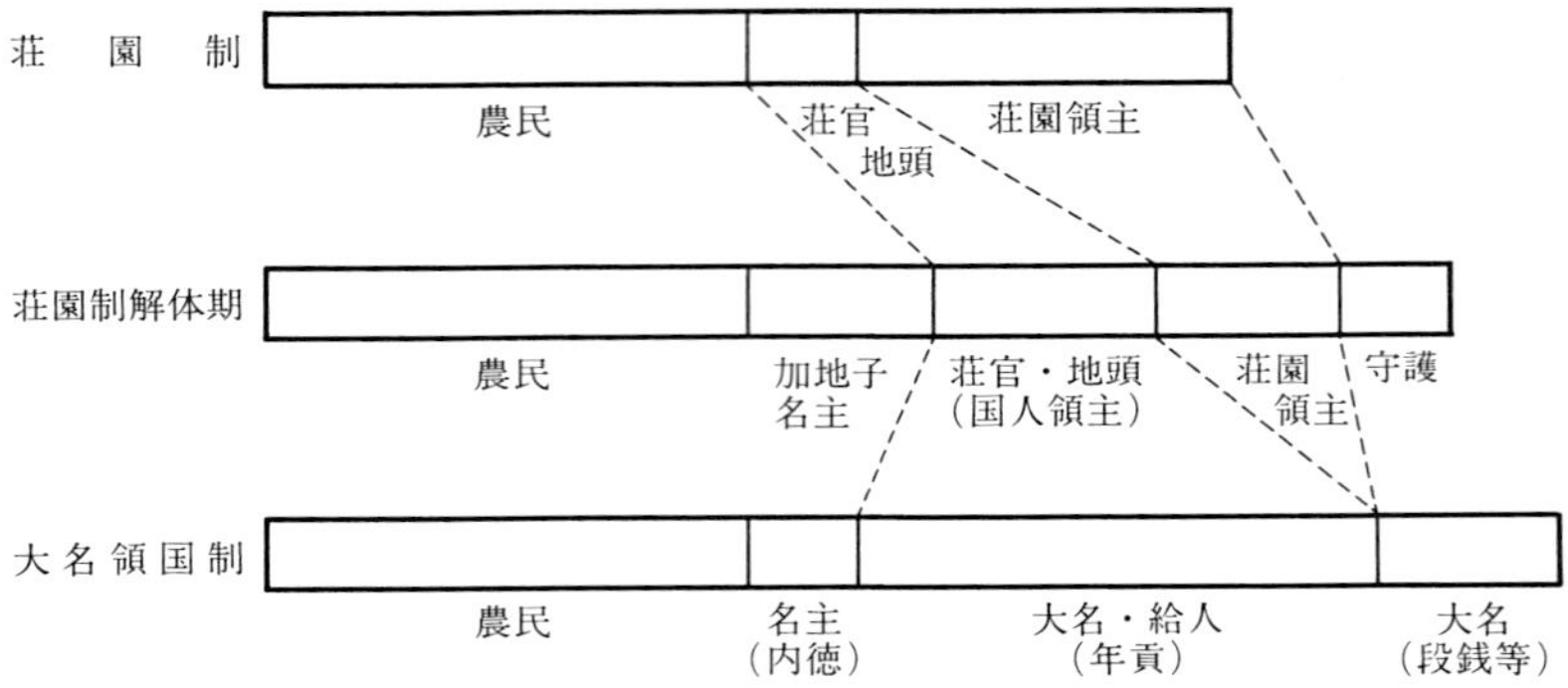

生産物分配関係の推移

荘園制解体期には、以上のような(a)・(b)・(d)および(c)という諸階層が、それぞれ同一の土地に対する領有権の一部を重層的にもちながら、全体としては統一された秩序を形成していなかったために、その土地領有関係はいちじるしく不安定であった。戦国大名は、この不安定で互いに競合する領有関係を統一した秩序のもとに再編成し、租税や地代の分配関係をできるかぎり単純で一元的な形につくりかえないかぎり、領国支配を安定させることはできない。この課題こそが貫高制の形成である。これを図示すれば、大まかには上図のようになる。

B　貫高の確定　貫高制形成の第一歩は、貫高の確定である。貫高は上図から明らかなように、(a)荘園領主取分である荘園年貢と、(b)荘官・地頭(国人領主)の取分を統合し、さらに(c)の加地子をもできるかぎり吸収して、それらを一元化することによって成立する戦国大名領国制下の新しい年貢の高を銭で示したもので、諸役収取の基準高でもある。

貫高制の形成には、それと同時に、荘園制下では荘園領主が把握していない耕地をあらたに把握し、極力多くの年貢額を賦課することも意図された。荘園領主が基本的な土地台帳に登録している「公田」は、実際に存在した総耕地の一部分にすぎなかった[3]。荘園領主の土地掌握度は、その成立の歴史的事情からして概して弱かった。そのような荘園制下の「公田」以外の「非公田」はまったくの無年貢地というわけではなく、在地の荘官・地頭(国人領主)が独自にそれをとらえ、年貢を賦課しはじめていたが、荘園領主としては自分の支配権のおよばない耕地である。こうした「非公田」の広い存在が、荘園制解体の一つの要因でもあったから、戦国大名は、上記のような諸階層の剰余分配関係の再編統合とともに、「非公田」の把握に積極的な力を注いだ。この二つの課題を同時に遂行する手段は検地である。

貫高制をもっとも徹底的に推進した戦国大名である後北条は、新しくその支配下においた土地について次々に検地するとともに、大名の世代交替のたびに、大規模な「代替り検地」を実施した。この検地の原則は、(1)田地は一反＝五〇〇文(一部は三〇〇文)、畠地は一反＝一六五文(一部は二〇〇文)という画一的な評価値によって、(2)郷ごとに検地を行ない、郷の貫高＝検地高辻を確定する、(3)これによって摘発された年貢の「増分」は原則的にはいったん大名が没収する、という三点であった。

表I-3-1　東海・関東・東北地方の銭年貢高

年代	国名	面　積	貫　文	1反当り文	出　　典
1519	陸奥	田 5 反	1.800	360	伊達家文書 86号
〃	〃	田 2 反	1.000	500	〃 〃
〃	〃	田 1 反	400	400	〃 〃
1534	〃	田 2 反	750	375	〃 131号
〃	〃	田 2 反	800	400	〃 〃
1400	常陸	田 3 丁	15.000	500	吉田神社文書
1418	〃	田 1 反	650	650	〃
〃	〃	田 1 反	400	400	〃
1471	〃	田 1 反	600	600	根本寺文書
1482	下野	田 3 反	1.500	500	茂木文書
〃	〃	田 2 反	800	400	〃
1555	駿河	田 5 反	2.360	472	先照寺文書
1549	三河	田 3 反	1.800	600	太平寺寺領目録
〃	〃	田 2 反	1.300	650	〃
〃	〃	田 2 反	1.400	700	〃
1498	尾張	田 $7\frac{1}{2}$ 反	2.925	390	妙興寺文書 435号
〃	〃	田 5 反	1.950	390	〃 〃
1516	美濃	田 1 反	500	500	立政寺文書 3号
1518	〃	田 3 反	1.300	433	〃 4号
1521	〃	反 1 反	357	357	〃 5号
1530	〃	田 $1\frac{1}{3}$ 反	500	375	〃 7号
1351	〃	田 $1\frac{1}{3}$ 反	1.100	825	龍徳寺文書 1号
1436	〃	田 $1\frac{1}{3}$ 反	300	225	〃 6号
1472	〃	田 $1\frac{1}{3}$ 反	500	375	〃 13号

表I-3-2　後北条領の検地増分

検地年代	国名	郷名	検地前（A）	増　分（B）	検地後	（B）/（A）
			貫　文	貫　文	貫　文	
1506	相模	宮地	57.600	23.300	80.900	0.404
1542	武蔵	岩間	120.000	16.734	136.734	0.139
〃	相模	温水	23.000	30.600	53.600	1.330
1543	〃	石田	83.000	167.900	250.900	2.018
〃	〃	船子	50.512	51.440	101.952	1.018
〃	〃	長谷	63.000	127.230	190.230	2.019
〃	〃	中原	17.017	50.350	67.367	2.958
〃	〃	小野	45.010	96.602	141.612	2.146
〃	〃	愛名	7.000	39.125	46.125	5.589
〃	〃	麻生	35.300	47.200	82.500	1.337
〃	伊豆	長溝	30.000	5.150	35.150	0.171
〃	武蔵	太田	120.000	16.734	136.734	0.139
1555	〃	今成	109.065	91.400	200.465	0.838

〔備考〕「小田原衆所領役帳」(1559年成立)による．

田地一反の貫高評価を五〇〇文程度とする点は、他の多くの大名でもほぼ共通している。今川領では一反当り、上田＝六〇〇文、中田＝五〇〇文、下田＝四〇〇文であり、畠は一反当り、上畠＝二〇〇文、中畠＝一五〇文、下畠＝九五文がおよその基準であった。(4) 表I-3-1は東海・関東・東北地方の一反当り銭年貢がいくらであるかを示す事例である。この事例は、主として戦国大名の貫高制以前のものを取上げている。これによって、田一反五〇〇文程度という数値それ自体は、戦国大名がそれ以前の代銭納年貢額をいっきょに引き上げたものではなく、十五世紀以来の収取量をほぼそのまま継承する数値であるといえる。その点だけをぬきだすと、戦国大名の貫高は荘園年貢と同じであるかのように考えられるが、それは正しくない。表I-3-1の美濃の龍徳寺領の三例に見られるように、荘園年貢は、おなじ一反でも貫高に大きなひらきがあったし、またこの当時はその全額が収納されていたわけでもない。それゆえ、戦国大名の貫高年貢が田一反＝五〇〇文という数値でほぼ確実に徴収されるなら、それだけでも実質的には荘園制時代にくらべてかなりの年貢増徴となったはずである。

その上、「百姓内徳」や「非公田」の掌握も、後北条・武田・今川・徳川などの諸大名ではきびしく行なわれ、その結果ひきだされた増分は、それ以前の年貢高とくらべてみても、きわめて大きなものであった。(5) 表I-3-2は北条領における検地「増分」の大きさを示すものである。ここに表示したのは、「小田原衆」とよばれる後北条家臣グループに属する人々の給地で行なった検地の「増分」をぬきだしたものである。これによって、郷ごとに検地前の貫高、検地の年代と「増分」の大きさ、検地後の新貫高(検地高辻)が分かるが、検地増分が検地前の貫高の二倍を超えるものさえ少なくない。この「増分」の中には、それまでの名主加地子・内徳の一部と、あらたに「非公田」にかけられる年貢とが含まれているわけであり、これによって北条の検地のきびしさを知ることができる。

このような「増分」の把握をねらった検地は、武田・今川・徳川領などでも広く行なわれた。しかしその実施方式にはいくぶんの差異がある。今川領の検地は、しばしば土地面積を直接測量しない「指出し」という申告方式にもとづくものが多かったため、土地掌握は、後北条領ほど徹底しにくかった。そこで今川領では、定められた年貢高よりも多い年貢高を負担すると申し出た農民がある場合には、それまでの耕地の保有者から耕地を取りあげて、これを新しく申し出た農民に与える、という制度をつくって、(6)「増分」の確保を計るしくみをとっている。

C　年貢定納高辻と納入形態

検地によって郷ごとに確定された貫高は、「検地(見)高辻」とよばれ、(7)大名の基本台帳である「御前帳」に登録され、領国支配の基礎とされた。しかし、この検地高辻は、そのまま実際に収取される年貢高ではない。表Ⅰ-3-3は後北条領の相模斑目郷の検地高辻と年貢の「定納之高辻」の関係を示す。(8)ここでは「検地高辻」二一一貫二五二文を前提とし、(1)巳の年(おそらく一五六九年)の検地増分の中から一八貫二九五文、(2)定使および名主という郷の役人の給料として計二貫七〇〇文、(3)神社の祭りの費用にあてる一貫二〇〇文、(4)各種の公事銭にあたる五〇貫四〇九文、(5)その他二貫文が、「引」=年貢免除分として認められ、年貢の「定納高辻」は一三六貫六四

表Ⅰ-3-3　相模斑目郷の引方の細目

	貫　文
1. 検地(見)高辻	211.252
2. 諸　引　方	74.604
巳の増分の内	18.295
定　使　給	1.200
名　主　給	1.500
神　　　田	1.200
諸 公 事 銭	50.409
そ　の　他	2.000
3. 定納之高辻	136.648

〔備考〕本書72頁表1-2-6の引方の細目を示すもの.

八文と定められている。検地では増分をきびしく捉えた上で、大名から農民に対する恩恵として以上のような免除分を与えるのである。引方の項目としては、この斑目郷には見られないが、灌漑用水の経費として与える井料も、多くの場合に認められる。

武田領・今川領などでも方式は同じであった。武田領でも検地増分の一部を「踏出し御免」と呼んで免除した。ただ武田領が後北条領と異なるのは、すべての耕地を「百姓地」と「名田地」に区分し、農民でありながら「軍役衆」として武田の軍事組織に編入され、合戦のときには軍役動員を受ける人々は、一般の「百姓地」よりも免除分の大きい「名田地」を与えられた点である。(9)

こうして、「検地高辻」から各種の免除分を除いた残りが「定納高辻」であるが、それはかならずしも年貢が、直接農民の手でその額だけすべて銅銭で納められることを意味しない。定納高辻は、納めるべき年貢量を、規定の換算値による銅銭額で表わしたものであるから、一種の基準値に他ならない。実際の年貢納入形態は、大名領・年代・地域などによって多様であった。武田領や今川領では年貢は米(主として田地)と銭(主として畠地)の二本建てで納めるのが原則であった。今川領での「知行宛行状」を見ると、たとえば、永禄十二(一五六九)年、今川氏真から奥山という給人に与えた知行は、上長尾で六〇貫、友長で二〇〇俵というように、貫と米の両方であらわされている。(10) 武田領でも「穀米地」とよぶ米納年貢の耕地がひろく存在した。武田の直轄地であって、恵林寺に与えられた領地の場合、

二四石二斗四升五合＝俵数一二一俵三升五合＝代物三四貫六二〇文

という換算値が記されている。この場合は、貫高にあたる年貢が、実際には俵につめた米で納められていたわけである。年貢米は各所に設置された大名の「蔵」に納められ、その地域の代官で「御蔵前衆」と呼ばれる役人の手で時期をえらんで換貨された。

後北条領では、武田領や今川領のように、米と銭の二本建てであったと判断できる史料はない。しかし天正十一

(一五八三)年の伊豆国の白浜郷の年貢八六貫一〇四文のうち、四三貫九三六文は米、一〇貫二五〇文は籾四一俵で、一貫六五〇文は干したアワビで納め、一〇貫一四三文は塩で納めるところだが本年だけは塩の必要がないので米で納めよ、という形をとっている。(11) この場合は、古くからこのような米納がつづけられていたのか、後に述べるような理由によって、銭納がゆきづまって、このときに米納になったのか分からないが、やはりすべてが農民から直接銭納されるものでないことは確実である。元亀元(一五七〇)年、武蔵国の井草郷の年貢は、五貫文分は銭、二貫四七〇文分は籾・大豆・麦納という例もある。(12)

また武田領では、荘園制下の雑公事の系統をひく各種の物資、たとえば栗・炭・莚・萱などを、それぞれ銭へ換算した値を示した例が永禄六(一五六三)年の恵林寺領検地帳にみられる。(13) 農村に住んでいた給人や寺社などの場合、年貢は自家消費物としての性格が強いから、大名の直轄地の場合よりも、各種の現物でとる割合がいっそう大きかったと思われる。

D 「知行役」「人数着到」「出銭」　給人に宛行された貫高は年貢収取の基準高であると同時に、「役」賦課の基準数値でもある。「役」は大別すると、後北条領国では三種類あった。一つは「知行役」といわれ、大名から知行宛行を受けた給人が、その反対給付として負担しなければならない「大普請役」などである。「大普請」は小田原本城の修築などの普請奉仕である。ただしこの負担は、その給人の来歴や、別の勤務奉公などがある場合は勘案され、減免された。その結果「役御免」や「半役」の給人、あるいは相当額を減免されるケースが少なからずあった。

これに対し「人数着到」と「出銭」は、ほとんどの場合、知行宛行の貫高全額すなわち「本辻」に対して減免なく賦課されたことが多い。「人数着到」はいわゆる軍役であって、出動令が出された場合、騎馬・徒歩・槍・鉄砲など所定の兵力を整えて出陣する義務である。また「出銭」は年貢とちがって、年貢貫高を基準にして直轄領・給地を問わず一律に大名が賦課収取する段銭・棟別銭・懸銭のことである。

従って、大名は給人に賦課する三つの「役」のうち、「人数着到」と「出銭」は知行宛行貫高に応じほぼ一律に賦課収取するが「知行役」とよぶ「大普請」等の役については、さまざまの考慮調整を加えたということになる。後北条の重臣であった松田左馬助の場合「小田原衆所領役帳」によれば、知行地の合計高一七六八貫一一〇文のうち、一〇七五貫が「知行役」高辻であるが、「人数着到」「出銭」は知行高として与えられた一七六八貫一一〇文の全額にかけられた。

〈補注〉この後北条領の「知行役」が城普請役と見られること、したがって、後北条領の広義の軍役は①「知行役」＝城普請役、②「着到」＝狭義の軍役兵員、③出銭＝段銭・棟別銭・懸銭から構成されることを、下村信博「戦国大名後北条氏の役について」(『年報中世史研究』第二号、一九七七年)が指摘した。

後北条領の「軍役」の割り宛て、「人数着到」の一例として、天正九(一五八一)年、北条が相模国の給人池田総左衛門の「本辻」一九一貫六〇〇文に賦課した例では、歩兵二〇(鉄砲持一、鑓持一二、弓持一、その他六)、騎兵六を本人が率いるというもので合計二七人の兵力であった。[14] また元亀三(一五七二)年の武蔵国の給人宮城四郎兵衛尉の場合は、「本辻」二八四貫四〇〇文に対し、歩兵二八(鉄砲持二、鑓持一七、弓持一、その他八)、騎兵七を本人が率い、合計三六人の兵力であった。[15] この二例を対比してみても、貫高と「着到」の人数はほぼおなじような割合となっている。そしてこのような形で北条に「人数着到」＝軍役を勤める給人の数は、「小田原衆所領役帳」によれば永禄二(一五五九)年の時点で、およそ五〇〇人程度(一部の支城支配分を除く)であり、この給人たちに与えられた知行地の貫高の合計は七万二一六八貫であった。大名はこれによって、給人を通じて組織している総兵力や装備状態をつねに計算することができたわけである。

この点は他の大名領でもほとんど同じである。武田領で、永禄七(一五六四)年、二二八貫五八六文を与えられていた給人大井左馬允の後北条領の「着到」にあたる軍役は、歩兵三四名、騎兵四名を本人が率いる形で合計三九名であった。[16] こうした軍役衆のうち部将やその一族などを除いた下級のものは、軍役をつとめる代りに「名田地」を与えられていた上述の百姓上層の人々である(本書第I部第二参照)。

E 段銭と貫高 貫高制は基本的には検地高辻、年貢定納高辻、軍役高辻の三者をもって、大名が必要とする数値を確定したことになる。しかし、貫高を基準とする収取はこれだけではない。貫高制年貢は、直轄地においては大名、給地においては給人が、これを取るわけであるが、大名は直轄地、給地をふくめ、自分の支配する全領域に対して、租税的性質をもつ段銭・棟別銭などを収取した。それらは系譜的には室町時代の守護の一国全体にわたる公権にもとづく収取権を継承したものであるが、戦国大名は自から実施した検地や家数調査によって独自にとらえた耕地面積や家数に応じてこれを賦課した。

武田領では棟別銭が中心であり、段銭はとっていないらしいが、北条領では天文十九(一五五〇)年、税制の改革によって、段銭等を内容とする役銭という全領国にかける租税的賦課が設定され大名が収取した。[17] これによって、役銭は検地高辻一〇〇貫文に対して六貫文とされた。棟別銭もこの役銭の一部であったらしい。

北条領のこれら段銭などは、すべて銭納であることが原則であった。直轄領の年貢を別とすれば、段銭・棟別銭等の全領に対する一律課税が、大名にとって最大の財源であるとともに、貨幣収入の主要な源泉であった。大名の貨幣支出は、(1)兵糧・武器購入費、(2)給人に対する「御蔵出し」給付、(3)各種職人・人夫などの雇傭賃金の三つを中心として、きわめて大きかった。このうち「御蔵出し」とは、下層給人に対し、知行地を与えず、大名の手許から俸禄として貨幣を給付するものである。今川領でも給人・寺社などに対し、米方と代物(銭)方の二本建てで給付を行なっている事実が認められる。[18]

このようなわけで、段銭などの貨幣収納方式は、年貢の場合よりもきびしく強行された。しかも大名の要求する貨幣は、「精銭」とよばれる良貨であり、悪銭の混入は比率を設けてきびしく制限した。そのため、段銭等の精銭納方式は次第に困難となり、ついには物納に転換せざるをえなくなった[19]。

以上B〜Eにわたって述べたところが、貫高制の内容である。それはAでふれたような荘園制解体期の年貢・地代収取の複雑で不安定な関係を克服するための基本施策として戦国大名によって推進されたものであり、その内容は、大名領によってある程度の差異があるが、全体として、新たな農民支配・軍事力編成原理を示すものであることは明らかである。

三　貫高制の社会経済的影響

大名領国下の貫高制は、その新たな性格のゆえに、当時の社会・経済構造と諸社会層に対して広範な影響をもたらした。大名はこれによって、荘園制的な「職」の秩序の下では組織することのできなかった農民上層までを新たな知行・軍役制度に編成することができるようになったとともに[20]、従来よりもはるかに多額の年貢・段銭等を収取する体制をつくりあげた。しかし、他面、給人や農民は、大名による貫高制の強行によって、かえってさまざまの困難にゆきあたらねばならなかった。以下その様相を見よう。

A　貫高制的市場編成と貨幣問題　大幅な年貢・段銭等の取立てをともなう貫高制を推し進めるためには、領外との取引を通じて「精銭」の流入をはかるとともに、大名は領内各地に市場を設立して、年貢物その他の物資の売買、貨幣流通の円滑化をはからねばならなかった。

表I-3-4は北条領の貫高制に関する重要事項年表である。天文十九(一五五〇)年の貫高制的税制の整備後数年を経た永禄元(一五五八)年以降、段銭等の納入の際の精銭・悪銭の混合割合(悪銭の許容限度)規定令がしばしば発せられている。それによると大名側の要求は、永禄元年には、銭一〇〇文中に精銭八〇文とし、悪銭は二〇文までとされた。[21] ところが永禄二年には、七五文—一二五文、永禄三年には七〇文—一三〇文と、精銭の割合が引き下げられており、精銭の確保が次第に困難となってきたことが知られる。そして一五六〇年代以降においては、「代物法度」とよぶ米と銭との交換比率が定められ、代物納への道がひらかれている。[22] また六斎市の設立も、この頃から始まり、天正六(一五七八)年以降とくに盛んになっている。[23]

表I-3-4　北条領の貫高制関係年表

年　代	事　　　　項
1506	最初の検地，貫高使用.
1542-43	氏綱から氏康への代替りによる大規模な検地.
1550	貫高制の整備，役銭の統一的設定.
1558-60	精銭と悪銭の混合率を定める.
1559	「小田原衆所領役帳」完成，貫高知行制の確立.
1562	この頃から米銭交換割合に関する「納法」規定が出される.
	段銭・棟別銭等の米納その他の物納がひろがる.
1564	六斎市設立はじまる. 1578 年以降さかん.

このような一連の動きは、貫高制の実施にもかかわらず、貨幣流通の円滑をはかる市場編成が立ちおくれており、かつ領国内部の精銭はつねに不足がちであって、全体として、貫高制の維持には困難が大きかったことを示している。それは、日本中世の貨幣制度が中国の銅銭流通圏の一環にとどまり、独自の通貨発行体制をもっていなかったという条件の中で、大名の貨幣要求が急増したところに根本の原因があった。さらにもう一つ、この時代に特有な原因としては、古くからの市場が有力な給人の私的な支配下におかれ、領国全体が統合された市場関係を形成しにくかった、という問題がある。

上記の年表に示した六斎市は、大名自身が直接設立許可を与え、「新市」とか「新宿」として設立されたものである。そのことは別の面から見れば、以前からの市を給人が掌握し、大名が貫高制に適した市場編成を進めるためにはかえって障害となっていたことを暗示している。大名はそれら給人の支配する市に対抗しつつ、六斎市を新市として設立することによって、給人の割拠的市場支配を解体し、いくつもの六斎市を有機的に結びつけて、広い地域にわたる交換関係を円滑化し、[24] それを通じて物流と精銭の流通を確保しようとしたのである。

表Ⅰ-3-5　伊達領の知行地売買件数(藤木久志作成)

	伊達文書	晴宗公采地下賜録	計
安堵状数	40通	85(125)	125(165)
売却人数	140人	185(275)	325(415)
買得人数	40人	100(150)	140(190)

〔備考〕(　)内は下賜録の欠巻部分の推算.

B　貫高制と給人経済

このような大名側の政策の中で、貫高制は給人経済に大きな負担と打撃を加えた。その原因の第一は、給人が知行地を支配し、そこの農民から年貢をとる場合にも、大名が定めた定納高辻以上に独自的に、過大な年貢量をとることが困難になった点である。大名は、給人が不法に過大な年貢や夫役をとりたてる場合には直接大名に訴えよ、と農民に指示して、給人の知行地支配に規制を加えた。第二は、軍役負担の過重であった。鎌倉・室町期の武士の軍事力は、「イエ」集団を中心とし、装備の量的規定もなかった。それに対し、貫高制軍役に規定された負担を義務づけられた給人は、かなりの数の非血縁者をふくむ所定の兵力をつねに用意し、戦争のときには兵糧・武器も準備して出動せねばならなかったから、その経済的負担は大きかった。第三は、上述のように、大名の新市設立政策によって、給人の市場支配権が解体されたことである。給人はそのため、特定の商人と結んで商業利潤や市場税を独占することができなくなった。

こうした事情から、貫高制のもとで、給人経済は動揺をさけられなくなり、知行地売買がしきりに行なわれた。江戸時代の幕藩体制のもとでは、知行地の売買は一切許されなかったが、戦国時代では広く行なわれた。今川・武田・伊達などの分国法にも買得知行地に関する規定があり、上杉・佐竹・朝倉などの大名領でも知行地売買は広く認められる。「小田原衆所領役帳」に記載された知行地売買も少なくなく、知行地売却者はおよそ三〇名におよんでいる。[25] 中には一人で五回にわたり五〇〇貫に近い知行地を売却した田中五郎左衛門のような例もあるが、ほとんどのケースは一〇〇貫程度までである。藤木久志が明らかにした伊達領の知行地売買の様子は表Ⅰ-3-5のようなものであって、[26] 給人の知行地支配・給人経済の動揺は、後北条領よりも一段と深刻であった。

C　貫高制と農民経済

貫高制は農民経済にも圧迫を加えた。給人の恣意的な年貢・夫役収取には一定の制限が加えられたが、農民の年貢の負担は全体として重くなったと見られるし、とくに段銭等の精銭による納入の強制がかれらを苦しめた。農民自身の経済が商品生産・販売に進むことによって貨幣経済化したのでなく、大名の軍事的必要から貨幣納を強要されたため、それが主として段銭等の範囲であっても、その負担は農民経済に破壊的であった。どの大名領でも、負債のために逃亡する農民が多くなった。また「侘言」という年貢減免を求める農民闘争が各地にひきおこされた。大名はこれに対して、(1)農民の土地売買の禁止、(2)逃亡の禁止と逃亡者の呼び戻し、(3)年貢納入以前における穀物売却の禁止[27]、(4)農作物の作付放棄の禁止、などをくり返し指令し、動揺を阻止しようとした。

しかし、こうした農民経済への影響も、農民の上層と下層では、かなり事情がちがっていた。上層農民は検地増分が加重されると、「逐電」という一種の威嚇的逃亡戦術で、「増分」を割引きさせた。大名も、村落支配を円滑に進めるためには、村落共同体秩序を掌握しているこれら上層農民を懐柔しひきつけておくことが必要であったから、かれらには減免を認め、一定の「内徳」(私的な取分)を保障した。それに対して下層農民は、貫高制の負担をまともにきびしく受けとめねばならなかった。北条領でも今川領でも、逃亡するものに、「内の者」とよばれる、有力農民の従属下にある人びとが多かったことがこれを証明している。

その結果、上層農民や小代官・名主など村役人級の人びとの中には、農民の年貢を立替え払いして債権者となり、高利貸的役割によって富裕となる者も現われた。多くの戦国大名はしばしば徳政令を発布して、地域住民への恩恵として、かれらの負債の解消をはかっているが、そうした強引な政策をとらざるをえなかった重要な理由の一つは、貫高制の強行にあった。

永禄九(一五六六)年、今川は、遠江国の給人井伊氏の知行地に向けて徳政令を出した。しかし、給人井伊氏と債権者であった地主・商人とは結託して徳政を実施しようとしなかったため、不満な農民たちはこれを今川に訴え、二年後の永禄十一年に至ってようやく徳政を実施させた[28]。ここには貫高制と徳政をめぐる諸社会層の利害関係がはっきりと示されている。

D　大名領国支配と貫高制　このように、貫高制の実施の社会・経済的影響は、諸社会層によってまちまちであった。しかし、それを推進した戦国大名にとって、貫高制の果した積極的役割はきわめて大きかった。荘園制支配の特徴は一つの荘園だけでは経済の再生産条件が確保できず、荘園領主権が単独で経済的諸関係をつかむことによって地域権力を構築しえないところにあった。荘園領主は荘内の土地の支配はできても、とくに手工業者や商人に対する支配力をきわめて弱いのである。必要な手工業者のすべてが一荘園内に居住しているわけではなく、再生産条件は一つの荘園の境域をこえたひろまりをもつ経済圏のなかではじめて完結するのであるが、荘園領主は単独でそれらを掌握することができなかった。ところが、戦国大名は広大な領国を、貫高制を梃子にして、一つの経済領域に仕立て上げる方向を強く推し進めた(29)。不徹底ではあるものの、統一的な租税制度と一定の米銭換算率の採用、職人・商人の領国制的編成などをふまえた領国市場の形成につれて、大名領国は実体的な経済領域としての性質をそなえはじめた。もとよりそれは、完全に一つの領国で完結するものではないし、領国内部の統合も不完全ではあった。しかしそれにしても、貫高制は、一荘園における年貢の代銭納などとは異なり、大地域の農民支配・市場支配・権力編成を同時的に推進する役割を演ずる、きわめて有効な制度であった。

江戸時代のほうからさかのぼって戦国時代を見れば、幕藩領主が上層農民の内徳をいっさい否認し、一地一作人の原則を強く推進しようとしたのに比べて、戦国大名の貫高制が多くの点で不徹底であった限界面が際立っている。たしかに、太閤検地に比べれば、戦国大名の検地は多くの点で限界をもっていた。しかし、歴史はやはり、先行する段階と対比することによってこそ、その段階の新しさと意義を明らかにすることができるものである。その意味で荘園制と比較した場合、貫高制とそれを梃子として形成された戦国期の大名領国制の新たな歴史的意義は明らかである。

とはいえ、貫高制があまりにも広範な影響をもたらす政策だったために、そこに内包された困難も極めて大きかったことは、右に見てきたとおりである。大名側の要求と利害関係が優先させられただけに、給人経済も農民経済もそれぞれに打撃を受けなければならなかった。それに加えて大名の精銭要求は貨幣流通の混乱をもたらすことによって、弱小の給人・農民経済の動揺に追い打ちをかけた。富士山麓にあった甲斐の寺院の日記「妙法寺記」は、当時のその地域の経済状況を詳細に記録しているが、それには、大名側のきびしい精銭要求＝悪貨混入率の制限のため、いたるところで撰銭が行なわれ、精銭がかえって姿を消し、貨幣の絶対的な不足から取引が縮小し景気が沈滞してゆく様子が如実に語られている。

領国支配体制の編成がもっとも強力に推し進められた北条領でも、一五七〇年代に入ると、貫高制のもたらす混乱と困難は表面化し、大名は「徳政」＝恩恵として、段銭等の代物納を全面的に承認せざるをえなくなった。そうした現物納への転換は、ただちに石高制への移行を意味するものではない。石高制は兵農分離と年貢米の全面的な商品化をその本質的要素としているのに対し、貫高制は、まだ在地領主制を原則的には存続させた上での収取体制である。その意味で、この貫高制のゆきづまりからくる代物納をただちに石高制の萌芽と見ることは危険である。むしろこの代物納への移行開始からいくばくもなく、北条の大名領国が滅亡を迎えねばならなかったことの中に、その本質が示されていると考えられるのである。

以上見てきたところから明らかなように、貫高制は、戦国大名にとってもっとも基礎的かつ中核的な制度であり、そこに領国制支配の特徴と本質が、集中的に表現されている。貫高制に示された戦国大名の政策意図は、荘園制には欠けていた主従制的知行制および軍役制度を、いかにして、年貢収取制度と結合させ、権力編成と百姓支配を同時的に進めるか、ということであった。しかもそれは当時急速に発展しつつあった領国経済や、中央地帯からの軍需物資買付けなどに対応するため、大名による精銭収取を不可欠の条件とするものであった。そこに貫高制のもつ新しさと大きな困難とがあった。一言でいって、貫高制は、その強行によって、大名による領域支配権力の急速な形成を可能としたが、同時に、領内では、農民の負債増大と逃亡などの農民抵抗をよびおこし、撰銭にともなう経済的混乱を深刻としたのである。そこに貫高制の積極的側面と限界とを見出すとともに、石高制への転換の方向を探ることができるであろう。

（1）貫高制についての今日の研究水準を示す論文としては、藤木久志「貫高制論の課題」（同『戦国社会史論』東京大学出版会、一九七四年）、勝俣鎮夫「戦国大名検地に関する一考察」（永原慶二編『戦国期の権力と社会』東京大学出版会、一九七六年、のち同『戦国法成立史論』東京大学出版会、一九七八年、所収）がある。
（2）佐々木銀弥「荘園における代銭納制の成立と展開」（稲垣泰彦・永原慶二編『中世の社会と経済』東京大学出版会、一九六二年）。
（3）荘園の公田と非公田については、永原慶二 Landownership under the Shōen-Kokugaryō System, The Journal of Japanese Studies vol. 1, No. 2, 1975. を参照。
（4）この事例は、天文二十一（一五五二）年、駿河国の佐野郷で行なわれた検地の場合である（「柏木文書」『静岡県史料』一、六三六〜六三七頁）。
（5）今川の検地と増分については、有光友学「戦国大名今川氏の歴史的性格」（『日本史研究』一三八、一九七四年）を参照。
（6）この制度は「今川仮名目録」（一五二六年成立）の第一条に規定されている。別の人が増年貢を申し出てもすぐとりあげるのでなく、もとからの農民に増年貢に応ずるかどうかを尋ね、承知すれば、従来からの農民の保有権を認めた。
（7）高辻とは合計額という意味である。
（8）足柄上郡七二号文書（『新編相州古文書』一）。
（9）詳細は勝俣鎮夫「戦国大名検地に関する一考察」（前掲『戦国期の権力と社会』）。
（10）「奥山文書」二号（『静岡県史料』四）。
（11）「伊古奈比咩命神社文書」（『静岡県史料』一）。
（12）比企郡四号文書（『新編武州古文書』上）。
（13）「恵林寺領検地帳」の分析は、勝俣鎮夫の注（1）前掲論文に詳しい。

(14) 大住郡六〇号文書(『新編相州古文書』一)。
(15) 「宮城文書」。
(16) 豊島郡三八号文書(『新編武州古文書』上)。
(17) 佐脇栄智「後北条氏の税制改革について」(同『後北条氏の基礎研究』吉川弘文館、一九七六年)。
(18) たとえば「中村文書」六号(『静岡県史料』五)。
(19) 佐脇栄智「後北条氏の貨幣政策について」(前掲『後北条氏の基礎研究』)。
(20) 荘園制の「職」の知行は、「職」が官職性という一側面を不可避的にもつため、下司や地頭など荘官の地位を「職」とすることはできたが、官職性をまったくもたない上層農民を直接とりこむことはできなかった。これに対し、貫高制知行は官職性の有無にかかわらず、貫高で表わされる経済的取分をそのまま給恩＝知行の対象とすることができたので、「職」の知行のような制約がなかった。
(21) 佐脇栄智、注(19)前掲論文。
(22) たとえば永禄九(一五六六)年、相模国の田名郷に与えられた代物法度(高座郡九一号文書、『新編相州古文書』一、二九五頁)では、黄金・米・漆・綿の銭への換算値が示されている。米は一斗四升が一〇〇文であった。
(23) 藤木久志「大名領国の経済構造」(同、前掲書)。
(24) 大石慎三郎『日本近世社会の市場構造』岩波書店、一九七五年、第一・第二章。藤木久志、注(23)前掲論文。
(25) 和泉清司「戦国大名後北条氏における知行制」(後北条氏研究会編『関東戦国史の研究』名著出版、一九七六年)。
(26) 藤木久志、前掲書三三〇頁以下。
(27) 「中村文書」七号(『静岡県史料』五)。
(28) 「蜂前神社文書」一四・一七・一八号(『静岡県史料』五)。
(29) 永原慶二「大名領国制の構造」(岩波講座『日本歴史』中世4、一九七六年、本書第Ⅰ部第一)。

第四　大名領国制の史的位置——研究史的検討

一　問題視角

南北朝・室町・戦国期をふくむ中世後期史の把握をめぐって一九七〇年に提起された一つの見解は、⑴南北朝期については、同期における「荘園制の解体」を疑問とし、むしろ荘園所有の一円領的再編の動きを積極的に評価する、⑵室町期については、守護の領国大名化の限界を重視し、「守護領国制」概念に疑問を出し、⑶戦国期については、戦国大名の支配における荘園体制への寄生的側面、「在地不掌握」的傾向を強調する、というものであった。それらは単一の論者による所論ではないが、共通した傾向のものであり、ひとくちにいえば、戦国期までをふくめた中世後期社会を、前期とともに一括して「荘園制社会」としてとらえる方がよいという理解に立つものである。

私は従来、そこで批判の対象とされるような諸側面をむしろ重視し、「中世社会」を一貫する枠組は「荘園制」よりも、「在地領主制」を基軸としてとらえた方がよいと見る立場をとった。そして中世後期社会は「大名領国制社会」（段階）としてとらえた方が、その特徴をとらえやすいのではないか、という考え方を提示してきた。したがって、右のような一連の新しい見解は、私見の全面的再検討を迫るものである。

私見は早い時期に提出した展望的仮説に他ならないから、現時点でその再検討の対象となることは当然であろう。しかし幸い私は、最近、戦国期について、諸先学の研究成果を比較的ひろくとりまとめて学ぶ機会に恵まれたので

（永原慶二『戦国の動乱』小学館版『日本の歴史』14）、それをきっかけとして、中世後期史を自分なりに考え直してみることができた。本稿は、そのような意味で、近年の主要な研究動向に対する私なりの受けとめ方である。

荘園制概念について　初めに、論議の出発点となる「荘園制」ないし「荘園制社会」については、論者のあいだで、理解が一様ではなく、そこから混乱も起っているように思われるので、まず、それについての私自身の理解を明確にしておきたい。

(1)　「荘園制」とは、中央都市貴族たる公家・寺社の土地領有体制である。したがって、荘園制での基本耕地（「公田」）が生みだす剰余の主要部分を、かれらが取得するという事実と、それを実現するための諸条件・諸関係の総体こそが「荘園制」とよばれるべきものである。最近の研究界で用いられている「荘園公領制」という表現も、個々の荘園でなく、公領をもふくむそのような領有体制の全体構造をとらえるものとして用いられているのである。それゆえ「荘園制」概念は、空間的にはひろく荘園・公領をふくみ、支配面では個々荘園（公領）における荘園領主（本家・領家・預所）—在地領主（荘官・地頭）—名主・百姓関係のみならず、荘園（公領）相互間のかかわりにおける全体的な領有秩序をもふくむものである。

(2)　「荘園制」のもとでは、個々の荘園の中核的支配権（荘務権）をもたない本家職が頂点的所職として安定的に存続するとともに、個々荘園の現地支配機能を担う在地領主（荘官）の権限・権力は自立的な領主権とよぶほど成熟した内容にまで到達していない。荘園領主—在地領主（荘官）の両階層は、相互に対立しつつも、それぞれ一定の機能をもち、相互補完的な関係のもとに荘園支配を実現している。個々荘園におけるこれら二階層間、また諸荘園間の共同の秩序が「職の体系」とよばれるものである。「職の体系」の特徴は、一つの荘園において所職が重層的に存在するとともに、その所有者が、身分的には個々に独立した（主従制的編成を受けていない）関係を維持しており、所職所有者の側から見れば、一人で多数の所職を全国散在的に所有しうることである。そのような重層かつ散在的な所職の所有体系こそ、中世後期に展開する領域的支配体制と区別される荘園制的領有体制の基本的特質である。

(3) 「荘園制」をこのような荘園領有体制の構造的総体としてとらえるならば、それを「名体制」とか「本年貢体制」とかにおきかえたり、それだけに問題を集約してしまうことは正しくない。たしかに「名体制」とか「本年貢体制」といわれるもののなかに、荘園制における生産関係や収取形態の基礎的特徴が存在することは事実である。しかし、上述のような全体構造、とりわけ中央貴族の領有体制を捨象して問題を在地の関係にだけ還元することは歴史把握としては一面化の危険をもつ。また名体制をただちに生産様式と同一視してしまうことは、支配制度と生産関係の混同という誤りをもあわせもつことになる。まして、「本年貢」(荘園領主取分)の徴収が名主という村落の特定階層を媒介にして行なわれているという事情だけで、それが「荘園制」であるということは問題の矮小化である。もしそのようなことからだけ「荘園制」を論じようとすれば、〝荘園領主不在の荘園制〟という奇妙な議論におちいることもさけられないであろう。近時しばしば見られる戦国時代を「荘園制の最終段階」と規定する所論は、そのような問題をふくんでいると思われる。

(4) この点と関連して荘園制の解体の画期をいかにとらえるかについても、議論が分かれている。荘園のあらゆる意味での最終的消滅が太閤検地をまたなくてはならないことについては、ほとんど異論がない。しかし、重層的であると同時に散在的な所職所有体系という基本的特質をもつ中央貴族寺社の土地領有体制は、南北朝内乱期を画期として明確に解体過程に入る。荘園制所有の特質をもっとも原理的に示す本家職がまず広範に解体し、所職の重層性の否定=「一円領」への移行、「武家領」の成立、散在所職の不知行化と所領の地域的集中化の進行、また在地領主による代官請負の拡大等々という領有形態の一連の変化・編成替が進行する。それは同時に職秩序に規制されていた在地領主=荘官・地頭層の領主的自立の進展、支配階級諸層間における剰余=地代分配関係の転換が始まったことでもある。

(5) さらにその根底においては、荘園制下の基幹的経営体であった「名主的経営体」の変質が進行する。この点に関し、南北朝内乱期以降における家父長制大経営の解体と小経営の展開度の評価についても意見が分かれている。しかし、すくなくとも先進的な地域において、名主層の血縁分家の分出やいわゆる小百姓層の「家」の安定度と自立度が相対的に高まってきたことは、農民闘争形態、村落構造における「惣百姓」組織や「惣掟」の出現、文書形式における「百姓申状」の一般化、さらには室町期に入って広汎な農民層をふくんで展開する荘家一揆・土一揆の激化という一連の諸事実から見て到底否定するわけにゆかない。

以上によって、南北朝内乱期をもって、荘園制の最終的消滅の画期と見ることは正確でないが、荘園制の本来的在り方が、大きく転換・動揺し、本格的な解体段階にふみこんだことは明らかな事実として確認すべきことであろう。そのことは別の面からいえば、それにかわる土地所有―人民支配体制の形成の動きが本格的に開始したということでもある。戦国期までをふくめて「荘園制社会」と規定すれば、中世は院政期という中世の成立期に既に確立している「荘園制」の一貫した衰退過程としてしか規定できないことになる。歴史的社会の基本性格の把握は、その時代を通じて発展する規定的社会関係を基軸として行なうべきであろう。その意味で私は「在地領主制」こそ中世を一貫する基軸的社会関係であり、その展開・成熟度を基準としつつ、領有体制の総体を把握する段階概念として、中世前期は在地領主制が支配にとって不可欠の存在となりながらなお職秩序によって一定の制約から免かれない水準の上に構成される「荘園制」(段階)、中世後期はそれが独自の発展をとげ、領域支配体制を展開する「大名領国制」(段階)と見る。

以上が私の荘園制およびその解体とそれに継起する大名領国制段階についての基本的理解である。

二　室町期の土地所有関係

守護領国制範疇について　室町期「守護領国制」範疇を疑問とする見解は、幕府は⑴守護大名の連合政権といったものでなく、将軍が独自の権力・機能をもち、かつその強化を推進している(「将軍専制」、直勤御家人＝奉公衆の積極的編成の問題などを論拠とする)、⑵守護の管国支配は荘園・公領を単位として個々的にしか行なわれておらず一国的領域支配に到達していない、という二つのポイントを基礎として立論されている。このうち⑴の室町幕府＝守護大名連合政権論は、将軍権力の独自的側面についての研究が空白だった研究段階においての私の試論であるから、その点は新しい研究成果によって補訂されてゆくのが当然である。しかし将軍が奉公衆のような直属武力を掌握し、独自権力の強化をはかっていることがただちに室町政権における有力守護大名の役割を低めることにならないこと、またそれがそのまま守護の大名化の方向の否定的条件とはいいえないこともまた当然である。

⑵の論点についてはやや立ち入って考える必要がある。守護はたしかに荘園・公領という所領単位を否定せず、かれら自身の所領もその所職の集積という形をとっていた。かれらが推進した半済や請所は、荘園制を大幅に変質させ、荘園領主権を後退さすものであっても、最終的にこれを否定し去ったのではない。さらに守護の管国内田地面積の把握が、おおむね大田文記載面積に依拠するにとどまっていたことも事実であろう。しかし他面、守護権限が、南北朝～室町期を通じて、制度的・実力的に大幅に拡大されていることも従来の諸研究によって次々に明らかにされてきている。大犯三ヵ条に加え、下地遵行・苅田狼藉・闕所地処分・半済給付・一国平均課役徴収権等が守護の権限として承認されるとともに、南北朝末期には、国衙機構が守護側に吸収され、目代も守護体制に吸収再編されてゆくことが播磨等の具体的事例で確認されている。(1)　実力的過程として、管国内の国人に対する動員・感状授与、本領安堵・新恩

給与などの事実が次々に拡大され、さらに国人相互間の相論に対する調停―裁判権が守護の手に帰着すること、[2]あるいは越後上杉の場合、文明期に入れば守護の手による独自の検注さえもが施行されたこと[3](「長尾飯沼氏等知行検地帳」『上杉家文書』一、一六〇号)も知られている。それらは総じて、守護がその管国に対する領主権を、公的立場を梃子として上から漸次拡大しつつあることは明らかである。

問題はそのように拡大された守護の権能が、はたして「領国」支配権とよびうる水準にまで到達していたか否かということである。その際、「領国」概念の内容を、近世大名のそれを基準として、まったく排他的・単一的な形での領主権の大名への集中を条件とするならば、守護大名はもちろん、戦国大名も「領国」支配者だということは到底できないといわなくてはならない。しかし、中世の大名領国制は元来そのようなものではない。在地領主の諸階層を複雑な形でその内部にふくみこんでいるのが常であるから、大名領主権が在地領主諸領階層の領主権を全面的に否定し去ることのないのがむしろ特徴である。そのような理解において考えれば、室町守護は鎌倉期のそれと比較して、明瞭に領域(国)支配者の方向へその在り方を発展させているといってよい。その点はとくに、室町期に入って守護段銭が臨時役から毎年の恒常課役に転換し、一国の全領に対する剰余配分の関係のなかに定着させられることによって、決定的であったといえるであろう。

荘園制解体期の剰余分配関係　そこで、荘園制の解体・守護権拡大にともないあらたに展開してくる支配階級諸層間の土地所有＝剰余分配関係を整理してみれば大づかみに、本年貢・名主加地子・守護段銭という三つの部分に区分されることになる。

(イ)　本年貢……従来の荘園領主取分は、その他の取分が出現するにともなって「本年貢」または「公方年貢」などとよばれるようになる。この部分は絶対額が固定され、引きあげられることはほとんどないまま、生産力の上昇、領主諸層の剰余部分追求の動向のなかで、相対的にはその比重を低下させている。しかもこの本年貢部分の現実の掌握者は、従来の荘園領主（本家・領家・預所をふくむが、この時点ではしばしば一円化している）にとどまらなくなることがこの時期の特徴である。守護・国人領主が荘務請負代官として実質的に本年貢にくいこんでゆくことはいうまでもないが、たとえば国人領主としての歩みをふみだした安芸吉田荘における南北朝期の毛利元春の所領四郷のうち、豊島・竹原二郷は領家職であった（『毛利家文書』一、一五）事例が示すように、領家職そのものが、そのまま国人領主の所領に転化する場合もあった。同様のことは守護が公領を守護領化するケースにも認められる。本年貢、公方年貢などという呼称自体、その取得権者が誰であるかを直接問題としておらず、「公方」とはその時点において承認された本年貢の取得権者を意味するにすぎないこともそのような変化、荘園制解体状況をよく示すものである。

なお、この本年貢収取の前提になる賦課対象面積は、多くの場合、大田文以来のいわゆる「公田」面積である。したがって「公田」以外の耕地がどの程度存在し、それを誰がどのように掌握していたかは[4]、現実の領主的土地所有の全体をとらえるためにはきわめて重要であるが、これはのちに国人領主の性格を考えるときにふれる。

(ロ) 名主加地子……荘園制下の名主は、おそらく荘園制の確立期（十二世紀）以来、「名」の納税責任者＝最末端の支配機能の担当者という機能を果すことによって実質的には一定の取分をもちえたであろうが、十四世紀以降生産力の上昇、本年貢の固定と相まって急速にそれが表面化し、売買譲与の対象としうる客体的権利＝名主加地子として一般化した。そのため名主加地子は初発段階から量的には本年貢と同じ程度、もしくはそれを凌駕するほどの高水準であるという特徴をもっていた[5]。

この名主加地子の得分権が加地子名主職というように「職」として表示されるために、これをも荘園制的職秩序の拡大深化（発展）と見る説もあるが、私はそうは思わない。元来加地子名主職の出現は荘園領主にとっては許容しがたい性質のものとして、当初はその売買が厳重に禁止されていた。その意味で加地子名主職は従来の荘園制秩序のもとにおける領主権（剰余の収取権）の外側に発生したいわば非荘園制的性格のものである。したがってこの加地子収取を保障するものは従来の荘園制秩序そのものではありえず、三浦圭一が指摘しているように、(6)在地に形成された地主的階層相互間の共同の組織・秩序がそれを保障したのである。残存した荘園領主も、東寺の場合に見られるように十五世紀後半から十六世紀初期に、加地子名主職を買得や受寄進によって集積する動きを示すが、これはむしろ荘園制の解体に直面した荘園領主の追いこまれた動きと解すべきである。

(ハ)　守護段銭……南北朝期に守護の手に委ねられた国役徴収を梃子として、室町期の守護が独自の段銭を管国一円に賦課するようになり、それも臨時役から出発して室町中期には毎年の恒常役にまで発展させた過程は、すでに百瀬今朝雄・田沼睦等の研究によって明らかにされている。(7)それがいわゆる「公田」面積に限られているとしても、(8)守護段銭を管国一円の恒常役としたことは、これを守護の公権の象徴的なものとする意味で重要である。しかも田沼がいうように、それを給恩の対象として被官に宛行うことも行なわれだした。

こうした守護の段銭収取の恒常化を可能とするモメントとしては次のような事実が参考となる。永享三(一四三一)年、「室町殿御所移住」に際し、用脚一万貫が守護大名に割りあてられたが、「三ヶ国四ヶ国守護千貫、一ヶ国守護二百貫云々、仍千貫衆七人、二百貫十五人云々」(『満済准后日記』永享三年八月三日条)といわれるように、室町将軍の必要とする臨時賦課は、守護大名たちに一定の基準で割りあてられる。その際、おそらく守護はこれを管国内に段銭として賦課したであろうが、このような臨時段銭徴収が梃子となって、守護段銭の守護役化、それにともなう守護の大名化も進行したといえるのである。

以上見てきたように、室町期に入ると、土地から生みだされる剰余部分は、一般化していえば、上述のような三つの部分に分割されるに至った。しかも、そこで重要なことは、この三部分の収取がかならずしも統一的に編成された収取組織や秩序体系によって確保されているのではないということである。守護の段銭徴収にしても、管国一円に漸次恒常化したとはいえ、荘園領主・国人領主はそれを免がれるために、秘術をつくし、段銭免除や京済権を獲得しようとして狂奔した。国人領主は本年貢を掌握するために独自の武力をつくりあげる方向(小領主層の被官化)に急速に動きだし、加地子名主たちも加地子得分を在地で確保するために一種の名主連合組織をつくりつつあった。剰余配分にかかわる三階層はこのようにそれぞれ独自の実力を、その条件に応じた形で形成し、それによって収取を実現しようとしているのである。そこに職秩序によって安定した荘園制時代とは異なる支配階級諸層の内部の不安定さがあった。

国人領主の存在形態　そこで視点を国人領主の在り方に移してみよう。国人領主の史的評価についてはは荘園制によって制約されている側面を重視する論者が多い。たしかに国人領主の所領は、譲状を見ると伝統的所職によって表現されているのがふつうである。しかしたとえば毛利氏の場合でも、越後佐橋荘南条地頭職・河内国加賀田郷地頭職など鎌倉以来の所職の支配は、一族に分与し委ねる形をとりつつ南北朝以降事実上本宗の支配から切り離され、本宗は安芸国吉田荘に集中し、室町期にかけて、主殿寮領入江保領家職の請所＝預所職を手始めに、内部荘・有富保など高田郡内の隣接する地域において集中的に所領を拡大していっているのである。しかもそのような荘園所職とならんで、毛利の場合の坂村のように、「某村」など地域名のみを示す所領がひろく姿を現わすのも特徴であって、そこに所職とはかかわりない国人領主の独自的所領形成の動きが読みとれる。

これら国人領の重要な特徴は、荘園制下の「公田」とは異なる立場で、独自に耕地把握をおし進めていることである。すでに田沼も指摘しているように、文安三(一四四六)年の毛利氏一家中に賦課された伊勢神宮役夫工米段銭の基準面積＝「公田」は二九町五段大一一〇歩にすぎなかったが、永享六(一四三四)年の「毛利一家中分銭支配日記」に見られる家中の定田総数はじつに六七〇町余であった。ほとんど同じ時期において、上部からの賦課対象となる「公田」は三〇町歩足らずであるのに対し、毛利氏が国人領主として現実に掌握している耕地はゆうにその二〇倍をこえているのである。

このことは国人領主が現実には大田文の「公田」にのみ依拠するものでなく、独自の土地把握に進んでいることを示している。上野国新田郡の国人領主岩松氏が南北朝末期から室町期にかけて、支配下の諸郷の検注を次々に独自に遂行していることも、残されている郷別の検注帳によって確認できる(「正木文書」等)。もともと東国の地頭＝在地領主は、荘園制下においても新田検注を拒否しうる慣行的権利を鎌倉幕府から承認されていたほどだから、その一方で、かれらが独自の検注を通じて支配地域の耕地面積のより実体的な把握に乗りだしていたことは十分考えられる。

国人領主はこのように、表面的にはなお所職所有者的様相を残しながらも、実際には独自の土地掌握を推進していたと思われる。そしてその所領支配を遂行するために、鎌倉期の惣領制的武力機構とは性質を異にする軍事編成を積極的に推進しているのである。村落上層の名主的＝小領主的階層(有姓者)をひろく「内の者」として家臣化するばかりでなく、村落中下層(無姓者)をも「郎従」として組織してゆく方式は、室町期国人領主がつくりだした主従制の積極的な側面である。この点は安芸小早川(竹原)氏の場合、下野茂木氏の場合にその具体像を知ることができる。(9)

このように見てくると、室町期においては、領域的土地所有体制の実現をめざす、守護領国形成と国人領形成という、二つの動きが平行して進行しつつあったことが明らかである。室町幕府体制の下における両者の立場は、もとより異なっている。守護は一国公権を掌握し、管国内の国人に対する軍事指揮権・裁判権を拡大し、知行宛行による被官関係を推進できるという有利な条件を握っていた。それに比べれば、国人領主の出発点はあくまで荘園所職にすぎず、そのうちの拠点とする所職を事実上一円領化し、周辺に所領を荘務の請負などを梃子に拡張するとしても、その規模・公権的性格は限定されたものでしかありえない。しかし、一定地域に即して考えるなら国人領主はその地域の荘園制的本年貢ばかりでなく、独自に、それよりはるかに徹底した土地・人民支配を実現しつつあるという点で、領域支配上守護より確実に土地・人民を掌握しやすいという点で優位の立場にあった。したがって両者のあいだには立場を異にしつつも領域的土地所有の主導権をめぐる競合関係がつねに存在するわけであり、両者を無条件に上下関係ときめてかかれないのである。この点が戦国大名領形成の二つの道にかかわってくる。

三　大名領国形成の二つの道

国人一揆から戦国大名へ　国人領主は一地域の支配に関するかぎり有利な立場にあったが、単独で守護の領国大名化に対抗することはほとんど不可能である。かれらは守護の領国大名化に対抗するために、しばしば国人一揆を結成した。従って、戦国大名領形成の二つの道は、より具体的には、守護の戦国大名化か、国人一揆の戦国大名化か、という形でとらえるのが妥当であろう。

そのような意味での国人一揆の形成は、応永十一（一四〇四）年の安芸国人連署契状（『毛利家文書』一、二四号）にもっともよく示されている。これは新補の同国守護山名満氏の入部に対抗するもので、「無故至被召放本領者、一同可嘆申事」「国役等事、依時宜可有談合事」などの箇条からも守護の強圧措置に対抗するための国人（三十三名）の申し合せであることがよくうかがわれる。国人一揆結成の要因がいわゆる一族一揆のように、惣領と庶子との対立という一族内部の緊張関係にある場合も見られるが（備後の山内首藤氏の一族一揆など）、やはりこの安芸国人一揆の場合が、形成事情・構造ともに国人一揆の代表的なものと見てよいであろう。応永七年信濃全域をふくんで結成された国人一揆も信濃守護に補任された小笠原長秀に対抗するためのものであり、ここでは大塔合戦を通じて守護を国外に走らすことに成功している。

しかし国人一揆結成のもうひとつの、そしてそれこそもっとも基本的な契機はなんといっても国人領主の人民支配そのものにあった。そのような側面をよく示してくれる国人一揆の早い事例は南北朝期に多くの一揆契状を作成した松浦党一揆であろう。この契状は、一揆衆中の内部対立について、相互の「談合」による解決を強調するとともに、年貢滞納のまま逃亡した百姓や、主人を捨てて逃亡した下人の相互返還を「衆中」として申し合せている。このころ、しだいに顕著となりだした百姓・下人の領外への逃亡を防止し、事実上農民に対する土地緊縛を実現しようとするものである。松浦党一揆契状はそれと同時に市・町・路頭における「乗合・笠咎・酒狂・戯以下」の紛争の平和解決についての規定を設けていることからも分かるとおり、この段階においては、一揆衆中の所領全体をつつむ交通・市場関係が成立し、農民や下人の逃亡もそのような市場・生活圏にひろくまたがるものとなっていたのである。別のいい方をすれば、この時期において、個々の単位所領をこえた農民たちの生活圏のひろまりと階級闘争の進展が、諸領主を松浦党一揆として結集させることとなっているのである。ここに国人一揆のもっとも切実な課題が端的に示されているといえるだろう。国人一揆は守護の領国大名化の場合よりも直接的で、はるかに切実だった人民支配の課題に直接的な形で取り組んでいるのである。

ではこのような国人一揆からいかにして大名領国体制が成立するのか。「衆中」の横断的同盟関係の中から、誰がいかにして主君に転化するのであろうか。この過程の事実を多少とも知ることができる毛利の場合、それには二つの側面があった。一つは、毛利家中（譜代）における主君権力の強化である。一国人領主としての毛利氏が小庶子家や周辺の小領主たちを被官化してゆく過程も実際には平坦な道ではなく、天文十九（一五五〇）年元就が重臣で専横をきわめる井上一族を誅伐し、それを梃子として主君権力を「公儀」として確立することによってようやく前進しえたのである。そしてそのような過程を媒介としつつ、かつての国人一揆段階ではなお仲間的な「衆中」であった熊谷・平賀などの有力国人の家臣化、それへの知行宛行が開始される。熊谷氏に対する弘治二（一五五六）年の毛利氏の知行宛行状（『熊谷家文書』一三二号）などはそれを示すものである。しかし、その場合でも毛利氏の家中（譜代）と国衆とではその関係の在り方が確然と区別されており、翌弘治三年においても、一一名の安芸国人（吉川・阿曽沼・宍戸・天野・小早川・平賀・熊谷など）と、毛利氏は依然傘型連判方式で、軍事行動に関する「申合条々」を盟約せざるをえなかった。すなわち、一面で主従制の実質である知行の授受関係に入りながら、半面ではなお国人一揆的関係を止揚し切れないのである。この年、元就は子の隆元に宛てて芸備国衆で当家をよかれと思う者は一人もいない、と述べていることからみても(『毛利家文書』二、四〇六号)なおこうした一揆的関係を止揚することができなかった状況がうかがわれよう。

このように見ると、国人一揆から戦国大名への道は、現実にはきわめて多くの困難をかかえていた。国人一揆の場合においては、それが人民支配のための階級的結集形態であるがゆえに、守護大名の戦国大名への転化の場合よりも、領域支配上の本質的な諸問題がはるかに端的にあらわれてくるのであるが、独立的な国人領主間の横の結合を縦の関係に完全に組み替えてしまうことはほとんど不可能に近く、現実には家臣団構成上、譜代—国衆という二重構造を持続せざるをえなかったのである。この戦国大名の家臣における譜代と国衆とは、近世大名の譜代・外様のように等質性を前提としたうえでの親疎度の表示にすぎないものとは異なって、その主従関係の在り方、軍事編成等、基本的な諸点において異なっているのである。毛利元就があれほど軍事・外交面に卓抜した手腕を発揮し、かつ領国統治に心を配りながら、ついに領国法を制定しえないままに終った理由もおそらく、こうした家臣団の二重構造、領国内部の複雑性にあったであろう。

守護の戦国大名化　それに比べると守護大名の戦国大名化は、先述のような形で拡大されてきた一国公権を梃子とする上からの上級領主権の設定を前提としているから、裁判権などの掌握のかぎりでは比較的容易であった。領国法典を制定したものが、大内・六角・今川・武田氏など、概して守護系の戦国大名に多かったこともそれを示すといってよい。しかしその際、守護職そのものが、戦国大名化に果した実質的役割はどのようなものであったろうか。室町期において幕府体制とよぶべきものが存続している段階では、守護職はともかく幕府権力によって規制されたり、支持されたりするものであった。そのように補任の「職」がそれとして機能しているということは、原則的にはその

「職」の改替もありうるし、その「職」に対する侵害が生じたときには、それの保障のために幕府自身が一定の力を発揮しうるということである。ところが、戦国大名の守護職は、将軍からの補任という形式にこそ変化はないが、実際には、守護が逆に幕府体制から離脱し、それに反逆したり、それを排除するという現実行動を通じて戦国大名化しているという事実を前提としているのである。たとえば今川氏親は駿河国守護職、永正七（一五一〇）年にはさらに遠江国守護職という形式を獲得し、もちつづけているが、その実質的な両国支配は永正末年から大永初年にかけて、両国内のもろもろの国人領主と幕府との直接的関係を一切遮断し、独自に検地を開始し、幕府が不入特権を承認していた所領の全面的否認を推進してゆくのである。勝俣鎮夫によればそのような幕府規制からの独立過程は文書形式の面からも確認できる。(10)

したがって戦国大名にとっての守護職は、室町期のそれとは意味が明確に異なっていた。戦国大名は守護職を領国支配の名分として、自己の立場の「公儀」性を強調し、国人と将軍との直結関係や不入地の否定、段銭賦課、検地施行等の領国政策の推進を容易ならしめた。領国内国人に対する知行＝軍役関係の設定、上位裁判権の掌握についても守護職をなんらかの意味で活用したことは疑う余地がない。しかしそれは大名の実力による領国支配を意識や名分的側面において補強する以上のものではない。守護職が、戦国大名領国の形成＝守護からの転化過程においては一定の現実的役割を担ったことも事実であるが、成立した大名領国においてそれはもはや不可欠のものとはいえないのである。肥後の相良にせよ、下総の結城にせよ、その現実の勢力圏＝領国は一国という単位のものではないし、守護職を保持してもいない。それにもかかわらず、かれらはやはり一国人領主にとどまらず、一定地域の複数の国人領主を家臣化し、領国支配の法をもつことによって大名領国を形成していったのである。そうした事実を考えれば、戦国大名における守護職の役割を公的支配に不可欠なものとして強調することは、歴史認識において事実と形式、あるいは現実的なものと意識面の問題とを混同する危険があると思われる。

このようにいうことに対しても、戦国大名の支配がしばしば郡を単位とし、「分郡守護職」という形で行なわれたことがある事実をあげて、なお、守護職の果す積極的側面を重視する意見もあるであろう。しかしこれも室町幕府体制下の守護職と同一視しうるものではない。戦国大名が領域支配を行なおうとするとき、郡のような既存の支配単位を極力活用したことは不思議ではない。守護は、岸田裕之が明らかにしたように、[11] 国―郡支配組織を吸収してゆくのが普通だから、戦国大名もそれを前提とし、また活用することは当然である。しかしそのこと自体はあくまで戦国大名の問題であって、国郡機構が一定の官僚制的性格・生命をもって機能していたわけではないのである。

大名領国＝封建国家説について　ここで、話はやや転換するが、最近提起された石母田正の戦国大名領国についての、国家史的視点からする所論にふれておこう。[12] 結論だけを要約するなら、石母田は、個々の大名領国そのものを独自の封建国家と見なしている。氏によれば、大名はその領国における土地・人民支配についての権力を集中的に把握し、領国支配の法を定めているばかりでなく、外交権をも行使している。そして、そのような独立の封建国家としての大名領国と、中央の将軍や天皇とのあいだのかかわりは、政治的・現実的なものではなく、「礼」の秩序に属することである、という。この石母田の見解は、現実における支配権力と意識形態の役割とを明確に区分することによって、大名領国体制を「荘園制」のなかに埋没させてしまう見方に対して、強烈な批判を提起したものである。もちろん、将軍や大名の役割を純粋に「礼」的世界の問題として処理できるかどうか、別言すれば、日本の全体を一つの国家としてとらえる契機が「礼」以外には存在しないのかどうか、また「礼」とはそもそも何であるのか、という問題についてはなお考えるべき点も少なくないであろう。

とくに中央地帯という、経済的に他の地域にぬきんでて先進的であり、全国流通網の結節点ともいうべき性格・位置をもつ地域と、将軍や天皇の存在とのあいだには、なお一定のかかわりがあることを考えると、中央と地方（大名）との問題を「礼」的次元にだけ還元できるかどうかについては疑問がある。むしろ中世末期における経済発展、とくに中央と地方とが発展段階差をもちつつ、ともかくも全国的な市場関係を形成してくる過程は、別の面からいえば、日本の全体が一個の「民族体」としての有機的結合性を高めてくる過程でもあるから、その事実をふくめてこの段階における「中央」の新たな意味を考えてみる必要があると思う。封建国家の重要な特質は、その社会的・政治的基盤が領主制におかれるために、国家権力・国家機能そのものが領主階級諸層の中に分散下降するところにある。したがって頂点的権力に視点を向けるだけで国家体制を論ずるわけにはゆかない。その点で石母田説は、在地領主制を中世国家史の基本的骨骼にくみこまない黒田俊雄の「権門体制」論的理解に立つ中世国家のとらえ方に対する根本的な異論ということができるし、また大名領国制段階の「日本国」の統一的側面を「守護職」を通してとらえようとする試みに対する批判的指摘ということもできるだろう。それらの点については、私は石母田とほとんど同じ意見に立つものであるが、ただ、右のように、「礼」の問題については、それと一定のかかわりあいをもった「中央」の実体について検討し、個々の大名領国を単位国家としつつ、中央に結集する「日本国」の意味をとらえ、封建国家の重層構成を理論化する必要があると思う。

さて、以上のような諸問題を念頭におきながら、「大名領国形成の二つの道」の問題を考えてみると、戦国大名にとって本来必要不可欠のものは、荘園公領制を所領単位・領有秩序として認め、これと結合する守護職ではなく、むしろ逆に荘園公領制や室町幕府・守護体制を実体的に粉砕することであった。その意味で、この「二つの道」のうち、守護職とのかかわりをその成立過程からもたず、国人一揆から戦国大名が登場してくる道の方がより変革的な道であり、既存の体制や特権に依存することが少なかっただけに、戦国大名が必要とし、実現しなければならなかった実質的な諸課題——支配階級の結集と人民支配——をより直接的で鮮明な形で示していると思う。東の後北条氏はこれに属し、西の大内氏などは守護職にこだわる傾向をもっている。このように二つの道を対比的に考えることは、たんに戦国大名の出自・系譜からではなく、それによって戦国大名が直面した歴史的課題や大名領国制の史的位置を把握しやすくなるであろう。

四　農民闘争と小領主層

戦国大名が根底において対決し、解決してゆかねばならなかったのは農民闘争であったが、それは多くの場合、百姓身分上層の小領主化、地方における小農の発展という形をとった封建的階層分化の進行を基礎的前提としている。そして農民闘争は小領主層(その連合)の上位権力への闘争と緊密にかかわり合っていた。

「小領主」範疇について　その意味で農民闘争の問題を考えるには、あらかじめ「小領主」範疇とその歴史的役割について吟味しておく必要がある。「小領主」範疇が適用されうるものは、研究史上、「地侍」「土豪」「代官的名主」「加地子名主」などとよばれてきたもので、村落住民の上層に属し、なんらかの形で諸他の村落住民に支配的影響を与えてきた階層である。かれらは一面では加地子名主職を買得集積し、部分的には手作経営を行ないながらも、半面では加地子収取者として地主的性格を強めつつあった。しかもかれらは、かならずしも順調に領主化して支配権力の側に転化移行しえず、在村地主的性格のままに、むしろ農民と連繫しつつ、上部権力に対して戦うという側面を強く持続した。そのために、これを「中世的地主」と規定し、「小領主」範疇の適用に批判的な見解も提示されている(13)。

この点をもう少し具体的に考えてみるために、一つの事例を見よう。伊勢国小倭郷は、瀬田勝哉が、当郷の在地徳政の問題をとりあげたことによって注目されたが(14)、瀬田も紹介したように、郷結合の中心となった成願寺には明応三(一四九四)年の二つの起請文が残されている(15)。一通は九月十五日付で、郷内諸村の百姓三二一名と隣村三賀野衆二九名が連署して、「田畠山林広野《(ママ)》等に就て境をまきらかし、他人作職を乞落」すことの禁止等、郷内秩序に関する若干の禁止条項を申し合せたものであり、他は九月二十日付で、同郷の四六名が連署し、衆中に公事出来の時は一家中として裁許あるべし、衆中で非儀あるものは一揆を放つ、など、一揆衆中の申し合せという形をとっている。前者が一般百姓、後者が名主的階層の盟約という性質のものであることは明らかであるが、本質的には後者は前者に対する支配者集団的性格をもち、前者は後者によって命ぜられ、起請させられた関係にあると見られるのである。もちろん後者のすべてが加地子名主として前者からの直接的な地代収取権者という立場にあったと見ることはかならずしも正確ではあるまい。また後者の集団のうちの一人は「多気兵部丞」とあるが、「多気」は伊勢北畠氏の本拠地であるから、おそらく兵部丞なる人物は北畠氏の被官化していたものであろう。この地域は多気からさして遠くなく、北畠氏の勢力が浸透しつつあったことは疑いないから、北畠による上からの賦課＝収取関係もあったかもしれない。しかし、後者の集団の主要な性格が加地子名主職にもとづく地代収取者という側面にあったことも成願寺に残る関連史料と併せ考えるとき否定できないし、場合によっては公方年貢の大半もかれらの掌中に収められていたかもしれない。してみると、後者に名前を連ねた人々は、個々には地主的性格をもちながら、全体としては「一揆衆中」として、独自の連帯組織の力にもとづく地代収取者であり、同時に農民に対する事実上の領主的立場にあったわけであって、たんに「地主」というよりも本質的には「小領主」とよんだ方がその本質に即していると見られるのである。

村田修三は、近江甲賀郡柏木御厨の場合についてこの問題を追求し、山中・伴・美濃部という有力地侍層がそれぞれ同名惣を結成しつつ、三方惣という形で連合し、用水路支配を通じて、当地域の領主的権能を掌握している事実を明らかにした。そこで村田は三方惣の人々が加地子名主＝地主的存在でありながら、半面、集団として領主的役割を演じていることを重視して「小領主」を積極的に範疇化しようとした。(16) 従来の小領主の理解が領主的規模の現象的な大小を基準とするように、はなはだあいまいであったのに対し、村田は、「個別的には地主的性格にとどまるが、集団としては領主的権能を掌握するもの」という明確な性格規定を初めて与えている。(17)

ところでこのような小領主層は、半面では農民に対する支配的権能を掌握しながらも、他面で上級領主と競合対立するが故に、農民闘争と連繫するものであった。鈴木良一は、この二階層の存在と、両者の上級領主に対する闘争の問題を、戦後いち早くとりあげたが、[18]そこで氏は、応仁前後をさかいとして、名主的階層の領主化傾向が顕著となり、両者をふくむ農民結合の分裂が進み、土一揆も衰退におもむくという展望を打ちだした。しかし藤木久志が強調するように、[19]十六世紀に入っても両者の上級権力に対する戦いはかならずしも衰えておらず、一向一揆のような形をふくめて考えれば、全体としてはむしろきびしさを増しつつ高揚していると見られるのである。そこに藤木や峰岸純夫がこれらの層を「小領主」と規定せず「地主」ととらえ、農民闘争との連繫を保ちつづけた側面を重視しようとする意図、あるいは「地主連合政権」指向論を提起する根拠があったのである。しかし、考えてみると、そのことは「小領主」と規定しても何ら支障のおこることではなく、逆に「地主」と規定することによってかえって視野から欠落する部分が生ずると思われる。小領主的階層は支配権力側に完全に編成され了らぬかぎり、農民闘争と結合して、むしろその指導層的役割を演ずることとなるであろうし、小領主的性格を帯びればかならず上級支配権力に牽引、組織されてしまうというものでもない。

元亀三(一五七二)年信長は一向一揆鎮圧の手段として、佐久間信盛に命じ、一揆が甲賀南郡にひそんだ六角義賢・義治に与同しないことを誓約させる起請文を村々からとりたてた(「勝部神社文書」)。このとき、富田の地侍と百姓たちはそれぞれ別個に請文を作成しており、前者は有姓の人々で「地士長之輩」とよばれている。これも小倭郷の場合と同じで、村落支配層と一般農民とが分化しつつ、半面では上部権力に対して共同して戦う状況にあったことを示唆している。

東国の小領主層　ところでこの「小領主」の問題は、従来主として畿内中央地帯の事例によって論ぜられてきているが、戦国大名領の一つの典型的事例と目される後北条領の場合などにおいては、まったく異なる論が立てられている。最近藤木久志は、後北条領を場として戦国期の農民闘争の問題を論じ、[20]「中世名主」の「侘言」的闘争形態と、そのもとに従属していた下人・小百姓の「欠落」を軸とする闘争形態の二つを析別している。そこで藤木がとくに強調する問題は、二つの闘争の異質性であり、両者の性格的差異、二つの階層相互間に存在する支配―被支配の対抗的側面である。その点で、藤木の理解は安良城・佐々木潤之介のそれに酷似しており、[21]戦国大名は「名主の利益を擁護し、小百姓以下の強圧をめざす」という政策志向を強くもっていた点を強調している。このような形で階級配置をとらえるなら、論理展開上「侘言」型闘争には積極的評価を与えるわけにゆかず、下人・小百姓の名主に対する闘争＝欠落に農民闘争の中心を求めざるをえない。それは理論的にいえば、安良城盛昭以来の「中世名主」＝「家父長的奴隷主」と「下人・小百姓」＝奴隷的隷属民の小農的自立という図式＝理解に従うものである。

たしかに関東のような地域では、村落の中心には多くの場合、下人・小百姓を従属させるような家父長制大経営主である名主層が同族結合をもって圧倒的な力をふるっているという場合が少なくない。伊達氏の「塵芥集」を見れば下人の存在は法の世界にもおどろくほど濃い影をおとしている。しかし「下人」と「小百姓」とは本質的に同性質と見なすだけでよいであろうか。「小百姓」層は藤木の理解においては「中世名主」に隷属する非自立的な存在としてとらえられているため、欠落の主体としての小百姓と下人とのあいだの差異にはとくべつの注意が払われていないが、十六世紀段階の「小百姓」層をそのようにとらえうるかどうかについては問題がある。藤木が同じ文中で挙示したように、武蔵鳩ヶ谷の天正七(一五七九)年における領主(給人)に対する農民闘争は、「百姓中列致血判対領主企訴訟」(「牛込氏所蔵文書」)という形のものであった。これに対処した大名たる後北条氏は、連署血判の筆頭者の鈴木勘解由だけを斬り、他を許している。おそらく鈴木は有姓でもあるし、斬首されたことからみても、この村の村落君主的存在であったろう。しかしこの訴訟が広範な連署血判という形式をとっていることは、鈴木以外の連署者たちも、すでに自立的な性格を強めだした人びとであり、そこに闘争主体としての農民の姿を見ないわけにゆかない。この史料から直接、連署農民が鈴木の下人や隷属的小百姓であったと断定することも、逆にそれらが自立的小農であったと判断することもできないが、大名がこの闘争を極度におそれ「一之筆」＝首謀者とみられる鈴木を斬ったのは、やはりそこに小領主・農民をふくむ広範な農民勢力の闘争を見てとったからだと解する方が自然のようである。とすれば、この鈴木は、おそらく家父長的奴隷主という側面と同時に村の百姓たちに対する小領主的性格を帯びだしていたのである。

また、この点を農民の存在形態にしぼって見ると以下のようなことがある。武田領の著名な「恵林寺領検地帳」の場合でも、帳簿に記載された本成と踏出分との合計高を現実の保有規模と見なせば、「御家人衆」一二名の一人当り平均は六・六貫文、「軍役衆」一七名の平均は三・五貫、「惣百姓」七九人の平均は一・七貫となる。このそれぞれを面積に換算してみた場合どのくらいの規模となるかにわかには断じ難いが、「惣百姓」をすべて非自立的隷属農民と見ることも、また「軍役衆」「御家人衆」をすべて家父長制奴隷主的な「名主」と見ることも無理である。水田の段当貫高を、後北条氏と同様に五〇〇文として考えてみても、「惣百姓」や「軍役衆」の多くの部分が自立的経営体であったことは疑う余地がない。

武田領では平沢清人の遺業によって、伊那谷の場合でも村落内部に加地子を収取する名主層と、それとは異なる平百姓層の存在したことがほぼ明らかであり[22]、今川領についても名主加地子の収取関係が成立していたことが有光友学の研究によって明らかにされている[23]。加地子の収取は家父長的奴隷制関係やそれと本質的には類似の性格をもつ隷属農からの収取関係としてあったのではなく、定量化された契約物納または銭納地代であるところからも推察できるように、自立的な経営体からの収取関係と考えられる。とすれば北条・武田・今川のような東国戦国大名領下においても、家父長的奴隷制の存続と同時に封建的小経営と小領主層の成長が展開しつつあったと見なければならず、村落の中核に位置する「名主」的階層は、伊勢小倭郷や近江の富田の場合のように、地縁的な小領主連合組織をつくらず、同族団的構成をとってはいるが、その基本性格を「小領主」と規定できる。北条・武田・今川領下の村落上層民の経営を家父長的奴隷制としてだけとらえるならば、かえってこの層の重要な一側面が分かりにくくなってしまう。家父長的奴隷制は他の生産様式と排他的な関係でのみ存在するわけではない。以上のようにとらえうるならば、東国においても農民層の封建的上下分解が一定の進行をとげ、小領主層が形成されつつあるという歴史の基底部における動向については地域偏差をともないつつも、畿内と本質的には異ならないわけであり、戦国大名はそのような小領主層を権力の末端に新しく編成しようとしているのである。小領主層の把握は、戦国大名が古い「荘園制」的＝家父長的奴隷制的関係を維持温存しようとしていたことを示すものではなく、むしろ農村に新たに発展してきた在地領主制の深化・発展としての小領主層を、積極的に掌握しようとしているものといえる。

大名領国制期の地域差の問題　佐々木潤之介は、十六世紀の社会発展の地域差と政治史的動向とを統一的に把握するために、畿内先進地域＝小領主、中間地帯＝一向一揆、後進地帯＝戦国大名、という図式を提起した[24]。この理解は、戦国期の社会構成を具体化すると同時に、地域によってその在り方が基本的に異なることを強調するものである。ここで佐々木は畿内と戦国大名領地帯(佐々木のいう後進地帯)では社会発展の段階が異なり、従って、歴史展開を同一の論理ではとらえられないと見ているのである。たしかに戦国時代の社会と政治の全体を統一的にとらえようとすれば、地域差の問題を無視するわけにゆかない。しかし、そもそも「小領主」と「一向一揆」とは佐々木のいうようにその政治構造や地域展開において確然と区別されなければならないものであろうか。私の見るところでは一向一揆は中間地帯ももちろんであるが、なによりも畿内中央地帯においてもっとも強烈であった。そのことは、石山合戦が信長の最大の課題であったことからもほとんど疑う余地がない。また一向一揆がその構成において小領主層を中核としていたことも従来の諸研究や前記の富田の起請文から見ても明らかである。また他方、戦国大名は後進地域だけ、あるいは後進地域においてもっとも典型的な姿を示したというものではない。かれらは畿内においてこそ農民闘争・小領主の闘争のために安定した領国を構築しえなかったが、織田・今川・毛利など、戦国大名の代表と目されるものは、むしろほとんど中間地帯に登場している。それをあえて後進地帯に固有なものと位置づけ、名主の性格を基本的には家父長的奴隷主と規定することによって、戦国大名領国の後進的側面だけに照明をあてることは、事実的にも方法的にも疑問の残るところである。それでは十六世紀に至って、なぜ大名領が展開してきたかを、それ以前の領主制の展開と区別しつつ積極的に説明することができない。

佐々木は一方で「小領主」概念を用いているのであるから、少なくとも先進地域においては農民層における封建的階層分化の進行(小経営・小領主の成長)を承認する論理に立っているはずである。にもかかわらず他方十六世紀の社会・政治動向を基本的に規定する戦国大名領国は後進地域の所産であるという論をとるとすると、十六世紀の社会を基本的に規定するものは何なのか。当該社会のもっとも後進的要素やそれにもとづく権力が全体を規定するということになるのであろうか。このような見解が提起されるのは佐々木がおそらく戦国大名をいわば「敗者」としてとらえているからであろう。近世から逆に中世をふりかえるなら、そう見ることもできる。けれども歴史は先行する時代から当該の時代がいかに変化発展しているかを明らかにすることが原則である。私の見るところでは、戦国大名は荘園制ないしはそれと密着した室町幕府体制を克服し、大名領国制を形成した意味において「勝者」である。小領主はなお下人・従属的小百姓を随伴しつつも、古き「中世名主」(家父長的奴隷主)そのものではなく、在地領主制的発展の到達点として古き「中世名主」の分解・変質、小農民の形成という一連の動きの中から登場しそれを組織していった新しい存在である。戦国大名は、かれらの小領主的地位を領国支配の末端に位置づけ、他方ではその加地子収取権を軍役体制に結びつけることによって、荘園制とは異なる大名領国体制をつくりだしたのである。

要約的にいえば、小領主層は、地域偏差はあれ畿内のみならず東国でさえも広く登場し、農民闘争と結合しつつ、大名権力に対抗するようになった。それゆえ大名は在地における反大名勢力の中心としてのこの小領主層を重視し、これを大名側に引きつけ、編成することに懸命であったのである。小領主層をたんに古きものとして位置づけるよりも、むしろ戦国期におけるもっとも新しく、かつ固有のもの、社会・政治構造を深部から積極的に規定するものとしてとらえた方が、この時期の動的・個性的な側面がとらえやすくなるのではないか。戦国大名が古き家父長的奴隷主としての「中世名主」を自己の基盤としたというのでは、戦国大名がなぜあれほどの軍事力を発揮しえたかも、あるいはなぜあれほど荘園領主とは異なる地域支配体制を構築しえたかも説明がつかない。

五 貫高制の問題

貫高制について 小農経営と小領主層とを継続的に生みだす「百姓」層の封建的階層分化の進行は、政治的には小領主層の上級権力に対する闘争の展開、それと連繫する農民闘争の激化、下剋上的社会状況を招来した。また小領主層が「地主」的性格にとどまり、「領主」的姿態を発展させない場合であっても、大名・国人領主に対して明らかに競合関係の深化という状況をもたらした。それゆえ戦国大名のさしせまった課題は、国人領主のみならずこれら小領主層を支配体制の側に牽引し組織するとともに、年貢の確保と逃亡の防止を中心とした農民支配の体制を強化することであった。貫高制はこの二つの課題を同時的に解決するねらいをもった戦国大名の基本政策であった。すなわち、貫高年貢制によって農民支配＝搾取関係を強化すると同時に、貫高を基準とする統一的な軍役制度によって国人・小領主を給人化するのである。荘園所職の知行は統一基準をもつ軍役と結合されておらず、受給者にとって所職は年貢納入義務を負うだけのものであり、所職を宛行う上位者は、かれらからの軍役を期待しえなかったから、「職」の宛行はただちに封建的知行関係とはいうことができないのである。これとくらべると、大名領国下の貫高制は、知行宛行と軍役収取が一体化されることによってはじめて封建的知行としての性格を具備するようになった。

そのような意味をもつ貫高制の問題についての近年の積極的見解は、村田修三と藤木久志のそれである。(25) 両氏は貫高制を年貢の銭納制という側面からだけ見ようとする従来の理解を批判とし、それが戦国期における階級的諸矛盾＝

対抗関係の集中的表現として受けとめなければならぬことを強調し、そうした視角から論を展開した。すなわち村田は毛利の場合について具体的な検討を行ない、農民闘争による年貢収取の不安定な状況、個々領主のとりたてる年貢高を大名が掌握できない状況(大名の「在地不掌握」)のもとでは、守護職という公権にもとづく段銭賦課権を基準にして貫高制が設定されたという新見解を提起した。これに対し藤木は、村田の戦国大名の「在地不掌握」説に共感を示しつつも、段銭や貫高が年貢高と関係なく成立するという点については実証的な批判を行ない、その後村田もその点については藤木の意見を受けいれ、自説を改めたようである。(26)

そこで貫高制を年貢高と切り離して段銭からとらえようとする試みはひとまずふり出しに戻ったといえるが、問題は藤木も賛同する「在地不掌握」という論点の意味である。両氏がそういうときの問題の核心は、貫高の決定がかならずしも現実の土地面積の丈量把握にもとづくものでなく、大名・給人・農民のあいだの相対的な力関係によって政治的にきめられるから、貫高はそのまま田畠面積に対応するものではない、ということである。藤木や村田によれば、個々の領主が農民から取り立てている年貢高を大名が完全に掌握できたとは到底考えがたく、大名は守護から受けついだ唯一の公権ともいうべき段銭の賦課権においてだけ土地とのかかわりをもつにすぎず、大名権力は「在地の不掌握をつつみこんだ権力」というべきものであるという。この点は両氏はほとんど一致している。

たしかに、戦国大名は従来の国人・小領主的階層の自立的な領主権を、たといかれらを給人化しても、完全に大名の手に吸い上げてしまいうるような権力ではない。その意味で、幕藩領主との比較においては、相対的に「在地不掌握」だといってもよい。けれども戦国大名は、しばしば独自の検地を実施し、増分の踏出しに力を注いだ。このことは最近の有光友学・勝俣鎮夫の今川領の研究において飛躍的に解明された。(27)「小田原衆所領役帳」を一見しても明らかなように、給人の知行地が従来の国人・小領主の所領そのままでなく、後北条氏は給人の新給恩地を極力分散させ、一領域に集中する所領形態を改編することによって、個々給人の自立性に制限を加えようとしている。別言すれば、戦国大名は「大田文」の「公田」面積にだけ甘んじているのではなく、みずから、さまざまの契機（代替り、征服、給人間紛争など）を利用して、逐次検地を実施し、増分を打ち出し、名主加地子をも給恩対象に編成する努力を重ねているのであって、それこそ荘園領主とは状況を異にする「在地掌握」意図のきびしさを示すものである。おなじような問題は、大名の給人相互間の紛争に対する調停・裁判権を掌握しようとする方向や、科人の追求について当事者が実力行使することを禁じ、大名が全領の検断・刑罰権を掌握しようとする方向などにも認められる。分国法の中でも後進性が強い伊達氏の「塵芥集」の場合にもそれは明瞭にうちだされているのであって、大名の基本政策の一つが給人（国人・小領主）の土地領有権、裁判権を核とする自立的領主権の規制にあったことは疑う余地がない。

藤木は近年「在地不掌握」を重視することと表裏一体に、戦国大名の土地制度が「荘園制」と本質的には異ならない面を強調している。[28] しかし私は上述のような封建的階層分化進行のほかなお一定の制約があったにしても、荘園制には存在しなかった貫高制（農民支配と給人編成の統一）の積極的側面を重視すべきではないかと考える。藤木の理解は、「図田帳（大田文）から（太閤）検地帳へ」[29] という氏自身の図式に明示されているが、大名領国制下の国人・小領主も大名自身も、それなりに独自の土地掌握を推進しているのであって、「図田帳（大田文）」または「太閤検地帳」という統一的土地台帳以外に土地掌握の方式がないかのようにとらえることは事実にあたらない。中世後期のように在地領主制が本格的に発展した社会においては、領主階級諸層の土地掌握はむしろ重層的な形で深化される方が当然である。「図田帳から太閤検地帳へ」という図式の背後にある理解は、中世後期社会の固有の在り方を追求するより、これを過渡期として処理する考え方に連なっており、それが大名領国制のとらえ方を消極化する結果となっている。

貫高年貢と市場構造　ところで目を転じてみると、貫高制についての近年の焦点が「在地不掌握」論にしぼられたため、貫高制がもつ本来の一側面である年貢の貨幣納という事実にからむ諸問題については、論議がややなおざりにされた観がある。貫高年貢はたしかに近世の石高年貢ほど厳密に丈量された耕地に対応するものでないし、現実の収取も貨幣でなく、米その他雑多であることが多い。そのかぎりでは、これを無条件に銭納地代だと見ることはできないが、さりとて貫高が、貨幣と無縁であったわけではない。たとえば後北条領において採用されている田地一段当り五〇〇文という数値に近いものは今川などはもちろん、毛利をはじめとする中国地方の諸領の場合にもかなり広く採用されていると同時に、それらは南北朝内乱期にまでさかのぼりうるものである(本書第I部第三)。元来戦国大名が段当りの貫高を決定するにあたって、慣行として存在する収取量を無視したり、あるいは無視しえたとは考えられないから、やはり、銭で表現されることが多くなった荘園年貢額を継承したものという面をもっている。[30] また南北朝期以降の守護は荘園・国衙領などをそれぞれ何貫文之地という形で表示することが多いから、戦国大名もおそらくそれを前提としたと思われる。

とすれば貫高制における年貢の換貨の問題はやはりそれ自体考究さるべき重要な問題を内包しているといわねばならない。戦国大名はなぜ銭貨を必要としたか、銭は現地でどのような形で調達しえたであろうか、それは農民経済にどのような影響をもたらしたか、等々の疑問はこの時期における社会分業や市場構造と密接にかかわりあっている大きな問題である。この点についてはむしろ「在地不掌握」を強調しだす以前の藤木久志の諸研究が卓抜した成果を示している。[31] 藤木は後北条氏の貫高制の推移を精密に追求しながら、永禄末年ころから、「徳政」として大名が農民に対して段銭等の米納、その他の物納を認めるようになること、従って貨幣は大名側の要求にもとづくものであったこと、農民は貨幣負担のために苦しみ、農民層分解や逃亡がそれによって促進されたこと、撰銭令は大名側の精銭要求によって農民との矛盾を激化するものであったこと、後北条の場合、銭年貢が後退しはじめるのと平行して六斎市の設立が目立ちだすことは、六斎市が農民の商品販売の場であるよりも、領主の年貢物売り戻しの場であったからであること、など傾聴すべき多くの指摘を行なっている。

いまこれらの諸問題を逐一吟味する余裕はないが、銭納にからむ諸問題のうち従来比較的とりあげられることが少なかった論点としては、領国経済と中央とのかかわりの問題がある。おそらく、各地の戦国大名・給人たちは、兵糧・塩・鉄砲・火薬・鉄・武器・木綿などをはじめとする軍需物資を領外から購入せざるをえなかったし、兵糧買付の必要も随時存在した。そのためには大量の精銭が必要で、それが大名たちの他領商人歓迎・楽市・市場保護政策などにあらわれてくるのだと思われる。永正十四(一五一七)年伊達稙宗が左京大夫補任・「稙」字拝領の御礼として頤神軒存奭を京都に派遣したときの算用状を見ても(『伊達家文書』一、八〇号)その途中経費・京都での礼銭などにあてる資金を、「満中屋」「下京はく(箔)屋」等から一五〇貫、五割の利子で借用している。また算用状にも見える「富松」は関連文書を見ると「坂東屋氏久」という人物で、その屋号からも知られるように、東国を取引先とする京都の商人で、伊達氏と京都との間の文書送達など各種の連絡にもあたっている。この事実からも知られるように、地方大名は中央商人との連繋を必要不可欠とし、それとの恒常的な取引関係をもっていたと見られる。[32] 別稿(本書第Ⅱ部第五)で述べるように、上杉謙信も商人的性格の強い「在京雑掌」を京都に配置していた。

しばしばいわゆる戦国大名の中央指向は、主として軍事的・政治的な意味から考えられているが、じっさいに中央に向って本格的な軍事行動をおこしたものは信長以外にはないのであって、今川・武田の場合も織田領侵入以上に長期的な軍事・統治計画をもっていたかどうかは疑問である。むしろ、天文二十二(一五五三)年、小人数で上洛した謙信が堺を訪れていることや、信長が堺商人今井宗久を代官として重用したり、堺・草津・大津を直轄領としようとした事実からも察せられるように、大名にとって「中央」のもつ経済的意味はきわめて大きかった。大名領国制段階の日本社会を個別の大名領国に解体してとらえるのでなく、中央・地方を有機的に統合してトータルにとらえる論理と方法を深めることが必要である。

六　大名領国制の構造矛盾

　以上の考察をふまえて、十六世紀大名領国制の本質を、一言でいうなら、在地領主制の深化、その最終の段階と規定できる領域支配体制であった。それは十四世紀以来の荘園制の解体と表裏一体に進んだ農民層の封建的階層分化＝小領主層の形成、国人領と守護領国制の競合的進展を起動力として展開したものであり、十六世紀の戦国社会においてそのゆき着いた姿を見るに至ったのである。戦国大名領の内部構造を厳密に点検すると、大名の支配が領国一円に等質的にゆきわたらないのが普通であり、中央地帯のように旧来の荘園領主の収取関係がなお一定の範囲で残存することもある。また、戦国大名領は、それなりに一つの体制であるとはいえ、その確立はほとんど同時的に近世的な全国統一と、近世大名制への移行に連なってゆくため、戦国大名領を、荘園体制の解体と近世大名制への移行の過渡形態と見る見方もひろく存在する。けれども近世大名制（幕藩体制）はいうまでもなく、兵農分離にもとづく在地領主制の止揚、領主階級の城下町への集住、それを契機とする封建領主権の一元化、大名への集中を基本原理として成立しているから、戦国期に見られる大名領国制の同一線上の発展というべきものではなく、両者のあいだには明確な質的転換が存在するのである。

　したがって、戦国の大名領国制は近世大名制への移行過程における過渡的形態と見るべきではなく、それなりに荘園制からも近世幕藩体制からも区別される土地人民の地域的領有＝支配体制と見るべきであろう。とすれば、問題は戦国の大名領国制は、なにゆえ、ほとんど自己を確立するのと同時併行的に近世大名制へ移行せざるをえなかったのか、という問いに答えなければならないことになる。それは別言すれば、戦国大名領国制の構造矛盾の問題であるといってよい。

構造矛盾の三側面 それには大別して三つの側面がある。

第一は、断えざる封建的階層分化過程の中で展開する農民闘争である。それは上述のように、小領主層の反権力闘争と結合しつつこの時代特有の展開を示す。その先駆的動きは京都周辺部では土一揆という形をとって、既に十五世紀において展開しつつあった。その場合は荘園領主と緊密な結びつきをもちつつ農民収奪者としての性格をもった土倉に主たる攻撃対象が向けられる点で特殊的であった。しかし、荘園年貢の収納がしだいに壊滅的な状況におちいった十六世紀に入ると、荘園年貢先物を担保として公家・寺社への貸付を行なうことに主たる営業基盤をおく土倉は、その基盤を失って次第に衰退し、土一揆も十六世紀には農民闘争の主役ではなくなってゆく。これに対して十六世紀の農民闘争は、小領主層の反上位権力闘争と農民闘争の絡み合い方や農民闘争の強弱に地域的な偏差をふくみつつも、東国大名領にまでひろがってゆく。

戦国大名はそれゆえ、いずれの地域においても、そのような小領主層と農民の複合的な闘争と対決せざるをえなかったが、その対抗がもっとも深刻苛烈だったのは畿内を中心とする一向一揆地帯である。一向一揆は十五世紀末の加賀一向一揆に発端するために、これを佐々木潤之介のように「中間地帯」に特有の所産と見る見方もある。けれども十六世紀において一向一揆ともっとも深刻に対決しなければならなかったのは明らかに織田信長であり、その相手は西は播磨・摂津・河内・和泉・紀伊、東は伊勢・尾張・三河にわたる中央地帯とその周辺のそれであった。この地帯の一向一揆の存在形態・構成は、さきに近江富田の例で示したように、小領主と平百姓との二階層をふくむ重層的な惣結合であった。もとより中央地帯農民のすべてが一向門徒化したわけではなく、一揆の拠点となった村落においても、門徒の比重はなお検討する余地がある。しかし、門徒化した地侍(小領主)・農民が積極的な組織者となって、反領主的闘争を推進したであろうことは十分推測される。信長の長島・石山攻撃があれほどの犠牲を必要としたこと、信長が浅井・六角等との抗争時代に、しばしば門徒一揆の蜂起によって通路を遮断され危地におちいっていることなどから見ても、それはほとんど疑う余地がない。さらに一向一揆は、紀の川デルタ(雑賀)・淀川デルタ(石山)・木曾川長良川デルタ(長島)・矢作川デルタのような交通・商業の要衝をおさえ、また内陸部でも、富田林など在郷町的様相をとって発展しはじめた地方中心集落を寺内町として掌握しつつあったから、一揆の脅威は信長にとって想像を絶するほどのものがあったといわねばならない。

第二は、諸大名が例外なく悩まなければならなかった家臣団諸層の相対的自律性のもつ矛盾である。それは在地領主制を前提とするかぎり宿命的だった。毛利の場合防長二国の新付の外様はおろか芸備の国衆に対してさえも、かれらの領主的自律性を容易に止揚できず、軍事的にはほとんど同盟者的関係以上に進めなかった。それは大名にとって、絶えざる叛乱の脅威であった。大名はそれを防止するために、領国法を通じて、給人の支配を不満とする農民に対して、大名法廷への直訴を認めたり、給人所領の再編＝本貫地との関係を極力稀薄化したりする試みを進めた。のちのことであるが、秀吉は文禄三(一五九四)年島津領検地の条々(『島津家文書』一、四〇〇号)において、

一、諸給人知行分、検地之上にて、引片付、所をかへ可被相渡之条、今迄之為給人、対検地奉行人、諸事用捨之儀、不可申理事

と命じている。すなわち給人の知行地は、こんどの検地を契機としてすっかり入れ替えよと命じているわけであり、島津領内における給人の転封、本貫地からの切り離しの全面実施である。島津領は戦国時代を通じて国人割拠の甚だしかった地方であり、島津権力はその絶えざる叛乱・動揺に悩まされつづけていた。秀吉はその現実を鋭く見てとって、かれ自身の力による検地の遂行を梃子として、島津に命じ、領内給地替を徹底的におし進め、それによって家臣団統制＝支配階級諸層の個々領主権の骨抜きとそれを前提とする階級結集を強力に推進しようとしたのである。秀吉にとってみれば既に服属した大名の支配権力を強化することが、かれの権力の安定のためにも不可欠の条件であった。この一例がもっとも端的に示すように、在地に領主権を根づかせた給人を、在地領主制そのものを否定しないままに

掌握しようとすることは、領国が大規模となればなるだけ困難が大きいという矛盾に逢着する。しかし、このことは戦国大名の未完成さを意味するものではなく、むしろ、「百姓」層の封建的階層分化の進行にもとづく在地領主制の村落レベルにまでの浸透によって、旧来の荘園制的諸関係が克服され、大名領国制の本格的展開を実現させた条件なのである。

第三は、十六世紀における社会発展・政治的経済的諸条件の地域偏差の問題である。社会発展の地域偏差は、その歴史段階が低位にあったり、発展の速度がゆるやかであるときは、それほどに大きな問題とならないが、十六世紀のように広域にわたる激動的な社会状況の下では、それはとくに大きな意味をもってくる。

戦国期において、畿内が経済上高度に先進的であったことには三つの側面があった。一つは農業生産力の高さに支えられた経済発展で、小農経営の進展、加地子名主の農業経営からの分離ないし手作地縮小、農産物加工業の進展、(33)それらに支えられた畿内市場圏の成立ともいうべきものである。そしてもう一つは、堺を窓口とする外国産商品および外国系技術である。海外交通の中でもたらされた火薬・鉄砲・木綿・絹織物等は、大規模化した戦争に必要な最大の軍需品であり、権威の表現物でもあった。元来堺は鍛冶・鋳物職人の集住地であったが、鉄砲の導入によって、近江国友とともに鉄砲の主産地となった。火薬原料である硝石や、兵衣として欠かすことのできぬ木綿(初め朝鮮木綿、のち唐木綿)は中国・朝鮮からの輸入に依存する部分が大きかった。絹織物や高級陶磁器類は支配階級の権威と切り離せない舶来品である。堺商人の今井宗久や千利休は倉庫業・貿易業者であり、火薬取扱商でもあった。今井宗久の生野銀山への進出(「今井宗久書札留」)も、火薬・精錬技術などと切り離しては考えられない。(34)

それらに加えて、律令制社会以来一貫して展開してきた京都を結集点とする求心性の強い全国流通網の問題がある。京都・堺・大津などの商人はその中心的担い手であり、畿内中央地帯は外国貿易をもふくむ全国生産力の結集地であった。

このような中央地帯の先進性にくらべると、東国地方などは、家父長的奴隷制をなお色濃く随伴するような社会状態にあったことも事実である。秀吉は小田原攻めのとき、越後上杉に対し、とくに下人売買をきびしく禁止させている。しかし、そのような地域においても、戦国期の社会は、かれらをその地域内だけにとどめ地域内生産力の上にだけ歴史の展開をまかせてゆくことができなかった。東国大名たちも、農民・小領主層の闘争と対決し、周辺大名同士の戦いに勝ち抜いてゆくためには、右のような中央地帯の生産力に結びつき、これをとりいれなければならなかった。というより周辺大名領への進攻そのものが先進的生産力の追求という基本要求に促進されたものであった。かつて藤木久志は豊臣期の常陸の大名佐竹氏の場合を検討し、そこでは堺商人・伊勢商人を歓迎し、それから中央地帯の諸物資を手に入れている事実を明らかにした[35]。これこそ佐竹氏にかぎらず、諸大名たちが競ってえらんだ方式であり、そのことが大名たちのあいだの中央志向や他領進出を促進する重要な契機であった。その意味で、生産力の地域偏差は、十六世紀においてはするどく戦国争覇戦の展開へ連なってゆく。この点はまた中央との関係のみならず、大森銀山や山陰タタラ鉄の掌握をめぐる尼子・大内・毛利の熾烈な抗争にも認められるように[36]、地方的にも重要な意味をもっていた。

矛盾止揚の筋道　以上の三点が、大名領国制の構造矛盾の中核的な問題である。したがって、その矛盾の止揚は、(1)本年貢と加地子とを「分米」として統合する「一職支配」=「作合否定」と石高制による剰余の大名権力による全面的把握→農民層の封建的階層分化の阻止→兵農分離による小領主層の権力側への編成、もしくは「刀狩」による闘争力の剝奪=「百姓」身分化。(2)一方、石高制に基づく統一軍役、城下町集住と城わりによる家臣団の自立的領主権の否定と大名への権力集中。以上の過程はもっとも苛烈な農民闘争、一向一揆と正面から戦わざるをえなかった信長の事業の中で原型が創出され、秀吉によって体系化された。(3)同時に、先進的な畿内中央地帯を征服した秀吉権力は、後進大名領に対して天下統一の征服戦を遂行する。その際、九州・四国でも殆んど実質的な戦いが行なわれず、唯一実力で抵抗した後北条氏が完敗し、東北の雄伊達氏も無為に屈服した。それは右のような地域間生産力の格差、中央地帯の圧倒的高さを示唆するものである。ここで秀吉政権は、遠隔地諸大名を軍事的に滅亡させることなく、自から創出した石高制・兵農分離・一職支配の原則を、後進大名領におしつけることによって、その権力を徹底的に編成替し、安定させようとするのである。これが大名間抗争によるかれらの共倒れを防止し、農民闘争を抑止するもっとも合理的な道であった。

以上の筋道による大名領国制の構造矛盾の止揚過程は、戦国大名が指向したところのものをそのまま完成したのではなく、徹底した編成替である。その意味で「中世」から「近世」への移行を「封建制再編成」ととらえることは必ずしも不当でないが、問題はその「再編成」「編成替」の内容をどう規定するかである。従来の「再編成説」は何をどう編成替したのか、その点が必ずしも明確でなかったように思われる。私見によれば、統一政権が克服した主要な対象はすでに、畿内などに残存していた荘園制ではなく、在地領主制の最終の段階としての大名領国制そのものである。そしてその編成替を通じて、封建的土地所有の徹底した集中が進められ、幕藩領主によるその独占的体制が実現されたものである。幕藩体制社会は、その意味で幕藩領主による支配身分と土地領有権のいわば封建的〝独占段階〟ともいうべき位置を占めるものである。

（1）岸田裕之「守護赤松氏の播磨国支配の発展と国衙」（『史学研究』一〇四・一〇五）。
（2）羽下徳彦「越後における守護領国の形成」（『史学雑誌』六八―八、一九五九年）。
（3）なおこの検地帳については、佐藤博信「戦国大名制の形成過程――越後国の場合」（『清泉女学院研究集録』昭和四十七年度版）が言及している。
（4）鎌倉期から新田の部分については在地領主・地頭がそれを掌握し、領家側の「公田」は固定される傾向が強かった。この点については永原慶二「中世東国の新田と検注」（同『日本中世社会構造の研究』岩波書店、一九七三年）を参照。
（5）加地子名主職の成立、その量的・質的性格については、永原慶二「室町幕府＝守護領国制下の土地制度」（前掲『日本中世社会構造の研究』)参照。

(6) 三浦圭一「惣村の起源とその役割」(『史林』五〇―二・三号、一九六七年、のち同『中世民衆生活史の研究』思文閣出版、一九七九年、所収)。

(7) 百瀬今朝雄「段銭考」(宝月圭吾先生還暦記念会編『日本社会経済史研究・中世編』吉川弘文館、一九六七年)。田沼睦「寺社一円所領における守護領国の展開」(『歴史評論』一〇八、一九五九年)、なお守護政策の固定化・恒常化はその後、藤木久志・村田修三等によっても確認されている。

(8) 田沼睦「公田段銭と守護領国」(『書陵部紀要』一七)。

(9) 永原慶二「東国における国人領主の存在形態――「茂木氏給人帳」考」(前掲『日本中世社会構造の研究』)。

(10) 勝俣鎮夫「今川仮名目録解題」(日本思想大系『中世政治社会思想』上、岩波書店、一九七二年)。

(11) 岸田裕之、前掲論文。

(12) 石母田正「解説」(日本思想大系『中世政治社会思想』上、岩波書店、一九七二年)。

(13) 峰岸純夫「室町・戦国期の階級構成」(『歴史学研究』三一五、一九六六年)。同「国人領主と土豪」(『講座日本史3』東京大学出版会、一九七〇年)。藤木久志「戦国の動乱」(『講座日本史3』)。

(14) 瀬田勝哉「在地徳政の一考察」(『史学雑誌』七七―九、一九六八年)。

(15) 全文は色井秀譲著『小倭成願寺文化誌』(三重県郷土資料刊行会、一九七三年)に収められている。

(16) 村田修三「用水支配と小領主連合」(『奈良女子大学文学部研究年報』一六、一九七三年)。

(17) 村田修三「戦国時代の小領主」(『日本史研究』一三四、一九七三年)。

(18) 鈴木良一「純粋封建制成立における農民闘争」(『社会構成史体系』第一回、一九四九年)。

(19) 藤木久志「戦国の動乱」(前掲)。

(20) 藤木久志「戦国大名と百姓」(『日本民衆の歴史3』三省堂、一九七五年)の第一章。

(21) 安良城盛昭は「太閤検地の歴史的前提」以下の諸論稿において、名主は家父長制的奴隷主であり、政治的には被支配者だが経済的には搾取階級に属すると明確に規定する。佐々木潤之介はその諸論稿においてほぼ安良城の所論を継承しているが、畿内先進地域における南北朝内乱期以降の小経営の一定の発展については肯定的である。氏が十六世紀段階の中央地帯を「小領主制」を基軸にとらえようとしていることは（同氏「統一政権論の歴史的前提」『歴史評論』二四一、一九七〇年）、そのためであろう。この点は佐々木が基本的には安良城説に従いつつも、その後の中世史研究が解明した事実を一定の範囲で肯定的に受けとめたからだと思われる。しかし下人および小百姓を隷属させる名主の家父長制的構造は先進地域をのぞいてはなお基本的に変化しておらず、戦国大名はそのような家父長的名主を権力の末端にとらえることによって成立していると見ている。

(22) 平沢清人『下伊那地方の中世末より近世への推移』（同君論文刊行会、一九六九年）。

(23) 有光友学「戦国大名今川氏の歴史的性格」（『日本史研究』一三八、一九七四年）。なお、有光は、安良城の名主＝家父長的奴隷制理論に立つことを文中、強調されているが、論証された事実は名主加地子の収取関係の広範な存在であり、そのことはむしろ氏もいうように「小領主制」の展開につながるから、封建的上下分解を前提にせざるをえず、氏の文中の主張には逆の事実だと考えねばならないのではなかろうか。

(24) 注(21)に示した佐々木論文。

(25) 村田修三「戦国大名毛利氏の権力構造」（『日本史研究』七三、一九六四年）。藤木久志「貫高制と戦国的権力編成」（『日本史研究』九三）。

(26) 村田修三「戦国大名の知行制について」（『歴史評論』二九三、一九七四年）。

(27) 勝俣鎮夫「遠江浜名神戸大福寺領注進状案について」（『日本歴史』三二〇、のち同『戦国法成立史論』東京大学出版会、一九七八年、所収）。

(28) 藤木久志「戦国期の土地制度」（『体系日本史叢書・土地制度史I』山川出版社、一九七三年）。

(29) 藤木久志「戦国大名について」（『日本史の発見』読売版『日本の歴史』別巻、のち同『戦国大名の権力構造』吉川弘文館、一九八七年、所収）一三四頁。

(30) 永原慶二「貫高制の前提」（『神奈川県史・古代中世(2)』月報所収）。

(31) 藤木久志「大名領国制の経済構造」（『日本経済史大系2中世』東京大学出版会、一九六五年）。

(32) この算用状については永原慶二「頤神軒存奭散用状についての覚書」(『山形大学山崎吉雄教授還暦記念論文集』、のち永原慶二『室町戦国の社会』吉川弘文館、一九九二年、に収載)を参照。

(33) この点は脇田晴子『日本中世商業発達史の研究』(御茶の水書房、一九六九年)を参照。とくに大和の農村手工業産および氏のいう「首都市場圏」。

(34) これらにかかわる諸事実は永原慶二『戦国の動乱』(小学館、一九七五年)で具体的に検討した。

(35) 藤木久志「豊臣期大名論序説」(『歴史学研究』二八七、所収、一九六四年、のち前掲『戦国大名の権力構造』)。

(36) 永原慶二、注(34)前掲書を参照。

第Ⅱ部　大名領国制下の物流・商人・都市

第一　伊勢・紀伊の海賊商人と戦国大名

はじめに

伊勢大湊を拠点とする東国向け廻船が、すでに鎌倉末期頃には一定の展開を示していたことは、研究史上ではよく知られている。

おそらくそれは、平安後期～鎌倉期を通じての、伊勢神宮御厨の、東海・関東方面における濃密な設定に伴う年貢輸送から始まり、やがて大湊廻船業者の商人的自立が進んだ結果としてもたらされたものであろう。それらに関しては、豊田武以来、[1]多くの研究が蓄積されてきたところであり、私も短文ではあるが、「南朝と伊勢大湊」[2]でふれた。最近では、稲本紀昭の力篇「伊勢・志摩の交通と交易」[3]もこれにかかわっている。またそれに先立って、綿貫友子は「『武蔵国品河湊船帳』をめぐって」[4]で、明徳三（一三九二）年の、武蔵金沢称名寺が津料賦課権をもった「品河付湊舟」の船名を詳細に検討し、それら船名の多くが伊勢大湊付近の地名を採っている事実を確認し、大湊と品川とのあいだの深い結びつきに、画期的な照射を加えた。

また、永原は、高島緑雄の『品川区史』の優れた叙述に導かれて、[5]室町中期、紀伊から品川に進出し、巨富を蓄えた豪商鈴木道胤の存在に注目し、「熊野・伊勢商人と中世の東国」[6]を発表した。道胤は品川で蔵本も営業していたが、活動の中心は紀伊・畿内方面と品川とのあいだの廻船業におかれていたようである。なおまた戦国時代に入ると、後北条氏の水軍の主力として知られる梶原氏も紀伊に本拠をもつものであった。[7] 甲斐の武田氏が駿河に進出し、江尻（清水市）をおさえた段階で、その水軍の主力として組織した小浜氏も志摩の出身であったことが知られている。[8]

このような諸事実を概観しただけでも、伊勢・紀伊方面と東海・関東方面の海上交通、とくに商業的廻船の活動[9]が中世後期に大きく展開していた事実はもはや疑う余地がない。

しかし一歩ふみこんでみると、それらの廻船がどのような組織で、どのような航路をとり、寄港地はどこであったのか、伊勢大湊から関東に往還する場合のそれぞれの積荷、途中寄港地での売捌き、また仕入れなど、その営業形態はどのようなものであったのか、あるいはそうした廻船と水軍との関係はどうか。しばしば〝海賊商人〟といわれるように、廻船業者はおそらく武装した実力を備えており、それこそが戦国大名の、かれらを海上軍事力として組織しようとしたねらい目でもあったにちがいないが、その具体的な姿はどのようなものであったのか。そうした疑問がただちに思い浮ぶところであるが、それにもかかわらず、その実態は意外に明らかでないのが現状である。

本稿ではそうした点を念頭におきつつ、対象とする時期を主として戦国時代にしぼり、廻船・水軍と戦国大名とのかかわりを、後北条・今川・武田氏などのケースに即して検討してみたい。

一　伊勢海小廻船と関東渡海船

後北条・今川・武田氏などの東海・関東の戦国大名にとって、伊勢・紀伊の廻船・水軍は、経済と軍事と両面で、きわめて重要な意味をもっていた。

この問題の前提となる伊勢廻船の最大の活動拠点は大湊であった。すでに南北朝初期、大湊に近い鳥羽の悪止道妙（建武三年に死去）は、少なくとも四艘以上の「関東渡海船」を保有し、弟定願を駿河の江尻に駐留させて手広く商業活動を行なうとともに、伊勢山田の光明寺僧であり、同時に廻船業者でもあったと見られる恵観と商権をめぐってはげしく争っていた。[10] また伊勢神宮の御厨年貢の輸送に当る「神船」は古くから三六艘と称せられ、大湊を拠点とする「関東渡海」の廻船であった。[11]

この種の「関東渡海船」が、その後、戦国大名によって兵糧米輸送や水軍として期待されるものの前身であったが、それらはおそらく下り荷物としては伊勢湾沿岸諸地域の米を始めとする豊かな諸物資を集荷し、これを東海・関東に売りさばくという機能をもっていたと思われる。

この点を考えさせてくれる興味深い史料は、永禄八(一五六五)年の「船々聚銭帳」という「大湊老若」の残した記録である。[12] 「大湊老若」とはしばしば「大湊公界」とも称せられた大湊の住民の代表による自治機関であり、「聚銭帳」は、この湊に入港した船々から徴収した入津料の請取り帳簿である。

記載の仕方はかならずしも統一されてはいないが、永禄八年一月九日に帳簿を起したものである。そのうち十一月十一日請取分から始めて、十二月五日の入船分までが残されている。入津料は一艘につき永楽一〇〇文の場合が多く、これを米で納める時は九升である。しかし金額は二〇〇文、三〇〇文、さらに六〇〇文、七〇〇文、八〇〇文というケースもある。このちがいは積荷の種類や量ということもあるかも知れないが、船の規模にもよっていた可能性が大きい。六〇〇文、七〇〇文、八〇〇文という高額のものの中には、「桑名小新造」「白子小新造」「しの嶋新造」「蔵新造」「浦一新造」「福宮新造」「小浜屋新造」「中山新造」など「新造」船が少なくないことも、やはり船の格付け(主として大きさ)が入津料額の基準とされていたことを示しているようである。

そこで記載の具体的な形を示すと、冒頭の部分は、

十一月十一日請取

(黒印) 百文 諸崎七郎左衛門尉舟

小宿孫松屋　　与十郎殿
しちに□あり　与六郎殿
四郎五郎殿
大もんしや小宿
わかちや舟
うけ取候　十二月七日
米二斗七升
（黒印）三百文

という形である。

初めの一〇〇文についてみると、これは知多半島南端の諸崎（現南知多町師崎）の船である。七郎左衛門尉は船主の名であろう。「小宿孫松屋」というのは、大湊での船宿で、この船は孫松屋に荷揚げし、乗員はここで休んだのだと考えられる。[13]「しちに□あり」は規定の一〇〇文のほかになおなんらか負担すべき分があったが、それを直ちに支払う用意がなかったので□を質物においたのであろう。□の部分は難読のためここでは留保せざるをえないが「木せる」とも読める。またその記載の下方に書かれた与十郎殿・与六郎殿・四郎五郎殿はこの船の乗員の名前と思われる。

これらの問題はいずれも確定しがたいが、ほぼ右のように考えると、この船は船籍地の諸（師）崎から三人乗りで大湊に入り、孫松屋を「小宿」として何らかの輸送ないし商業的行為をおこなったということになる。入津料に一〇〇文を支払うのであるから、当然営利目的があったはずである。常識的には往復ともども一定の商い荷物を積んでいたと考えなくてはならない。

三人乗りの船は、一〇〇石以下の小〜中型船であろうが、知多半島南端の諸崎から伊勢大湊までは、風のない時であれば、四〜五時間、つまり半日で十分到達できた。小〜中型船の場合、櫓走が一般的であるが、諸崎〜大湊間がこの程度の時間で渡れたことは、近世の史料や現代の古老からの聴取、また海上距離（直線約二一キロメートル）などから推量してほぼ誤りないと思われる。

この種の伊勢湾内小型船は、中世では「伊勢海小廻船」とよばれて「関東渡海」の遠距離廻船とは区別されていた。「小廻船」は伊勢湾の随所に存在する浦々にひろく活動し、湾内を頻繁に往来した。これらはみな櫓走を主とする小型船で、大湊では伊勢神宮への神饌料などの名目で一定額の入津料を賦課されたが、湾内航行には賦課がなく自由往来であったらしい。

文明十三（一四八一）年十一月二日の両宮政所目安案には、

両太神宮権禰宜荒木田神主師秀・度会神主顕光謹言上

右件趣者、二所太神宮朝夕御饌料之事、当国諸郡内御常供田幷関東渡海之神船三十六艘帆別米、次伊勢海小廻船等、以神領湊役、毎年十二月幷潤（閏）月米令備進之、諸郡神米者年々次第減少、次神船三十六艘者、当時不足于二十艘之間、併彼小廻船之神役為肝要之処、近代於于上浦新警固役七、八ヶ所出来之間、依他役等大儀、両宮御饌料神役令闕如之条、殊神慮不可然之間、為神宮愁訴之処（下略）

とある。[14] これによれば、①内外両宮の収入は常供田とよぶ所領、②三六艘の関東渡海船帆別米、③伊勢海小廻船湊役によって確保されていた。しかし関東渡海船は文明十三年現在では二〇艘にも足らなくなっている。それに応じて、神饌料確保のためには伊勢海小廻船の役割が大きくなった。ところが伊勢湾「上浦」（雲出川河口に当る矢野崎以北）にも新たに「新警固役」を徴収する港津が七、八カ所も新設された。そのため小廻船はそれらへの負担増により、神宮への御饌料納入を闕怠するようになった。というのであり、神宮側はこの新警固役徴収の停止を要求しているのである。ここで問題とされている「上浦」七、八カ所の新警固料は、守護系の勢力によって賦課が強行されているものと思われる。小廻船は応仁の乱などを契機として、これまでの神饌津料と別の武家側からの負担を次々に強いられることになったのである。

ではそうした伊勢海小廻船の実体はどのようなものであったのか。「船々聚銭帳」の記載を整理してみると、その船籍地は、

知多……宮(熱田)・大野・常滑・野間・内海・諸(師)崎・篠島

伊勢……桑名・四日市・胳庭・白子・川崎・一色・浜田・南浜・簗地

志摩……答志島・崎嶋・相差・菅島・浜島・小浜・神島・伊志賀・鳥羽・甲賀・布施田・片田・和具・国崎

その他……尾鷲

などであった。資料が一ヵ月にも満たない短い期間のものだから制約はあるが、伊勢湾周辺の浦々が網羅的に登場しているといえる。

またこれら大湊入港の小廻船の積載物資として確認できるものには、

米・竹・木・そ木・大豆・薪・麦

などがあり、なかでも米とそ木・薪の類の記載回数が多い。それは大湊・山田の参詣人の増加と都市的発展にともなう米と日常燃料としての薪の需要が大きくなったことを反映していると見てよいだろう。

しかし大湊に入る「小廻船」の積載物が、直接大湊・山田などで消費する物資に限られていたと考えることは不自然である。知多半島の諸港からの船は、その土地柄を反映して、米・麦などを積んでいた記載例はない。知多でまず考えられるのは塩であり、常滑の焼物である。資料全体として、船の積載物品名を記載しているケースはむしろ例外的である。本帳は入津料を記録するのが主たる目的であるから、物品名はいちいち記載していないのである。しかし常滑の焼物類が、関東・東北地方にまで広く流通し、近時の中世考古学的調査によって多くの城館跡などから多数出土していることから考えれば、常滑の焼物も、いったん大湊に集積され、そこから大型の関東渡海船に積み替えられ

て、各地に移出された可能性がきわめて高い（永原編『常滑焼と中世社会』一九九四年、小学館）。一般に「常滑の窯」というが、それは戦国期には次第に常滑に集中したにしても、もともと知多半島各地で生産されていたから、常滑のみならず、その他の知多の諸港からも、製品が大湊に送られたと見なくてはならない。

この点と関連するのは「問」である。記載は次の通りである。

野間舟　与左衛門殿御問舟
崎嶋舟　孫左衛門殿問舟
浜田舟　孫左衛門尉殿御問船

これをどう解するかはむつかしいが、与左衛門や孫左衛門という「問」が野間舟などの浦舟を「御問舟」としていわばチャーターしているのではないだろうか。野間などの浦々を船籍地としている船を大湊の問丸が必要に応じ、問丸専用船として特定の物資を運ばせているものと解したい。

かつて竹内久子は前掲論文で、「小宿」と記されている孫松屋などを問屋と見るばかりでなく、「大文字屋孫六郎殿舟」、「しなのや衛門二郎殿舟」などのように記載された大文字屋・しなのやなどもすべて大湊の問丸と解した。しかし大文字屋・しなのやは舟主の名を示しているだけでこれをただちに「問」と断定することはできない。これに対し、与左衛門・孫左衛門尉は明瞭に「問」と記されているのであるから、これが問丸であることは確かであろう。こう解すると、竹内のようにすべてを一括して同じ性質の「問屋」とすることには不安が残るとしても[15]、少なくとも、浦々の船、あるいは積載品別に対応している「小宿」に搬入された物資が、その上位にある問丸の手によって「関東渡海廻船」に積み替えて移出されるという形が存在していたことは想定できることである。

それればかりか大湊は、綿貫友子が明らかにしたように中世後期においては、造船の中心地で、品川を本拠とする船の多くも当地で造られた[16]。また後北条氏が大湊に向けて管下の「伊豆船」を発遣することもあった[17]。

そうしたことからすれば、大湊の機能は、もはや伊勢神宮の御厨年貢の揚陸港といった当初の性格からは大きく転換して、伊勢湾を囲む生産地からの諸物資の集積地であり、東西交易の拠点・兵糧供給の基地であり、さらには各地の注文に応じて中・大型船を建造する造船地でもあったといわなければならないのである。

二　後北条氏と伊勢・紀伊水軍

東国戦国大名の雄後北条氏は、海上の軍事力の面からも、兵糧米確保の面からも、伊勢・紀伊の海上勢力を重視し、これらの来航を保護し、その取り込みに力を注いだ。

口野郷之内江浦へ着岸伊勢船之儀、其外雖為小舟、於諸商売不可有横合、并問屋之儀も申付上、代官かたへ礼等之儀者可為如前々、但於有役者、此方へ可致沙汰、若依打鉄錠者、代物以弐拾疋可致浦祭、此上代官百姓兎角義者、為先彼判形、可相断之状如件、

弘治三丁巳

三月廿四日　　　　氏　元（花押）(18)

楠見善左衛門尉殿

これは現在の静岡県裾野市葛山に本拠をもち、今川氏・後北条氏の影響下でなお一定の自立性を保っていた国人領主葛山氏元の楠見氏宛判物である。ここで氏元は楠見氏の問屋の権利を安堵するとともに、来航する伊勢船やその他の小舟が諸商売を円滑に行なえるよう保証することを命じたものである。ここに見える伊勢船は直接後北条氏が買付けた兵糧・武器などを積んだ御用船ではなく、商取引目的で随時に入津する伊勢廻船であったことに注意しなくてはならない。(19)

伊勢廻船と後北条氏とのかかわりは次の史料[20]からもうかがわれる。

伊勢船之兵粮津端□□
用候、此替於韮山可有御渡□請取
可申候、若又売可申歟、□（如何カ）様ニモ安藤相談、
此度可走廻依時宜、木折銭永代可有
免許者也、仍如件、

辛酉（虎朱印）
二月十八日

伊勢廻船中
問屋中

この文書の読解と位置づけなどについては別の機会に立ち入って述べたので[21]、ここではくりかえさない。発給年「辛酉」は永禄四（一五六一）年にあたり、小田原本城が武田信玄の軍によって包囲され危機におちいった時点である。そうした危機的状況の中で、後北条氏は「伊勢廻船・問屋中」に宛て、兵糧米の買付けを行ない、これを津端に回漕するよう要請している。そしてこの兵糧米の代替米は韮山で渡すか、又は現金で支払うか、何れでも奉行人の安藤と相談の上決めてよい、よくつくしてくれれば今後は木折銭免除の特権を与える、というのである。木折銭は不明だが、領外から来る商人の活動に賦課される税目であろう。津端は相模川河口（平塚市）にもあるが、伊豆半島東岸、現在の伊東市域の港であったと思われ、小田原は早川河口が狭く港の条件が悪いため、北条氏はしばしばここを利用してい

たようである。

この兵糧米は「伊勢廻船・問屋中」にかねて発注していたものか、宛所はそうでも廻船が独自の商品米として米穀を駿河湾方面に積載来航した時点で、緊急に買付け、これを津端に廻送させたのかは確定できない。しかし韮山で替米を受けとるか、代金で受けとるかはどちらでもよいといっているところからみると、私には後者のように思われる。とすれば、伊勢「廻船・問屋」の商業的米穀販売活動が前提として存在していたことになる。

この種の問題と関連する駿河今川氏の文書としては、[22]

一、毎年各江売渡絹布以下、為其価請取米穀并当国損亡之年従勢州関東江買越米穀受用之時者、年来友野座方令商売云々、然而当年相改従米座方可斗渡旨、新儀申懸之由曲事也、如前々申付之、但商人等於令米商売者、米之座江可申付事、（下略）

永禄九丙寅年
十月廿六日　（今川氏真）（花押）

今宿商人等

が注目される。氏真は御用商人友野等今宿商人宛に、今川から商人等に売渡す絹布の代米や伊勢から関東へ買越す米穀の取扱いについては米座の要求を退け友野座が取扱うことを保証しているのである。「当国損亡の年、伊勢より関東へ買越す米」というのは伊勢から関東に売却される米を、駿河が凶作のため、途中で「受用」するということであろう。ここでも伊勢米の関東への売却・移出が行なわれていることが確認できる。

このように、戦国期の伊勢と後北条領国とのあいだに一定の海上交易関係が存在し、伊勢廻船が駿河・伊豆等に来航していたことは明らかである。しかも、両地域の関係はそれだけではなかった。後北条領国が軍事的に必要とする船舶はやはり伊勢・紀伊に発注し、買い付けたのである。次の文書はそれを示す。[23]

熊野新造ニ可乗組船方之事

六人西浦　四人江梨　四人松崎

三人仁科　四人妻良子浦　三人長津呂

六人下田　三人洲崎

以上卅三人

右船方、来四日、伊東へ相集、熊野新造ニ乗組、自清水網代迄、杉柾榑はう（マヽ）可漕届、員数ハ和田新介御中間彦兵衛相談、入次第可積之、大事之為御用上、聊無ミ沙汰、厳密ニ可走廻者也、仍如件、

（永禄元年）戊午（虎朱印）十一月朔日　大草左近大夫奉之

長浜大川

韮山　大屋代

これによると「熊野新造」は大船で乗組のすべてが直接操船者かどうかは分からない。しかし合計は三三人、これらの乗員を伊豆西岸の浦々から伊東に集め、清水と網代間、材木を運ばせている。この清水は現在の熱海市の清水であろうから、この場合輸送距離は短いが、後北条氏は何か軍事目的から緊急に大量の材木輸送を必要としたため、この熊野新造を使ったのではないだろうか。「熊野新造」が主として資材輸送用か軍船用かははっきりしないし、また両者に大きな区別があったかどうかも十分明らかでないが、熊野から大船を購入していること、そうした大船が後北条氏の軍事力にとって欠かせないものであったことは明らかであろう。

後北条氏の管下の船舶の中には「伊勢東海船」とよばれる型式のものもあった。(24)

伊勢東海船方不参之分番銭事

壱人 卯霜月より辰弐月迄合四ヶ月分 此代弐貫八百文、但此内半分郷中へ御赦免 土肥

壱人 卯七月より辰弐月晦日迄合九ヶ月分 此代六貫三百文、但此内半分郷中御赦免 金沢

壱人 卯月七月より辰弐月晦日迄合九ヶ月分 此代六貫三百文、但此内半分郷中へ御赦免 国府津

壱人 卯十二月より辰弐月晦日迄合三ヶ月分 此代弐貫百文、但郷中へ御赦免 網代

以上拾七貫五百文 此内半分郷中へ御赦免 残而出方八貫七百五十文

右船方共不参一段曲事候、自今以後致欠落ニ付而者、可懸過失、但以上之内半分御赦免之上者、当月中ニ番銭相調、笠原藤左衛門尉・近藤隼人佐両人ニ急度可相渡候、百姓無沙汰付而者、地頭代官ニ厳可致催促候、若当月ニ至于相延ハ御赦免之分モ可被召上者也、仍如件、

(永禄十一年)
辰四月十日 笠原藤左衛門尉

伊勢東海乗組当番衆

同船頭

文の主旨は、「伊勢東海船」への乗組を割り当てられた土肥・金沢・国府津・網代の諸郷で、各一人ずつ「不参者」があったため、罰金を賦課、但し規定額の半分は「郷中赦免」として、郷の連帯責任負担を免除するということである。

ここに見られる「伊勢東海」とはどのような船か。文字づらを一見すると伊勢・東海方面への往復にあたっていた船をさすかのようでもある。

しかしおそらくそうでなく、「熊野新造」と同じに船型を意味するようである。次の史料がそれを示す。(25)

今度御出陣之御留守海上備、左衛門大夫ニ被仰付候、其地船東海三艘、舟方一艘六人乗積十八人、中五日致用意、如何様御判船候共罷出可走廻、十六日目ニハ則可罷帰、此上難渋申船方をは、則奉行人搦取可為引、船をハ可押立、若奉行就無沙汰申付者、後日可遂成敗者也、仍如件、

（永禄四年）
酉
九月十七日　（虎朱印）　　　大草左近大夫奉

羽田代官百姓
船持中
奉行　左衛門大夫代

これによると、永禄四（一五六一）年、氏康の出陣に当り留守役となった左衛門大夫北条綱成が、江戸湾に面する羽田浦々の船持中に対し、東海船三艘の一五日間就役を命じている。就役地は江戸湾であり、「東海」地域とは関係ない。ここで「東海」三艘は明らかに船型である。三艘六人乗積一八人とあるから、「東海」の乗員は一艘六人乗りであることもはっきりしている。従って「東海」は先に見た三人乗り程度の伊勢湾内の「小廻船」に比べればはるかに大きいが、「熊野新造」のような大型船に比べれば「中型」ないしは「小型」の上の部類に属するとでもいうべきものである。この時代の船は、遠州灘や伊豆半島先のような外洋を航行する場合でも、航路は概して海岸沿いで、寄港地も多かったから、大型でなくては航行できないということはない。「東海」については、

先月買取候東海船、西浦より伊東まで浦つたひの船方にも、来廿八九日之間ニ、必伊東へ乗届、仁杉・安藤両人ニ可渡之、若致難渋舟方有之者、押立可来者也、仍如件、

丑
三月廿日（虎朱印）
さいれう長浜之《（ママ）》

という文書もある。[26] 新規購入の東海船を伊豆西浦から東岸の伊東に浦伝いに回漕させている。西浦から回漕という点からすると駿河・遠江などの東海方面で造船された可能性も否定できないが、この文面でも船の型式を意味していると見る方が自然である。日本海側の若狭・越前方面では六人で漕ぐ中型船を「六枚櫂」「ハガセ＝羽賀瀬又は羽風」といった（第Ⅱ部第五参照）。

この「東海」はまた、伊勢大湊の前掲永禄八年「船々聚銭帳」にも姿を見せている。

十一月十七日取
百文　のま舟四郎太郎小東海

十一月十八日
一百文　米九升出候　すか嶋小東海　宿新九郎
外浜二郎三郎舟

がそれである。[27]「小東海」は「東海」のうちでも小さいものという意味か「東海」一般が小型船のため「小東海」とよんだのかは判断できないが、これは明らかに「伊勢海小廻船」のうちであるから、後北条氏の「東海」も沿岸航行の六枚櫂中型船であったことはまずたしかである。『豆州内浦漁民史料』の編纂者によって「慶長頃」と推定されている資料であるが、「豆州内浦小物成帳写」によると、[28]

廻船　三〇〇文、立物ふね　二〇〇文、とうかい　二〇〇文、かつこ　一〇〇文、こはや　一〇〇文、さんま
五〇文

という形で、船の型式・大きさに応じた賦課貫文高が定められていることもこの点を裏づけるものである。

近世においては「東海」は北前航路などでもその呼称があり、和歌山・高知では「当皆」「当海」などの字をあてるものもあったらしい。「東海」「当皆」「当海」いずれも当て字で、本来は「渡海船」であるという解釈が従来から海事史研究家の中では行なわれている。[29]

しかしさきの後北条氏関係史料の「伊勢東海船」という用法からすれば、むしろ「東海船」の方が本来の文字である可能性も十分ある。海事史研究家の説は近世以降の事実にもとづく推論であるが、後北条氏関係史料や大湊聚銭帳はそれ以前の文書であって信頼度が高い。その点から、私は「東海」の文字を以て本来の表記と考える。それが正しいとすれば、「伊勢東海」というように、伊勢―東海―江戸湾の広まりで「浦伝い」の「東海」型中型船が広く活動していたことになるわけであり、そうした地域間の緊密な沿岸海上交通を想定することができるわけである。

ところで、後北条氏の水軍の中核として活躍した梶原氏は、紀伊国有田郡の広荘村の出身であった。同氏に関しては、「梶原文書」として、永禄五(一五六二)年から天正十五(一五八七)年に至る一九通がある。[30] 年代の最初の梶原吉右衛門尉宛北条氏康知行宛行状によると、このとき七八貫六二六文三浦郡小坪郷、三二貫三二八文同郡岩戸内、二口計一一〇貫九五四文が「約諾の旨に任せて」宛行われており、同時に「海上儀一途任せ置き候」とされている。おそらくこの時点で梶原吉右衛門尉は氏康の招致に応じ、三浦郡に知行を与えられるとともに、水軍として海上警備の責任を負ったのであろう。そしてさらに翌永禄六年には、知行高が三四八貫三五〇文に増額された。[31]

しかしもともと傭兵的性格をもって紀伊から渡来した梶原吉右衛門尉は、こうした氏康の厚遇にも満足出来なかったらしい。永禄十一年には氏康に対ししきりに「帰国之侘言」を申し出ている。[32] 後北条領国を離れて紀伊に帰りたい

というのである。これに対し氏康はそれも「余儀無し」と認めながら、目下「相房勝負可為今来年間」、すなわち安房里見との決戦は今明年中に不可避だから、何とか来年中までは在国してくれと懇望し慰留したのであった。

この問題と関係してであろうか、天正元(一五七三)年には、氏政は小机筋段銭、中郡段銭のうちから二九〇貫五四四文を梶原とその一族および家臣等四名の給扶持として増給した。(33) そしてまたその翌々天正三年には、

新儀ニ申付四艘之早船乗組衆四十人、此扶持給弐百四拾貫文、自来暮速ニ可被下候、従前之定少雖不足候、先当年一廻ハ此分可請取、走廻次第従来年御加恩可被下者也、仍如件、

天正三年己亥三月廿五日　　安藤豊前入道

奉之

梶原吉右衛門殿

という虎朱印状(写)を発給している。氏政は里見との軍事的緊張の高まりの中で梶原に新たに一〇人乗りの「早船」四艘を調達させ、その乗組員の扶持分を兼ねての約束額にほぼ近い二四〇貫を給付することとしているのである。これに対して梶原方はなお再三にわたって「知行所務不足」を訴えている。(34)

梶原氏の立場は、ここで明らかなように、どこまでも傭兵的であり、同氏の目的は知行・給付の増額にあった。その要求はその後も継続され、天正八年には、「年来之戦功不浅候、此大船一艘仕立候間、三浦郡栗浜百五拾貫文之地」が梶原備前守に宛行われている。(35) 備前守は天正四年以来吉右衛門尉に代って北条氏からの文書の受給者となっている人物で、この頃さきの「早船四艘」につづいて「大船一艘」を梶原水軍に加えた功によって、栗浜＝久里浜一帯を宛行われたのである。なお、奉者の安藤豊前入道は主として経済担当の奉行人である。

そしてさらに注目すべき文書がある。

紀州紀之湊佐々木刑部助船為商売至当国可乗下由不可有異儀候、仍如件、

天正十四年丙戌二月廿三日　　安　藤

奉之

梶原備前守殿

解説するまでもなく文意は明瞭である。ただ、紀之湊を本拠とするらしい佐々木刑部助と梶原備前守との具体的な関係は分からない。けれども、佐々木刑部助の後北条領国での「商売の為め」、船を乗入れ活動することに許可を与える旨を梶原に伝えているのだから、梶原と佐々木の関係が前々から緊密なものであることは疑う余地がない。してみると、梶原は後北条氏の招請に応じて永禄五（一五六二）年相模の三浦半島に移ってから二六年を経た天正十四（一五八六）年の時点においてもなお紀伊との関係を保っていたわけであり、しかも佐々木刑部助の商業交易船の件について北条氏政に口入しているところからすれば、梶原自身もまた半面では商業活動にかかわっていた可能性が大きい。それが事実とすれば、梶原氏は後北条氏旗下の水軍の将であると同時に、紀伊と関東とのあいだの海上交易・商業活動にも従事していたことになり、梶原氏は文字通り、「海賊商人」(36)の典型といってよい存在ということになる。

なおこの梶原水軍と関連して注意しておく必要のあるのは、次の史料である。(37)

去八日房州衆三崎へ成地《マヽ》之処、各及防戦得大利、為始龍崎兄弟三人、敵廿余人討取候、頸之注文到来遂披見、本望心地好候、各高名無比類候、明日感状等調、自是可申遣候、恐々謹言

十一月九日　　氏康判

梶原吉右衛門殿
愛洲兵部少輔殿
橋本四郎左衛門殿
安宅紀伊守殿
武田又太郎殿

このうち愛洲兵部少輔は「北条氏所領役帳」に「浦賀定海賊」と記され、「玉縄衆」に属している。永禄二（一五六

〇)年と推定される北条氏朱印状(38)によると、氏康は柴(東京都港区芝)代官百姓中に対し、「浦賀番船方番銭」を一ヵ月一人前二五〇文の割で毎月浦賀において、「愛洲・山本・近藤両三人ニ可渡」と命じている。

また「安宅紀伊守」はその受領名からも紀伊を本貫地とすることが推定できるが、「安宅」は紀伊の日置川河口に位置する安宅(現日置川町安宅)に相違なく、中世を通じて熊野水軍として知られる安宅氏の一族であろう。戦国期の発達した軍船として知られる「安宅(あたけ)船」もこの名を取ったほどであるから、安宅紀伊守も梶原氏と同様後北条氏の招致によって遠く三浦半島に移り、安房里見との海上戦に活躍したのである。この点を念頭におくと、愛洲・橋本氏の本貫も同方面にあった可能性が大きい。

三　今川・徳川氏と千賀水軍

東海地方の戦国大名今川氏も水軍と廻船商人を重視し、その掌握に力を注いだ。今川水軍の中でよく知られているのは駿河湾に面する興津を本拠とした興津氏である。同氏は、

興津郷十艘舟役之内五艘之役之事、依被申閣之畢、立仕以下事者、速可申付候、恐々謹言

十月廿日　　　氏　親(花押)

興津彦九郎殿

という今川氏親の書状(39)からも推定できるように、興津郷の船持の中心に位置し、それらを率いる海上活動をもって今川氏に仕える在地豪族であった。ここでは興津郷の十艘の舟役について役の免除を今川氏に願い出たのに対し、氏親が五艘役の免を与えている。郷の船持を代表して興津彦九郎が行動していたと見られる。

さらに永禄五(一五六二)年には、興津摂津守が今川氏真より、「遠州大坂之内知行浜野浦爾繋置新船壱艘之事、右

於諸浦湊、諸役幷船役舟別、為新給恩永免許畢（下略）」という判物を得ている。[40] 大坂は小笠郡の海岸地域だから、この頃興津氏の海上勢力は遠江にまで伸びていたわけである。後北条水軍の中には、伊豆下田の朝比奈氏、西海岸の大川・山本氏等、土着海上豪族を組織したものも少なくないが、今川における興津氏はこれと似たタイプの存在であったろう。

さらに本稿の観点からしてとくに興味深いのは、後北条領国の梶原氏に似たタイプの水軍千賀《せんが》氏である。同氏の場合は、「千賀文書」が残されている。[41] 千賀氏はのち徳川家康に仕え、近世には尾張徳川藩の船手奉行として知多半島の南端師崎等において一五〇〇石の知行を宛行われ、そこに屋敷をおいた。

この千賀氏は受領名に志摩守を名乗ることからも容易に推定できるように、志摩国鳥羽の的矢湾に面する千賀を旧来の本拠とし、戦国期には鳥羽水軍の雄小浜氏（後述）の傘下にあったといわれる。[42]「千賀文書」からは小浜氏との関係を確定できないが、尾鷲を本拠とし、当時急速に力を伊勢・志摩方面に伸し小浜氏を圧倒した九鬼氏の勢力に追われるような形で東方に新天地を求め、知多に本拠を移したものらしい。

そのような経緯の中で千賀氏の一族の中には今川氏の招致に応ずるものがあった。「千賀文書」の中に今川氏真の感状等五通が残されているのがそれに関わるものである。五通のうち、

去年五月廿八日於富永口最前走廻、殊被官一人令討死之旨忠節也、同九月四日於大塚口、合鑓之由是又神妙也、弥可走廻之状如件、

永禄五年三月十五日　　　　氏　真（花押）

千賀与五兵衛殿

というのがもっとも早いもので、永禄五（一五六二）年九月二十九日付三河八幡における戦功に対する感状がつづく。富永・八幡はともにいま岡崎市域に属するが、師崎からは海を隔てて望まれる対岸の矢作川を溯行すれば容易に達し

うる場所である。

ここに見える千賀与五兵衛は千賀一族の惣領であったのか庶子の一人であったのか分からない。しかし、今川のために戦った千賀与五兵衛も梶原氏と同様、傭兵水軍的な性格をもつと考えられる。しかも同氏ものち、慶長十(一六〇五)年に、当時和歌山城主となっていた浅野幸長から「於紀伊国浦々千賀孫兵衛殿御船壱艘最前小笠原越中殿如御朱印船不相違、諸役有之間敷候、可成其意候也[43]」と認められているところからして、紀伊半島一帯にかけて商業活動も行なっていたようである。この点でも梶原氏同様、千賀氏も江戸初頭まで、大名の御用船もつとめる海賊商人的性格を保持したといってよい。

これらの点について、地域史研究家山下清が紹介した「千賀系譜[44]」によると、千賀氏の祖為重は伊予の水軍・豪族として名高い河野氏の庶流で、志摩千賀浦に移り住んでからこれを名字とし、享禄年中、三河の松平清康に仕え、以後次のような歩みをたどったという。

すなわち為重の子為親は天文六年松平広忠に仕え、天正十八(一五九〇)年秀吉の小田原攻めの時には知多半島南端の幡頭崎を守った。この為親の弟親久は天文二十(一五五一)年から今川氏に仕え、氏真から感状五通を賜り、のち三河羽豆郡に移り住んだ。

為親の子重親は、秀吉の小田原陣に従軍、のち家康の関東入部に従って相模の三崎に住し、船奉行となる。また同じ時伊豆下田辺で千石を領知。文禄元(一五九二)年からの朝鮮出兵の折には肥前名護屋に赴き兵糧運送に奉行をつとめる。慶長五(一六〇〇)年、上杉景勝攻撃に参陣中九鬼大隅守が知多郡所々に侵入し、師崎も危地に陥ったため、急遽帰国して九鬼の兵を退け、以後勲功によって、本領師崎・篠島・日間賀島・須佐・片名・乙方の内で一五〇〇石を給され、家康の三河・尾張熱田等での御座船役を勤めた、ということである。

この「系譜」に記すところの大体が信用できるとすれば、千賀氏は、ほぼ一貫して松平＝徳川氏に仕え、当主の弟与五郎親久が一時今川に結びついた、ということになる。のち千賀家が尾張徳川氏の船奉行として師崎中心に一五〇〇石を知行したという事実から推しても、右の「系譜」の記すところはほぼ正しいであろう。ただこの「系譜」は、家康の制覇以降の時期につくられているため、松平＝徳川家と千賀氏との関係を一貫して安定的な主従関係として描き出しているが、実際はこの時代の水軍の常として、千賀氏もやはり多かれ少なかれ相対的独立性を保持していた、と見た方がよいと思われる。

四 武田氏と小浜水軍

つぎに武田氏の水軍について見よう。武田氏では永禄十一（一五六八）年、信玄が駿河に侵入、駿府の今川氏真を追った。氏真は遠江掛川の朝比奈泰能の許に走り、今川領国は事実上崩壊した。武田氏はこれによって念願の海に向っての進出に成功し、早速水軍の組織に乗り出した。

旧「成簣堂古文書百十七」には、(45)

定

為海賊之用所、自勢州可参之旨申人所望之所、一々合点、就中知行方不可有相違候、同者急速ニ渡海候様可申遣者也、仍如件、

元亀二年辛未

十一月廿日　　　　　　　　　　　　信　玄（花押）

土屋豊前守殿

という判物がある。(46) 信玄が伊勢海賊の取り込みをはかり、かねて折衝していた結果、海賊側が所望の地を挙示したた

め、それを認め、いそぎその来属を実現するよう、土屋豊前守（後述）に命じたものである。この「海賊」は伊勢の小浜景隆である。(47)

「小浜」は志摩の小浜御厨の地名であり、小浜氏はここを本拠として成長した「海賊」であった。文明十六（一四八四）年、小浜時綱が開創した龍泉寺には、小浜家の旧記類が残されていたが、昭和三十六（一九六一）年の火災によって寺とともに失われたと伝えられる。

「寛政重修諸家譜千七十九」には、

小浜景隆民部左衛門はじめ伊勢国に住し、元亀二年武田信玄の招きにより、甲斐国に赴き、三百三十五貫文を知行し、勝頼より三千貫文の地を増しあたへらる、其後しばしば功あり、

とある。「甲斐国に赴く」というが、実際は駿河において武田氏から知行を得、清水を本拠としたのである。右にいう三〇〇〇貫については、元亀四（一五七三）年の勝頼の知行宛行状によって給地の多くが現在の藤枝・島田市域に属する大井川河口近傍に集中していることが分かる。小浜氏は志摩・伊勢方面で九鬼水軍に圧迫され、さきに見た千賀氏と同様、新天地をここに求めたのである。それにしても小浜氏の要求に応じ勝頼が形ばかりにもせよ三〇〇〇貫（後述参照）という多額の知行貫高を与えているところに、水軍組織の必要がいかに差し迫った課題であったかが、よく窺われる。

ところで、この小浜氏の武田水軍においての地位をものがたってくれる材料としては、「甲陽軍鑑」の次の記事がある。(48)

海　賊　衆
一間宮武兵衛　船十艘
一間宮造酒丞　船五艘

一小浜 あたけ一艘
　小舟十五艘
一向井伊兵衛 船五艘
一伊丹大隅守 船五艘
一岡部忠兵衛 船十二艘
　同心五十騎

すなわち、これによれば、小浜水軍は間宮水軍とならぶ武田水軍の中心であり、「あたけ」船とよぶ大船一艘をふくむ船団をもっていた。周知のように「甲陽軍鑑」の史料価値については論議すべきことが多いが、柴辻俊六の武田水軍についての詳密な研究によって、記述の大体は信頼できることが明らかにされている(49)。

柴辻は右の武田水軍の面々を、他の関連史料と併せて吟味した結果、この記述が、ほぼ天正初年の武田水軍の実体をふまえていると判断している。氏によればこれら水軍は、武田氏が永禄十一(一五六八)年今川氏真を掛川に追った時点から編成されだすが、大別すると、①旧今川水軍の岡部・伊丹氏、②旧北条水軍の間宮氏、③旧伊勢水軍の小浜氏・向井氏、というように、その系譜を三つに区分することができるという。

そしてこれらの諸軍全体の統轄に当ったのは土屋豊前守であった。そのことは前引元亀二年の信玄判物で、伊勢海賊の招致交渉を土屋に命じていることからも認められよう。しかもこの土屋豊前守は、前引海賊衆交名に見える岡部忠兵衛その人であった。そのことは右の「甲陽軍鑑」の記述で、岡部のあとに、「右岡部忠兵衛駿河にて忠節人之故、土屋忠兵衛になされ候、巳の極月駿河治りてより、土屋備前になされ候」とあることによって確認できる。かれとその一族は江尻・清水を中心に屋敷と所領を保持して、水軍の中心となって活躍したが、のち天正三(一五七五)年長篠合戦で戦死した。なおまた、旧北条水軍の一人であった間宮氏は、伊豆の間宮(三島の南方、狩野川右岸)の出身で、やはり武田氏の駿河進出とそれにつづく伊豆への侵入過程で、これに帰属したものと見られている。

これに対し、伊勢水軍から武田に帰属した小浜水軍については「小浜文書」から以下のような事実が判明する。「小浜文書」全一二通のうちもっとも古いのは応仁二(一四六八)年十月十三日の小浜弾正宛某判物である。内容は知行宛行であるが、この発給者が誰であるか、また小浜弾正がどのような存在であるのかも分からないが、「三重郡内兼松之事、為給分可有知行之状如件」とある。兼松はいまのところ現地名に発見できない。しかし三重郡というからには北伊勢にあった土地ということになる。

ついで、小浜氏の海上活動が確認できる初見史料としては次のものがある。(50)

九鬼跡職手懸次第可申付候、無油断可被相働者也、状如件、

四月四日　　　　　　　　　　　　　　　　　信雄

小浜殿

真宮殿

年欠であるが、信長が伊勢を攻略し、北畠具教を追って子の信雄を同国に配置したのが永禄十二(一五六九)年であるから、おそらくその直後の頃のもの(従って永禄十三＝元亀元か)であろう。文意は北畠に属していた九鬼嘉隆の「跡職」を「手懸次第」に与えるということで、九鬼水軍にかえ小浜水軍を伊勢のおさえとして登用しようとしたものにちがいない。「小浜殿」と併記された「真宮殿」も水軍の一人であろうが不明である(あるいは「間宮」か)。

これにつづく年次と思われるのが前掲の元亀二年十一月廿日付、土屋豊前守宛信玄判物で、この文書が小浜氏の手許に残されているのは、前述のように土屋氏が信玄の命を受けて、小浜氏招致の交渉にあたった際に、信玄の花押のあるこの文書を直接小浜氏に付与したことによるのであろう。

重要なのは、この交渉によって小浜氏が武田氏の招致に応じた直後と見られる時点で、武田側から発給された龍朱印状である。(51)

定

向後海上之奉公別而可相勤之由言上候之間、一月ニ馬三疋御分国中諸役所御免許候者也、仍如件、

元亀三年壬申　　土屋右衛門尉奉之

五月廿一日（龍朱印）

小浜民部左衛門尉殿

これは小浜民部左衛門尉（景隆）が武田氏被官となるのに際して、「海上奉公」に励む旨の「書上げ」（請文）を提出したのに対して、分国中一ヵ月馬三疋の「諸役免許」の権利を認めたものである。

この「海上奉公」と「一ヵ月ニ馬三疋」分国中諸役免許との関係については、従来とくに注意が払われていなかった。しかしこの点こそが重要である。水軍の将小浜氏にとって、「一ヵ月ニ馬三疋」の分国中自由往来がなぜ大きな褒賞的な意味をもち、どのような特権を意味したのか。これは明らかに小浜氏が「海賊」＝水軍であると同時に陸上でも活動する商人であったから、武田領国内を諸役免許で自由通行し商業活動を行なうことを保証されたものと解することができるのである。「一ヵ月ニ馬三疋」の商業活動というのは大したことないように見えるが、小浜氏が伊勢あるいは途中寄港地から搬入した商品を一ヵ月少なくとも馬三頭（諸役免許分）の運送手段で売却し、又領内産品を仕入れ領外に移出販売することはもちろん、領国内地域間の取引に加わることも可能であろう。

この点はまた次の武田氏朱印状ともかかわっている。(52)

定

従勢州至于清水浦着岸之船二艘、諸役被成御赦免之由被仰出者也、仍如件、

天正八年庚辰　　土屋右衛門尉奉之

十二月七日（龍朱印）

小浜伊勢守殿

ここでいう「勢州より清水浦に至り着岸の船二艘」とは、伊勢から来航する商人廻船であろう。武田氏はこうした商人廻船の来港を活発にするために諸役免許の特権を与えているわけである。しかもこの船二艘の特権を与えられたのが他ならぬ小浜氏であるということは、小浜氏が武田の被官化して後も、なお伊勢に本拠地を保持しつづけ、自ら商人廻船の活動にもかかわっていたと解せられるのである。この文書の宛所の小浜氏が「伊勢守」の名乗りをもっているのも、たんにかつての出身地を示すのでなく、現に伊勢をなおかれの軍事的・商業的活動の基地としていたからであろう。この点は梶原氏が「志摩守」を名乗りとするとともに、後北条氏への服属後もしきりに志摩に戻りたがったこと、またその一類佐々木刑部助が紀伊湊から後北条領国に来て「商売」することを認められたこととまったく共通している。従来の研究は後北条氏の梶原氏、武田氏の小浜氏招致をいずれも水軍としてのみ認識し、性格づけてきた傾向が強い。しかしそれはどこまでもかれらの一面であって、他の半面ではかれら自身が廻船を擁する商人であったのである。小浜氏の場合、そればかりか武田領国の全域においても広く商業活動を展開していたらしい。ここに「海賊商人」の多彩な顔がのぞいている。

小浜民部左衛門尉は元亀四(一五七三)年武田勝頼から三〇〇〇貫の知行書立を受けた(53)。

定

一 駿州岡部之内浅井分　三百三拾五貫九百文
一 同水上之郷　百五拾貫文
一 同高柳之郷　八拾参貫六百文
一 同葉梨之内　弐拾貫文
一 同久爾之郷内　九拾四貫四百文

一同小柳之内入沢分　四拾貫文
一同下郷之内赤泉分　三拾五貫六百四十文
一同築地之内鷺田　弐拾五貫弐百文
一同小柳津内私領増分　拾弐貫三百十文
一同小河之内新田　九貫三百五拾文
一同内谷之内　弐貫五百文
一同久爾郷之内　弐貫四百五拾文
一同横尾之内　弐百拾八貫九百五十文
一同大岡庄之内　四百貫文
一遠州下吉田之郷岡部石見分　五百貫文
一藤守之内　六百五拾貫文
一鳥羽野之内　三百五拾貫文
合三千貫文

任兼約之旨、右如此出置候、自今以後於海上船中之達者、撰武勇之輩令扶助、可抽戦功事肝要候、猶依忠節領知可依于請者也、仍如件、

元亀四年癸酉
拾月朔日　勝頼（花押）
小浜民部左衛門尉殿

ここで、三〇〇〇貫という数値は「兼約（かねて前からの約束）」というから、来属のときの契約であったにちがい

なく、それをこの時点で果したのである。ただ知行地の所書と貫高を見ればすぐ分かるように、「岡部之内浅井分」から「横尾之内」までは、一一〇〇貫文で、大井川河口に近い地域に集中している。これはこの前年の元亀三(一五七二)年十二月十九日付で信玄から宛行われた三三五貫九〇〇文(江尻屋敷をふくむ)[54]と同様、各筆が貫以下の端数を伴う数値を示し、所付も具体的である。ここまでは、たしかな形で知行対象として小浜氏の支配下におかれることになったと見てよい。

しかし、大岡荘之内四〇〇貫をふくむ終りの部分の四筆は性質がちがう。遠州下吉田郷五〇〇貫と次の藤守六五〇貫、鳥羽野三五〇貫の三筆はいずれも端数がなく数値はそれぞれ極端に大きい。また所付も漠然としていて表示がどの点でもあいまいである。おそらくこの四筆は合計額を「兼約」通り三〇〇〇貫とするための形式的措置であろう。しかもこの四筆の場所を見ると、それ以前のものの大部分は大井川河口の駿河側であるが、大岡荘は遠く東方の沼津市方面である。また遠州藤守は大井川西岸、現大井川町、鳥羽野(近世では戸場野村)はそれよりずっと西、天竜川の東を流れる太田川河口で現浅場町に属する地域である。いってみれば、この書立は武田・小浜氏双方の立場の形をつけ、格式を整えるための方便であるという性質が強いのではないだろうか。しかし、藤守も鳥羽野も河口の海に面した津であるから、小浜氏としては、この宛行状を拠りどころとして、その地に進出することができるわけであり、その点ではそれなりに現実的な意味ももったといえるかも知れない。

小浜氏はこののち天正期を通じて武田水軍としての立場をつづけ、武田氏の伊豆侵入にともなう後北条氏との海上戦では、梶原水軍と戦い、戦功をあげ、武田氏より感状を受けている[55]。

現在残されている小浜文書は、武田氏より受けた知行書立・感状の類がほとんどである。従ってその点からだけ見れば、小浜氏は武田旗下のまごうかたなき水軍の将で、三〇〇〇貫という広大な知行地を保持する重臣だったということになる。しかし半面、後北条領国における梶原氏と同様、小浜氏も傭兵的な性質をもって主君武田氏からも相対的独立性をもちつづけて広く商業活動にもかかわっていたことも疑いなく、その点を認めておくことは、「水軍」の本質を知る上で必要なことである。

五　東西商業と海賊商人

以上見てきたところから明らかなように、関東・東海の戦国大名である後北条・今川・徳川・武田氏などは、いずれも伊勢・志摩・紀伊方面出身の海賊商人を水軍として自己の陣営にとりこみ組織した。かれらは大名から優遇され、多額の貫高給知を受けて水軍として海上戦に活躍した。しかし、かれらの本質は水軍につきるのではなく、しばしば、海上輸送部隊であり同時に東西間の遠隔地取引商人であった。従来もかれらの商人的側面がまったく忘却されていたわけではないが、多くの場合、抽象的に商業活動にも従事したことを予測的に指摘するにとどまっていた。

しかし本稿での考察によって、かれらが本来、伊勢・志摩・紀伊等を本拠とする「関東渡海廻船」活動をしていたような人びとの家筋の出身であり、その意味では本来遠隔地取引商人であったことが明らかとなった。そうした性格は、たとえば研究史上中世豪商として位置づけられてきた伊勢大湊の代表的商人角屋についても共通するのではないか。角屋は東海・関東の大名の給知を受けることはなかったようである。しかし、後北条氏の水軍化した梶原氏とどこまで本質的に異なる存在といえるだろうか。

天正元(一五七三)年、織田信長は、

関東有所用、大船壱艘差遣之候、早々可令渡海、若於油断急度可申付候、尚津田掃部可申者也、仍如件、

天正元十月廿四日　　　　信　　長(朱印)

大湊廻船中

という朱印状を発している。[56] 当時近江の浅井や長島の一向一揆と対決中の信長が、後北条とどのような連絡をとろうとしていたかこれだけでは分からないが、信長が大湊廻船を軍事的に組織・活用しようとしていたことは明らかである。またこれと対応するかのように後北条氏は、

愛宕伊勢へ被指上者上下四人角屋船ニ便船不可有異議者也、仍如件、

乙亥卯月四日（虎朱印）　　　宗甫奉之

助五郎殿

という大湊角屋の助五郎宛虎朱印状を発給している。[57] 豊田武によれば、これは実は北条氏政の命を受けた家康への密使が送られたときのもので、四人は表向き愛宕・伊勢参詣ということで角屋船に便乗したということである。[58] 角屋船は、織田・後北条・徳川などの軍事的要求とも結びつきつつ活発な東西廻船活動をくりひろげていたのである。

天正二（一五七四）年、武田勝頼が徳川家康方の遠江高天神城を包囲したとき、信長はこれを救援すべく尾張の佐治氏に兵糧米の大量調達・輸送を命じた。[59]

今度遠州在陣衆兵糧之事、所々へ雖申遣候、当郡内之商人共に被申付、商買《ママ》之八木船にて可届候、いかにも順路ニ可申付候間、以其旨商人共ニ急度被申付可然候、不可有油断候、恐々謹言

六月五日　　　信　長（朱印）

佐治左馬允殿

佐治氏は尾張海部郡（佐屋町）の豪族である。「商買《ママ》之八木船」というから米穀取引を目的とする廻船業者であると見てよい。これも角屋等大湊の業者であった可能性もある。その点の判断は保留するとしても、伊勢湾を囲む地帯からもたらされる米穀が兵糧として遠江高天神城攻防戦に向け大量に送り出されているわけである。高天神城の所在から考えれば、この兵糧米は遠州灘の東方、小笠郡の大坂・横須賀あたりに陸揚げされたに相違ない。

伊勢方面から東海・関東地方への米穀の移出については、このケース以外にも前掲史料がある。すなわち永禄九（一五六六）年十月二十六日付の今川氏真判物は今宿商人宛の「今宿法度」というべき内容のもので、別稿[60]でもふれたが、伊勢からの米買付を示す一項がある。

またこれも、別稿[61]および本稿の二ですでに考えたところであるが、大湊支所所蔵文書にふくまれる辛酉（一五六一＝永禄四年）三月十八日付「伊勢廻船中・問屋中」宛北条氏虎印判状でも、「伊勢船」の運送する米穀を、緊急接収（買付）したようである。

このような若干の事例からすると、伊勢方面から東海・関東方面にもたらされる商品の代表的なものは常滑・尾張・美濃の焼物などとならんで米穀だったといってもよさそうである。もちろん米穀の流れをすべて西から東への一方交通として固定的に考えることは正しくない[62]。米穀需要は戦争という要因や、地域的な米の豊凶や価格差という要因も作用するから、逆に動く場合もあるだろう。しかし別稿で検討したように[63]、米価は傾向的に見て東高西低であったから西から東への移動の方が主要な動きであった可能性は大きい。

では東から西へ移出される商品は何であったか。駿河湾・江戸湾などには、「伊勢小廻船」と同じような湾内小廻船が発達しており、湾をめぐる諸地域からの物資は、駿河湾の清水・沼津や伊豆南端の下田・江戸湾の六浦・神奈川・品川などの主要港津に集中され、そこから大型廻船に積みこまれて西方に移出された。戦国期に入って三河の重要産品となった木綿は、桑名を経て「伊勢道」を通り、八風峠あるいは千草峠を越えて、保内商人の手で近江に運ばれた[64]。木綿需要は中央地帯で大きかったに相違ない。これから類推すれば、同じように木綿産地として発展した相模三浦地方や関東、また駿河方面の木綿[65]も西に向けて移出された有力商品の一つであろう。今川の御用商人友野次郎右兵衛尉は、永禄四年、氏真から木綿役の徴収権を認められた。駿河方面の木綿がすでに商品化し、役徴収の対象となるほどに発展してきているので、領外移出品となることも十分考えられるのである。

伊勢・紀伊方面からの関東渡海船は品川が終着港であったが、それはまた湾内小廻船や多摩川・荒川・太日川（現江戸川・旧利根川筋）水系の川舟と結合して、内陸部への流通路を形成していた。はるかに時代をさかのぼるが、すでに南北朝後期において香取の大禰宜家は下総の戸崎（三郷市）・大堺（八潮市）・行徳（市川市）・彦名（三郷市）・鷲宮（鷲宮町）などの太日川・旧利根川筋諸関の掌握に力を入れていた。[66] 時代が下り、天正年間（推定）北条氏照は布施美作守宛に、

（前略）

一　八甫を上船者商船及卅艘之由申、其直ニ彼船も上候条、別ニ咎無之候、早々可被戻候、

一　八甫之儀者当知行ニ候、然者無躰ニ他之船可通子細ニ無之候、今迄此穿鑿為如何不知申候、向後者一改可申付候、誰歟船通共改而可承候、恐々謹言

六月三日　　　　　　氏　照（花押）

布施美作守殿

という書状を送っている。[67] 八甫は埼玉県の鷲宮町にある。文意が分かりにくいが、八甫には商船だけでも三〇艘に及ぶ多数が溯行してきていること、北条氏照がそれらに対して何らかの支配力を及ぼそうとしていることは窺いとれる。氏照は八王子・滝山城主であるが、永禄十一（一五六八）年頃古河公方の臣野田氏の拠っていた栗橋城を与えられ、この城をも管下においたからこのような主張が成り立つのである。[68]

このような河川交通路の成立をふくめて考えれば、関東地方の代表的産品といえる苧・麻布・絹・綿・紙などもおそらく、こうした流通網を通じ、品川湊などに集中され、大型廻船によって伊勢方面に送られたのではないだろうか。もとより、逆に塩のような江戸湾の産品も川舟によって内陸に送られた。

戦国大名はこのような海上・河川交通・商品流通のネットワークをその領国支配の一環に編成することが緊急の課

題であった。拡大した領国支配、とくにその外辺部各地に侵入する敵勢力に敏捷に対応するための兵糧確保にとって、この問題はとりわけ切実であった。そしてそのような体制確立の決め手となるのが、後北条氏の梶原氏、武田氏の小浜氏のような、伊勢・志摩・紀伊方面の水軍の招致であったのである。かれらは、大型船軍事力の担い手というばかりでなく、東西交通商業の担い手であった。後北条氏はそうした存在としての梶原氏を招致し、三浦・下田を中心として、海上軍事力とともに、東西隔地間取引と領内流通を掌握したのである。武田氏の小浜水軍招致も、後北条氏の梶原水軍掌握をそっくり模倣したものといって差支ないだろう。激しさを日毎に高めた争覇戦を勝ち抜くために、戦国大名はそうした軍事・経済体制を構築することを欠かせない課題としていたのである。

（1）豊田武『増訂中世日本商業史の研究』岩波書店、一九五二年、二三二・三七七・四七〇頁等。
（2）永原慶二「南朝と伊勢大湊」（『ピクトリアル足利尊氏』一九九一年、のち同『室町戦国の社会』吉川弘文館、一九九二年、所収）。
（3）稲本紀昭「伊勢・志摩の交通と交易」（『伊勢と熊野の海――海と列島文化』小学館、一九九二年）。
（4）綿貫友子「『武蔵国品河湊船帳』をめぐって」（日本女子大史学研究室『史艸』三〇、一九八九年）。
（5）『品川区史』通史編上、高島緑雄稿、三三六～三四四頁。同、資料編、品川区（一九七一年）。
（6）永原慶二「熊野・伊勢商人と中世の東国」（『小川信先生古稀記念論集・日本中世政治社会の研究』続群書類従刊行会、一九九〇年、のち前掲『室町戦国の社会』所収）。
（7）菊池武「後北条氏の水軍について」（『神奈川史談』12、一九七〇年）。
（8）柴辻俊六「戦国大名武田氏の海賊衆」（『信濃』二四、九、一九七二年。のち同『戦国大名領の研究』名著出版、一九八一年、所収）。
（9）ただし「廻船」といってもそれはただちに定期航路船を意味するわけではない。当時「廻船」というとき、それは大型船を意味しているのが普通のようである。
（10）永原慶二、稲本紀昭、前掲各論文参照。

(11) 文明十三年十一月二日両宮政所目安案、「一禰宜氏経記」に、「関東渡海之神船三十六艘帆別米、次伊勢海小廻船等、以神領湊役」などとある。
(12) 伊勢市大湊支所所蔵文書。
(13) 「小宿」をすべて「問屋」と見る竹内久子(「公界と会合衆——十六世紀の伊勢大湊」『愛知教育大学・歴史研究』二五、一九七八年)の見解もあるが、私は「小宿」と「問屋」「問丸」を完全に同一と見ることには同意できない。
(14) 注(11)所引文書。
(15) 竹内久子、前掲論文の第三表。
(16) 綿貫友子、前掲論文。
(17) (年欠)九月二十日、大湊惣中宛塙九郎左衛門直政書状案(大湊支所文書「大湊由緒書」)には、「急度令申候、仍当湊へ伊豆之大船着岸之由候、伊豆之儀敵方と云……」とある。塙氏は信長の家臣である。信長はこの北条方の伊豆の大船を「舟主共に成敗」させた。
(18) 葛山氏元判物、沼津市歴史民俗資料館所蔵。
(19) なお同じ弘治三年極月二十八日付、養真軒宛北条氏虎朱印状(「諸州古文書」二一、『小田原市史』史料編中世Ⅱ、三九二号)は「流寄于八丈嶋紀国船乗衆卅八人以真養軒手柄召連上、荷物等首尾無相違納之条、為御感彼寄船被遣候、令修理於致商売処、不可有諸役之旨、被仰出候状如件」とある。三八人乗の紀伊の大船が八丈島に「寄船」(漂着)となったので、これを差押えた時の処置を示している。伊勢ばかりでなく、紀伊からも交易を目的とした廻船が伊豆・関東方面に往来していたと考えられる。
(20) 伊勢市大湊支所所蔵文書。
(21) 永原慶二「小田原北条氏の兵糧米調達」(『おだわら——歴史と文化』4、一九九〇年)。
(22) 永禄九年十月二十六日、今宿商人等宛今川氏真判物(「友野文書」五号(『静岡県史料』)。
(23) 戊午(永禄元)十一月朔日、北条氏虎朱印状(沼津市木負、「大川文書」『小田原市史』史料編中世Ⅱ、四一一号)。
(24) 辰(永禄十一)四月十日、北条氏虎朱印状(金沢文庫所蔵。『小田原市史』前掲、七一三号)。

(25) 酉(永禄四)九月十七日、北条氏虎朱印状(藤沢市、森万佐子氏所蔵文書、『小田原市史』前掲、五〇二号)。
(26) 丑(天正十七)三月二十日さいれう長浜之(ママ)、北条氏朱印状、「大川文書」(国文学資料館所蔵)。
(27) この「小東海」を『四日市市史』史料編古代・中世では「小在州」と読んでいるが正しくない。
(28) (慶長頃)「小物成帳写」(渋沢敬三編『豆州内浦漁民史料』上、四九号)。
(29) 清水市佐野敏郎氏の教示。『海事史研究』一九六五年三・四月合併号参照。
(30) 「梶原文書」の写本は、内閣文庫所蔵和書「紀伊続風土記附録十」に収める。
(31) 同右所収、永禄六年癸亥七月十一日北条氏康判物写。
(32) 同右所収、永禄十一年辰七月十四日梶原吉右衛門尉宛北条氏康書状写。なお(年欠)五月三日付同人宛氏康書状によると、「任下知有逗留」ということで、この時は帰国しなかったようである。
(33) 同右、天正元年癸酉十一月二十日、北条氏朱印状写。
(34) 同右、天正三年乙亥十一月九日、北条氏朱印状写。
(35) 同右、天正八年庚辰七月二十三日北条氏政判物写。
(36) 「海賊商人」という言葉はいささか曖昧だが、ここでは武装した実力をもった廻船で、半ば侍、半ば商人的な行動様式をもつ者を念頭においている。
(37) 同右、(年欠)十一月九日、北条氏康判物写。
(38) 庚申(永禄三)七月五日、柴代官百姓中宛北条氏虎朱印状写(「武州文書御府内下」所収。『小田原市史』前掲、四四二号)。
(39) (年欠)十月二十日、今川氏親書状(『清水市史』資料、中世、一〇〇号)。
(40) 同右、永禄五壬戌年正月十一日、興津摂津守宛今川氏真判物。
(41) 「千賀文書」の原本は明治に至って散逸したらしい。しかしその写しは残されており、知多郡南知多町の旧千賀氏知行地内の正衆寺に残されている。同町の史家山下清氏の好意によって閲覧の機会を得た。
(42) 菊地武、前掲論文。
(43) 「千賀文書」慶長十年卯月六日、浅野紀伊守幸長判物。

（44）山下清「千賀系譜」（南知多町郷土誌『みなみ』三一号）。
（45）徳富蘇峰の蒐集文書である「成簣堂古文書」は、一括して現在お茶の水図書館に蔵されている。その中に「小浜文書」一二点がふくまれている。旧成簣堂古文書の武家文書は、『お茶の水図書館蔵 成簣堂文庫 武家文書の研究と目録上』として同図書館より公刊（一九八八年）されている。本文の読み・校訂は不備が多いが、幸い原本写真が全点収められている。
（46）「小浜文書」三号、なお『大日本史料』一〇篇之七、元亀二年十一月二十日の条に関連史料と共に収められている。
（47）小浜氏については、戦後早い時期の研究として村井益男「水軍についての覚書――小浜氏の場合について」（『日本大学文学部研究年報』一、一九五一年）がある。
（48）注（46）所引『大日本史料』に「参考」として掲げられている。
（49）柴辻俊六、前掲論文。
（50）（年欠）四月四日織田信雄判物（「小浜文書」二号）。
（51）「小浜文書」四号。
（52）同右、七号。
（53）同右、九号。
（54）同右、五号。
（55）同右、一一号。天正九年辛巳卯月七日小浜伊勢守宛武田勝頼書状、同右、一二号、（年欠）小浜伊勢守宛武田勝頼朱印状。
（56）伊勢市大湊支所所蔵文書。
（57）同右。
（58）豊田武、前掲書四七一頁。
（59）「反町十郎氏寄贈武家文書展覧会解題目録」（奥野高広『織田信長文書の研究』上、吉川弘文館、一九六九年、四五四号）。
（60）永原慶二、注（6）前掲論文。
（61）永原慶二、注（21）前掲論文。
（62）峰岸純夫は米の西から東への移出についての私見（注（6）前掲論文）を批判されている（座談会「江戸湾岸の中世史」大田

区『史誌』三六号、一九九二年)。私も米が一方的に西↓東という動きをとったことを固定的に考えることは正しくないと考えるが、本稿で挙示した事実からして、西から東への米の動きを否定するわけにはゆかない。

(63) 永原慶二、注(21)前掲論文。

(64) (永禄三年)十一月九日保内商人申状案(『今堀日枝神社文書集成』一三九号)。

(65) 戦国期における木綿生産の展開については、永原慶二『新・木綿以前のこと』(一九九〇年、中公新書)を参照。

(66) 遠藤忠「古利根川の中世水路関」(『八潮市史研究』四)、丹治健蔵『関東河川水運史の研究』(法政大学出版局、一九八四年)参照。

(67) (年欠)六月三日、北条氏照書状、『武州文書』埼玉郡、八二号。

(68) 『鷲宮町史』通史編上、六八九頁。

第二　伊勢商人と永楽銭基準通貨圏

一　永楽銭基準通貨圏の可能性

浦長瀬隆は、一九八五年、中世近世移行期の貨幣問題にかかわって、きわめて興味深い事実を提示した。[1] すなわち氏は、畿内西国の諸国について、土地売券類をひろく蒐集し、売買の際の取引手段に何が用いられているかを検討した結果、畿内西国の諸国においてはいずれもほぼ一五六〇〜七〇年代に、取引手段が銅銭から米に転換するのに対し、伊勢ではほとんど同じ時期に銅銭から金もしくは銀（主として金）への転換が見られるという対照的事実を鮮やかに明らかにしたのである。

この事実は当然、(1)畿内西国の国々でなぜ経済発展に逆行するかに見える貨幣から米へという転換が広く展開したのか、(2)それはなぜ一五六〇〜七〇年代に集中的に見られるのか、(3)それに対してなぜ伊勢ではこれと異なる銅銭から金へという転換が出現するのか、といった一連の疑問を提起するものである。浦長瀬の論稿は、さしずめ右の事実を明らかにすることに目標がおかれているため、そのような疑問には直接答えることを主題としていない。

しかしこの疑問を解くカギは、すでに戦前期、伊奈健次が明らかにした、永禄・元亀・天正年間伊勢大湊の入津料徴収において、永楽銭が各種銅銭中最高の評価を与えられていたという事実、[2] 小葉田淳がこの伊奈の指摘に注意を払いつつ、東国を中心とする永楽銭通貨圏の西の境界が美濃・伊勢の線にあったと見ていることの中に示唆されている。[3]

そこでいま、この両氏の指摘を受けとめつつ、あらかじめ展望的な見とおしをもつなら、たしかに美濃・伊勢を大体の西側境界線とする東国経済圏ともいうべき地域においては、通貨使用をめぐり、畿内西国に見られるような動向からは相対的に異なる動きがあったということができる。ただしこの永楽銭通貨圏というべきものが、実体的にはいつどのような事情によってなぜ展開したのか、その成立事情についてはかならずしも明確でなく、研究上確定的な共通理解は現在のところまだ存在していない。

そこでこうした問題を考えてゆく糸口として、ここではまず伊勢大湊の永禄八年の「船々聚銭帳」を見よう。(4) 前稿(5)でふれたが、本帳はこの年十一月十一日から同年十二月六日に至る期間に、大湊に入港した船から入津料を徴収した記録帳簿である。短い期間とはいえ、記載は一二九件(船数)に及んでおり、知多半島の師崎・内海・野間・常滑などを始め、伊勢湾沿岸諸浦からの入船で賑わっていた様子がよく示されている。

この帳の表紙および冒頭部分には前稿(本書第Ⅱ部第一)でも引用したが、次のような注目すべき記載がある。

(表紙)
「　　　永禄八年乙丑
船〻聚銭帳
　　　　大湊老若(花押)
米を九升ノねニ御取かへ申候
若米なく候舟ハ永楽を御取かへ申候　十一月廿九日相定
　　　十一月九日　」

一番
　　十一月十一日請取
(黒印)|百文|　諸崎七郎左衛門尉舟

小宿孫松屋　　与十郎殿
しちに□あり　与六郎殿
　　　　　　　四郎五郎殿
大もんしや小宿
わかちや舟
うけ取候　十二月七日
米二斗七升
（黒印）三百文

この表紙の細字二行の部分は追記で、その意味は、十一月二十九日の決定で、入津料は銭一〇〇文を米九升で換算する、米がない船は永楽銭で支払わせる、ということと思われる。「米を九升ノねニ御取かへ申候」が一〇〇文当りであることは、右の「三百文 米二斗七升」の記載や、このあとにつづく記載の中で、「百文 米九升請取申候」という類のものがいくつも見られることで確認できる。

「若米なく……」の部分はこれだけでは解釈に不安が残るが、天正二（一五七四）年の同種の入津料徴収簿である「船〻取日記」(6)では、

（表紙）
「　　　紙数廿五枚有
　　　此分〻取
是入ぬ日記ニ候へ共先〻かき候
船〻取日記　天正弐年　大湊公界（花押）
　八月吉日
十月廿日（花押）　百文　ひた七百文出　浦半三舟 いしか舟」

長一大夫殿より出

同日
(花押)　百文　もんめん壱たん
　　　　　　　ひた二百文出　うつミ舟
　　　　　　　　　　　　　同出候

あふら屋与九郎

(花押)　五斗十月四日　ゆ屋殿会合ノ時
　　　　　　　麦　又二は五斗一合取　はま口
　　　　　　　　　　　　　　　　　ほそく二郎四郎舟蔵人殿ニ有

のような記載が見られることによって確定できる。これによれば「百文ひた七百文出」とあるように、「百文」は「ひた＝鐚《びた》七〇〇文」で支払われている。次の「百文」は「ひた二百文」と「もんめん(木綿)壱たん」で支払われている。木綿一反は鐚五〇〇文に替えられているわけである。

この「百文」という数値は、永禄の「聚銭帳」と同額であるから、これも基準通貨たる永楽銭による銭高表示に相違ないと思われる。ここで永楽銭一〇〇文は鐚銭七〇〇文に当るわけで、永楽銭の評価はきわめて高いことが知られる。

ところが永楽銭は西の方の国々では比較的早い時期から、その地の基準銭にくらべてやや低い評価しか与えられていなかった。撰銭令の初出とされる文明十七(一四八五)年四月十五日付、周防大内氏の令では、

一銭をえらぶ事

段銭の事は、わうこ(往古)の例たる上は、えらぶべき事勿論たりといへども、地下仁(人)ゆうめん(有免)の儀として、百文に永楽宣徳の間廿文あてくはへて、可収納也

とある。すなわち大名が収取する段銭は通常精銭に限るのであるが「地下仁(人)」＝納税者の苦しみを考え、救済措置として、二割までは永楽銭・宣徳銭を混入してよい、というのである。永楽・宣徳銭は精銭(おそらく宋銭を中心とする渡唐銭)より、一段低い評価を受けているが、悪銭とされているわけではないのである。

室町幕府の撰銭令の初見とされる明応九（一五〇〇）年令では、(a)「日本新鋳料足」は堅く之を撰べ、(b)根本渡唐銭永楽宣徳等は向後之を取り渡すべしとあり、ここでも永楽・宣徳銭はわざわざ問題とされているから世上多少忌まれていると見ざるをえないのであるが、幕府としては他銭と同等の評価で混用させようとしている。しかし、その五年後の永正二年令では、(a)京銭・うちひらめ等は撰し、(b)その他の渡唐銭すなわち永楽・洪武・宣徳、われ銭以下は一〇〇文に三二文（三分の一）の範囲内で混用せよ、としている。ここでは大内領国とほぼ同様永楽銭は悪銭ではないが、精銭の中への混入割合が定められている。それは低い評価しか与えられない実態があったからである。

これらの事実からすれば、永楽銭の評価が、畿内西国と伊勢とでは、用いた資料に時期の差があるので断言できないが、はっきり異なることは否定できない。そしてこのことがおそらく、土地売買の取引手段についての、冒頭にふれた浦長瀬の指摘した事実とも深くかかわっている。すなわち伊勢大湊では畿内・西国とは性質を異にする通貨事情が存在したと見られるのである。

ここでただちに思い浮ぶのは、東国における永楽銭の基準通貨化の問題である。よく知られているように、江戸幕府は、慶長十三（一六〇八）年、永楽銭の使用停止と同時に永楽銭一貫文＝鐚四貫文＝金一両という換算率を定めた(7)。しかしそれまで永楽銭は東国においては基準通貨的に地位をもっていたため、この使用停止令以後においても「永高」が関東では年貢収納の基準とされる慣習が残存した。

東国で永楽銭がなぜ基準通貨的地位を獲得したか、その理由を確定することはむつかしい。しかし弘治二（一五五六）年制定の下総の「結城氏新法度」は、その第八三条に、

一　銭ゑり候てよく存候哉、万事是者不自由にて候、永楽かた一銭をつかふへきよし、ふれ《(触)》を可レ廻候、又ゑりたち之事不レ可レ然由、各被レ思候者、悪銭之侘言被レ申間敷候、此義同心可レ被二申上一候、かきつけへく候、各ニ尋候へは、永楽一かたハなるましく候、悪銭のかたをゑりてつかふへからす候よし被レ申候、やく人あくせ

んゑり候て、せいさつ《（制札）》判にうちつけへし、

と定めており、結城領でも撰銭による通貨混乱をさけるため、永楽銭を基準通貨としてこれだけを一元的に使用する方向が可能かどうかが検討されていたが、家臣等の意見でそれは無理とされたのである。

また『北条五代記』（巻二）には、

年寄たる人いふやう近き年迄関東にひた（鐚）永楽取ましへおなしねにつかひしか、在々所々にをいて善悪をあらそひことはり止事なし、其比東八ヶ国のしゆこ北条氏康公仰けるハ銭しなく〳〵有といへ共永楽にますハあらし、自今以後くわんとうにて永楽一銭をつかふへしと天文十九戌の年高札を立てられけれハ、関八州の市町にて永楽を用る、此義近国他国へ聞え、ひたの内より永楽をえり出し用るゆへ、ひたはいつとなくかみかたへ上り関西にてつかひ、永楽ハ関東にとゝまつて用る、然に今ハ天下一統の世となり東西南北にて此二銭をつかふ、され共永楽一銭の代りにひた四銭五銭つかふ、是により善悪を撰ひ万民安からす、此よし公方に聞召ひた一銭を用ゆへし永楽禁制と慶長十三年の年極月八日武州江戸日本橋に高札たつ、それより天下の永楽すたる（下略）

とある。これによると、従来関東でも鐚と永楽とは同価値で使用してきたが、次第に撰銭が行なわれだし、紛争が絶えなかったので、北条氏康は天文十九（一五五〇）年、永楽銭を基準通貨と定めた。その結果、鐚銭は次第に関西に送られ、永楽銭が関東にとどまることとなった、というのである（この「鐚」という呼称は江戸時代に入ってからのことで、東国では後述のように永楽銭以外の良銭である宋銭中心の渡唐銭をさしたと思われる）。

『北条五代記』は江戸時代に入ってからの成立であり、従来から史料としては高い信頼性を与えられていない。またこの天文十九年説について反証があげられることはすでに佐脇栄智によって指摘されている[8]。

しかし、後北条領国の東北辺の小大名である結城領国で永楽銭基準銭化が検討されていたことは史料の性質上からも、事実としなければならない。その際、結城氏がまったく独自に永楽銭一本化を目ざそうとしたとは考えにくい。

おそらく、隣接する大勢力で関東一円の流通経済に決定的な影響力をもつ後北条領国の通貨政策を横目に見ながらしか結城氏はこの問題を考えられなかったであろう。してみると、右の結城氏法度でいうところより先んじて、後北条氏の領国で永楽銭基準通貨化の方向がすでに問題となっていたと見る方がむしろ自然である。

天文十九年は氏康が領国全体にわたる著名な「税制改革」を実施した年である。改革の主たる内容は、従来の複雑多様な中世的雑公事をやめ、その代りに大名が一律に全領国から貫高を基準としてその六%を役銭として貨幣で収取することとしたものである。したがってこの「税制改革」は混乱状況にあった諸通貨の中からいかなる貨幣を基準とするかという問題に直面せざるをえない。その意味で、天文十九年に永楽銭が氏康によって領国の基準通貨とされたということは、それが一挙に徹底できる性質のものでない以上、佐脇らの反証にもかかわらずにわかには捨てにくいと見てもよいのではないか。

ただこの問題とかかわって、最近中島圭一は注目すべき論文を発表した。(9) 中島はそこで、右の『北条五代記』のいうところが誤りで、天文十九年に役銭収納に際して禁じられたのは「御法度之四文之悪銭」(大かけ、大ひゝき、打ひらめ他)で、永楽銭以外の各種通貨が禁じられたのではない、また永楽銭基準通貨化は永禄十一(一五六八)年八月以後十二年以前のことで、それ以前の精銭表示はこの年から永楽銭表示に書き替えたといわれる。そして氏は、この北条氏の施策に先立って、永禄七年、越後上杉氏の勢力下の上野において、永楽銭基準通貨化が実施されたことを明らかにした。すなわち氏は「長楽寺永禄日記」ののせる永禄八年二月二十一日付の世良田長楽寺の義哲の発給文書の中に「去年以来近庄近国以一銭取引申処ニ、如此悪銭ニテハ買売不被到候間」「去々歳世間未被定一銭以前……」に注目し、「去年」=永禄七年以来「一銭取引」が行なわれるようになったこと、それが永楽銭に他ならないこと、またそれを令することができたのは上杉氏の代官として厩橋城に駐留する北条高広であろうと推定するのである。

さらに中島は、永禄七年には下野の那須資胤が與野弥左衛門尉に「永楽五百疋之地」を宛行った事実をあげる。そして永禄十二年は、「甲相一和」によって上杉氏と後北条氏との間の和平が成立した年であることからして、永楽銭基準通貨化は越後・北関東から後北条領に及んだのであろうという新たな展望を示された。これは従来の理解を変える永楽銭基準通貨成立過程論である。

この中島の所論は十分傾聴に価する。しかし中島の中心的な主張について残るところの疑問は、ではなぜ上杉領北関東においてまずこうした永楽銭基準通貨化ないし「一銭取引」が強行されたのか、という点である。後北条という関東において最大の勢力をもち、かつ海上を通じて伊勢・中央地帯との結びつきが他よりは濃厚な大名領において、なぜ先にその動きが出現しないのか。中島は、内陸部で京都の経済的な影響力から比較的離れた地帯であったことにその成立事情を求めようとしているが、その点はどうであろうか。

私は冒頭にふれた伊勢の問題ともかかわって、この点では別の見方が可能と考える。私はここで、大湊における永楽銭の高い評価と、東国における永楽銭基準通貨化政策ないし永楽銭高評価とのかかわり、さらにいえば、伊勢大湊を扇のカナメのような位置にして成立する永楽銭基準通貨圏ともいうべきものを想定しつつ問題を追求してみたい。

二　伊勢商人と東国市場

そこで伊勢とくに大湊をカナメとする東国(関東・東海)永楽銭基準通貨圏の実態を追求しようとすれば、問題の前提はそもそもそうした地域がどの程度の有機性をもつ市場関係を構成していたか、伊勢商人は果してその中心に立つほどの商業活動を展開していたかどうかといったところにある。

この問題にかかわっては、すでに戦国時代に先立つ十四～十五世紀、すなわち南北朝室町期における伊勢・紀伊商人の東国方面における活発な廻船・商業活動の様相が、最近つぎつぎに明らかにされている。鎌倉時代、伊勢神宮の東海・関東地方に多く設定された御厨年貢の輸送請負いを発起点とする「関東渡海神船」という名の廻船活動、鎌倉末期北条氏一門の金沢氏が伊勢守護職を掌握するにともない、伊勢～六浦(東京湾側の鎌倉の外港)・品川等の間を結ぶ海上交通・交易は予想をこえて活発であった。綿貫友子は南北朝末期、称名寺の支配下におかれた品川に船籍をおく多数の港船の船名を克明に吟味し、それらのほとんどが、伊勢大湊周辺で造られ、その造船地の地名を船名としている事実を明らかにした(10)。稲本紀昭は建武の頃伊勢・志摩を拠点に「関東渡廻船」による交易活動を展開した悪久止道妙一族等の活動状況を詳細に追求した(11)。私も十五世紀中葉、紀伊に出身し、武蔵品川で手広く商業・金融活動を行ならなかで巨富を築いた鈴木道胤について考察した(12)。

また、このような前史をふまえて展開した戦国期の伊勢～東国間商業については、早くから豊田武・佐々木銀弥等によって基礎的事実が明らかにされている(13)。私も、後北条氏から久里浜を中心に知行地を与えられて水軍の将として活躍した梶原氏が、その時期にも出身地たる紀伊との結びつきを失わないばかりか、紀伊商人の東国商業活動と一体的な関係をもつ存在であったこと、また甲斐武田氏の駿河進出後、同氏の水軍として重きをなした小浜氏が、本来伊勢出身であって、武田氏からその領国一円にわたる商業活動を認められ、一ヵ月馬三疋分の諸役免除の特権を与えられていた事実に注目した(14)。

この梶原氏や小浜氏のように、戦国大名の水軍という一面をもちつつ、なお出身地である伊勢・紀伊と東国を結ぶ商業活動をもその一面としてもちつづけていた人びとこそ、おそらくそれ以前の時代から「関東渡海廻船」活動に従事していた業者の系譜をひくものであろう。かれらは海賊＝水軍と廻船業・隔地間取引商業の担い手という二つないし三つの顔を併せもつ中世末期の典型的な侍型豪商である。東海・関東地方、また甲信地方などをふくむ広義の東国は、この種の伊勢・紀伊商人の営業活動を媒介として、ゆるやかではあるが一つ市場圏を形成しつつあったと見られるのである。

伊勢商人の営業舞台が主として東国におかれていたことについては、私は前稿で次の史実も重視した。今川の駿府今宿の豪商友野氏が、損亡＝飢饉の年伊勢で買い付け関東へ送る米穀取引の中心にあったこと、また永禄四（一五六一）年北条氏が上杉謙信の攻撃によって小田原籠城を強いられたとき、伊勢大湊所属の伊勢船が積む米穀を、急遽買い付けて津端（静岡県伊東市）に回漕させていること、あるいは北条氏が、「熊野新造」とよぶ三三人乗りの大型船を買い付けていること、などである。

小田原は当時東国最大の城下町としての繁栄を誇っていたとはいえ、後北条氏が天正十八（一五九〇）年、完全に滅亡したため、その実体は意外に不鮮明である。しかし小田原には少なからぬ伊勢商人が進出していたらしい。その代表的なものの一つには、のちに小田原落城後、江戸に移って呉服商売を中心に大きく飛躍した富山氏がある。

富山氏は伊勢松坂に隣接する射和《いざわ》の出身で、天正十三年小田原に進出した。富山氏の江戸移転後の営業内容から推して、この時も呉服販売を中心とする商人活動を行なっていたと思われる。[15]「呉服」＝絹織物は領国統治者およびその一族、上級家臣等にとって、身分格式を表示する上で欠かせない性質をもつようになっていたため、その需要は拡大していた。伊勢商人はその地理的立地条件を生かして、京都から呉服（原料は明から輸入の生糸が中心）を仕入れ、これを東国に売り込んで大きな利潤を得ていたのである。

文禄二（一五九三）年の常陸佐竹氏の城下においても、伊勢呉服商人の活動が認められる。佐竹氏の重臣大和田重清の日記には次のような記述がある。[16]

霜（月）廿一　御安ヨリ所用有テ前筑同心ニ可参ト使アリ、御公用ニテ町へ参付中分ル、前筑大又山対入来酒アリ、太又侘言之旨筑被語、山対同心ニ境衆ノ宿へ参、帰物凡引渡テ無残所代物済ス、手ショク台五ツ取テ上ル、不入ノシヾラ五百文ニ子ヲシテ請取、越後所ニテ宮衆三人並伊勢衆何も代物済究ル、清八も同前ニ算用シテ張ヲ仕立ル、御公儀ノ残銭越後ニ預置、手ショク山対渡ス、肴ノ代五百文宝蔵ニ渡テ置、上林ノ茶無上中壱斤半可取

ト切紙ヲ渡テ置、山対モ同前、讃岐家立ル、御台様額田迄被成御帰、兵蔵出仕之事談合ノ為太田へ帰、

文中、人名はいずれも略記されているため誰か分かりにくいが、水戸における多彩な商人活動の一端が窺われる。「境衆」はおそらく和泉の堺商人であろう。「宮衆」は宇都宮商人、それに「伊勢衆」が姿を見せている。「御公用ニテ町へ参」とあるように、重清は主命を受けて「越後所」でこれら商人と取引し、買わなかったものは現物を返し、買取り分については代金を全部支払っている。「越後所」はおそらく「越後」という名のつく問屋で、これら各地から来た商人たちはこの問屋を取引の場としているのである。問屋を「某所」の形で示すのは、たとえば北条領下の熊谷で木綿取引が行なわれた「長野喜三所」の例にも認められる。「不入ノシヾラ」の「不入」は「いらざる」、即ち不用の意で、「縮羅《しじら》」は縮みをつけた絹織物である。この場合は、前記の富山氏のように、小田原に進出し、そこで開業していたのとはちがって、水戸に独自の店舗をもつものではない。しかし、伊勢商人が関東のどこかに拠点をもちつつ、絹織物を中心とする商業活動を佐竹領にまで展開していたことはこれで明らかである。

さらに甲斐府中八日町の商人頭坂田氏も、もとは伊勢北畠氏の一流に属する武士であったが、浪人となり武田領国に移って商人になったと伝えられる。[17] 同家の「系図」「由緒書」には「本国勢州より来、浪人仕、武田家御朱印数通被下候、町検断役相勤候由緒書、天正十一寅年壬(閏)三月居屋敷諸役御免許[18]」とあり、『甲斐国志』にも「坂田ハ勢州北畠ノ分流天文中本州に来ルト云[19]」とある。

また武田氏の御蔵前衆商人の一人末木新左衛門とその一族は、天文年中金融業にもかかわり、武田領の内外にわたって活動していたようである。永禄二(一五五九)年の「分国商売之諸役免許之分[20]」という「書出」注文によると、「甲信之内一月馬五疋口諸役免許」の特権が認められている。この文書に登録された諸商人中、「一月馬五疋」免許は馬数の多い方である上、甲信二国にわたってその活動が認められていることからみて、有力商人であることは疑いない。この末木氏は笹本正治によると、永禄・元亀のころ小田原の商人宇野(外郎)氏とも交渉をもっていたことが、

外郎氏所蔵の文書からも知られるという。(21) 事実とすれば、領外商業にも広くかかわり、それを介して伊勢商人ともかかわりをもっていた可能性が大きい。この武田氏の「諸役免許書出」という注文には、この他「濃州之商人佐藤五郎左衛門尉」「於京都絹布已下之用所一人ニ申付」けられた小薗八郎左衛門の名も見られる。伊勢からの商人のほか、美濃商人の活動や、甲州商人の京都との取引なども行なわれていたことが確認できる。

そればかりでなく、この「書出」によると、「越国筋往還」「善光寺還往」「越中へ使者ヲ越候……濃州之商人」「会津之高橋郷大嶋次郎右衛門尉」「自駿州甲州へ越候荷物」を扱う者など、越国筋・越後・会津・越中、あるいは駿河など、武田の勢力圏たる甲斐・信濃を超えて広く出入りする領外商人も少なくなかったことが明らかである。商人のそうした広域にわたる活動形態を念頭におけば、越後上杉氏の御用商人であった蔵田五郎左衛門が伊勢神宮の御師家の一族であったという所伝も十分納得できる。周知のように御師たちは道者＝信者・参詣人を確保するため東国各地の支配拠点や海陸の交通要地を中心に、広く活動しており、それが伊勢商人と表裏一体であったことも疑いない。かれらが越後方面までを活動圏としていたことと不可分の関係で、その中で蔵田氏の上杉氏御用商人化も実現していったのである。蔵田氏は大永五(一五二五)年以降、越後の青苧座を統轄し、上杉氏の意向を受けて青苧の領外移出を管理しているから、(22) 越後での活動はかなり早くから行なわれていたと考えられる(本書第Ⅱ部第五)。

以上のような諸事実は、いずれも伊勢・紀伊商人の東国における幅広い活動の姿を示唆するものである。その立地条件からして、伊勢が西国と東国の結節点的位置にあり、大湊が東国商業の中心的港湾都市であったことは明らかな事実である。してみると、大湊の入津料収取において永楽銭が東国におけるその地位を反映して基準銭として高い評価を受けていたのも、納得できるところである。そしてまた、浦長瀬が明らかにした事実、すなわち、西国では一五六〇〜七〇年代に交換手段の銭から米への転換が急速に進行したにもかかわらず、同じ時期に伊勢では銭から金へという西国とは異なる動きを示したという事実も、おそらく伊勢がこのように東国市場圏・東国通貨圏と深く結びついていたことと切り離しては理解できないと思われる。

三　永楽銭から「金」「米」への転換

そこでふたたび永楽銭の問題に戻ろう。近年埋蔵備蓄銭についての関心が高まり、それらをめぐる論議がさかんであるが、われわれはそれらを通じて、東国における永楽銭の流通状況をある程度推測することができる。

最近発表された鈴木公雄の労作「出土備蓄銭と中世後期の銭貨流通」[23]は、そうした問題をめぐるもっとも包括的な論考である。それによれば、一九九一年十一月現在で鈴木が把握した備蓄銭の出土は、一都一道二府三四県一五二遺跡（北海道・東北三四、関東四〇、中部・東海・北陸三四、近畿一七、中国・四国一六、九州一一遺跡で東日本に多い）、出土総枚数二二八万枚程である。年代的には備蓄銭の組成等を指標として、(1)十三世紀の第四四半期中心の第一期、(2)十四世紀第二四半期中心の第二期、(3)十四世紀第四四半期中心の第三期、(4)十五世紀の第二四半期中心の第四期、(5)十五世紀第三四半期中心の第五期、(6)十五世紀第四四半期〜十六世紀第一四半期中心の第六期、(7)十六世紀第二四半期中心の第七期、(8)十六世紀第三四半期中心の第八期に区分できる。そして第三〜第五期に出土銭枚数が急増し、貨幣流通史の面でも一つの画期をなすことがうかがわれる。

出土銭貨の種類を見ると、北宋期のものが圧倒的に多く一七種七八％を占め、一位皇宋通宝二六万枚。永楽通宝は約一一万枚、四・八％で六位である。明銭のなかでは永楽通宝がもっとも多く、洪武通宝は四万六〇七一枚で一四位、宣徳通宝はわずか二九七〇枚で三八位である。備蓄は当然良貨を優先したであろうから、永楽は概して珍重され、宣徳はきらわれていた傾向が読みとれる。

さらに出土銭例の時期別、地方別傾向を見ると、第六期以降に顕著な特徴が認められる。第六期の出土例三五のうち二八までは山形2、群馬2、埼玉7、東京4、神奈川1、静岡1、愛知1、富山3、石川1、新潟8、福井2、三重1であり、京都以西は7にすぎない。しかもこの東日本二八例中、出土銭の組成という点では、永楽銭が一位を占めるものが一八例、二位二例、三位三例というように、永楽銭が断然高い割合＝地位を占めている。第六期は十五世紀末～十六世紀初期であるから、すでにその頃からとくに東日本で永楽銭が高い評価を受けていたことが考えられる。ただし西日本八例中、大阪・島根・山口・愛媛各1、福岡2、計五例でも永楽銭が一位を占めているから、西日本でも永楽銭はいちがいに悪銭視されていたわけではないようである。

第七期一一例中九例は東日本で、うち七例で永楽銭が一位、他の一例で二位である。第八期六例中の三例（茨城・埼玉・福井）はいずれも永楽銭が一位である。ただしこの七・八期西日本の出土例でも少数例ながら永楽銭はほとんど一位である。

鈴木公雄が精力的に検証したこのデータによって、永楽銭がとくに東日本で、十五世紀末～十六世紀初葉以来高い評価を受け、備蓄の中心とされていたことは明らかである。結城・後北条・上杉等の戦国大名の領国において永楽銭の基準通貨化が推進されたり検討されたりするのは、十六世紀後半のことであるが、東国における永楽銭の撰好自体は、それよりも相当早い時期から認められるのである。

鈴木はこのような永楽銭の撰好の主たる原因を、他の銭貨にくらべて「銭容」が断然すぐれている点に求められる。銭の大きさ、厚さ、銘文の鮮明な鋳上りといった点で、永楽銭は群を抜く〝良銭としての容貌〟をもつ〝超精銭〟だというのである。

しかしもしそうだとすると、永楽銭は東日本西日本の区別なく全国的に珍重されるはずである。ところが文献から知られるところでは、前述のとおり永楽銭は西日本では準良銭であって、第一級の精銭ではない。永楽銭の評価は確実に東高西低である。このことは、鈴木の示したデータと必ずしも全面的に矛盾するものではないが、〝銭容〟からだけでは説明できない問題である。

鈴木は他方、永楽通宝と他種の銭貨との区別が十六世紀の第四四半期以降顕著に進行すること、その過程で、永楽銭以外の古銭は「びた」銭とよばれるようになったことを認めている。その点は私も妥当な見解と考える。しかし永楽銭の評価上昇はやはり東日本から展開したこともたしかであるから、鈴木のように永楽銭の撰好について、地域差の意味という視点を欠くことは大きな問題を残すように思われる。永楽銭の東日本における撰好、東国における基準通貨化の原因は社会経済的ないし政治的諸側面からトータルに考えてみる必要があるだろう。

その意味でやはり問題の核心は永楽銭評価をめぐる東西地域差である。この点でまず注目すべきことは、すでにふれたとおり撰銭令の初見とされる大内氏のそれが、文明十七(一四八五)年という早い時期であり、このとき大内領国ではすでに永楽・宣徳通宝を一〇〇文中二〇文まで混ぜ用いてよいというように、それらが悪銭ではないが、低い評価を受けていること、そして一五〇〇年以降の室町幕府令も、洪武・永楽・宣徳通宝を三分の一まで混用してよいとしていることである。他方東国での永楽通宝の高い評価は、後北条氏の永楽銭基準通貨化政策よりは実際には相当早い時期、すなわち鈴木が明らかにしたように十六世紀初葉から展開しつつあったと見られる。すなわち、西国畿内での永楽銭の低評価、東国での高評価はともに十六世紀に入る頃からすでに進行していたと見てよいのである。

このような西と東の差は、銭貨の流通と評価に西国と東国という二つの地域圏が存在したことを暗示している。それはおそらく東西商業の結節点である伊勢をおよその境界線として展開したであろう。傾向として、西国の人びとは宋銭を主力とする良銭を残し、永楽銭を伊勢商人等に支払う。伊勢商人等はその永楽銭を東国向け取引にあて、受取り勘定は精銭たる宋銭(のちにそれが鈴木のいうとおりびた銭と称された)などで取り、畿内西国との取引にはそれで支払う。伊勢商人等はこうすることによって通常の意味の商業利潤だけでなく、永楽銭と精銭の評価差から生ずる一種の為替利潤を大きく手にすることができるはずである。

伊勢商人の東国での営業活動が大きくなればなるだけこのようなメカニズムも拡大する。そうした関係がいったん成立すると、永楽銭は東へ、精銭(ビタ)は西へという貨幣の流れがますます加速することになる。もちろんそれは東で永楽銭、西では宋銭(ビタ)だけが流通するということではないが、傾向としてはそういうことになるであろう。

鈴木が明示しているように、永楽銭が十六世紀を通じて東国の埋蔵出土銭群の中で占める比率は、それが一位を占める場合でも混合割合はほとんど一〇%台以上ではない。つまり、東国では永楽銭が高い評価を受け、良貨として埋蔵備蓄される割合が高いが、その他の良貨も広く流通し、備蓄もされているのである。

一つの埋蔵例として、神奈川県厚木市の下荻野枡割遺跡出土銭のケースを見よう。[24] この遺跡からの出土銭は整理分類されたもので一三八六八枚、そのうち永楽銭は一七二八枚で一二・五二%を占めている。一方、各種の北宋銭は七一・三%と高い割合を示す。荻野は後北条氏治下において荻野新宿が開設され市場の立った場所であるから、このような備蓄の一般的条件は整っている。埋蔵の年代は確定できないが、出土銭中に明の宣徳九年(一四三四)初鋳の宣徳銭が入っており、この銭が日本で広く流通するのは十五世紀後半であるから、その頃から十六世紀後半になって永楽銭の基準通貨化が推進されだす以前の時期である可能性がもっとも高い。ここでは永楽銭はその他の精銭ととくに区別されて取引上決定的に高く評価されているとはいえないのである。

では、それが急速に評価を高め、ビタの二倍〜数倍という異常な水準になるのはいつ頃からで、それはどういう理由によるのか。ひとつの考え方は、右のような東西通貨の流れが十六世紀を通じて徐々に進行し、それが東国経済圏の発展の中で一定水準をこえた場合、東国では永楽銭、西国では北宋銭を中心とする精銭(東国ではビタとよぶ)がおのずからに基準通貨的性格をおび、その評価が高まったとする解釈である。

それに対してもう一つの見方は、十六世紀後半に入ると通貨事情の何らか大幅な変動が列島社会にひろく発生して、それとのかかわりで、東国では永楽銭が基準通貨となっていったと推定する見方である。この見方は冒頭にふれた浦長瀬隆が解明した事実とかかわると思われる。氏が明らかにしたのは、一五六〇～七〇年代において土地売買等の取引手段にほとんど突如といってよいくらいの状況で貨幣が使われなくなり、西国では米が取引手段の中心に登場することであった。それに対して伊勢では西国とはちがって銅銭の代りに取引手段に金銀、とくに金が多く登場しはじめるのである。このことは西国、東国を問わず中国渡来の銅銭がひろく信用を失いだしたことを意味しているといってよいであろう。

最近発表された足立啓二の「東アジアにおける銭貨の流通[25]」は、この点できわめて示唆に富む論文である。それによれば中国の銅銭は、唐宋元明代を通じて、もともと国家財政上の支払手段として発行されたものであり、民間における一般的流通手段を本質とするものではなかった。日本をふくむ中国周辺国家群への流入と、そこでの流通も、本来、それらの国々が右のような性格をもつ中国通貨幣圏の内部にとりこまれていたからである。したがってこの中国銅銭は素材価値からは乖離し、中国皇帝の権威によって裏付けられた一種の国内向け(冊封体制圏)信用通貨であることをその基本的性格としていた。

ところが明代の中期以降、こうした銅銭の性格には決定的変動が発生した。拡大するイスラム商人との国際取引では、国内向け信用貨幣としての銅銭は受け容れられない。そこでの貿易の決済手段としては銀が不可欠であった。そうしたことを有力な契機として、明は国内経済の面でも銀を多く用いるようになり、ついに「一条鞭法」の税制下では国家の租税収取も銀に一元化するに至るのである。それはまさしく、明朝の政治圏における国家的支払手段としての銅銭体系の解体を意味するものであった。これにともなって銅銭体系の混乱は首都北京から始まった。一四六〇年頃から「挑揀」(ともに「えらぶ」の意のある文字)という撰銭が始まる。従来はさまざまな銅銭が一律に信任されてきたが、ここに至って特定の地域ごとに銭一文の内容を規定する必要が生じ、銅銭価値の地方的分裂傾向が深まってゆくのである。

こうした足立の鋭利な指摘に従って考えれば、日本の撰銭は、このような明における銅銭の地位の変動と種別ごとに評価が異なることになってゆく「挑揀」の進展の影響下に始まったと見なくてはならない。日本の撰銭が、中国の影響をもっとも受けやすい地理的経済的条件にあった西国の大内領国においてもっとも早く行なわれだすのは、そうした意味で不可避の現象であったと考えられる。そしてまたその進展過程で中国銅銭の価値評価が、京都をふくむ西日本と東日本と分裂する傾向をたどっていったことは、これまで見てきたところから明らかである。

東国では、天正十五(一五八七)年の後北条領武蔵国苻川郷の検地で、田畠年貢九二貫七〇六文の定納高を「此永楽四拾六貫三百五十三文」[26]という形で、永楽銭を他の精銭の二倍に評価している。北条氏滅亡後の文禄二(一五九三)年の相模津久井郡与瀬村の年貢勘定帳でも「卅六貫七百五十文　可納辻、此永楽拾八貫三百七十五文、右之百文ニ永楽五十文之積也」[27]とあり、同様の二倍の評価がつづいている。

しかし後北条領国でやや疑問の残る史料であるが、「真如村八幡神主文書」の永禄十二(一五六九)年の虎朱印状(写)には、「弐貫七百文　永楽九百文」とあって、ここでは永楽は三倍の評価である。[28]前の二倍評価例も、この三倍評価例もともに北条氏の支配文書に見られるものであるが、永禄十二年時点で三倍評価の永楽が天正五年時点では一律に二倍に評価が引き下げられたのかどうかは疑わしい。天正十二年に作成提出された徳川領の遠江浜名郡宇布見の「地頭領家御年貢納下勘定書」では永楽とビタの比は一文対四文というように四倍とされている。[29]江戸幕府の慶長十三(一六〇八)年二月八日の定書が「永楽銭一貫文者鐚四貫文充之積タルベシ」としたことは著名であるが、それ以前、永楽の評価は、一律に固定していたというわけでなく、二〜四倍程度で上下幅があったのだと思われる。それにしても東国で永楽銭の評価が高まり出すのは、そう古くさかのぼることではなく、中国銅銭体系の崩壊の影響が日本に波及し、銅銭の信任に深刻な動揺がひろまり出した十六世紀後半のことであろう。本稿の最初に示した伊勢大湊の永楽銭の高い評価も永禄〜天正の時期のものである。

しかし、東国における永楽銭の高い評価や大名側の基準通貨政策にもかかわらず、中国銅銭の信用崩壊という大状況のもとで、日本の中国銅銭依存体制はもはや安定を確保することはできなかった。畿内西国で土地取引等が主として米で行なわれるようになっただけでなく、東国でも年貢収取は米を基準とするようになった。北条領国では藤木久志が指摘したとおり、永禄・元亀の頃を画期として年貢も銭納から米穀納に転換していった[30]。永禄十一年の伊豆木負村の「年貢納様之事」は「弐拾参貫六百五十七文、田之年貢以米穀可納之、員数ハ可随其年之納法」[31]とあり、一〇〇文につき米一斗四升程度とする「納法」が大名の側から定められ、貫高を米に換算して収納するようになった。大名が米で収納するのを好むということは、精銭による年貢納入が困難であるというばかりでなく、おそらく銅銭そのものに信用上の動揺が生じていたため、米による収納が安全かつ有利となったからであろう。

この年後北条氏は、相模田名郷に対して、四貫七十五文の棟別銭についても「精銭一様ハ手詰ニ付而、黄金米穀相交可納之」とも命じている[32]。銭にかえ、米ばかりでなく、黄金も収取対象とするようになったのである。これらの例から推せば、永禄の頃に、後北条領国では、精銭の一元的収取から米・金を精銭と混用する収取方式へ転換しつつあったと見ることができる。

このように、精銭による一元的収取方式を放棄するということは、大きく見れば、後北条領国でも中国銅銭通貨依存体制からの離脱を余儀なくされ、独自の財貨としての米・黄金をもって交換手段とせざるをえなくなったわけである。こうした動きはおそらく日本列島諸地域で、地域差を含みつつどこでも進行していったであろう。中国においても銅銭から銀への転換が急展開しはじめたかぎり、列島においてもそうした転換の大勢から免かれることはできなかったはずである。

戦国末期における金・銀産出量の急増はおそらくこの問題と不可分であろう。従来それは戦国大名の富国強兵策や、金銀鉱石の精錬技術の革新(灰吹法)といった点から説明されてきた。もとよりそのような一般的条件も無視できないであろう。しかしそればかりではない。中国銅銭の信用崩壊の危機に直面して、戦国大名はかれらの収取体系と知行制・権力編成の基本である貫高制の維持が困難となったのである。そのため後北条氏をはじめとする東国の大名たちの永楽銭基準通貨化政策による事態の切り抜けの試みも破綻していった。

こうした危機的状況のもとで、大名は直接地金価値を示す金銀を領国独自に大量的に確保することが急務となったのである。周知のように、後北条・今川・武田・佐竹・上杉・伊達などの領国はいずれも有力な産金地帯を擁していた。これに対して西国では、石見の大森、但馬の生野に代表される有力な銀山が多かった。東の金、西の銀という主力通貨の存在・流通形態は、幕藩体制が生み出したものというより、それ以前にこのような中国銅銭の信用崩壊の中で生み出されつつあったのである。

こうして日本における通貨流通構造の中世から近世への移行が急激に進行することになるが、慶長一三(一六〇八)年の永楽銭流通禁止にもかかわらず、東国では金一両＝永一貫文＝鐚四貫文とする「永高」が価値表示の基準としてなお一定の命脈をたもちつづけてゆく。そうした通貨史上の東国の特殊性を根底から支えたのは、これまで見てきたような伊勢商人の活動を有力な媒体とする東国市場圏・通貨圏の存在であったといえるであろう。(33)

(1) 浦長瀬隆「一六世紀後半西日本における貨幣流通」(『ヒストリア』一〇六、一九八五年)、同「一六世紀後半京都における貨幣流通」(『地方史研究』一九五、一九八五年)。
(2) 伊奈健次「中世末期大湊海関の通貨について」(『史淵』23、一九四〇年)。
(3) 小葉田淳『改訂増補日本貨幣流通史』(刀江書院、一九四三年)第二章。
(4) 伊勢市大湊支所所蔵文書。
(5) 永原慶二「伊勢・紀伊の海賊商人と戦国大名」(『知多半島の歴史と現在』4、一九九二年、日本福祉大学知多半島総合研究所、本書第Ⅱ部第一)。
(6) 伊勢市大湊支所所蔵文書。

(7)『教令類纂初集』(二)(内閣文庫所蔵史料叢刊、一九八二年)。
(8)佐脇栄智「後北条氏の貨幣政策について」(同『後北条氏の基礎研究』吉川弘文館、一九七六年)。
(9)中島圭一「西と東の永楽銭」(石井進編『中世の村と流通』吉川弘文館、一九九二年)。
(10)綿貫友子「武蔵国品河湊船帳をめぐって」(日本女子大学『史艸』三〇、一九八九年)。
(11)稲本紀昭「伊勢・志摩の交通と交易」(『海と列島文化8・伊勢と熊野の海』小学館、一九九二年)。
(12)永原慶二「熊野伊勢商人と中世の東国」(同『室町戦国の社会』吉川弘文館、一九九二年)。
(13)豊田武『増訂中世日本商業史の研究』岩波書店、一九五二年。佐々木銀弥『中世商品流通史の研究』法政大学出版局、一九七二年。
(14)永原慶二、注(5)前掲論文。
(15)「富山氏系図」(文部省史料館所蔵)。なお富山氏については、吉永昭「伊勢商人の研究」(『史学雑誌』七一―三、一九六二年)に言及がある。
(16)「大和田重清日記」文禄二年十一月二十一日の条。なお『水戸市史』上、に藤木久志執筆の関連記述がある。
(17)笹本正治「戦国時代の職人・商人」(帝京大山梨文化財研究所『中世都市と商人職人』名著出版、一九九二年)。
(18)『甲州文庫史料』二、甲府町方編。
(19)『甲斐国志』巻之百一。
(20)『新編甲州古文書』一、八三一号、武田家諸役免許書立。
(21)笹本正治は(17)所引論文でこの交渉を指摘するが現存の宇野外郎氏の文書には該当のものが見出されなかった。
(22)佐々木銀弥、前掲書、一四一頁。
(23)『史学』六一―三・四、一九九二年。
(24)厚木市編さん室『厚木の埋蔵古銭』(一九八五年)。
(25)足立啓二「東アジアにおける銭貨の流通」(『アジアの中の日本史3』東京大学出版会、一九九二年)。
(26)『戦国遺文後北条氏編』一九一五号。

(27) 神崎彰利『南関東近世初期文書集(1)』(一九六五年)。
(28)「伊豆文書」(「修善寺町文化財報告2」所収相原隆三稿「小田原衆所領役帳と修善寺町」に紹介された)所収。佐脇栄智『後北条氏の基礎研究』(吉川弘文館、一九七六年)一八七頁。
(29) 同右、一九二頁。
(30) 藤木久志『戦国社会史論』東京大学出版会、一九七四年。
(31)(永禄十一)印・十八日、北条氏康朱印状、『戦国遺文後北条氏編』一〇七二号。
(32)(永禄十一)八月十日、北条氏康朱印状、『戦国遺文後北条氏編』一〇九〇号。
(33) なお本多博之「毛利氏領国における基準銭と流通銭」(広島大学文学部内海文化研究施設『内海文化研究紀要』二〇、一九九一年)は大内領で基準銭とされた「清銭」および毛利領国の基準銭「鍛」の存在を指摘している。

第三　戦国期伊勢・三河湾地域の物資流通構造

一　伊勢・三河湾地域の生産力的条件

私は一九九二年に、「伊勢・紀伊の海賊商人と戦国大名」、一九九三年に、「伊勢商人と永楽銭基準通貨圏」という論稿(1)を発表した。前者では、中世社会の最後の段階としての戦国時代に、伊勢湾沿岸に本拠をもつ商人が廻船による海上輸送と遠隔地取引という形で東海・関東方面に広く進出していたこと、後北条・武田・今川のような戦国大名は、それらの人びとを商人と同時に水軍として組織し、軍事・経済両面で重要な役割を演じさせていたことを指摘した。また後者では、大湊を中心とする伊勢商人が、この時代東国各地に広く活躍し、東日本はかれらを介してゆるやかながらも一つの流通圏を形成しつつあったこと、その地域では永楽銭が他の銅銭に比して高い評価を受け、中国銅銭圏の解体の中で、独自の動きをとりだしていたこと、等を指摘した。

本稿はこの二つの論稿につづき、右のような役割を演じていた伊勢商人の活動の実相をさらに具体的にとらえるために、やや視野を拡大して、伊勢・三河湾地域における物資流通の形態を検討することとする。大湊を中心とする伊勢商人の活動は、その地域の生産力と直接かかわりなく、海上輸送力だけによる中継商業のような性質のものではない。伊勢・三河湾地域は戦国期において畿内とならんでもっとも豊かな生産力を保持する地域であり、伊勢商人はそれらの地域が生み出す諸物資を東海・関東方面に売り込むとともに、畿内・西国商業圏との接点に位置することによって、東西商業の仲介的利益をも手にすることが可能であった。

その際とくに注目する必要のあるのは、伊勢・三河湾地域は、沿岸平野部ばかりでなく、主要河川を介して、内陸部までが河口に位置する港津に比較的緊密に結合していたことである。すなわち、木曾川・長良川・揖斐川のいわゆる木曾三川流域は河口に近接する桑名に結びつき、三河湾に注ぐ境川や矢作川流域は高浜・大浜・平坂・鷲塚・吉良吉田などに結びつき、豊川流域は吉田(豊橋)・牟呂に連なっている。そしてそれらの諸港津間は、伊勢海の波穏やかな海上を小型船でも自由に相互に通航することが可能であった。その意味で、伊勢・濃尾・三河の河川流域諸平野の生みだす物資は、河川・海上交通によって一体的な流通圏として結合されていた。

伊勢・三河湾地域のこのような経済的条件が、戦国期にその実力をもっとも大きく発揮したのは一五九〇(天正十八)年の秀吉の小田原攻めの時であった。周知のように秀吉はこの戦いを全国統一過程における最後の実力行使とする計画で、徳川家康をはじめとする諸大名を大動員して、同年三月自らも小田原に向けて出陣した。その動員兵力は、同年四月四日、本願寺に宛てた秀吉朱印状によれば、箱根口から小田原一〇〜一五町にまで迫った先鋒軍は家康等の率いる五万余、熱海口から進んで同じく小田原に迫った堀秀政・池田輝政等の率いる三万余、海上から小田原封鎖にあたった脇坂安治・九鬼嘉隆等の率いる水軍二万余、計一〇万余に達し(2)、さらに秀吉の本隊、織田信雄等の率いる後続部隊があり、総勢二〇万に及ぶと見られる。

この大兵力の動員に当って、もっとも緊要だったのは、兵糧・馬糧の調達と、その輸送の問題である。それにかかわるとくに興味深い史料としては、豊後の学者後藤碩田(幕末明治初年の人)の蒐集文書集である「碩田叢史」に載せる次のものがある(3)。

条々

一兵粮奉行長束大蔵大夫(輔)、井小奉行十七人被仰付事、

一年内従代官方弐拾万石請取之、来春早々船ニ而駿州江尻・清水江令運送、蔵を立入置、惣軍勢江可相渡事、

一黄金壱万枚請取、勢州・尾州・三州・駿州ニ而八木買調、小田原近辺舟着江可届置事、

附、馬弐万疋之飼料調置、無滞可令下行事、

右可相守此旨者也、仍如件、

天正拾七年十月十日

秀吉

この文書は写しであるうえ疑義が少なくない。後藤碩田が写したもとの本は碩田が記す通り「山中吉内留書」であったが、その吉内の見たのはそもそも原本であったのか、という点が明らかでない。文書の日下に書かれた差出しに「秀吉」とあるのは、本来は秀吉朱印があったのを筆写の段階で「秀吉」と記したものと思われる。また本文書が誰に充てられ、どこに伝来したのかが問題であるが、その点も明瞭でない。通常の形式なら「条々」の下に宛所が記されている。小田原攻囲時に発した秀吉の「条々」はみなそうである。その意味で三鬼清一郎編『豊臣秀吉文書目録』(一九八九年)もこの文書を「要研究」としている。

とはいえ、この文書は『太閤記』にも載せられ、米金の数量を別とすれば、内容は全くの虚構ともいえない。第一条、全軍の兵糧奉行に長束正家を任じ、その下に一七人(『太閤記』では一〇人)の小奉行をおく、第二条、天正十七年の年内までに「代官方」から二〇万石を受けとり、駿河の江尻・清水に廻送し、倉庫を立ててこれに収め、惣軍勢に配分せよ。第三条、黄金一万枚をもって、伊勢・尾張・三河・駿河(『太閤記』では遠江も入る)で「八木」=米を買いととのえ、小田原近辺の「舟着」に津上げせよ、また馬二万疋の馬糧も確実に用意し配分できるようにせよ、というわけである。

この第二条にいう「代官方」はおそらく各地に設定された豊臣蔵入地の代官を指すと考えられる。また第三条の「黄金」の一枚は金一〇両(京目一両=四・五匁)で、一両につき米二~三石程度というのが当時の金―米相場の目安

である。従って黄金一万枚を全部米に換算すれば、およそ二〇〜三〇万石前後にも及び、蔵入地の分二〇万石と合せてざっと四〇〜五〇万石という厖大な数量に達することになる。天正十八(一五九〇)年正月八日付、真田安房守宛秀吉朱印状によれば「尾州濃州人数には以金銀八月迄之兵粮悉渡置候」とある。(4)

秀吉は小田原城を短期力攻する心算はなく、およそ二〇万の兵力で長期包囲し、兵糧攻めで落城させる計画であり、さらに落城後の奥羽平定までに必要な相当の期間を見とおしていた。また小田原攻囲期間周辺地域の食糧払底も必至であり、これに対する救済もある程度計算されていたにちがいない。とすれば、右文書の性格、また計およそ四〇〜五〇万石見当という数値を別とすれば、ともかく大量の兵糧買付は十分ありえたであろう。

ここで本稿の視点から注目すべきことは、この「黄金一万枚」をもってする新規調達分を、伊勢・尾張・三河・遠江・駿河で買付けさせている点である。もとより小田原攻囲という関係から、地理的にもそれらの国々での調達がもっとも合理的ということはある。そして実際、大量の兵糧・馬糧等を集中的に調達し、円滑に輸送できるという点では、伊勢・三河湾岸地域がとりわけ有利な条件を備えていたことも明らかである。

そうした点を念頭におくと、右の秀吉の「条々」は文書として検討すべき余地を多分に残しながらも、内容はそのまま合理的に受けとめることができ、全く架空の偽文書として捨て去るべきものでもないのではないか。とすれば、伊勢・尾張・三河方面等でこれだけ大量の米を調達することが、具体的にはどのようにして可能だったのか。この点を史料に即して直接明らかにすることは困難であるが、おそらく伊勢湾の主要港である桑名・大湊以下前記の伊勢・三河湾岸の主要港で、年貢米・商品米を有力商人を通じて調達したと考えるほかはない。

伊勢市大湊支所所蔵史料のうちに、享保十一(一七二六)年の「乍恐申上大湊由緒之事」という文書がある。大湊はこれに先立ち、元禄八(一六九五)年の大地震・津波で甚大な被害を受け、かつての繁栄を失っていたところ、さらに享保年中には火災に遭った。その窮境の中で当湊が歴史の中で果してきたさまざまな役割・功業・由緒を記録して残そういう意図から由緒書を作成し、幕府に提出した。本文書はその控である。そうした性質をもつため、記載に誇張がないかどうか、検討の余地は残されている。しかしそれにしてもその一節に、

天正拾八年関白秀吉公相州小田原城主北条家御征誅之刻、権現様為御上意、小浜惣次郎様ゟ大船三百艘相州表江指廻申様ニと急度被為仰付、伊勢尾張参河志摩四ヶ国之廻船廻文を以相催シ相州江指廻シ候、船割之帳奉入御覧候、角屋七郎次郎船茂一所相廻申候御事

とあるのは興味深い。またこの「由緒書」の下書きと見られる別の案文には、

……廻船三百艘相調、年寄共支配仕、相州江渡海仕、御大切之御用相勤申候、其節御具足も御渡被為遊着用仕候、其外御褒美御墨付等頂戴仕候儀、船割帳面ニ御座候処、去享保年中焼失仕候ニ付其節御届申上候

とある。

これらによれば、大湊は秀吉・家康の命を受けて、伊勢・尾張・三河・志摩の湊々に廻文をまわし、急遽小田原に派遣すべき廻船三百艘を用意した。おそらく兵糧米やその他の軍需物資の調達・積込みに当ったであろう。大湊は他の史料から知られるとおり「大湊老若中」「大湊公界」などといわれる共同組織をもって大湊への出入船から入津料をとり、また信長・後北条など大名への対応も行なってきていた（本書第Ⅱ部第一・第二）。

そうした伝統をふまえ、秀吉の小田原出兵に当っても海上輸送の面で中心的役割を演じたのである。下書き史料の方に「御具足も御渡被為遊着用仕候」とあるから、この文書作成の直接当事者であったと見られる角屋七郎次郎家の先祖などは、「具足」も賜って、戦闘集団と一体の行動をとったのである。この功労に対して与えられた褒状を享保年中の火災で失ったときにはすぐ届け出た、といっているし、由緒書には「船割帳」も添えてあるといっているから、ここでいうところは、あながち根拠のない誇張というわけにはゆかない。記すところはおおよその事実と見るべきであろう。

いうまでもなく、この「廻船三百艘」は伊勢・三河湾内を航行する小型船ではなく、危険の多い遠州灘や伊豆半島をこえる外海の航行に耐えられる中・大型船でなければならない。三百艘のうちどれほどが大湊所属船で、どれほどがその他の諸港所属のものかは分からないが、角屋を中心とする大湊の中心的商人たちは、それら諸港の廻船業者・問丸をとりまとめて動員する役割を演じることができたのである。

そして、それが比較的短期のうちに可能であったのは、もともとこの地域がそうした要求にこたえられるだけの生産力と物資流通態勢を発達させており、大湊がその中核的港津であったからだと考えなくてはならない。それは既にふれたように、この地域が、湾岸沿い地帯のみならず、木曽三川や矢作川のような大河川の舟運によって、内陸部で生みだされる豊富な物資までが、比較的容易に河口の港津に積み下ろされ、さらに桑名・大湊のような中心的港津に輸送・集積されやすいという条件にめぐまれていたからである。

以下、そうした視点から、諸物資の流通形態を検討する。それにかかわっては、綿貫友子の論文[5](日本福祉大学知多半島総合研究所の歴史民俗部会一九九二年次大会で報告され、その記録に大幅な増補を加えて発表)が、最新の研究成果であることをあらかじめ指摘しておく必要がある。綿貫はその論文で、「1貢納の航路として、2商業の航路として、3伊勢海の廻船、4紀行文にみる戦国期の伊勢海、5大湊への入港船」という五節を設けて、いま私の示した関心と深くかかわる問題を文献博捜の上に論じている。その点では、本稿は綿貫論文と重なり合うところが少なくない。

しかし本稿の主たる関心は、既にふれたように伊勢・三河湾地域が、その内陸部までをふくめて、いかなる生産力を保持し、それらがいかなる物資流通組織を通して外部地域とかかわっていたか、といった問題を追求しようとするところにある。その点で綿貫論文が海上交通史的な側面に重点をおくのに対し、本稿は物資流通史的側面に主題をおくという相違がある、ということは許されるであろう。

二　伊勢湾地域の物流構造

秀吉の小田原攻めのための莫大な兵糧米調達を可能にしたのが何よりも濃尾平野の水稲生産力であっただろうことは前章でふれたが、それらの産米の相当部分は木曽三川、あるいは現在の名古屋市中を貫流する庄内川等の河川舟運によって、桑名に廻送された可能性が高い。秀吉の小田原出兵に先立って、天正二(一五七四)年、武田勝頼が徳川方の守る遠江高天神城を攻囲したとき、織田信長は尾張海部郡の在地領主佐治左馬允に「当郡(海部郡)内之商人共ニ被中付《ママ》、商買之八木船にて可届」と兵糧輸送を命じている(6)。佐治氏の本拠地は津島市の南、現在の佐屋町辺で、当時の木曽川左岸河口近くに位置していた。そこに濃尾平野の産米を扱う商人が成長していたことは疑いなく、信長は佐治氏を通してこれら商人に今川救援の兵糧調達、海上輸送を行なわせたのである。

河川舟運が発達するのは、従来、近世に入ってからと考えられがちであった。木曽川の舟運は近世では、少なくとも河口からさかのぼれば、起・笠松・犬山などを経て兼山まで達していた。木曽川と飛驒川の合流点に近い所である。飛驒川はさらにこの合流点の上手にある下麻生まで通じていた。戦国時代において、木曽川等の舟運がどの程度成立していたかは独自に検討すべきことがらである。しかし諸他河川舟運の状況からみても近世とさしてちがわない程度行なわれていたと考えてよいのではないだろうか。中世の舟運は史料的制約もあってまだほとんど具体的に解明されていない。しかしたとえば戦国期の越後では、代表的物産である青苧や越後布の搬出に、「ふねの義六日町より堀内まで、ほりの内よりおちや(小千谷)迄、おちやより蔵王堂迄舟のり可申」などとあるように(7)、六日町―小千谷間は信濃川支流の魚野川、小千谷―蔵王堂間は信濃川舟運を使い、そこから陸路柏崎に運んでいる。信濃川舟運はもちろん蔵王堂から下流も通じていた。

木曽三川の場合も、米その他の主要物資の河川による津出しが行なわれていたと思われる。船底の浅い小型川舟ヒラタ（艜・ヒラダとも）でも二〇俵程度の米を積むことは容易にできたから、一頭につき二俵という馬背運送にくらべてその輸送力は断然大きかった。小田原出兵時のように短期間に莫大な米穀を買付けることができた基礎条件としては、米商人の成長とともに河川舟運の展開を考えなくてはならないであろう。おそらくそれ以前から当地域に濃密に分布していた伊勢御厨の上分米の集荷を契機として、そうした条件が形成されていたものと思われる。

ところで、木曽三川流域から桑名に廻送された物資には米のほか美濃の紙、信濃の苧、越後・越中の布（麻布）などもあった。[8] また材木は早くから河流によって津下しする方法がとられていたことは、応永三十一（一四二四）年頃、鎌倉円覚寺正続院の造営用材が美濃から桑名に流下廻送されていたことから確認できる。[9] 信濃の苧や越後・越中の布がどこからどのようなルートで運ばれたかははっきりしないが、ともかくこれらも桑名に集められ、そこから鈴鹿山脈を横断する伊勢山越えルートで近江、さらに京都へ輸送された。

永禄元（一五五八）年の近江保内商人申状案に、

条々

一保内商買紙公用銭両季ニ後藤殿へ進納候事、

（中略）

一勢州新関相居候時、彼国歴ヽ御一行共懸御目候事、

一従往古為御方伊勢道のせき候物色ヽ事、

あさを　紙　木わた

土の物　塩　一切のわげ物

あふら草　若め　一切の鳥類

のりの類　あらめ　一切魚の類
伊勢布
右之物通候へは見相ニ何時も荷物取之儀不珍事候、
（中略）
一紙商買保内新儀之由被申懸候、新儀にて有なき段、数通御下知并御成敗相見候、則懸御目候、殊枝村衆も保内紙自昔請取商買を被仕候、至今日紙を被請候とて、か様之儀は枝村衆は不可申候、其外於国中在〻所〻紙おろし候、伊勢道進退事無紛候事、
一桑名十楽津之由被書付候、彼折紙四人之内三人ハ河内者候歟、林木清右衛門も廿ヶ年ほど桑名に在之者候哉、縦公事聞衆被申候共、上様可被加御分別候、事をたくみ申上候段可為聊爾候、次四十年以来伊勢道を枝村衆罷通由被書付候、又いせ道かり候儀も一両人出状段ハ合点と相見候、旁以被加御分別被仰付候様可預御申事、
（中略）
右為覚書付候旨可然様御披露可（存脱カ）忝候、
（永禄元年）十一月十七日
保内商人中

というものがある。(10) 桑名から伊勢山越道を通って近江に至る輸送路の支配＝独占をめぐって保内商人と枝村商人が争った際の保内商人側の主張を示している。桑名ではこの文書でも「十楽津」といっているように、売手買手ともに特定の座仲間以外の者が取引できないということなく、そこでは自由立ち入り、自由取引ができるはずだ、伊勢道は四〇年来、枝村衆も自由に通行している、というのが枝村側の主張で、これによって枝村側の紙の取扱いを新儀の不法だとする保内側に対抗しようとしているのである。

この保内商人と枝村商人の抗争は興味深い多くの問題を提示しているが、ここで本題にかかわってとくに注目した

いのは、「伊勢道」の通過をめぐって両商人グループの争いとなっている「あさを」以下の商品である。この点を順次に見てみよう。

「あさを」は「麻苧」で、麻布を織る原料繊維としての青苧・白苧のことである。越後・信濃などの産地で栽培したからむしから繊維をとりだして、青苧・白苧という中間製品として需要地に送り出すものである。麻苧を材料とした織布は奈良晒に代表されるように、中世においてすでに商品化していたが、その基底部では自給的民衆衣料生産として各地でひろく行なわれ、原料需要は大きかった。そうした性質をもつ越後・北信の麻苧類は、日本海ルートで小浜・敦賀―湖北―大津を経て京都に搬入されるのが主要なルートであるが、木曽川―長良川ルートで桑名に下され、このように山越え伊勢道で近江に搬入されるものも少なくなかったらしい。

「紙」は「美濃紙」の名で広く知られるように、早くから美濃が有力な産地であり、中世を通じて長良川右岸、現在美濃市に属する大屋田には紙座があって取引が行なわれていた。[11] それらの紙は桑名に下すルートと、陸路東山道を経て都に入るルートとがあったが、桑名から伊勢道を通過する主要商品の一つであったことは疑いない。

「木わた」はこの史料からではその産地を確定できないが、永禄三(一五六〇)年十一月九日の保内商人申状案には「三河商人木綿荷」[12]とあり、千草有吉書状にも「今度三河商人此方山中木綿通申候処、四本衆被押留候、自先規きわたなど被留事一切無之候」とある。[13] 従って「木わた」の産地三河の商人が桑名から山越道で木綿を近江に送荷することは、永禄三年以前から行なわれていたのである。[14] 国内木綿の栽培を確認できる史料は、九州・三河などで十六世紀に入る早々の時期に見出されるから、[15] 永禄年間ともなれば、三河辺りでは既に相当広く栽培されていたと考えてよいのではないか。

「木わた」というのは、綿花を摘みとり、種子を除去し、繰綿としたものであろう。それから綿糸を紡ぎ、織布したものは、『多聞院日記』では「モンメン」と記している。これから見ても「木わた」は綿布でないことは確実である。

次の「土の物」はおそらく陶器のことであろう。瀬戸・美濃・常滑など焼物が桑名に集荷され、そのある部分が山越商品として近江に搬入されると見て不都合はない。ただ常滑焼は大型のツボ・カメが主力製品であるから、陸路山越えの道を運ぶのには困難が大きい。その点を勘案するとこの山越えの「土の物」の中心は瀬戸・美濃の焼物に相違ない。永禄六(一五六三)年十二月の瀬戸に宛てた織田信長制札には、(16)

一、瀬戸物之事諸郷商人国中往反不可有違乱事、

一、当郷出合之白俵物并塩あい物以下出入不可有違乱、次当日横道商馬停止之事、

一、新儀諸役郷質所質不可取之事、

とあり、瀬戸の市に諸郷商人が自由に入りこみ瀬戸物を買付けることを認めている。また当市での「白俵物」「塩あい物」以下の出合取引を認め、郷質所質等を禁止しているから、瀬戸市は楽市としてその繁栄がはかられているわけである。瀬戸の焼物は中国窯を模した高い技法による施釉陶器(花器・食膳器など中小型が主力)として需要が多く、「諸郷商人」の来市・買付けが活発に行なわれたのである。

これらの焼物類の、瀬戸から桑名への輸送路ははっきりしない。矢田川・庄内川が近くを流下するが、焼物の移出に舟運を使った証跡はなく、江戸時代でも、瀬戸―名古屋間はもっぱら瀬戸街道の陸路を使用していた。戦国期から熱田社門前の宮宿は急速ににぎわい、宿駅、港湾都市として発展するから、おそらくこの時期でも瀬戸から陸路で熱田に出し、そこから海上を桑名に運んだのであろう。

保内商人申状案にはこの他、塩・若め・のり(海苔)・あらめ・魚などが挙げられている。これらはいずれも海産物である。(17)伊勢・三河湾岸地帯の豊富な海産物が桑名に運ばれ、山越伊勢道によって京都・奈良などの中央消費地に送られたであろうことは理解しやすい。信長の発給文書に、

智多郡幷篠島諸商人当所守山往反事、国質郷質所質幷前々或喧嘩或如何様之雖有宿意之儀、不可有違乱、然者不可致敵味方者也、仍状如件、

天文廿壱
十月十二日　　　　　　　　　　　　　　　信　長（花押）

大森平右衛門尉殿

というものがある。[18] 大森氏は名古屋の東北に接する現在の守山市大森を本貫とした在地豪族で、守山市《いち》の市物管理にかかわっていたらしい。信長の方針は知多・篠島の商人の来市を歓迎し、守山市の繁栄をはかっているのである。守山は庄内川と矢田川の合流地点から少し矢田川をさかのぼった右岸地点にあるが、庄内川は戦国期でも河口から清洲・枇杷島辺りまでは舟運が行なわれていた。織田氏としても、守山市への知多・篠島商人の招致は、海産物を中心とする諸物資の入手という観点から戦略的意味をもつものと見ていたはずである。

保内商人申状案に挙げられているものには、このほか、「わげ物」「あぶら草」「伊勢布」などがある。「わげ物」は綰物で、檜物と事実上同じ木製容器である。その産地等は不明。「あぶら草」は油を絞る原料としての荏胡麻でないか。「伊勢布」の「布」は通常苧麻糸の原料による織物（麻布）をさすが、この場合はどうか。伊勢は三河とならんで木綿の導入、木綿織布（伊勢木綿）が早くから行なわれた地域であるから、その可能性もありうると思われる。

以上が、保内商人と枝村商人とが通路の独占権を争った伊勢山越道を通る商品の性格である。要約すれば、伊勢・三河湾岸地帯の海産物や三河木綿・伊勢布・瀬戸焼物等が主力であるが、美濃の紙、信濃の麻苧、さらには越中・越後布までが、陸路や、河川・海上舟運で桑名に集積され、鈴鹿の山越道によって近江・京都に運ばれていたのである。

この保内商人申状には、その性質上登場しないが、米と材木は当然この地域でももっとも重要な商品であったにちがいない。戦国期に入ると、城郭・都市建設や大型船建造のための材木需要は飛躍的に増大する。木曽三川とその集散地桑名は、この点でも重要な物流組織の中核的機能を果したのである。

南北朝期以降は荘園・御厨等の年貢米がほとんどすべて代銭納化され、現米は現地近傍の市場で商人に買いとられその手で売りさばかれるようになった。中央地帯の需要米は主として瀬戸内沿岸地域から海上輸送されるか、日本海側産地から敦賀・小浜を経て搬入されるものが多かった。伊勢・三河湾地域の米はそれに対して東海・関東方面に売られることが多かった。米価の点でもそれが有利であった。[19] 伊勢廻船問屋は戦国時代ではとくに凶作および戦争時の兵糧需要に対応して、東海・関東方面で活発な米穀販売を行なっていた。そうした遠隔地への米穀の大量輸送・販売は、桑名よりも伊勢大湊を主要な積出港としていたらしい。永禄八(一五六五)年の大湊への入船状況を見ると、桑名・四日市・津などからの入船が多いのも、そうした米産地近辺の港津から大湊への集積を示唆するものと見られるのである。

以上この節では、主として木曽三川舟運と桑名との関係を中心に伊勢湾地域の物流構造を考えた。桑名は地理的にも伊勢湾の重要港であり、湾外への廻船の出入も推定されるが、史料的な制約から明らかにすることができない。むしろここでは桑名が伊勢山越道と直結して西方に向けての中間的物資集散地という性格が濃厚であり、その意味で東西商業の結節点的性格をもつことに注目し、さらにそこに集積された米穀類が大湊を経て東海・関東方面に移出されることを推定した。

三　三河湾地域の物流構造

戦国期三河湾地域の物流事情については、これまで十分な研究が進められているとはいえない。三河国は通常、西三河と東三河に区分される。他方矢作川の左岸の岡崎、右岸の安城を中心とする地域が西三河である。ここには松平氏が岡崎中心に成長し、豊川流域とその河口に発達した牟呂・吉田(豊橋)を中心に展開した東三河には今川氏の勢力が伸びていた。

まず西三河について見ると、矢作川の河道は今、西尾市の北から西側にまわって平坂を過ぎ三河湾（知多湾）に注いでいるが、かつては西尾市の東側を流下して吉良吉田の西側で海に達していた。この新旧河道にはさまれた矢作川デルタ地帯や安城を中心とする碧海郡は台地上の水不足の問題はあるにしても、概して広くひらけた平野にめぐまれている。その平野の西側、尾張との国境には、境川が北から南に向かい、その左岸、三河の側に刈谷の町を発展させつつ、細長く入りこんだ知多湾の最奥部に流入している。戦国期では刈谷と知多郡の小河を中心に水野氏が西の織田、東の松平＝徳川の間で独自の勢力を保っていた。

かつて、鎌倉時代において、三河守護職を保持していた足利氏は、矢作川流域に一族を多く分立させ大きな勢力を築いた。かれらは矢作古川の右岸にある一色、中流域の細川・仁木などに成長し、それらの地名を苗字とした。矢作川の流れはゆるやかで、江戸時代では仁木・細川より上流、矢作川と支流足助川の合流点から本流をさらにさかのぼった古鼠（西加茂郡平井）までは舟運があった。北からの交通路は、信州伊那谷の飯田に発し、陸路南西に向かい、平谷→足助を経て古鼠に達し、ここから舟で矢作川を下り平坂に達するのである。伊那谷の産米は主としてこのルートで津出しされた。戦国時代に矢作川舟運がどこまで使えたかは確認できないが、おそらくこれも近世とさしてちがわない状況があったのではないだろうか。

戦国期三河湾地域の物資流通上、米とならんで見逃せないものに木綿がある。前章でふれたように、桑名から山越えの伊勢道で近江に運ばれる商品のうちにも三河木綿がふくまれていた。その史料は永禄元（一五五八）年のものであるが、三河木綿の存在を確認できる史料にはそれよりさらに半世紀さかのぼるものがある。すなわち、「永正年中記」という興福寺大乗院の記録に、

永正七（一五一〇）年庚午年貢四月中　二百五十文両度沙汰　百八十文トル三河木棉

とあるのがそれである。三河木綿が大乗院で年貢代物として収取されたらしい。「三河木綿」という記載の仕方から見て、当時既に三河が木綿産地として一定の発展を遂げ、「三河木綿」の名が大和でも定着していたことが知られるのである。

そうした「三河木綿」の主産地は、矢作川中下流域の碧海郡・幡豆郡の平野部である。近世における三河木綿の主要な積出港が鷲塚・平坂(ともに西尾市)であったことは村瀬正章の研究によってよく知られているから、[20]そう考えて大過あるまい。天保期には両港所属の外洋船は一七隻に達していた。[21]しかもその繁栄は遠く室町時代前期にまでさかのぼると考えられる。応永十六(一四〇九)年の「熊野参詣良尊法印引導之檀那在所事」に書き上げられた「三河国分」のうちには「吉浜郷」「大浜郷」「高浜郷」が見出される。この文書は熊野那智社の「檀那」の引導権を良尊が「宰相律師良実」なる人物に譲与した譲状である。[22]そこに挙示されている檀那所在地は必ずしも港津とは限らないが、他の多くの事例から見ても、交通要地・都市的性格をもつ場所がその中心となっている。その点で大浜・高浜は既に室町前期において港津都市的性格を示しつつあったといって差支ない。

この点は大浜の場合、いっそう具体的に知ることができる。大浜は今日碧南市に属するが、刈谷の外港としての位置をもち、ここに所在する時宗寺院称名寺(大浜道場)は、中世後期この地を支配した和田氏、松平氏の発給文書類を所蔵している。[23]和田氏は畠山国清の子宗基より発し、満平―持平―政平―親平とつづく室町将軍の奉公衆であった。当地を荘域とする志貴荘の地頭職をもち、称名寺を菩提寺とした。「満」「持」「政」は歴代足利将軍より代々偏諱を受けていたことを示している。

そうした事情で、すでに康暦二(一三八〇)年に、和田道弘(宗基の法名)は、「大浜御道場西浜地子」を称名寺に寄進しているが、応永二十八年の次の和田政平寄進状はとくに注目される。

大浜御道場寄進事

一敷地事
一白紙取事
一船問料大舟小船事
一西浜地子事
一材木船公事
一惣材木事
右任先祖代〻寄進状趣、御知行不可有相違候、於子〻孫〻不可背此旨、仍為後日重寄進状如件、
応永廿八年十月十一日　　　　　　　　　　政　　平（花押）

そしてこの寄進文言にいうとおり、「先祖代〻」即ち道弘につづく満平・持平の寄進状も残っている。政平の寄進状もそれらを引きついだものであるが、政平以前のものは「大浜道場西浜敷地」とだけ示されており、政平の寄進状のような六項目が明示されているわけではない。おそらくそこには初代道弘（宗基）の頃からこの四代、ほぼ半世紀の間の事情の変化が反映されているであろう。

寄進状第一項の「敷地」は大浜の台地上に建てられた称名寺の境内である。寺の西側は直接知多湾に面しており、台地下がまさしく第四項のいう「西浜」（道弘寄進状）である。「西浜」は「地子」をとることのできる土地で、二代満平の康応元（一三八九）年六月二十四日の寄進状では「西浜」の部分は「宮後八丁分」と記されている。ここが「塩浜」として利用され、塩浜地子を生んだのか、あるいは港津機能とかかわっていたのか正確な事情ははっきりしない。おそらく両方の機能があったであろう。

第二項の「白紙取」は地子としての米の収取のことであろう。その賦課対象地が前項の「西浜」の内か外かもこれ

だけでは確定しにくいが、正長元(一四二八)年の親平寄進状には、白紙取五丁八段とある。第三項の「船問料大舟小船事」はもっとも重要である。これによれば、大浜には小型船ばかりでなく大船も出入し、ここで問料が徴収されていたのである。「船問料」は本来は、大浜に着いた船の入津料と下ろし荷・積み荷に対する問丸の手数料・入津料といった性質のものであろうが、称名寺が西浜を支配したところから称名寺がその収取権を掌握していたと見られる。入津料は、伊勢三河湾の諸港津でも広くその地の領主ないし「大湊公界」のような組織によって徴集されている。大浜の場合、大湊の「公界」に当る徴収機能を称名寺の支配する問丸が果したのである。大小の船が入港し、荷物の積み下しや取引が広く行なわれるとすれば、問丸はなくてはならないものである。

第五項・第六項の「材木船公事」「惣材木事」は大浜港に入る材木を積んだ船から徴収する関料的性質の賦課である。「惣材木」はやはり当港で陸揚される材木類への賦課と思われる。三河と熊野との間に鎌倉時代以来海上往来のあったことは知られているから、この場合も良材の得られる熊野からの移入材や矢作川・豊川さらには木曽三川等から津下しされ廻送されたものもあったかも知れない。またそれらが当地域の諸作業にかかわるものなのか、あるいは製塩・窯業の燃料木を主としたのか、なども検討の余地がある。中・近世を通じて製塩・窯業のための燃料木が伊勢・熊野方面から運ばれていたことは確実なので、その可能性がもっとも大きい。

以上のように、大浜は、和田氏の称名寺への寄進状を通じて十五世紀の段階ですでに港津として繁栄し、大小船の入津と問丸の存在が知られるのであるが、十六世紀に入ると、和田氏は衰退し松平氏が力を及ぼすようになる。永正六(一五〇九)年には、従来の和田氏の寄進状に代る松平信忠(家康の曾祖父)の「為大浜称名寺領陸町井地子」の寄進状がそれを示している。以後清康―広忠―元(家)康と、松平氏は西三河に勢力を伸ばしてゆくのである。信長が木曽三川流域の生産力と桑名を掌握していったのに対し、家康は矢作川流域の生産力と大浜の掌握を目指していたといえる。松平元(家)康は、永禄二(一五五九)年、「大浜惣寺領」を「新寄進」するとともに(24)永禄五年には平坂寺(無量寿寺)に対し寺内不入の禁制を発給している。[25] 平坂は大浜とならぶ西三河の要港であるから、これらは今川義元の敗死(永禄三年)、三河一向一揆(永禄六年)とからむ政治的安定をねらった家康の政策といえるが、別の面からいえば、それこそこの地域の政治的・経済的重要性を示唆するものである。

この点とかかわってさらに想起されるのは、一向宗の信仰が商人・手工業者・水陸の交通関係者などのあいだにとりわけ広く浸透していたという事実である。[26] そのことは本願寺─一向一揆の拠点が、石山(大坂)・近江堅田・伊勢長島など交通の要地にあったことからも容易に首肯できるところである。三河一向宗の中核寺院で、永禄六(一五六三)年の一向一揆の先頭に立った野寺の本証寺、佐々木の上宮寺、針崎の勝鬘寺はいずれも矢作川中下流の川沿いに立地している。河口の鷲塚からさかのぼる舟運の通ずる場所である。『参州一向宗乱記』によれば、三河一向一揆の発端とかかわる鳥井浄心は野寺の本証寺境内に住み、「農商を業とする富裕の者」であった。また「浄心元来武士の余習有者」でもあったという。[27] すなわち在地土豪的な侍で農業経営者であると同時に、矢作川舟運を利用して商業活動も行なう人物だったのである。

一向宗の三河三ヵ寺がこのように矢作川沿いの、もっとも豊かで商業・交通の発達した地域を中心に展開したことは重要である。野寺は現在の安城市、佐々木・針崎は岡崎市に属し、家康の膝もと地域であったから、家康にとって、三河の領国支配体制を安定させるためには、この一揆をおさえこみ、碧海・幡豆郡の生産力と商業交通を掌握することが不可欠であったのである。幡豆郡荻原村(現吉良町・矢作古川河口部)には江戸時代地主・在郷商人として、藍玉・木綿・干鰯・酒などを手広く扱った糟谷氏が居り、[28] 天明三(一七八三)年には、江戸大伝馬町木綿問屋から三州木綿買次問屋の地位を認められている。その糟谷氏の初代重賢が天文年間の人物であったと伝えられていることは、戦国期がそのような在地商人の登場期であり、かれらの活動舞台が海上交通と河川舟運の結節点である河口港津であったことを物語っている。

同じような事情は東三河の豊川流域についてもいえる。現在の豊橋市に当る吉田は豊川河口に面し、西三河の大浜などとならぶ、三河の中心的港津である。豊川の舟運は近世では東三河平野の東北部に位置する新城《しんしろ》まで通じ、そこから奥は馬背運送によって伊那に通じていた(29)。伊那谷の米をはじめとする諸物産は前記の矢作川ルートかこの豊川ルートによって三河湾に津出しされ、逆に塩等が内陸に運ばれた。このことから推せば戦国期での新城までの舟運は十分ありえたのではなかろうか。

この豊川河口部の水上交通支配については次の文書が示唆的である(30)。

参河国知行分之事

一所伊奈

一所蔵芝(前)湊并湊役東初(西)南北傍示如前々

一所渡津平井村船役

右年来任令為知行之旨所充行候也、此上於抽忠節者、重可加扶助者也、仍如件、

天文十七

二月十五日　　義　元(在判)

本田縫殿助殿

天文十七(一五四八)年当時、東三河を制していたのは今川氏である。ここで義元から知行宛行を受けている本田縫殿助については明らかでないが、明応六(一四九七)年十一月二十一日の日付をもつ伊奈八幡宮鐘銘に檀那として姿を見せる隼人佐泰次が伊奈本田氏の祖と伝えられる(31)。おそらくここを本拠とする在地土豪であろう。

右の義元の知行宛行状に見える「蔵芝(前)湊」は豊川河口右岸に位置する港津である。伊奈に隣接する場所であるから、本田氏はこの頃力を増し、前芝湊をその支配下におき、入港する船から湊役＝入津料を徴収する権利をもち、これが

今川氏から安堵されているのである。前芝湊は豊川河口左岸の牟呂とともに、東三河の中心的港津機能を担っていた。

また「一所渡津平井村」とあるのは、設楽郡右岸の平井で、現在は新城市に属している。天文二十四年正月晦日付で今川義元が桜井寺(額田町)に宛てた文書に「参河国設楽郡平居領之内井在ㇾ所ㇾ従前ㇾ引来白山先達之事、縦千手院其外自余之輩雖企競望、従前ㇾ引来之上者永不可有相違事」とある。[32]その意味は、桜井寺が平居領の白山先達の役をもっており、他の競望者が現れたが義元から安堵されたということであろう。平居領には白山信仰の道者(信者)が存在していたのである。熊野にせよ伊勢にせよ道者の分布密度が高いのは交易・交通の要地であるから、平居領もこれに似た性格があったにちがいない。その点を念頭におくと、本田縫殿助の知行として宛行われた地の一つに「一所渡津平井村船役」とあるのも見逃せない。「渡津」「船役」というから、この平井が豊川の渡河地点であり、渡船業者から「船役」を徴収する権利が本田氏に属していたのである。

この時点で渡船の船役が認められるということは、相当の人数・荷物の通行がなくては考えられない。平井は遠江三ヵ日方面から豊川を越えて西方に通ずる通路に当っていたのである。しかもそればかりでなく、この平井が前芝・牟呂の河口港から溯行してきた豊川舟運の終点であったかと思われる。してみると、本田縫殿助は、豊川舟運を支配する地位にあった武士であるとともに、入港料・船役等の徴収権を認められていたのであり、さらに実際には自ら豊川河口をおさえ、流域物資の流通に直接かかわっていたにちがいない。戦国期の物資流通は、すでに商品化された年貢米や一般物資の流通を中心とするものとなっていたが、その流通を掌握支配するものは、在地の領主的豪族であり、かれらが同時に商人であったところにその特徴がある。

以上、矢作川・豊川の河川舟運と結合した三河湾諸港津の在り方は、戦国期において発達した細密な舟運網＝物資流通網の一端と、その掌握をめぐる大名・領主の動向を示すものである。

四　伊勢・三河湾の中核的流通拠点

初めに問題設定的意味でふれたように、秀吉は小田原攻めのとき、陸海およそ二〇万という大軍の兵糧・馬糧の主要部分を伊勢・三河湾から東海方面にかけての地域で調達したと考えられる。

それを可能にしたのは、これまで見てきたように、尾張・三河を始めとする当地域の高い生産力とともに、河川・海上の結合した物資流通網の発達であった。秀吉の必要とする莫大な諸物資は各河川の河口に位置する港津におろされ、そこを掌握する武士的豪族的商人によって集荷されたのである。

しかし、それらの諸物資は、津下ろしされた個々の諸港津から随時個別に小田原方面に送られるという形はとらなかったと思われる。東方への大量輸送は、いかに沿岸近くを通航するとはいえ、外洋航行であるから、船は小型船では危険が大きいし、航路上の独自の知識が必要であった。

この点を考慮すると、伊勢・三河湾の諸物資はいったん津下しされた諸港から、伊勢・三河湾地域の中の中心港に集積され、そこから中・大型の廻船に積みかえられて東方に送られたであろう。

では伊勢・三河湾地域のそうした意味での中心的集積・積出し港はどこか。その点では、中世前期以来、湾内「小廻船」によって、湾内諸港から伊勢大湊に運ばれた物資が、「関東渡海神(廻)船」によって東国に送られるという、伊勢大湊の特権的廻船＝物流ルートが、やはりもっとも重要な役割を果したであろう。

伊勢神宮関係の記録「一禰宜氏経記」によれば、(33) 十五世紀後半、応仁・文明の頃から「新警固」とよぶ海関、すなわち伊勢湾西岸諸港津に出入りする小廻船に対する守護・国人等の入津料徴収が激増したため、小廻船の航行に支障が生じ、神宮の神役徴収ができないという事態が拡大した。それは別の面からいえば伊勢・三河湾を往来する小廻船がいかに急増したかを示唆するものでもある。「氏経記」の示すところでも「桑名廻船」「三河辺尾張方廻船」「他国廻船」などの多数の小型廻船の航行が知られる。雲出川河口の矢野崎以北をさす「上之浦」だけでも「新けいご(警固)の事、此春は既及卅ヶ所出来候」(文明十七〔一四八五〕年)という状況で、「さ候間、廻舟悉留候つる程ニ、本けいご方まで所務無足候」という事態に立ち至った。「本けいご」は、従来からの守護の収取する海関税であり、「新けいご」は在地の国人土豪層の新たな収取対象となったものである。応仁の乱を契機に幕府体制が動揺すると、国人土豪層の私的な海関税徴収が爆発的に行なわれだしたのであるが、その前提には伊勢湾岸がすでに活発な物資流通の場であったということがある。

別稿で見たところであるが[34]、永禄八(一五六五)年の大湊における「船々聚銭帳」によると、同年十一月から十二月にかけてのわずか一ヵ月足らずの間に大湊に入った船は、知多側では大野・常滑・野間・内海・師崎、それに篠島船があり、さらに宮(熱田)の船もあった。伊勢側では桑名・四日市・脇庭・白子・川崎・一色・浜田・南浜・簗地船があり、志摩の浦々、熊野の尾鷲などの船も入っている。天正十八(一五九〇)年の「南北勢神領取之日記」によれば[35]、内宮の伊勢国所在神領の代官で御師を兼ねる荒木田(藤波)治部少輔氏親は、十一月十四日山田を出発し、松坂・亀山・神戸・小田・庄野・和田・稲生・秋永・昼生・高野尾など現在の鈴鹿市・津市近在を巡回し、各地でかつお・麻などの配り物を行なうとともに、「初」(初穂)の米などをとり立て、それら物資を白子に送り、ここから宇治へ海上を廻送させている。

こうした伊勢・三河湾内の小廻船ネットワークの結節点はやはり大湊であったと思われる。もとより伊勢湾内では桑名・四日市・安濃津なども重要港津であった。また三河湾では大浜・高浜なども考慮されなくてはならない。しかし「関東渡海」という遠距離を結ぶ概して大型の廻船は、東海・関東地方の御厨年貢の輸送業務から出発し、伊勢神宮の権威を背景に、漸次特権的商業廻船に飛躍する中で、大湊がおのずからその中心となり、さらに織田氏に接近することによって海上の通航権についても力を発揮するようになったのではないか。その点について明証を示すことはできないが、小田原城が永禄三(一五六〇)年長尾景虎に包囲されたとき、兵糧の提供を「伊勢廻船中、問屋中」に申し入れた北条氏朱印状が大湊支所文書群中に伝来していること、また天正元(一五七三)年信長が「関東に所用有り」「大船壱艘の差遣」を必要としたときにも「大湊廻船中」に命じていることなどは、[36] 戦国期においても「関東渡海」が大湊廻船の優位を示唆するものである。

この点はまた大湊・神宮と海上豪族九鬼氏等との結びつきの問題とも深くかかわっていそうである。九鬼氏はもと もと熊野に近い尾鷲出身であったが、南北朝期以降志摩に進出し、鳥羽の泊浦を本拠として大きく力を伸ばした水軍勢力であった。「一禰宜氏経記」によると、[37] 文明十三(一四八一)年二月十日、氏経は「泊殿(九鬼治隆)・浦殿(麻生浦・和田隆実)」に宛てて以下のように申し送った。

すなわち、「当国上浦新警固」が簇生し、諸廻船の通航が困難になっている内宮も、また諸島諸浦もこれの停廃を求めているが事態は好転しない。そこで「神宮代官之事可然方へ申合候之処、答志之龍泉寺被越、御両所(泊・浦氏)之儀承候之間、先以神宮へ直に可致神役之由申合候、殊諸廻舟中繁昌候者、其方可致諸役候之間、加様之儀一礼可承候之処、無之儀候、其上御百姓等緩怠候之間、一段可致其沙汰心中候、堅可有御成敗之由内〻承候、御神忠之儀可然候之間、先〻同心申候」というのである。

本文書は、「土代」(下書き)のためもあり、文意をとりにくいところもあるが、内宮側は「新警固」の濫立を理由に神役をつとめない廻船が急増している事態を打開するため、「神宮代官」の選任を検討していたところ答志島の龍泉寺から泊・浦氏が推薦された、両氏も神役徴収、「百姓緩怠」の「成敗」を堅く「沙汰」する覚悟だといっている、「神忠」の志を認め、両氏を代官に補任することに同意した、という程のことであろう。

これに対し、三日後の二月十三日泊(九鬼)治隆から、二月十四日には和田隆実から「本望之至り」という主旨の返書が一禰宜氏経に送られており、両者の合意が成立したと見られる。[38] 双方の書状書き出しには「雖未申通候」とあるので、この時、内宮と泊(九鬼)・和田氏は初めて交渉をもったのである。「新警固」の濫立によって神役をつとめる小廻船の支配が困難となったため、内宮側は伝統を破って、新興水軍で至近距離の鳥羽を本拠とする豪族九鬼氏等を代官に任用することで、廻船の統制・神役徴収の回復をはかったと思われる。

九鬼氏はこの頃から戦国期にかけて、伊勢国司北畠氏に属し、後に信長、秀吉に従ったことはよく知られている。内宮代官職という立場がどの程度両者の結合関係を強め、また持続したかは分からない。しかし信長の時代、石山本願寺との戦いの折、毛利水軍に悩まされた信長が九鬼水軍によって勝利への道を打開したこと、その九鬼水軍の主力をなした大型の安宅船が、大湊で建造されたことなどを念頭におけば、九鬼氏が大湊に対して親近関係を持続していただろうことは疑いない。

こう見ると、大湊の廻船をもっぱら商業的廻船という側面からだけとらえることは適切でないことになる。大湊が「公界」とよぶ廻船・問屋中の共同組織をもち、一定の自律的・自治的性格を保持していたことは事実である。しかし、それは周辺の海賊的水軍や領主勢力と対立して独自の非軍事的・平和的性格に徹していたことをただちに意味するものではない。むしろそれら海賊的水軍と結びつくことによって「渡海廻船」の特権を確保してきたと見た方が事実に近いであろう。中世港津とそこに拠る商人の性格を一面的に「平和」的で「自由」なものとすることは現実認識としては適切でないと思われる。

天正十八(一五九〇)年、秀吉の小田原攻めの時、海上から小田原封鎖の主力となったのは、「海賊衆」の九鬼嘉隆(志摩鳥羽)・脇坂安治(淡路洲本)・加藤嘉明(淡路志知)・長宗我部元親(土佐岡豊)および「家康海賊衆」の間宮・小浜等で、総勢二万余といわれる。[39] 九鬼は脇坂水軍と共に先手をつとめた。脇坂水軍は天正十八年一月二十五日遠江の今切湊に着き、ついで二月二十七日清水に着船。[40] ここで九鬼嘉隆と相談、順風を待って伊豆沿岸に進入するという段取りを定めた。前掲「大湊由緒書」には「権現様御上意」により家康の海賊衆小浜与惣次郎の指揮下に大湊で大船三○○艘をととのえ、相州表に差し廻したとあるが、これは江戸期の記述である。実際は、すべてが徳川水軍小浜氏の支配下にあったとは信じられない。脇坂安治の今切からの報告、それを受けた秀吉の指示というもっとも信頼できる史料によれば、やはり秀吉に属する脇坂と九鬼の水軍が中心となっていたと見なくてはならない。

ただ「大湊由緒書」という相州表に発遣された三○○艘は、兵糧・武器等を積載した廻船であって、九鬼等が直接率いる水軍とがまったく一体だったとは思われないが、大量の物資輸送船団と九鬼等の水軍とがすべて別個の船舶構造・機能をもち、別個の行動をとったわけでもあるまい。九鬼水軍と大湊廻船との従来からの関係から推せば、両者の行動には緊密な連繋があったはずである。

小田原城包囲もいよいよ大詰に近づいた天正十八（一五九〇）年六月、加藤清正に宛てた榊原康政の書状とされるものによると、秀吉軍の陣営は「従日本国商人集来候、国ヽ名物、津ヽ浦ヽ之魚肴、唐土高麗之珍物、京境（堺）之絹布、一而無不売買、京田舎遊女烈（列）棟掛小屋、小屋之門前成市、扨又御兵粮ハ千石二千石之大船一万余艘連送（マヽ）之、無絶間候」という活況を呈していたという。この文書は早く相田二郎が指摘したとおり明白な偽文書であるが[41]、長期の包囲戦を策とする秀吉側の陣営に、多数の商人が各地から集まり、物資の売りこみを計った事実を反映している。伊勢・尾張・三河の商人たちが中でもその中心にあったことも疑いない。大湊商人は戦国期を通じて江尻（清水）・沼津・小田原・品川などの東海・関東の港津都市には広く活動しており、小田原に進出していた伊勢・上方商人も多かった。伊勢松坂に接する射和出身の富山氏は天正十三年には小田原に進出し、落城後江戸に移るまで当地在住商人として活動した[42]。さらに『多聞院日記』によれば、奈良商人で長期小田原に下って営業活動する紙商人があったし、山科言継の駿府遊覧の折には、これに随行した下京の商人もあった[43]。

秀吉が小田原に向けて空前の大軍を動かしえた背景には、本稿で見てきたような流通網による軍需物資の調達に加えて、それ以前から展開してきた伊勢湾地域の商人、さらには上方商人等の小田原進出という事実があることも見逃してはならない。さらに秀吉方の軍勢には、東海道と海上ばかりでなく、前田氏等の北陸道からの軍団もあったわけで、それらへの物資供給までをふくめて考えれば、さきに私が指摘した永楽銭を基準通貨とする東国流通圏[(44)]ともいうべきものと、それを可能にする中核的流通拠点の在り方を、さらに具体化してみることの必要がいっそう痛感されるのである。

(1) 前者は、日本福祉大学知多半島総合研究所『知多半島の歴史と現在』4、一九九二年、後者は同誌5、一九九三年、本書第Ⅱ部第一、第二。
(2) (天正十八年)卯月四日豊臣秀吉朱印状写(「本願寺文書」)。
(3) 「碩田叢史」所収。この「叢史」原本は大分県立図書館所蔵。なおこの文書内容とほとんど同じものが小瀬甫菴『太閤記』(新訂増補『史籍集覧』23所収)巻一二に収載されている。
この文書の発給日は十月十日であるが、北条の上州名胡桃城奪取によって秀吉との間が決定的「手切れ」となったのは十月末であった。従って「手切れ」以前に兵糧調達令が出されたことにも疑問の余地がないとはいえない。しかし秀吉としてはすでに決裂を見とおしていたことは確実であろうから、そう見れば、敵方へのデモンストレート効果をねらってはやばやこの「条々」を流布させた可能性もある。
(4) (天正十八年)正月八日秀吉朱印状写(「長国寺殿御事蹟稿巻八」)。
(5) 綿貫友子「尾張・参河と中世海運」(『知多半島の歴史と現在』5、一九九三年)。
(6) (天正二年)六月五日、織田信長朱印状(慶應義塾図書館所蔵、奥野高広『織田信長文書の研究』上、一九六九年、四五四号)。
(7) (年欠)五月二十六日、泉沢久秀書状(『新潟県史』資料編五、中世三、三四六九号)。
(8) (永禄元)十月二十八日、保内商人惣分申状案(仲村研編『今堀日吉神社文書集成』二〇四号)。
(9) 応永三十年八月四日(尾張守護代織田)常竹書状に「円覚寺末寺正続院材木、今度洪水、当国犬山内続鹿尾寺流留云々、任

奉書之旨、寺家材木奉行方へ可被返渡之由候也」とあり（『円覚寺文書』二、三三八号）、また、（応永三十一カ）五月八日、一色義範書状に「円覚寺正続院造営材木事、当国桑名より海上を被下候、上様より鹿薗（苑）寺をもて被仰出候（下略）」とある（同二の三三九号）。綿貫友子「尾張・三河と中世海運」（『知多半島の歴史と現在』5）を参照。

（10）（永禄元）十一月十七日保内商人中申状案『今堀日吉神社文書集成』一四〇号。

（11）応仁三年三月十二日、室町幕府奉行人奉書案に「自美濃大屋田上洛上荷商人」（『今堀日吉神社文書集成』一八二号）、天文二十一年十二月四日、室町幕府奉行人連署奉書（同前、一八四号）に「美濃紙座人申従江州枝村郷東上美濃紙事」など見える。その他、二〇四号まで関連。

（12）永禄三年十一月九日、保内商人申状案、「於伊勢道木綿真綿保内へ取候条々」（同前、一三九号）。

（13）（年欠）十月十六日、千草有吉書状、同前、一八〇号。

（14）注（12）所引文書には、「去天文十九年候也、八風道相谷坂頭と申関屋にて木綿荷取候人□（数事）」とある。

（15）大乗院の「永正年中記」（永正七年＝一五一〇）に「三川木綿」が見られる。これが管見では「三河木綿」初見である。

（16）永禄六年十二月日、織田信長制札（前掲『織田信長文書の研究』四三号）。

（17）『今堀日吉神社文書集成』一二七〜一三五号は塩荷関連文書である。

（18）天文二十一年十月十二日、織田信長判物写（前掲『織田信長文書の研究』六号）。

（19）永原慶二「熊野伊勢商人と中世の東国」（同『室町戦国の社会』吉川弘文館、一九九二年）。

（20）村瀬正章『近世伊勢湾海運史の研究』法政大学出版局、一九八〇年、四五頁。

（21）西尾市内春日神社所蔵絵馬。

（22）応永十六年正月十一日、旦那在所注文写（『熊野那智大社文書一、米良文書一』一二八号）。

（23）原本は同寺に所蔵されているが、碧南市教育委員会刊（一九八八）『碧南市文化財第七集・称名寺の文化財』がその写真版としてある。

（24）永禄二年十一月二十八日、長田与助・同喜八郎宛松平元康判物（称名寺文書）。これによると「大浜郷両熊野領、元康代仁雖落置之、只今令寄進畢」とあり、大浜郷に熊野領があったことが分かる。

(25) 永禄五年四月十八日、無量寿寺宛、松平元康禁制写(「無量寿寺文書」岩瀬文庫所蔵「参州古文書」)。
(26) 井上鋭夫・藤木久志の一向一揆に関する諸著作がこの点を重視している。
(27) 『参州一向宗乱記』(日本思想大系『蓮如 一向一揆』岩波書店、一九七二年)。
(28) 糟谷氏については、村瀬正章、前掲書一七〇頁以下参照。
(29) 豊川舟運についても村瀬正章前掲書に言及がある。
(30) 天文十七年二月十五日、本田縫殿助宛、今川義元知行宛状写(「三州古文書」『豊橋市史』中世文書編三五号)。
(31) 明応六年十一月二十一日、伊奈八幡宮鐘銘(『古鐘銘集成』)。
(32) 天文二十四年正月晦日、桜井寺宛今川義元安堵状(『豊橋市史』五、所収)。
(33) (年欠)十一月六日、外宮一禰宜度会朝敦書状案(「一禰宜氏経記」)など。
(34) 永原慶二、注(1)前掲論文。
(35) 稲本紀昭「『天正十八年同二十年南北勢神領取立日記』について」(京都女子大学『史窓』51、一九九三年)。
(36) 永原慶二、注(1)前掲論文。
(37) (文明十三)二月十日、内宮一禰宜荒木田氏経書状土代(「一禰宜氏経記」)。
(38) (文明十三)二月十三日、泊治隆書状案、同二月十四日、和田隆実事状案(「一禰宜氏経記」)。
(39) 天正十八年六月日「松平義行所蔵文書」。
(40) 天正十八年二月晦日および同三月四日、秀吉朱印状(「脇坂文書」)。
(41) 天正十八年六月、加藤清正宛榊原康政書状(「松平義行所蔵文書」『神奈川県史』中世史料編九八一〇号)。本文書は相田二郎によって偽文書と指摘されている(同『小田原合戦』一九三八年、に発表)。
(42) 「富山氏系図」(永原慶二、前掲「伊勢商人と永楽銭基準通貨圏」)。
(43) 永原慶二「戦国期の都市小田原」(『戦国史研究』二八、一九九四年)。
(44) 永原慶二、注(1)前掲論文。

第四　戦国織豊期日本海海運の構造

はじめに

この稿では、ほぼ十六世紀、すなわち戦国織豊期の主として北陸地域日本海海運の在り方を、内陸輸送とかかわらせつつ検討する。近年海運史研究は活況を呈しているが、これを内陸輸送と一体的にとらえ、その時代の市場・流通構造の特質と切り離さない形で問題を追求する姿勢は必ずしも十分でない。たとえば、敦賀・小浜のような日本海側の中心港に津軽十三湊の大船が鎌倉時代以来来航していたとか、中国船・朝鮮船の日本海沿岸港津への来航がひんぱんであったとかいう指摘は近年しばしばくりかえされている。たしかにそれはそれとして注目に値する事実であるが、そうした事実を全体からぬき出して一面的に強調するのでなく、対象とする時代の物流・市場構造の中にそれを位置づけて追求してゆかないかぎり、その歴史的性格を見きわめることはむつかしい。

本稿はそうした研究状況への反省をふまえ、市場構造論的な観点から戦国織豊期の日本海海運を、主として北陸地域にしぼって検討したいと考える。その際、交通・運輸の在り方とその担い手としての商人の問題のみにとどまらず、それらをとりまく大名権力およびその政策の問題をも視野に入れてゆくべきことはいうまでもない。また同時に、本書第Ⅱ部第一～第三論文で考察したほぼ同じ時期の伊勢・東海地域の市場・海運構造との対比も本稿の一つの課題である。

一　戦国織豊期北陸の廻船と市場

戦国織豊期の北陸海運の在り方を考えようとすれば、まず敦賀・小浜・三国湊のような有力港津と、浦・浜などとよばれる数多くの小さな船泊りとの複合構造に注目することが一つの接近法といえるだろう。

もちろんどれが主要港津で、どれが浦などとよばれる小港津か、その分別はあくまで相対的なものにすぎない。しかし前者は、畿内市場への門戸としての性質をもつ敦賀・小浜はもとよりその他たとえば越前の三国湊、越中の放生津、越後の直江津・柏崎などを見ればすぐ分かるように、十六世紀ではいずれも既に相当な都市的発展をとげている。

その都市的発展を可能にした理由は第一には地理的事情である。敦賀・小浜は畿内市場への門戸として、枢要の立地条件を保持していたばかりでなく、地形的に日本海の荒波を避けやすい袋状の入海に恵まれていた。三国湊は九頭竜川という大河の河口に位置し、一般に本格的な港湾施設をもたない当時としては、船舶が河口内に入って停船ないし着岸しやすいという好条件に恵まれていた。新潟・蒲原・沼垂の三津も信濃川・阿賀野川河口に相接して立地、発展した。このように中世の有力港津の多くは湾入に恵まれた地形か大河川の河口で後背内陸との連繋のよい地点に成立した。それは河川による内陸輸送の終点・起点という面と、船舶の安全な停泊・着岸という点で他に代ることのできない好条件を備えていたのである。

そうした主要港津には、商人としての廻船業者が問屋兼営の形で成長していた。敦賀では河野屋座と川舟座という廻船業者の座が結成され、高島屋・道川（どうのかわ）のような有力商人が活躍した。廻船業者は戦国期では船の所有は別としても船頭が自から積載物資の販売や寄港先での物資買入れ権限ももち、航路・寄港地も自から選定するという形を主としていた。その点で、操船者＝船頭と商人と船主とが分離し、運賃積を中心とする近世・近代の海運業と

中れうし（漁師）船

浦名	6人乗	5人乗	4人乗	3人乗	2人乗	1人乗	計
しつみ浦				2	3		5
たからす		1	4	3	5	21	34
西小川浦				1	3	3	7
賀尾浦					5	1	6
とまり			7			8	15
勝海浦			1				1
仏谷				1		1	2
竹原	7		1	11		2	21
計	46		124		106		276
大飯郡							
高浜	25		22	9	11	26	93
日引				1	4	5	10
うわせ浦				1	4	2	7
かうノ浦						4	4
音海浦				1	4	21	26
ふくろい浦				4	1	4	9
犬見						8	8
大しまの内西村分	2		1	1	1	1	6
〃 川村分	2				1	2	5
〃 ひかし村	3			3	1	4	11
本郷	3						3
長井					1		1
おこつ					1		1
にしせい				1			1
ひかしせい				1			1
計	35		45		106		186
総計	117		243		401		761

は明確な相違があった。

そうした廻船によって主要港津間を結ぶ船舶としてこの時代にもっとも広く用いられたのは、ハガセ（「羽賀瀬」また「羽風」とも）と呼ばれた「六枚櫂」[1]の中型船であった。小浜の「桑村文書」の中に慶長七（一六〇二）年六月十六日付の「国中浦ゝれうし船」の書上があるが、[2]それによると、「小浜分」は計五十五艘、うち六人乗り十二艘、五人乗り八艘、四人乗り二〇艘、残りはそれ以下の小型船であった（別表）。この書上で六人乗りの船についてはしばしば「ハガセ」という注が記されているので、[3]「六枚櫂」といわれ

表Ⅱ-4-1　慶長7年若狭国

浦名	6人乗	5人乗	4人乗	3人乗	2人乗	1人乗	計
三方郡							
世久見浦				7	5	8	20
塩坂越郷	2	1	1	4	4	5	17
遊子郷					4	4	8
おかわ浦			5	8	16	22	51
みこ	2	1	1	3	3	3	13
常神	8		2	15	7	13	45
日向浦	4		3			14	21
はやせ浦	13			12	11	5	41
松原					1		1
わた				1		9	10
坂尻						9	9
すか浜浦						2	2
竹浪浦						2	2
丹生浦	7		1	4	6	10	28
(水海)鳥浜					7	7	14
うみ山				3	4	4	11
た井せくつ				1	4		5
久ゝ子内水海				1			1
計	36		74		189		299
遠敷郡							
小浜分	12	8	20	8		7	55
小松原	15	(うち7人乗1)	4	27	3	1	50
西津	5		4		1	1	11
甲崎	7	1	8	4		7	27
安(阿)野浦			2	3	5	3	13
井(犬)熊浦					3	4	7
矢代			1	2	3	16	22

るものが六人乗り「ハガセ」船であることは確実である。

この書上は「れうし(漁師)船」とあるように漁船調査を目的としたらしく見られる。たしかに「いわしあみ」「あわび船」などの注記もあるところからすればそれはひとまず首肯される。しかし他方、六〜四人乗りの中型船については「あきない舟」という注記が少なくない。(4) それは近距離の浦伝いに魚介類を売る小船と解されないこともないが、「三国や」「大もしや」「たんはや」などの屋号をもつものも少なくなく、小浜分には「くみや」(組屋)の名も見られることからすれば、やはり沿岸廻船業に従事する船もふくめて記載されていると見た方がよいことはたしかである。「浦〻れうし船」といっても大型の「北国船」を除けば、「ハガセ」程度の中型船は、浦船としてとくに「漁師船」と区別されず調査の対象とされたのだと思われる。

三国湊の廻船問屋「森田家文書」の中に、

越前三国之守（森）田弥五右衛門六枚かいのふね壱艘佐州中かい役赦免候者也、仍如件、

慶長十三年

七月五日　　石　見（花押、上に黒印押捺）

という石見守＝大久保長安の判物がある。[5] 森田氏の六枚櫂船一艘が佐渡中を無役で営業してよいという許可を与えたものである。六枚櫂船＝ハガセが三国湊から佐渡に渡り浦々をめぐる営業活動をしていたことはこれによって確認でき、ハガセが漁師船とは異なる「あきない船」であったことは否定できない。

ハガセ船は船首がとがり、船底は平らで堅牢であったが、ムシロ帆による帆走の性能は低く、主として櫂走であった。しかしそのため波の荒い日本海の航行、河口への進入には好都合で、船型の小さい割りに日本海沿岸を広く活動したらしい。[6]「北国船」はハガセより大型で船首が丸いほかはハガセとほぼ基本構造が同じであったといわれるが、[7] 近世の文献には姿を見せるものの、管見の範囲では中世の史料に確認できない。おそらく中世日本海の主力廻船はやはり「ハガセ」船であったと考えられる。[8]

この推定が誤っていなければ、後の北前船などに比べ「ハガセ」級廻船一艘の積載量は必ずしも大きいとはいえず、むしろ多数のハガセが頻繁に往来するという形をとって需要をみたしていたのではないだろうか。山陰タタラ鉄の積出港として知られる出雲の宇竜津には、永禄六（一五六三）年五月二十三日付尼子義久袖判文書に「近年北国船、因州但州船就着津」とあるように、[9] 多数の他国船が入津した。宇竜津は今日もそのたたずまいをよく残しているが、湾入

した地形は大型船が多数入津できるような条件をもっていない。おそらくハガセ級のものが大部分であったのではないだろうか。この文書に見える「北国船」は記載の仕方からすると、ハガセより大型の船型を示すものでなく、北国方面から来た船ということであろう。文書にはそれにつづいて「唐船於着津者」という文言もありハガセ以外も入津していたことは事実である。しかしこの「唐船」にしてもただちに大型の外洋船を指すとは速断出来ず、朝鮮半島から当時多数来航していた類の中小型船をさしている可能性も十分にある。

三条西実隆の日記、大永三(一五二三)年八月六日の条には「粟屋右京亮状、越後舟一艘留置之由注進、先以珍重」とある。(10) 粟屋は若狭守護武田氏の重臣で、実隆がこれに依頼して苧公事を小浜で取り立てようとしていた。苧を積んだ越後船が小浜に入津していたのである。三条西家は苧公事の徴収権を朝廷から付与された特権として主張し、当時財政難の打開手段としてその取り立てに力を注いでいた。つづいて大永三年九月三日条には「若州舟十一艘著岸各留置之、右京亮(粟屋)有申旨」とある。これは若狭船が越後に赴いて苧を積み帰ったのであろう。越後特産の青苧は信濃川支流魚野川流域を主産地とし、産品は魚野川を川舟で小千谷・蔵王堂に下し、そこから陸路で柏崎に運び柏崎から海上を小浜に運んだのである。(11) おそらくここに姿を見せる「越後船」「若州船」はそうした航路を往復するハガセ型廻船であったにちがいない。

こうした事実を念頭においてもう一度前掲の「若狭れうし船注文」を見ると、同国「れうし船」総数七六一艘のうち、三方郡はやせ浦・遠敷郡小浜・小松原・大飯郡高浜が、六人乗りハガセ船をそれぞれ十艘以上保有している有力港津である。小松原は現在小浜市に属する浦で広い意味では小浜と一体のものとして位置づけられる。はやせ浦は小浜の東方に、高浜は西方にそれぞれ一定の距離をもって立地しており、結局若狭でハガセ船が多く保有されていたのは、三方郡の早瀬浦・遠敷郡の小浜・大飯郡の高浜ということになる。一郡にほぼ一つの港津が中心的な地位を占めていたわけである。この注文は慶長七年の作成であるから、戦国期の状況を推定するにもさして不都合な史料ではないといえる。

しかし、この若狭一国の「れうし船注文」を、六人乗りはハガセ型廻船、それ以下のとくに三人〜一人乗り小型船は漁撈専用というふうに画然と区分してしまうことはおそらく妥当であるまい。三人〜一人乗りの小型船も漁船であると同時に、右注文に記載されているような沿岸の浦々に赴き、漁獲物の販売に当り、また主要港津に着いた他国からの荷物の一部を積み替えて浦々に運び商売していたと見られるのである。

こうした浦々を巡回する小型船は「テント船」と呼ばれていた。[12] 延宝六(一六七八)年正月四日付越前南条郡今泉村一七名連署「相定申一札事」の第一項に「一、てんとかい(櫂)役何時舟かい申とも人なみニかい役可仕事」とある。[13]「てんと」は宝永二(一七〇五)年五月日の今泉村河野浦年寄庄屋中宛「天当船中間定之事」では「他国ゟ諸商人下り荷物之分甲楽城(かぶらき)浦江積申間敷候」以下のことを申し合せているが、その商売船としてのテント船には「天当船」の文字が当てられている。また享保二(一七一七)年四月、今泉浦から巡見使に提出した明細書上には、[14]「伝渡船」の文字が使われている。「テント船」はもっとも小型で浦伝いに小規模の輸送・商売に当っていたものである。そうした性質からすれば、「天当」よりも「伝渡」の方が意味としては分かりやすいが、いまどれが正しいということはできない。今泉浦に隣接する河野浦の明治三(一八七〇)年三月の「諸職業鑑札御改メ帖」には「渡海船商売　但し松前ゟ大坂迄」の次に「伝渡船三国ゟ敦賀迄」とある。[15] これによっても伝渡船が「渡海船」とちがって近距離海上輸送を業としていたことは確かめられる。なお、つけ加えるなら、天正十(一五八二)年九月朔日、前田利家が能登鳳至郡穴水南北百姓中に宛てた判物には「南北まはり舟之事もろ橋まで材木とりに遣候間、急ぎいだすべき物也」とある。[16]「南北まはり舟」は穴水の所在する七尾湾内の近距離輸送に当っていた小型廻船で、「てんと船」とほぼ同種のものと思われる。

また文禄五(一五九六)年四月十五日の三輪藤兵衛他宛ちくせん(筑前守＝利家)判物には「すみ(炭)千俵鶴(敦)賀ま

で可相届事、しほ(塩)弐百俵つるかへ可相届事、しほ千俵宮腰まで可相届候、尾山城中へ取寄用候事」などとある。[17] 能登から敦賀や金沢に炭・塩のような生活必需物資を海上から送らせているのである。この場合、実際積載した船がハガセ船かテント船かといったことは判定できないが、沿岸廻船がキメこまかく往来していたらしいことはそこから十分読み取ることができる。

このような近距離廻船の動きは、敦賀川舟座の道川氏についても見ることができる。文亀元(一五〇一)年九月十三日付朝倉景冬の「かわふね方しほあい物の注文」とある判物は、「一、わかさたんこにてあきないの時公事銭六十二文たつへし、一、みとのくし六十二文たつへし、しさい一た(駄)につき六文たつへし、一、当うらにてあきないの時は二十二文たつへし、一、たひ(旅)ふねにつきてせんとうより六十二文たつへし」と規定している。[18] 第一項は川舟方商人が塩四十物(合物)を若狭・丹後方面に運んで商売する場合、公事銭(営業税)として六二文を出せというのである。以下各項の公事銭はすべて「一もとり(戻)の儀について儀也」と規定している。このことはこうした川船座商人の活動が一年を通じて確定連続したものでないので、公事銭を年額で定めず、「一もどり」＝一往復についてその都度徴収するように定めているのだと解せられる。「旅舟」とあるのも、毎年固定された定期廻船型営業形態をとっているのではなく、随時来航する形のものであったから「たひ(旅)ふね」と呼ぶのであろう。

以上、史料は断片的で具体像を十分に明らかにすることはできないが、中型船としてのハガセ船は相当の距離をへだてて分布する主要港津間をつなぐ廻船として、また小型のテント船は、主要港津と主要港津とのあいだに密度濃く分布する浦々・浜などをめぐって、海上輸送の端末ネットワークを形成していたということができる。もちろんハガセ船も小規模な浦々には寄港できないということではない。小船は浦々で海浜に乗り上げる形で停船することも出来たが、ハガセは浜に乗り上げず浜辺からやや離れて停止したらしい。従って荷扱いは効率が悪いが寄港そのものが不可能だったとはいえない。そこに主要港津と浦々が絶対的には区別出来ない理由もある。しかしおおよそとしては右のように、ハガセとテント船は機能的に補完し合う形で活動していたということが許されるだろう。

ところでこれまで見て来たところからも既に明らかであるが、ハガセ船とテント船の組み合わせによって成立していた戦国期北陸の日本海海運は、近世の大坂—江戸を結ぶ菱垣・樽廻船のように、固定した航路とほぼ安定した種類の積荷・荷受問屋が存在するというようなものではなかった。この点を明らかにしてくれるきわめて興味深い材料としては「時国家文書」の次の一点がある。

一筆申上候、去年御船荷物ヲ請取、敦賀にても佐州にて参《(も脱カ)》り候へとおやちさま御意候所ヲ我等以分別ヲ松前へ罷下り商内悪布仕其上昆布つめヲきらせ其上昆布干うをのこらすねすみとり申候ニ付而敦賀にてうれ不申、大津京大坂迄為御登候へハたちん・うんちん遣過分ニかゝり申候ニ付而手とりなしに罷成候、過分之銀子我ゝわきまへ申はつにて候所ニ銀子不罷成候故御世いはいに相極候所を南山殿柴草や殿久助殿次左衛門殿奉願様ゝ御わひ令申上候所ニ御ゆるし被成候儀忝奉存候、其御礼として毎年我等ニ被下候給分之田当年之御年貢米世間なみ次第ニ計可申上候、又我等の子とも四人なから御ふたい(譜代)に永代御めしつかい可被成候、何かと申儀ハ申上間敷候、其上きんへんへ御めしよせられいか様共御遣可被成候、其時一言之子細申上間敷候、仍而為後日状如件、

元和五年

二月朔日　　　　　　　　　　久　次(略押)

時国藤左衛門様参

この興味深い史料は泉雅博によって紹介された[19]。泉は時国家の廻船が北海道にまで赴き能登からは米が、北海道からは昆布・干魚がもたらされた事実に注目し、中世末近世初頭の日本海廻船の発展的側面を重視、強調する目的で使用されている。

もちろん泉のそのような指摘と評価もそれなりに理解できるが、この文書は同時に、時国廻船の活動＝営業形態の

著しい不安定さを如実に示すものとして重要である。時国藤左衛門が久次に預けて敦賀か佐渡に運んで売らせようとした「御船荷」はおそらく時国家の所有米ではなく、上級領主の年貢米で、その徴収・保管・換金を藤左衛門が請負っていたものであろう。それを久次という船頭兼商人といってもよい性格の人物に預けたのである。ところが久次は藤左衛門の指示に従わず、自分の判断で勝手にこれを北海道松前に運んだが、米売却の商売はうまくゆかず、その上現地で仕入れた昆布・干魚も敦賀でうまく売れなかった。結局大津・京都・大坂まで送って処分したが、運賃はかさみ、大きな赤字を出してしまった。久次は主人に詫びを入れ、子供四人を譜代下人として差出すことで漸く許された、というわけである。

一見して明らかなように、この廻船の活動、営業形態はいちじるしく素朴で危険にみちており、結果も惨敗であった。久次はおそらくこれ以前にも北海道松前に行ったことはあったのであろうが、十分な情報もなく、松前の荷請先もはっきりしていないままに荷を運んだとしか思われない。また帰りの荷の仕入れについても売却市場の情報や用心が十分でなかったことは明らかである。

しかしこれは、久次という人物一人の不用意でやまけの多い例外的な活動形態だったとは思われない。もちろん戦国期日本海の廻船活動がすべてこのようなものだったといえば誤りであろう。特権化した豪商を軸にハガセ・テント船の結合による密度の高い沿岸廻船活動はすでに一定の物流システムを形成していたと思われる。しかし、他方で久次のような遠隔地取引の投機的利益をねらう危険の多い一発型廻船活動がひろく存在していたことも事実であろう。しかもこの後者こそが近世のほぼ固定した航路による運賃積稼を主力とする幹線的廻船と決定的に異なる中世的廻船活動の特質なのである。近年の研究では中世前期以来の海運活動の発展面を一般的に強調する傾向が強いが、このような中世海運の一回的、冒険商人型活動の特質を見過してしまえばその実体認識はいちじるしく一面化されてしまう。中世廻船はやはり安定性を強めた幕藩制下の市場・運輸形態の成立以前のものという歴史的性格をもっている。特定の史実だけを全体から抽出することによって歴史認識が一面的でオプティミスティックなものに陥る危険ないし歪曲をさけようとすれば、中世海運のこうした不安定な側面への注目が欠かせないのではないだろうか。

そうした不安定で流動的な廻船活動は、越前南条郡河野浦、今泉浦の場合においても認められる。この両浦は今日越前海岸の名で知られる断崖海岸線の南端部、敦賀寄りの所に立地している。両浦は海岸の小村として隣接していたが、ここから越前国衙の所在地である武生へは、「西街道」が通じ、両浦ならびに内陸部(いわゆる「山内」)村々の人びとの馬借活動によって、陸送が発達していた。そのため、今泉・河野浦は、内陸への物資陸揚、またその帰り荷の積出し港として室町・戦国期に賑わっていた。永正五(一五〇八)年十一月二十四日付の「浦山内馬借中定書写」には①「一、しほ・くれ他国幷当国浦よりすく買之事」②「一、たひ舟之塩・榑をふな人をつれ候て、里へ出あきないの事さすましき事」③「一、人にたのまれ候てわれかあきない物とから(号)して船ニつむましき事」などといった馬借の仲間中の申し合せ条項が記されている。[20] ①は、塩・榑などの品を、他国・当国の浦人が直接河野浦・今泉浦に来て買い付けたいといっても、揚陸物資の管理にも当る「浦」「山内」の馬借としては、これを認めてはならない、という意味である。おそらく両浦に揚陸された塩・榑を当国他国のテント船などがやってきて直接買取るという行為がしばしば行なわれていたため、これに対する禁止規定が申し合されたのであろう。②は「たひ船」というからこの浦と通常定まった取引関係にない船のことであろう。そうした「旅船」の乗員が馬借の案内で「里」すなわち村々に赴いて自分たちで直接販売することを禁じているのである。今泉浦には西野氏のような浦刀禰で問丸的機能をもつ荷受業者がいたのであるが、それを経由せず、馬借と船人とが手を組んで、直接里売りをすることは、問丸や馬借全体の利益と秩序を損うものであるためこれを禁じているのである。③では、馬借が他者から頼まれて、自分の商品だといつわり称して他者の荷物を船積みするのを禁じている。これも馬借全体の利権を損うものであることはいうまでもない。

これらの申し合せから明白なのは、河野浦・今泉浦へは、「旅船」という不特定の商業船が随時訪れると共に、それらの積荷である塩・榑などを買いに近隣浦々から直買に乗りこむ者がある一方、「旅船」の乗員が馬借と手を握って、里の村々に直接売り捌くことも行なわれ、里人もまた馬借の名儀を借りて直売りしたりしていたことである。ここでの船は不定期的・一回的な「旅船」で、売る場合も買う場合もしばしば問屋を介さない直接取引が行なわれていたのである。輸送・交易の性格としてはいちじるしく素朴不安定で効率の悪いものといわなくてはならない。たとえてみれば振り売り型の交易形態と通じ合うものというべきだろう。

日本海廻船にせよ、東海方面の伊勢大湊と武蔵品川とを結ぶいわゆる関東渡海廻船[21]にせよ、「廻船」というと両港間に定期的に運行されていたかのように思われやすいが、この時代の実態はそうではなく、途中寄港地も航路も船頭の判断によってその都度えらばれ、同時に交易もその責任で時々の状況次第、不特定の形で行なわれることがむしろ普通であったのである。さきに示した慶長十三年の石見(大久保長安)判物が三国湊の廻船問屋森田氏に対しハガセ船一艘の「佐渡中かい(櫂)役免除」で営業することを認めた特許の与え方もこれを示唆している。三国湊から佐渡の何れか特定の港津に入っての交易を無税で認めるというのでなく、一艘が佐渡中のどこの港津に入ってどのような交易をしようとも無役でよいということは、入津地が船頭の判断によってその都度えらばれること、従ってどこの港津で何を売り何を買うかということも時々の状況次第の判断によるものであったことを物語っている。

戦国期は大名領国体制の発展、合戦の大規模化とその頻発等の諸要因により物流の拡大、それに対応する廻船活動の拡大は顕著であるが、その運輸市場は流動的であり、廻船の活動形態もまた不安定なものであったのである。近世初頭に至るまで大名たちが廻船商人に対し、領内への来航を促すために、「船何艘諸役免許」「馬何疋諸役免許」という形の特許状を付与することをくりかえし行なっているのは、市場そのものが豊凶や合戦などのように予見しにくい条件変化に規定されやすいという事情によるところが大きいであろう。

しかしこのことは半面ではそのような不時に発生する大きな需要や価格高騰による投機的巨利をねらう商人活動を

刺激した。戦国期はその意味で冒険商人の活躍した時代であったが、朝鮮・琉球・中国など東アジア各地の商人の来航、日本側商人のその地への渡航も同じような性質から盛んであった。小浜・敦賀・三国湊などへの「唐人」を始めとする外国商人の来航数もけっして少ないものではなかった。

越前北の庄(福井)には著名な薬種・軽物(絹織物)を取り扱う有力商人橘屋があった。弘治三(一五五七)年十一月二十一日、朝倉義景は橘屋三郎五郎宛に「調合薬売買」に際し、門験《じるし》薬銘「橘」字を惣領一人に限り用うべきことを安堵し、同時に「酒売買座」についても「先々の如くたるべし」とした。[22] その後天正元(一五七三)年八月、朝倉氏は信長に滅ぼされたが、信長は直後の同年八月二十五日橘屋に対し「北庄三カ村軽物座」のこと「先規の如くたるべし」と安堵した。[23]

朝倉滅亡直後に、それと深く結びついていた橘屋の「軽物座」を承認安堵したことは、信長も橘屋の存在を重視していたからであることは疑いない。ついで翌九月二十日信長の意を承けた「三ヶ軽物商人中」宛、明智光秀・滝川一益連署状は、橘三郎右衛門尉を「軽物座長」とすることを伝えている。[24]

この「軽物座」とは生糸・絹織物を主商品とする商人仲間であろう。「軽物」は古代以来、麻・絹の類を総称する言葉であったが、天正二年正月の橘屋三郎五郎宛信長発給の「条々定書」で「唐人之座并軽物座者三ヶ庄其外、一乗・三国・端郷ニ可有之事」といっているところから見て、[25] 中国から輸入する生糸・絹織物と見て誤りあるまい。軽物座と唐人座は一括されている。唐人座も唐物を取扱う商人仲間で、軽物座と緊密な関係にあったらしい。この二つの座が「三ヶ庄」すなわち北の庄・社庄・木田庄のほか一乗・端郷とともに三国湊に認められたのである。一乗は朝倉時代の一乗谷に由来するが、その商人たちは朝倉滅後は北の庄に移り一乗町と称した。即ち北の庄＝福井などの「三ヶ庄」の他新たに町立された一乗町に軽物座・唐人座があったのである。

それらの座で扱う中国からの輸入品としては、生糸・絹織物の他では薬種が代表的なものであった。三国湊がそうした唐物類の輸入窓口であったに相違ない。三国湊には明船が来航するとともに、そこから明に渡る日本側の貿易船もあったのではなかろうか。後述する若狭小浜の豪商組屋が呂宋の壺を扱っていたことはよく知られている。[26] 三国湊は九頭竜川河口に立地し、ハガセ級ばかりでなくそれより大型の船舶の入津も可能であったことは容易に察せられるところである。

朝倉滅後北の庄に入った柴田勝家は天正三年九月二十九日付で「唐人座軽物座方江令沙汰役銭之事」を橘屋に安堵し、[27] 翌四年九月十一日には「諸商売楽座ニ雖申付」軽物座・唐人座は安堵するとし、[28] さらに同年十一月十六日三国湊商人中・端郷商人中に宛て両座を橘屋に「申付」けたので「役銭」を沙汰するように命じた。[29] 橘屋は柴田からも両座の統轄権を認められ、役銭を徴収することを許されたのである。

橘屋の権限はそればかりでなく「紺屋方軽物座役銭」[30] の徴収、「一乗町十七人紺屋中」の支配権もあった。[31] 紺屋はこの場合藍染ばかりでなく高級生糸・絹織物の染色にもかかわっていたのではなかろうか。とすればこれも唐物・軽物と不可分であるから橘屋がその支配権をもったことはいうまでもない。これらの商品はもっぱら支配階級の需要に対応するものであったから、朝倉・柴田氏等は橘屋に商人頭としての地位を与え重用したのである。

このように見ると越前の代表的港津であった三国湊は、日本海沿岸主要港を結ぶハガセ級の船舶のみならず大型の外国船も来航したことは疑いない。その意味では日本海海運やそれと結ぶ内陸物流の在り方についてもそうした遠隔地取引商品の問題をも視野に入れてゆかなければならないことはたしかである。

二　港津・諸浦と馬借・川舟の内陸輸送

戦国期の日本海海運は、さまざまな側面で不安定さを抱えていたとはいえ、その多角的展開の中で、それなりに港津・諸浦と結ぶ内陸部の物流組織との連繋を強めていった。

前章でふれたように、越前南条郡河野浦・今泉浦に陸揚された塩・塩四十物・榑などは、「浦馬借」「山内馬借」が扱荷を半分半分とするなどの協定を結んで「西街道」を経て武生に運んだ。[32]「浦馬借」は河野浦・今泉浦の馬借で、「山内馬借」は、海岸から急坂を上って内陸に入った辺りの、湯屋・勾当原・別所・中山・八田等の村々の馬借をさす。「浦」と「山内」の馬借とはその荷扱い範囲の権利をめぐって相互に争ったが、他方今泉浦の北につづく甲楽城浦・糠浦・干飯浦・高佐浦などの諸浦の人びとが馬借に参入し里買商品を直接塩船に積み込むような行為に対しては強くこれを抑制排除しその独占を守ろうとした。[33]

そうした馬借間の争い、浦と浦との争い等については朝倉氏が既に応仁前後の頃から調停や権利の安堵に乗り出し、公的裁許権を発動していた。今泉浦の浦刀禰で問屋であった西野氏が保有しているもっとも古い文書、寛正六(一四六五)年六月二十一日付の「馬借中之定之事」も末尾に「時御代官近藤岡祐」の奥書署判があり、定めに違反した場合は「公方として堅可致罪科者也」としている。おそらく村と村との定めを重いものとするために村側から大名によってそれを確認してもらうという手続きをとっているのである。

同時に朝倉権力側でも、そうした村落間矛盾や座と座の間の対立を梃子として馬借の統制、交通路・物流組織などへの権力の浸透を進めていった。たとえば永正五(一五〇八)年十一月二日、朝倉貞景は「従他国塩丼榑船着岸時、自里直買事、令停止訖、然者河野今泉山内如先規可商売由可被申付之状如件」と府中(武生)の奉行人青木隼人佐・印牧新右衛門尉に命じている。[34]河野・今泉と山内の馬借は元来朝倉氏によって初めて設置されたものではなく、民衆レベルの自主的な駄賃稼として発展してきたものであろう。ところが、かれらは自分の手でつくり上げてきた馬借稼の権利を独占するために、「里よりの直買」を朝倉権力によって禁止してもらおうとした。すなわち陸揚商品の買取り・輸送について既得権をもつ馬借が新規参入者を排除しようとして生ずる対立について、大名権力が調停機能を果しているわけである。その結果、朝倉氏から特権を保障された馬借は「公儀の馬借」と呼ばれるようになる。それは一面では「公儀」御用の馬借としてその特権を強化したものとも見えようが、半面大名権力への従属を強めてゆく事実を見逃すわけにゆかない。それは次のような事実からも窺われる。

永正十二(一五一五)年閏二月十七日付、今泉常慶宛康忠・広次(府中奉行)連署判物には「今度惣国道橋可作之旨被仰出候処両浦及相論候、不可然候、所詮馬借中申合如先々立合可作候也」とある。(35) 惣国中の道橋の整備について朝倉氏が指令したにもかかわらず、河野浦と今泉浦とでは馬借同士の争いが原因で作業にとりかからないという事態が生じたのである。惣国中の道橋整備がすべてその地その地の馬借に命ぜられたのかどうかは分からないが、河野浦・今泉浦から府中に至る西街道の整備が、「浦」「山内」の馬借に課されたことは疑いない。内陸の馬借道・馬借輸送も戦国大名の「公儀」的支配の推進の中で馬借の労役によって整備されてゆく状況が窺われる。

研究上よく知られるこの西街道の馬借のほか府中(武生)から鯖江を経て北の庄(福井)に通ずる北国街道でも馬借稼は活発であった。天正十一(一五八三)年五月九日付、水落町かすや、たかのはや太郎左衛門以下計七名連署の吉江左内宛契状には「先度より申ことく水落馬借之儀御馳走候て相済申候ハヽ、上下之といや(問屋)其方に可仕候間、相済申候やうに御才覚奉願候」とあり、(36) 同年五月二十五日付、水落吉江左内宛堤掃部助有識判物には「当町馬借丼市之儀被仰出候、然者上下荷物付下問屋諸商売等之事其方有馳走惣町人へ可被申付者也」とある。(37) また、天文五(一五三六)年九月十二日付水落神主宛小島九郎右衛門入道雪悦定書には「当町従四拾弐間之屋敷先規相定出之処ニ町人等屋敷売買ニ付て御神役共ニ沽却之儀今度沽券見候」とある。(38)

北国街道の鯖江から進んで北の庄に向った辺り(旧今立郡神明村)に神明神社があり、その門前が「水落町」である。既に天文五年段階で少なくとも四十二軒の町屋敷があり「町人」が「町」場を形成していた。吉江左内はその水落町の問屋であった。そしてここには「市」が立ち、また「水落馬借」が活動していたのである。そうした事実からすれば、北国街道には当時馬借組織が、随所に成立し、これが陸運の幹線を形成していたことは十分推定できるところである。

しかも内陸部の物流ルートは陸運に限られるものではなかった。むしろ重要なのは河川舟運である。一つのケースが比較的よく分かる史料としては越前三国湊の廻船業者森田弥五右衛門に宛てた前田氏奉行斉藤兵部の書状がある。(39) 年の記載がなく正月十日付となっているが、元和(一六一五～二四)の頃のものと推定される。必要な部分を示すと、

一、山城手前江沼郡之米北方迄川舟にて為指上、それゟ三国迄駄賃馬にて遣、三国より舟にて敦賀へ為指上申度候条其節御馳走頼入之由山城被申候、

一、米高千四五百俵可有之候、其浦ニ舟有之候へ共大舟ハ遅罷上候間、河野舟其津迄指下候様被仰遣可被下之由……

一、三国より敦賀へ出舟の義急申ニ付ては、当月の内何時分ニ可罷出候哉承度存候、

一、三国より敦賀へ運賃者何程にて可参候哉……

一、北方ゟ其地迄駄賃壱駄ニ付て可為何程宛候哉……

また同日付同人より同人宛別の書状では、

此地より米遣申儀北方赤尾は前の浦三ヶ所之内何方へ遣可申候哉、三国へ手寄可然所へ遣申度候間、返事ニ被仰越可被下候、此跡者毎年瀬越浦より上せ候へ共……

とある。(40)

加賀江沼郡は越前坂井郡と境を接する加賀の南部地域である。山城守の同郡領分の米千四五百俵を大至急三国湊を経て敦賀に送りたいといっている。そこで換金しようというのか、京都方面に上せようというのかははっきりしない。しかし大船はのろいので「河野船」を傭って至急送れるように手配せよといっている。河野船は河野浦の浦舟で、お

そらくハガセ級の船を指していると思われる。このため江沼郡からは大聖寺川を川舟で下して越前の「北方」＝北潟に入り、「北方」か赤尾か蓮池か三者のうちもっとも早く扱えるところに着け、そこから馬背で三国湊に運びたい、もっともよいのは何処か、三国湊から敦賀への船便は今月何日になるか、といったことを依頼、照会しているのである。「北方」＝北潟は北潟湖の西岸、蓮ヶ浦は同東岸、赤尾は同湖の南端部位にある。例年は瀬越浦に津下していたと述べている。それは北潟湖の北側加賀領にある浦である。発信者の斉藤は今回大至急で送りたいので江沼郡から大聖寺川川舟で北潟湖岸の適当なところに下し、そこから馬借で三国湊に送り敏速に行動出来る河野船で敦賀に送ることとしたのである。このルートは斉藤も経験がないため森田屋に照会しているのである。大聖寺川川舟↓北潟湖という水路は当時一般に使用されていたにちがいない。またそこから三国湊への馬借輸送ルートも行なわれていた。ただ普通の時は積み替え費用を省くため時間がかかっても瀬越浦から敦賀へ海上を送っていたのである。

このような事例からすると、河川舟運と馬借の連繋による物資の津出し、逆に西街道で見られるような諸浦から内陸消費地への輸送ルート、それらを機能させるための水落町の問屋のような中継組織も形成されていたと見られる。当時河川舟運の活用は極力追求されていたわけである。

敦賀の廻船仲間の一つ川舟座は、その中から道川氏のような有力商人を成長させるが、そもそもの「川舟」の名の由来は、敦賀から琵琶湖北部の海津に向う七里半街道の疋田まで笙ノ川の舟運を主業としたことから起ったものであろう。また小浜から湖西の今津に通ずる九里半街道でも小浜から熊川まで北川の舟運利用が近世前期の一時期行なわれた。笙ノ川にせよ北川にせよ小河川のため舟行の条件は悪く、小浜―熊川間も舟運が使われた期間は短かく、多くは陸送・馬借によらざるをえなかった。しかし全体的に見れば、この時代の内陸輸送のネットワークは河川舟運と馬借の結合によって成り立っていたことは明らかである。

ところが問題は、川舟についても馬借についても、座と座との対立によって、同業者間の争いが絶え間なく繰り返し発生していたことである。先にふれた通り河野浦・今泉浦の「浦馬借」は同浦に陸揚げされた荷物については「山内馬借」と二分の一宛扱うという申し合せを行なっていた。しかも河野浦と今泉浦とは敦賀からの着船をどちらの浦にするかをめぐって争っており、今泉浦は敦賀河野屋船は必ず今泉に着け、河野浦に着けてはならないと主張した。天文十二(一五四三)年八月四日付、河野屋惣中より今泉惣中宛の着船についての定書は、この今泉浦に着けるという方式に背いた場合、今泉が惣中として「成敗」することを認めるとしている。(41)

小浜から今津に抜ける九里半街道でも若狭側馬借と近江側馬借との間で荷扱い区間をめぐる争いがあった。小浜—熊川間は小浜馬借、熊川—今津間は近江馬借というのがいちおうの妥結点であり、相互に一種の道路通行特権を主張していたのである。

この種の争いはさらに「浦馬借」と「山内馬借」、「若狭馬借」と「近江馬借」といった地域間の対立のみならず、同一地域の内部において営業権の独占特権を主張する先行の座グループと座外の新規参入グループの間でも争うなど、対立は多角的で複雑であった。それらは中世的な座的統合の閉鎖性といった観点から説明されるのが普通であるが、究極的には馬借数に比して扱い荷物の荷量そのものが相対的に少なかったことに由来するともいえる。

河野浦・今泉浦から武生に至る西街道の荷物量を数字的にとらえることは出来ないが、廻船の入津そのものが不定期的で陸揚荷物量もそれにつれて安定性を欠いていたことは十分考えられよう。それに対して馬借側は本来「浦」「山内」の村々の定住民で農地に乏しく、漁業・馬借等の農外稼ぎに依存する生活を送らざるをえなかったから、荷扱いをめぐって相互に奪い合う形の対立をくりかえすのはほとんど避けられないことであった。

そうした形の争いは戦国期のみならず、近世に入ってもくりかえし各地で発生するが、幕藩体制の確立過程で大坂廻米が本格化し、それに対応する津出しルートが固定化してくるにつれて馬借と川舟のルートとそれにかかわる人びとの権利関係も固定化する方向を辿るようになり、扱荷物量の相対的不足という中世的不安定さも徐々に克服されてゆくようになる。その意味で馬借・川舟という内陸物流・輸送システムも基本的には海運と同様の不安定性を抱えていた事実に注目することが必要であろう。

三　戦国織豊期権力の流通支配と豪商の形成

前章までで見たように、戦国織豊期の物流、とりわけ年貢米・兵糧米の輸送・販売は近世の三都を中心とする中央市場に向けてのそれが大きな比重をもった時代のような安定性を欠いていた。戦国期の米穀の大量需要は大規模な合戦や飢饉などによって不時に喚起されることが多く、安定的な大需要が確保される場所としては畿内中央都市市場の他では鉱山などがある程度であった。海岸地帯の製塩・漁業に従事する人びとや内陸部に散在する職人・商人以下の人びとも必ずしも少なくないが、それらは通常ではローカルな地域内での食糧調達でまかなわれているから、年貢米を中心とする大市場は結局右のような緊急的性質のものが中心とならざるをえなかった。そこに先に見た時国家の廻船活動の例が端的に示すような不安定で危険の大きい投機的な活動がさけられない理由があった。それは支配層の側にとっても年貢米販売の委託はつねに大きな危険がつきまとうことでもあった。

商人たちがそのような危険を少なくし、回避する方法としては、座的仲間を結成し、競争者を極力排除するのが第一に考えられたところであるが、活動の規模を大きくし利益の拡大を追求しようとすれば、座仲間内での平等性の尊重よりも、個々に大名権力に結びつき、その支持によって営業特権を拡大してゆくことが有利であった。また大名側も年貢米を有利に売却し、塩・材木・鉄などの重要物資を円滑に確保するためには、特定の商人に特権を与え育成することが必要であった。

敦賀の廻船商人高嶋屋伝右衛門はそうした条件のもとで、いちはやく大名権力に緊密に結びつき飛躍的に成長を遂げた代表的豪商であった。天正十七(一五八九)年と見られる十二月七日付大谷刑部少輔吉継宛浅野長吉(長政)書状に「其津(敦賀)之高嶋屋伝右衛門事、羽柴筑前守殿(前田利家)同孫四郎殿(同利長)北国より上候八木(米)を被付宿ニ候」とあり、[42] この時点で高嶋屋は前田利家領の加賀等の年貢米の蔵宿になっていたのである。浅野は若狭小浜に居り、大谷はこの年新たに敦賀に入った。ともに秀吉の奉行のメンバーである。秀吉は腹心の両名を畿内への北の門戸小浜・敦賀に配し天下支配の体制をつくりつつあったが、そこで重視されたのが高嶋屋であった。天正十九(一五九一)年五月二十四日付、高嶋屋宛前田利家書状にも「能加越中より敦賀へ相越米船共いつれも高嶋屋所へ米を上可令裁許候」とある。[43] 豊臣大名の配置が定まるにつれて、北陸地方の支配の中核となった前田利家は、かねて小浜の支配に当っていた浅野長政との結びつきの強かった敦賀の高嶋屋を指定の廻船業者―蔵宿としているのである。

さらに天正二十年二月十八日付前田五兵衛安勝の「能州加州諸浦中」に宛てた書状には「敦賀高嶋屋かこ(水主)共之儀、従去年高嶋屋やとい候かこ共、いつれも可罷上候、敦賀之米九州へ被遣候間、早々かこ共此ちへと可罷上候也」とある。[44] 秀吉の朝鮮侵略出兵に際し、前田利家は高嶋屋を責任者として、敦賀の蔵米を肥前名護屋に廻送させるため、高嶋屋所属船の水主ばかりでなく、加賀・能登の水主たちを広く徴募させ、これを敦賀に集めているのである。他方また利家は文禄五(一五九六)年九月十八日、高嶋屋に「其地ニ有之荷物共縄・すみ・しほ・竹井竹釘以下有次第、此ものに可相渡」と必要諸物資の調達も敦賀で行なわせ、高嶋屋に国元への廻送を命じている。[45] 朝鮮出兵のような大規模な軍事行動に動員された大名たちが、それに必要な兵糧・資材を調達輸送するためにはこの種の豪商型廻船業者の動員が不可欠のものだったことは明らかである。ここには朝倉時代の川舟座・河野屋座時代の廻船活動とは規模・性質を異にする発達した活動形態を見ることができる。高嶋屋は大名権力に直結することによって戦国期の座仲間の相互的規制から一挙に抜け出したということが出来るだろう。

慶長四(一五九九)年、大谷吉継は高嶋屋伝右衛門に対し、計二五貫五九三文分の町地子・船二艘分役・伝馬一疋分

役・町次小役を免除した。(46) また元和四(一六一八)年前田氏は「其方舟五艘於御分国中ニ間役被成御免之由被仰出之条以此墨付諸奉行衆へ理可被申者也」と高嶋屋の五艘に対し間役免除の特典を与えた。(47) ここでは座の営業権の保障を与えられるのとちがう御用商人としての諸特権が明瞭な形をとって示されている。

さらに年欠六月七日付、高嶋屋伝右衛門・横地藤介宛前田利家朱印状は興味深い。(48)

去朔日之書状具被見候

一米之売ね不相替之由先以尤候、殊美濃尾張へひけ候ニ付て、米はか行候由可然候(下略)

一松任米千五俵之舟も着岸之由尤候

一大豆事申越候、即申付千俵斗上候、よきやうに可相計候

一去年かい置候くろかね如日き(日記の如く)下候へく候、天守をたて候ニ付て入申候(下略)

一米をのほせ候はんも船なくて不自由候、高嶋屋令相談船を下候へく候、米は舟次第候(下略)

一其元様子細ゝ可申越候

第一項によると前田氏の敦賀蔵米は美濃尾張方面へも売却されている。利家は蔵米売却がはかどったこと、さらに加賀の松任に集積されていた蔵米が敦賀に着荷したことを喜び(第二項)、敦賀側からいってきた大豆についてもただちに千俵送るのでそちらの判断でよいように処分せよ(第三項)、といっている。第四項では天守閣を造営したので昨年買い置いた鉄を金沢に送らせ、第六項では米を敦賀に送るための船を加賀に廻送してよこせと命じている。また前文に「去朔日之書状」とあり、第五項でそちらの様子「細ゝ」報告せよといっているところからも分かるように、大名側も敦賀での蔵米販売等に強い関心をもち、条件よい販売のための情報蒐集に努力しているのである。

また、年欠六月十六日付、高嶋屋宛利家朱印状では「八木五千俵海津へ上候間七里半駄賃以下令談合候て松屋之九郎左衛門尉所迄可相着候」というように、(49) 七里半街道経由海津に米五〇〇〇俵を送らせるに当り運賃以下のことも高

嶋屋に委任している。

このように見ると加賀前田領の蔵米販売のシステムは、敦賀高嶋屋を御用業者すなわち廻船業者兼蔵宿を軸心として次第に整備されていったということができよう。他の戦国大名の例を見ると、甲斐武田領の場合では、直轄領の年貢米は各地に設置された「御蔵」に集積され、その地の代官の管理下におかれ、巡回してくる領国商人に随時売却されたり、代官自身が商人的性格をもって売却に当っていた。(50)従って大名自身が中央市場ないし主要地方市場に廻米する系統的なルートを直接掌握していなかったといえる。そこに戦国期特有の領国商人への依存度の高さがあったが、大名の立場から見れば、領国を離れた取引拠点に蔵宿を設定し、その地の豪商を御用商人とする形で流通システム全体を制御することはありえなかったのである。これに対し豊臣大名前田氏の場合、それとはいちじるしく異なる販売システムを形成したわけであり、領国財政の運用が集権性を強め、領国支配に占める財政の役割が格段に大きくなったといえる。同時に御用商人の力と地位も飛躍的に大きくなった。年欠九月三日付高嶋屋伝右衛門宛長束正家書状に「仍江北伊香郡御代官被仰付在之事候、早〻可申入之処免相已下相究付て延引申候、一両日中ニ罷上候間猶京都より可申入候、次御座間かなく(金具)申付用にて、くろかね一駄買申度候(下略)」とある。(51)長束正家もよく知られているように五奉行の一人で主に豊臣政権の財政担当吏僚であった。「江北伊香郡御代官被仰付」とあるのは秀吉の近江伊香郡直轄領の代官に高嶋屋を任じたという意味であろう。高嶋屋はもともとその屋号からも察せられるように近江高嶋郡出身であったらしく、近江にも活動基盤をもっていたため、この役に任用されたと思われる。代官の機能が年貢徴収にとどまらず、その有利な換金が重要となるにつれて、高嶋屋級の豪商を代官とする必要が高まったのである。高嶋屋級の豪商は一大名の御用商人にとどまらず豊臣政権そのものに直結するものでもあった。

この敦賀高嶋屋に匹敵、もしくはそれを凌駕するほどの豪商として知られるものに小浜の組屋源四郎がある。組屋の歴史は現存文書史料では戦国期に遡ることはできない。しかし天正二十(一五九二)年と推定される二月九日付浅野長吉（長政）判物で小浜の組屋源四郎と古関与三右衛門が、秀吉の朝鮮侵略出兵に際し九州に派遣されたこと、その任務として浅野平右衛門次吉から二〇〇〇石、浅野九三郎から一〇〇〇石、それに宮津の細川忠興方から受けとる米、さらに中郡代官より受けとる大豆一〇〇〇石などを小浜の蔵々に集積し、七八百石積の船で肥前名護屋に送らせることなどが述べられている。(52)また文中「作り候舟にも八木四百石計つませ可申候事」ともいっているから、新船は少なくとも四〇〇石積以上、既存のものに七八百石積もあったことが知られる。ハガセなどとはレベルの異なる大型船が登場し、小浜から肥前名護屋へと長距離海上輸送が行なわれるようになったわけである。

この組屋もその後豊臣政権御用の豪商として多角的に活動した。文禄四（一五九五）年と推定される正月二十日付、八戸殿宛浅野長吉書状には「此組屋源四郎於津軽御上米請取申候、然者其元にて商売可仕候条、何方へ成共源四郎申次第八木入させ候て自余之商売人より以前ニ売仕舞候様ニ馳走候て可給候、頼入候」とある。(53)すなわち浅野長吉から南部氏に対し、津軽の豊臣蔵入地年貢米を八戸（南部領）で組屋を通じ売却したいので、他の商人に先立ち何処ででも売れるように協力願いたいといっているのである。

これは豊臣蔵米を奉行浅野の墨付きで売却するわけだからきわめて特権性の強いものといえる。南部氏に対し組屋が同領の何処へでも行き、他の商人が売り出さない前に売らせろというのだから、それは豊臣権力そのものによる特権行使というべきであろう。しかし半面、その米を八戸＝南部領の何処に運びどこでどのような価格で売るかといったことについては、一切組屋に任されていることにも注目しなくてはならない。豊臣津軽蔵入地の年貢米売却先の南部八戸領の特定の場所に豊臣方蔵宿があり、そこの商人が売却するという形は存在しないのである。小浜商人組屋が津軽米の南部領での売却を指示されているだけであとは組屋に一任されている。そこでは当然組屋自身が負わなければならなかったリスクが大きいわけであり、他面からいえば投機的利益も十分期待された。この方式は戦国期の廻船商人が自己の判断で売先・売時・売値を判断してゆく方式に共通するものといえよう。

組屋源四郎は浅野からこうした特権を付与されて、実際津軽方面の豊臣蔵入地年貢米二四〇〇石を「金子一枚ニ二百四十石替」で買い取り、そのうち一〇二六石を南部領へ運び六・七月中に「金子一枚ニ百八石替」で売却した。津軽で蔵米を引き受けたときに比べて二倍以上の高値で売却できたわけである。ついで七二〇石を八月中に南部領で「金子一枚ニ百二十石替」で売却。二口計一七四六石、金子合一五枚五両、平均金子一枚一一二石六斗替となった。そして残りの六〇〇石は若狭に送った。そのうちの二〇〇石は船賃として差し引き残り四〇〇石を「小浜蔵入」とした。この四〇〇石は小浜枡で、「延而四六四石」に当り「金子五枚八両、但金子一枚ニ八十石替」としている。その他坎米（ねずみくい）と経費を合せ五四石で、総計二四〇〇石、この金子二一枚三両で決算とした。(54) 以上は文禄四（一五九五）年十一月二十日に源四郎が作成した「御金拾枚分津軽ニ而之御米之覚」の内容である。

この覚書で分かるように組屋源四郎は豊臣津軽蔵入地年貢米二四〇〇石を金子一〇枚で売却を請負い、南部で一七四六石を売り、残りを小浜に送った結果、売上代として金子二一枚三両を手にすることとなった。南部領での先売特権と領内無税自由通行の特権を保障されていたためとはいえ、投下資金に対し二一三%の売上収入となったわけである。

組屋はこの計算書を浅野に提出して金子一〇枚を納め、差引金子一一枚三両を自身の利益とすることを認められた。文禄四年十一月二十六日付、くみや源四郎宛浅野長吉請取状は、「つかるニて金子十枚分此米弐千四百石分金ニ請取相済候也」としている。(55) 浅野は金子一〇枚の受取りを確認しただけで、利益金についてはそのまま組屋の取分とすることを認めていたのであろう。

このように見ると、豊臣の年貢米換金は強大な権力によってバックアップされた特権的豪商の大規模な取引行為によって行なわれていたわけであり、さきに示した能登時国家の米販売船が、情報も特権もないままに松前にまで赴き、売却も失敗に終っているみじめなケースと比べ対照的な豪商の姿をここに見ることができる。商人が権力と結びつくことは情報量や販売力において決定的な優位を手にするものであった。

組屋はその後、若狭に京極高次が入部すると、慶長五(一六〇〇)年には遠敷郡志積浦・立前村・野代村の代官、[56] 同十六年には同郡尾崎・須縄、大飯郡岩村・和田村の代官に任ぜられ、[57] またこの間慶長六年には小浜の商人の公用米から毎年一六石を与えられ、[58] さらに同十一年には「国中麴座」の公用取立が組屋六郎左衛門・木下三郎四郎に認められるという形で、[59] 新しく形成されつつあった藩権力との結合をさらに緊密なものとしていった。

しかもそうした支配権力との結合は若狭支配に当る京極氏とだけではなかった。元和元(一六一五)年と推定される卯三月十一日付組屋宛加賀藩多賀越中守書状には「従北国之米之儀於着津者如何様ニも可有馳走候与被仰出候間随分才覚尤候」とあり、[60] 同六月八日付組屋宛前田利光判物には「若州へ為差上候蔵米宿之儀其方併木下和泉両人へ申付候条」とあり、組屋が木下和泉とならんで加賀藩蔵宿に指定されている。[61] また同七月の組屋宛横山山城守書状には、「其地へ上申候八木之内其方蔵江参分ニ入可申旨被申候条奉行人之方へ申遣候」「大津八木之相場被聞届其地ニて払候て可罷候」とある。[62] 加賀藩の小浜陸揚米の三分の二は組屋の蔵に入れ、大津米相場をよく把握し、其の地で売却せよ、ということである。組屋は加賀藩の小浜蔵宿であるとともに蔵米の大津での売却を命ぜられているのである。おそらく敦賀・小浜の有力商人たちは複数の日本海側諸藩の蔵宿となり、蔵米の有利な売却までを引き受けることによって莫大な利潤を手にしたであろう。

以上敦賀の高嶋屋、小浜の組屋に即して戦国期から豊臣期にかけての豪商の成長と活動の姿を瞥見した。敦賀では高嶋屋・道川・三宅の三氏が敦賀三町老といわれた。小浜では組屋のほか木下和泉・古関・桑村などの豪商があった。かれらはいずれも戦国から織豊期への移行過程で、年貢米の流通構造の集権化が進む中で、大名・織豊権力との結合を強め、中世的な座仲間から抜けだし、政商的性質の強い豪商としての地位と営業基盤を形成した。そこにこれらいわゆる「初期豪商」の歴史的特質が存在するのである。[63]

むすび

以上、戦国織豊期の北陸地域の海上・内陸の物流形態を市場の在り方とかかわらせながら考察してきた。それらから結論的にいえることは以下の諸点であろう。

第一に戦国期の北陸地域日本海海運は小浜・敦賀・三国湊などの主要港津間をつなぐハガセ型中型船と、主要港津と主要港津との間に多数存在する浦・浜を巡回する小型テント船によって、密度の高い海運のネットワークが形成されていた。

第二に、この海運ネットワークは越前河野・今泉浦から武生に至る「西街道」、武生—鯖江—北の庄の「北国街道」馬借と水落宿町のケース、また加賀江沼郡から大聖寺川舟運による北潟への津下しのケースなどから分かるように、馬借・河川舟運による内陸部物流のネットワークと結合していた。

第三に、こうした内陸の河川舟運・陸運と海上輸送との結合による物流組織は、既に相当に密度高く展開していたと見られるが、半面戦国期の市場構造が戦争・飢饉等の不特定の大量需要に強く規定されるため、定期安定的な物流構造を形成するには至らなかった。「旅船」「里買・里売」の広い存在や、能登時国廻船のいわば思いつき的・投機的活動形態などは、いずれも近世の物流組織・形態との顕著な相違を示している。朝鮮・中国各地と小浜・敦賀・三国湊などの間に見られる来航・渡航・交易もこの〝旅船〟型物流が拡大された形態・性格をもつものとして位置づけられるのではないだろうか。

第四に、そのような不安定な物流形態に促進され、廻船商人にせよ馬借にせよ、同業者間、また地域間の座的・排他的競争がきびしく、広域にわたる流通組織を商人自身によって統一的に形成することがむつかしかった。そのため同業者間の競合・対立は、結局朝倉氏のような大名権力による調停・特権保障を求めることによって解決せざるをえず、そこに本来ある程度独自的に展開してきた商人活動も、急速に大名領国支配体制にくみこまれてゆく方向をたどらざるをえなかった。

第五にこのような戦国期の、一面では発達した、他面では不安定な物流形態は豊臣期に入ると急速に変貌してゆく。周知のように、西廻航路によって大坂市場と直結する日本海海上輸送が北前船によって確立されるのは、十七世紀後半以降のことであり、それ以前は敦賀・小浜から琵琶湖経由で中央市場に連なる中世以来の幹線ルートがそのまま機能していた。しかし秀吉は浅野・大谷等腹心の奉行クラスの人びとを小浜・敦賀におき、加・越・能に前田利家を配し、秋田・津軽に至る日本海沿岸地域随所にいわゆる太閤蔵入地を設置し、そこからもたらされる年貢物・材木等の重要資材の輸送販売等を小浜の組屋のような特定有力商人に担当させた。前田等当地域の大名たちも敦賀の高嶋屋、小浜の組屋のような特定商人を蔵宿とし、年貢米の処理に当らせた。

そのため、豊臣政権の下では、戦国期に見られた群小の廻船商人の座的結合による営業形態は漸次解体に追いこまれ、大名・豊臣権力との結合を強化した特定の豪商が急速に成長した。

かれらは、組屋の豊臣の津軽蔵米を南部領で優先的に販売し、巨利を得た事例に見られるように、太閤権力に直接バックアップされた特権的営業活動によって急成長した。それらの営業方式は商人にとっても権力の側にとっても断然有利なことであり、ここに中世的な物流構造は急激に解体・再編される方向に進むのである。おそらくこの過程で戦国期北陸乃至日本海海運の主たる担い手であったハガセ型中型船は、漸次それより大型の「北国船」にとって代られるようになっていったのではないだろうか。その点は本稿では確認できなかったが、豊臣期から幕藩体制形成期、すなわち北前船航路の本格的展開以前の物流構造の全体的解明の一環として今後の課題として追求してゆくべきことであろう。

（1）慶長十三年七月五日、佐州役所中宛大久保長安印判状に「六枚かい（櫂）のふね壱艘佐州中かいやく赦免」とある（「森田文書」『越前若狭古文書選』）。

（2）慶長七年六月十六日、若狭国浦々漁師船等取調帳（「桑村文書」二二号。『小浜市史』諸家文書編一、所収）。

（3）たとえば「常神」の場合、

「壱艘　六人ノリ　小西但はかせ」。

などといった形で「六人ノリ」には「はかせ」の注記がある。「はかせ」の注記はほとんど六人乗りに限られる。注（2）所引文書。

（4）たとえば「小浜分」に見える、

「壱艘　五人ノリ　つゝらやあきない舟」。

「壱艘　六人ノリ　しほや三郎左衛門あきない舟」。

などのように「あきない船」が注記される。小浜では「つゝらや」「大もしや」「三国や」「しほや」「たんはや」「くみや」「こめや」「まるや」など屋号をもち商人と見られる者が「あきない船」を多く登録されている。注（2）史料。

（5）注（1）の文書。

（6）上村雅洋『近世日本海運史の研究』吉川弘文館、一九九四年、三五頁。

（7）同右。

（8）参考史料であるが、享保二年四月、越前南条郡今泉浦御宿与三右衛門の「巡検使ニ付今泉浦明細書上」（「西野次郎兵衛家文書」九七号、『福井県史』史料編、所収）には当浦の船数一二艘の内訳として「四艘北国舟、一艘弁才舟、一艘羽風舟、六艘伝渡舟」とある。この記載順序によると、ここでは「北国舟」は「弁才舟」より大型であったことが考えられる。ただし、本文に述べたとおり、「北国船」「弁才船」の存在は中世では史料的には確認できなかった。それらの登場がいつか、船型としてはどのようなものかは知りたいところである。

（9）永禄六年五月二十三日、尼子義久袖判文書（「日御崎神社文書」）。

（10）『実隆公記』大永三年八月六日条。三条西家の青苧公事収取は京都・天王子・大津などで行なわれていたが、それを強化するため、小浜での陸揚の際にこれを確実にとろうとしたのである。

(11) 『新潟県史』中世史料編、二四六七、二四六九号などを参照。

(12) 注(8)所引史料にも「伝渡舟」が見えるが、越前今泉浦「西野次郎兵衛家文書」八九号、延宝六年正月四日「相定申一札事」もこれを示す。

(13) 「西野次郎兵衛家文書」九五号。

(14) 同右、九七号。注(8)所引文書。

(15) 「中村三之丞家文書」(『河野村誌』)。

(16) 「川島村古文書」(『増訂加能古文書』一七六四号)。

(17) 「三輪家文書」(同右、二二一九号)。

(18) 文亀元年九月十三日、「川ふね中」宛朝倉景冬川舟方塩四十物注文(「道川文書」一五号、『敦賀市史』史料編一、所収)。

(19) 全文は泉雅博「能登と廻船交易」(網野善彦編『日本海と北国文化』小学館、一九九〇年)に紹介されているが、写真版により一部読み替えた。

(20) 「西野次郎兵衛家文書」一六号(前掲、『福井県史』史料編)。

(21) 伊勢大湊・桑名等を中心的港津とする伊勢湾内の湾内小廻船および同地と東京湾六浦・品川等の中心港を結ぶ大型の「関東渡海廻船」については永原別稿「伊勢・紀伊の海賊商人と戦国大名」(日本福祉大学知多半島総合研究所編『知多半島の歴史と現在』4、本書第Ⅱ部第一で若干の考察を試みた。伊勢東海方面の廻船活動も基本的には北陸日本海のそれと大きく異なるものではあるまい。ただ本稿で検出したハガセ船＝中型船に対し、伊勢—関東の渡海廻船と呼ばれたものの船型ははっきりしないが、「熊野新造」という型の船が三三人乗りであった事実が示唆するようにかなり大型のものもあったと思われる。

(22) 弘治三年十一月二十一日、橘屋三郎五郎宛朝倉義景判物(「橘文書」一号、『越前若狭古文書選』所収)。

(23) 天正元年八月二十五日、北庄橘屋宛織田信長朱印状(「橘文書」三号)。

(24) 「橘文書」四号(『福井市史』資料編2、九七三号)。

(25)「橘文書」二五号(『福井市史』資料編2、九七九号)。
(26)「組屋文書」八号(『小浜市史』諸家文書編一)。
(27)「橘文書」七号(『福井市史』資料編2、一〇〇九号)。
(28)同右、八号(同右、一〇二一号)。
(29)同右、九号(同右、一〇二三号)。
(30)同右、一一号(同右、一〇三〇号)。
(31)同右、一五号(同右、一一〇三号)。
(32)寛正六年六月二十一日、山内馬借中定書。「西野次郎兵衛家文書」一号(『福井県史』史料編)。
(33)永正五年十一月二十四日、浦山内馬借中定書写(「西野次郎兵衛家文書」一六号)。
(34)同右(「西野」)、一五号。
(35)同右、二〇号。
(36)天正十一年五月九日、吉江左内宛水落町かすや・たかのはや太郎左衛門等七名連署証文。「清水文書」(福井市)『越前若狭古文書選』所収。
(37)「清水文書」二号(同右)。
(38)「神明神社文書」一〇号(同右、所収)。
(39)「森田文書」(三国湊)一〇号(同右、所収)。
(40)同右、一一号。
(41)「西野次郎兵衛家文書」三六号。
(42)「小宮山文書」二号(『敦賀市史』史料編一)。
(43)同右、四号。
(44)同右、五号。
(45)同右、六号。

(46) 同右、七号。
(47) 同右、一二号。
(48) 同右、七三号。
(49) 同右、七七号。
(50) 笹本正治「戦国時代の職人・商人」(山梨文化財研究所『中世都市と商人職人』)。
(51) 「小宮山文書」一〇一号。
(52) 「組屋文書」四号(『小浜市史』諸家文書編一)。
(53) 同右、一〇号。
(54) 文禄四年十一月二十四日、組屋源四郎米売却覚。同右、一一号。
(55) 文禄四年十一月二十六日、浅野長吉請取状。同右、一二号。
(56) 慶長五年十月十九日、京極高次黒印状。同右、一三号。
(57) 慶長十六年八月十二日、京極忠高黒印状。同右、二七号。
(58) 慶長十四年十二月十九日、組屋宗円言上状。同右、二〇号。
(59) 慶長十一年正月二十四日、国中麴役座免許印判状写。同右、一八号。
(60) 「組屋文書」一三号(『越前若狭古文書選』)。
(61) (年欠)六月八日、前田利光判物。同右、一四号。
(62) 同右、一五号。
(63) 敦賀小浜の廻船と豪商に関しては、
脇田晴子「敦賀湾の廻運について」(『日本海海運史の研究』福井県立図書館・福井県郷土史懇談会編・刊、一九六七年)。

脇田修「敦賀の廻船業について」(同右)。

山口徹「小浜敦賀における近世初期豪商の存在形態」、同「初期豪商の性格」(同『日本近世商業史の研究』東京大学出版会、一九九一年)。

渡辺信夫「南部・津軽両藩と若越海運」(前掲『日本海海運史の研究』)。
などを始め数多い先行研究がある。

(本稿は日本福祉大学青木美智男教授を代表者とする文部省科学研究費による総合研究「近世近代移行期の全国流通構造の変貌と海運」の一部として執筆したものに補訂を加えた。)

第五　上杉領国経済と蔵田五郎左衛門

はじめに

蔵田五郎左衛門の名は、戦国期上杉領国における、伊勢神宮御師出身の御用商人として早くから知られている。しかし蔵田が、なぜ御師から御用商人に経上ることができたのか、という理由や経過についてはまだ十分に明らかにされているとはいえない。また御用商人ないし商人頭となった蔵田の、上杉領国経済とのかかわり方についても青苧商人という一面以上に十分解明されていない。

本稿では、この、御師・青苧商人・戦国大名御用商人という性格に加え、春日山本城御蔵役人として、また後述するような大名上杉氏のいわば渉外係として多面的な活動を展開していったきわめて特異な人物を、極力全体的に追求してみたいと考える。おそらく、蔵田五郎左衛門は、いわば上杉領国の政治・経済におけるキーマン的存在であり、その解明を通じて、領国政治・経済そのものの特質も自ずから明らかにされてゆくと思われる。

その際、あらかじめ念頭におくべきことは、この「蔵田五郎左衛門」という人物は、すくなくとも三代にわたって、戦国期上杉領国を舞台に活動をつづけたらしいと見られる事実である。蔵田の名が関係史料に姿を見せる初見は、大永五(一五二五)年閏十一月二十七日の『実隆公記』の記事であるが[1]、天正十(一五八二)年、同名の人物に宛てた上杉景勝の青苧座安堵状には、「祖父五郎左衛門以来拘え来り候」とある[2]。これからして「蔵田」なる人物の越後青苧座所管は、三代にわたっていたことが明らかである。歴代のそれぞれの活動時期を確定することはできないが、「五郎左衛門」の名は、三代にわたって襲名された可能性が大きく、この間上杉領国において一貫した活動をつづけていたわけである。したがって、以下、「蔵田五郎左衛門」という場合は、この同名者のうちのその時点における人物を指すこととなる。

一　青苧商人から越後青苧座役人へ

蔵田五郎左衛門が、青苧取引にかかわってその姿を見せる早い史料は、右に示したように、大永五(一五二五)年である。越後から同人が上洛して三条西家を訪れ、「公用」の減額を求めたのに対し、三条西実隆が、これを厳しく拒否した、という『実隆公記』の記事である。

周知のように、京都の貴族たちは、中世後期、荘園所領からの年貢収納が低下ないし不可能になってくると、これを補塡する新たな有力財源として、家職化していた職掌を根拠として、諸寮司等に下属する形をとっていた商人・職人から公用役銭を取り立てることに力を注いだ。三条西家はそうした動向の中で、「苧公事」徴収権を掌握し、天王寺苧座・京都の苧座等から苧「公用」を徴収するばかりでなく(3)、越後の青苧買付けについても、それらの座商人に独占権を付与し公用を徴収したようである(4)。

しかしもとより、越後の青苧取引が、現実に天王寺苧座・京都の苧座などの座商人だけによって独占されていたわけではない。すでに文明十八(一四八六)年、室町幕府は三条西家雑掌の訴えに対し、

三条侍従中納言家雑掌申苧□(座)衆等言上青苧商売事、帯　綸□(旨)御判御教書以下之証文、自往古為□致成敗之役、近日本座衆之外甲乙人□(於)越後国苻(府)中恣令売買云々、言語道□(断)次第也、所詮速停止新儀、如先々□(本)座□(衆)全商売可専公

役之旨、可被下知之由所被仰下也、仍執達如件、

文明十八年五月廿六日　　信濃守

上杉相模守殿　　沙弥

という奉行人奉書を越後守護上杉相模守(房定)宛に発給している。[5] 文中の、「苧□(座)衆」「本座衆」というのは、三条西家に直結する天王寺や京都の苧座衆であり、それ以外の「甲乙人」が越後府中で直接青苧取引に乗り出している事態に抗議し、訴えを起したことは明白である。[6] ここで「本座衆之外甲乙人」といわれているいわゆる新儀商人が、具体的にどのような人びとを指すか、直接確定することはできない。しかし、蔵田五郎左衛門が越後から上洛し、公用の減額を交渉していることから見れば、文明十八年と大永五年の間には四〇年近い間隔があるとはいえ、蔵田氏その人か、それとかかわり深い人々が、新儀商人として越後に赴き青苧取引に参入していたことはほとんど疑う余地がない。

蔵田は三条西家の青苧公用の徴収権を正面から全く否定し去ろうとする立場をとったわけではなかった。かれが越後から上洛して実隆に公用の減額交渉をした二年後、大永七(一五二七)年十二月二十六日、実隆は蔵田に「政所」の発給という形で「青苧御公用五〇貫文」の請取を出している。[7] 前記大永五年閏十一月二十七日の条には、蔵田の公用減額要求を拒否したことだけが記されているが、おそらくその後の折衝で、新しい公用額が妥結したのであろう。請取には、五〇貫文について「当年御公用之内且所請取如件」とあるから、五〇貫文が所定額ではなく、その一部として五〇貫が収められているわけである。したがって、新妥結額は当然それを上廻るわけであり、相当に高額であったと見なくてはならない。

そうした経過の背後には、おそらく、双方の思惑や、越後守護上杉―守護代長尾氏の動向が作用していたに相違ない。当時、青苧の商品化・流通が急速に拡大しつつあった状況の中で、三条西家が公用の増徴をもくろむとともに、守護方もそれへの流通課税を重視するようになっていた。明応三(一四九四)年守護上杉氏が発給した国人毛利氏宛の

制札には、

一、人別三文

一、かち荷五文

一、からむし・布こ・みわた・かみ　一駄廿文

一、駒のくち廿文

一、米・まめ・しほ・あい物　一駄十文

一、遊人・盲人これをのそく

右所定如件

明応三甲寅九月廿日

とある。(8) 国人毛利氏の本拠佐橋荘は柏崎に近く、商品の出入の活発な地域であるため、守護上杉氏は、この毛利氏に対し、右のような賦課の基準を示したのである。上杉氏はこの収取権を毛利氏に認め、そのうちの一定額を上納させるように定めたものであろう。その際、からむし＝青苧は、布こ(麻織物)・みわた(木綿の実綿であろう)・紙とならんで、もっとも高い流通課税＝関銭賦課の対象とされていることに注目しなければならない。

その後、守護代長尾為景が享禄三(一五三〇)年、上条定憲と戦って越後支配の実権を掌握し、さらに謙信が関東管領上杉にとって代った以後においても、永禄三(一五六〇)年の越後府内条目、同七年の柏崎宛制札に見られるとおり、都市繁栄策として諸役地子等の有免政策を推進したにもかかわらず、青苧への賦課は厳しく行なっている。上杉―長尾権力にとっても、青苧流通課税は、他商品とははっきり区別される特別に重要な財源としての性格をもっていたのである。

先にふれた天正十(一五八二)年の、景勝が蔵田に安堵した「青苧座」とは、おそらく、上杉―長尾氏が重要財源確

保のために三条西家支配下の天王寺青苧座に対抗して組織させた青苧の流通統制・課税組織であり、蔵田は三代にわたって、その統轄者・収税責任者（当時でいう商人司）としての地位にあったと見られるのである。それは、越後における青苧の流通課税のための唯一の組織といってよいが、三条西家の既存の公用徴収権を全く排除するものではなく、一定の公用額を蔵田を通じて越後側から納入することによって、実質的にはいかなる商人であれ、越後国内における取引では、上杉権力を背景にする蔵田の率いる越後青苧座の賦課に従わなくてはならないという関係をつくり出そうとしたのである。

じっさい、守護側のそうした動きの中で、

天王寺衆如佗言者、御領関所前々不致其役之由候条、尋申候処、先年朝広番仁被成之候御奉書越給候、委曲披見、然旨被仰処無余儀候上、天王寺衆堅令折檻候、向後猶不可有相違候、恐々謹言

（明応六）十一月廿四日　　能　景（花押）

毛利越中守殿

とあるように、(9)すでに明応の頃から、天王寺苧座商人の越後での買付けに対する守護側の関銭賦課は、天王寺衆側の「不致其役」との主張を否認して強行されだしていた。この文書は、長尾能景が国人毛利氏に対し、関料取立てを保証しているものである。

それにもかかわらず上杉─長尾側が三条西家ないしは天王寺衆と決定的に対決することを避けようとしていた理由としては、守護側としても京都との関係を出来るだけ良好に保つことが領国統治の上から有利と見る政治的判断が大きかったと思われる。そのためにも一定の公用を三条西家に納めることは大きな意味があった。すなわち、そうした公用の納入を名分とすることが、越後における上杉─長尾の青苧役徴収に根拠＝正当性を付与することにもなったのである。

さらに、問題なのは、越後の商人が青苧荷を中央地帯の需要地まで送りこむためには、若狭の小浜まで船で送り、そこから湖北に抜けて坂本に至るという経路をとるのであるが、その輸送ルートは上杉の支配力の外にあるという点であった。しかも三条西家は若狭の現地武家勢力と結んで若狭の揚陸地点で越後をはじめとする各地からの苧荷に対する課役を確実に徴収しようという作戦をとっていた。実隆の記すところでも、

粟屋右京亮状、越後舟一艘留置之由注進、先以珍重、

などとあるのがそれである。[10] 実隆はこの越後舟差押えの報告を粟屋右京亮元隆から受けると「先以珍重」と大いに喜んでいる。実隆の日記の中には、「越後舟」とともに、「若州苧船」の着岸・差押えについての記事も少なくない。[11]「若州船」といっても越後青苧の輸送という点では上杉および越後商人側にとって同じであるから、このような三条西家側の強硬策は、対応のむつかしい問題であったのである。

蔵田五郎左衛門は、そのような青苧役収取をめぐる三条西家側と上杉—長尾側のせり合いの中で、後者にとってもっとも好都合な人物として登用されるようになる。その間の事情を具体的に明らかにすることはむつかしいが、蔵田はおそらく、越後苧座の統轄者(商人司)に登用される以前から、青苧商人として、越後のみならず、京都でも広く活動していたと思われる。大永五(一五二五)年、かれが上洛して実隆に会い公用の減額交渉をしたのも、両者のあいだには以前から接触があったからだと思われる。

蔵田の出身は伊勢神宮の御師であるが、[12] 御師は各地の伊勢神領の代官を兼ねることもあり、同時に多くの旦那(信徒)先を巡回し、御札を配り初穂という名儀の上納米銭の徴収に当った。旦那はとくに交通路沿いや港津等に多く分布したその地の有力者が多く、御師の得意先として利権化し、その権利は御師の中で売買もされた。御師が商人化しやすい基礎的事情はそうした点にあったわけで、蔵田の場合も例外ではあるまい。その点を示唆している史料に享禄三(一五三〇)年二月二十六日付の大熊備州(政秀)[13]宛神余隼人佑実綱の書状がある。[14] 神余は越後守護上杉氏の「在京雑

掌」という地位にある人物で、京都に駐在し、国元と都、とくに公家・武家（幕府）との連絡、都での用務処理、三条西家との折衝などに当っていた人物であるが、同時に商人的性格ももっていたと思われる。この書状は、国元からの指示にかかる「唐織物事」（将軍家より賜与を受ける）「備後砂事」「御誂候御烏帽子」等の調達の首尾を述べるとともに、「京都隣国」の情勢を報告し、最後に「京都爰元之時宜、蔵田清左衛門尉ニ申理候、同見聞之通可被申入候間令省略候」と述べている。京都の状況の詳細は蔵田清左衛門が越後に行って直接述べる、というわけである。

ここに見える蔵田清左衛門尉という人物についてはこれ以外に知ることができないが、おそらく五郎左衛門とごく近い同族関係にあった人物であろう。とすれば、蔵田一族は京都にも駐在し、越後との間を往復して商業活動を展開していたことが十分推定できるわけである。その人脈や商業活動のスケールも大きく、上杉―長尾が五郎左衛門を越後苧座の統轄に当らせるとともに、後述するように、春日山本城の御蔵役人に登用する根拠もそうしたところにあったということができるであろう。

二 御師一族のネットワーク

蔵田五郎左衛門が、上杉―長尾氏の領国支配体制のもとで、越後青苧座の統轄者に登用されたということは、たんにかれがその御用商人となったということではなく、事実上、上杉―長尾の家臣となったことと同じほどのことを意味している。戦国期において御用商人（商人司）や職人頭が大名から給分を与えられたり、代官的職能を果したりしていたことは、後北条領国の職人頭須藤氏が二〇〇貫余に及ぶ知行を受け[15]、京都から下ってきた商人宇野（外郎）氏が御馬廻衆で二四六貫余の知行を受け、小田原今町奉行をつとめていたことからも知られる[16]。上杉領国における蔵田の場合も同様なのである。

しかし蔵田氏の特徴としてとくに興味深いのは、そのようにして事実上上杉―長尾の家臣化した段階においても、なお伊勢神宮御師としての活動を放棄していなかったことである。

永禄五（一五六二）年二月二十七日、上杉謙信は出陣先の上野から蔵田五郎左衛門に次のような書状を送った。(17)

たひまいり《代参》として御はらい《祓》こし候、よろこひ入候、仍たちはやし《館林》そなゑけんこにゆひ付、たしまのかみにあつけ置候、ちやうい（憲政）の御事、ここもとへひつとり候、かれこれここもとのそなへのき《儀》てかたく候あいた、こころやすかるへく候、さて又そこもとふない《府内》かすか《春日》のひのようちんの事、かすかのやまのふしんの事、くら《蔵》しまつ《始末》かた、なをへ《直江》おきはら《荻原》たんかう《談合》いたしかたくこれを申つけへく候、いせんこし候つかいのものようしゆ候間、いまにここ元にとめ候、こさい九郎太郎（須田）清介（鯵坂）ところより申こすへく候、謹言

弐月廿七日《永禄五》　（花押）《輝虎》

蔵田五郎左衛門とのへ

これによると蔵田は越後府内に居り、春日山城の火用心の事、普請の事、倉の始末方の事等を、直江・荻原と協力して適切に行なうべきことを謙信から指示されている。要するに春日山本城の留守居役をつとめているわけであり、その任務はとくに普請の事、倉の始末など、財政と深いかかわりをもつ仕事であったことが知られる。

しかし同時に、蔵田は出先の謙信に対し、伊勢神宮に代参し、御祓を届けているのである。このことは蔵田が上杉の家臣となりながら、半面ではなお御師としての活動をつづけており、謙信もそれを認めていたということである。御師という立場は、各地に分布散在する旦那たちを歴訪するという仕事柄、いわば国境をこえた活動が保障されており、旦那たちが交通要地に濃密に存在するため、商業活動上の人脈や政治的情報の入手にはきわめて都合がよかった。この点はまた大名の対外交渉などにとっての利便にも連なるものである。

そうした事情を示唆するのは次の史料である。(18)

急度啓之候、仍信州乱中付、越国東関ニ御滞留、連々申談候、就中於向後も毛頭不可存疎意、猶以御内々承之子細、傍輩共不可有無沙汰候、然而今般御馳走本望之至候、以御意見加州路次中無相違候事、御抃簡心候、自今以後者、弥以御深志候様、各御入魂候、委細倉田五郎左衛門尉可申分候、恐々謹言

長　資(花押)
実　綱(〃)

四月四日
本誓寺
御同宿中

本誓寺は信州にあった一向宗寺院で永禄元(一五五八)年謙信の招きにより越後高田に移ったと伝えられる。文中「加州路次中無相違候事、御抃(かせぎ)簡心候」とあるのは、謙信の上洛に際し、加州路の安全について、本誓寺にせいぜい奔走してくれるようにと要望しているのである。年欠七月十日付、下間刑部卿(頼廉)宛本庄入道(宗緩)書状に「本誓寺超賢事、賀州小山之御坊主衆取鎮、景虎上洛之折節、路次上下御案内者ニ成馳走之段莫大之抃」[19]とあるのも、これを裏付ける。文書は年欠であるが、謙信の上洛は天文二十二(一五五三)年と永禄二(一五五九)年の二回だから、そのどちらかにかかわるにちがいない。前者は秋、後者は四月の出発ゆえ、右文書の四月四日は永禄二年と見る方が理解しやすいが、この点はひとまず保留しておこう。いずれにせよ、この時、謙信側は通路保障について本誓寺に加賀一向一揆との交渉を依頼したのであり、その依頼の衝に当ったのが「倉田五郎左衛門尉」であったのである。

この「倉田」が蔵田と同一人物であることは疑いない。してみると蔵田は謙信の上洛路次安全をはかるために、北陸一向一揆の協力という政治問題について、本誓寺との交渉に当ったのである。おそらく蔵田はかねてから越後―北陸路―京都あるいは伊勢といった交通路を往復し、その地域の政治情勢を知り、またさまざまの人的関係ももってい

たからではないか。

さらにそうした蔵田の立場・条件を示すものに次の史料がある。(20)

於糸魚川伊勢領何之人脚成共、毎度棟数十尺に相定候上者、誰人違乱候共拾人之外被出之間敷候、并地下鑓之儀
も何方へ成共拾人宛可被調候、

(天正十一)五月十二日　　(直江兼続)山城守(花押)

御師蔵田左京亮殿

書状の主旨は糸魚川伊勢領への人脚役賦課は「棟数十尺限」りとすること、という一種の特権保証であるが、この宛所が「御師蔵田左京亮」であることは興味深い。ここで「御師蔵田左京亮」は糸魚川伊勢領の代官的立場にあったからこそ、上杉方からこの権利保証文書が送られたにちがいない。先にもふれたが、御師が神領の代官的立場をかねているのである。

その際、御師蔵田左京亮と五郎左衛門の関係は不明だが、同姓であり、御師であることからすれば、両者が近い関係にあったこともほとんどたしかであろう。五郎左衛門の商業活動は、当然こうした形で点在する伊勢神領とその代官・御師と連携しつつ拡大展開されていったにちがいない。

蔵田一族(いわゆる同名衆)と上杉との深い結びつきは、また次のような事実にも認められる。(21)

態染筆候、東海道筋使僧上下、種々馳走之段喜悦候、今般重而相遣候、無相違参著候様、路次番被入念尤ニ候、
恐々謹言

(永禄十二)二月廿九日　　輝　虎(花押)

蔵田紀伊守殿

謙信の使僧の東海道筋上下に際し、伊勢に居たと見られる蔵田紀伊守がその安全保障や便宜をはかっているのであ

る。蔵田紀伊守が伊勢のどこに居住しており、使僧がどの道筋を通ったかは明らかでないが、東海道筋といっているから、越後から陸路南下し、伊勢に入り、そこから水口・草津に通ずる東海道筋を通ったと考えてよいであろう。これも、すでに謙信の近臣的地位にあった五郎左衛門が、伊勢にいる同族の紀伊守に連絡をとって実現したにちがいない。

このように見ると、蔵田五郎左衛門には、少なからぬ同族が存在し、それらが伊勢・京都・越後糸魚川神領などに広く分布居住し、それぞれ、有力な地歩を占めていたこと、五郎左衛門の活動は、それら数多くの同族とのあいだに形成されたネットワークを巧みに活用していること、上杉―長尾氏も蔵田氏のそのような条件・能力を広くとりこむことによって、その領外活動・外交交渉等を有利にみちびこうとしていたこと等が明らかであり、五郎左衛門の伊勢の御師という立場がそれらを可能にした原点であったといえるであろう。

三　本城の御蔵役人

蔵田五郎左衛門の上杉領国における多面的活動のなかで、もう一つ見逃せないのは春日山本城におけるその御倉奉行的役割である。

これについては先に、永禄五（一五六二）年二月二十七日、謙信が出先の上野から蔵田に送った書状によってふれたとおり、蔵田は本城留守居役・御倉番・普請奉行的任務を兼ねていたことが注目される。

またその前年永禄四年と見られる卯月二十七日付、直江実綱・河田長親連署の「蔵五」宛書状でも、同様の問題がいっそう具体的に窺われる。[22] すなわち、

へつし《(別紙)》を以申こし候、此方に□ふはん大刀御さなく候間、太田進上の御こし物御越候へく候、又御くらニもゝの

い右馬助進上の大かたな御さあるへく候、一右衛門方いゝ田所より請取、一ついにくろくこしらへにいたされへく候、きうはう《(髹法)》人にたつねられ候て、こしらへこし可被申候、又かみゑ御あつらへ候ふんたい・ひつたい・たんしやくはこ書き申候はゝ、いそきこし可被申候、(中略)府内の御用心、くら共の御用心、ねつみあなゝとゆたんなくふさかせ候て、御はん《(番)》きん《(急度)》と申つけられへきよしおのおのゑ申とゝけられへく候、此外不申候、恐々謹言

卯月《(永禄四)》廿七日(朱印)

直江　実　綱
河田　長　親

蔵　五

というのである。

『越佐史料』の載せるもので、読みについてやや難解な部分があり、日付下の「朱印」も書状形式文書としては異例であるが、直江・河田両人から蔵田五郎左衛門に向け、謙信の用として太田進上の腰の物＝太刀、御倉に納めてある桃井右馬助進上太刀を一対に黒こしらえに調製して届けるように命じていることは明らかである。「きうはう人」は髹法人で塗師のことである。謙信はこのとき関東管領就任を期して鎌倉に入っていた。おそらくその儀式に用いるものだろう。書状はまた、「かみ」＝上方に誂えた文台なども至急送れといっており、同時に府内の用心、倉番について注意を促している。倉は武器倉・兵糧倉・金銭倉等にわたり、大名の軍事力・経済力がそこに集約されているものである。

この点をさらに具体的に語ってくれるのは次の謙信書状である。(23)

去月十二日てう《(条書カ)》所を以ゆひ越候事、いさへ《(委細)》聞届候、(中略)

一、しものくらにいけさせ候代物を、いつれをも実城におくへく候、とても越前守(長尾景政)なをへ(直江)又遠江守(長尾藤景)其方何もおき候、やかて柿崎(景家)にそへ二人も三人も可返候間、はちかみねの事はいかにもふ

しんさへよく候はゝひきあけてもたせ候におゐては、けんこたるへく候（中略）
一、この方より申こさす候とも、あきちけん所に候はゝ、りやう《（両）》人たんから《（談合）》候て、くらたにあつけへく候、
一、こゝもとひきあけ候て、当月廿日ころには帰府すへく候間可心安候（中略）
三月《（永禄七）》四日　　　　虎
蔵田五郎左衛門とのへ
荻原伊賀守とのへ

これは関東出陣中の謙信に宛てた蔵田等の「条書」に対する回答である。ここに見える「しものくらにいけさせ候代物」とは、「しもの倉」に埋蔵してある金・銭などということであろう。それらをみな「実城」＝本城ないし本丸に移させよといっている。事情は断定できないが、謙信の越山（関東侵入）中、武田信玄が、北信から越後に侵入し、春日山をうかがう動きをとりだしていたことに対応する施策であろう。

さらに書状の後段にある「あきちけん所に候はゝ……くらたにあつけへく候」は解釈に苦しむが、「あきちけん所」の「あきち」は「明地」で知行人が何らかの事情でなくなり、漸定的に直轄領化した所ではないか。そのような土地は「くらたにあつけ」る、すなわち、蔵田がひとまず管理者として預かる、というのではないか。この解釈は不安を残すが、もしそのようなことであれば、蔵田は御倉役というだけでなく、上杉家の財政問題にひろくかかわっていたことになる。

ところで蔵田の財務担当吏僚的な側面を考えるうえで想起されるのは、謙信が春日山城の倉に残した備蓄金の問題である。謙信は天正六（一五七八）年三月に急逝した。その後間もなくの五月、備蓄金の調査が行なわれ、報告書が作成された。すなわち、(24)

(1)　惣あり金之一紙

御利平之金

かい金　　惣一紙

所々より参金

一八百枚　御おひ(笈)よ(四)つに入申て御座候

一弐百八拾七枚八両一分一朱中小朱中

あり金合千八拾七枚八両一分一朱中小朱中

　このほか

参拾八枚三両二分　へつして御あつけなされ候

惣都合千百弐拾六枚一両三分一朱中小朱中

---

(2)　とそう一紙

　黄金之　　惣一紙

一千五百八拾八枚四両三分二朱糸目

　此内

一弐百弐拾六枚　御前江参

此内六まひは善光寺に御ミとこ

残而

一千参百弐拾弐枚九両一分三朱糸目　あり金

此内四枚三分一朱府内御利子さかり

天正六戊寅
五月五日
忠《河隅》　清（花押）
長《飯田》　家（花押）
とめ様

というものである。忠清・長家はやはり上杉氏の財務担当吏僚ともいうべき人物であろう。「とめ様」は未考。この年三月十三日謙信死去の直後の同月二十四日、景勝は春日山実城に移ったが、相続をめぐって景勝と景虎のあいだに「御館の乱」が勃発した。春日山城備蓄金調査はそうした状況に迫られて行なわれたものに相違ない。

この調査報告の二紙⑴⑵分を集計すると、黄金二四四九枚余となる。黄金一枚は一〇両であるから、両に換算して二万四四九〇両余である。一両は「京目」で四匁五分、「田舎目」では四匁というのが標準であった。ちなみに金一〇両は当時銭三〇貫前後というのがおよその相場と見てよいだろう[25]。

⑴の部分の「御利平之金」とは貸付金からの利子収入分である。貸出先は記されていないが直江津をはじめとする都市の有力商人ではないかと思われる。年欠九月五日付、山田喜右衛門宛直江兼続条書の一条に「於此方黄金借候衆如申越候可申付候事」とあるのは、この点とかかわるであろう[26]。「此の方に於て黄金借り候衆」というと、上杉方から借りたと解すべきであろう。上杉家から黄金を借りた商人がその返済方法あるいは利子率などについて何らかのことを願い出てきた件について、それを聴き入れる、ということであろう。大名がいったん収納した年貢米・金銭・織物その他の物品を売り出したり、貸し付けるということは今川の場合などでも認められることで[27]、大名の財政活動としても重要な意味をもち出していると見なくてはならない。

調査報告⑴の「御利平之金」につづく「かい金」も重要な意味をもつと思われる。これは大名が年貢米あるいは備蓄銭を金に買い換えることではないか。大名は常時戦争に対応できるように、本城や各地の支城・番城等に大量の兵糧米を備蓄するのが普通であり、これは時期を見て売却し、また新備蓄米にかえてゆく。そこには米・銭・金の間に取引相場が成立するわけで、大名の財政担当吏僚はそうした取引に熟達しなければならなかった。

ところでここに記された春日山城の備蓄金が他の戦国大名の場合と比較して多いのかどうかはただちに判断できないが、上杉氏は金の備蓄に特別な努力を払っていたと思われる。別稿でふれたように、(28)十六世紀中葉頃から、周辺国家群をふくむ中国(明)の銅銭の流通システムは解体に向かい、日本でも銅銭の一律的な信用は動揺が深刻になっていた。幕府諸大名における撰銭令の反復的発令はそれを示しており、戦国大名は一方では後北条氏が行なったように永楽銭を基準通貨とし、年貢・段銭等は極力それら良銭による納入を要求するようになった。

しかし問題は領外取引の場合である。銅銭の信用がゆらぐ中で戦国大名はいっせいに金・銀の採掘・確保に向かうが、上杉氏の場合、その財政経済が上方との結びつきを強くもち、それへの依存度が高かっただけに金への要求はとくに強く、また金と米・銭との交換等に関する知識・運用能力も切実に要求された。謙信は天正五(一五七七)年十月二十五日、能登国中制札を発しているが、(29)その中でも「黄金商売以京目致之事曲子細也、所詮是も鄙目に可申付事」と規定している。京目を禁止し鄙目(田舎目)を用いさせることは、金と銭との交換において、金の評価を高い水準で確保するということであり、そこに上杉氏の財政的意図が働いていたと考えられるのである。

このような、中国皇帝の発給する銅銭を唯一のアジア国際通貨とした段階からの急激な転換の中で大名たちが必要を迫られた問題は、領国をこえた広域の通貨事情の知識であろう。上杉領国の場合、そうした情報を誰よりも豊富に手に入れることができ、新しい事態に適切に対応しうる能力をそなえていたのが蔵田五郎左衛門であったと見ることはけっして無理ではない。

蔵田と備蓄金・通貨問題とのかかわりを直接物語ってくれる史料は、今のところ発見されていない。したがってこの点はどこまでも推測の域を出ないが、蔵田の役割はここでも特別なものがあったのではないだろうか。後考をまつべき問題であるが、蔵田に期待されたものはとくに大きかったにちがいない。

むすび

以上、若干の推測を混えつつ、蔵田五郎左衛門の上杉領国における活動形態・役割を追跡した。すでにふれてきたように、蔵田は伊勢神宮の御師をその多面的活動の原点とし、神領と旦那を足場に青苧商人として成長する。麻は神宮の神事に不可欠の物資であることがその発端であったかも知れないが、かれは京都、そして産地越後にその活動舞台を拡大した。そして、青苧公事の賦課をめぐって対抗する三条西家・天王寺苧座と上杉―長尾氏・越後商人とのあいだに立って手腕を発揮し、越後青苧座の統轄者の地位につき、三代にわたってその地位を維持した。

一方、蔵田一族は、越後糸魚川神領・京都・伊勢などに分布して緊密なネットワークを形成し、謙信の上洛のための北陸路安全保障を一向宗寺院と交渉する問題、また上杉使節の東海道通行の安全保障問題等、上杉氏の外交・領国外行動にかけがえのない貢献をした。と同時に領国では春日山本城の御蔵役人・財政担当の専門吏僚として蔵田の活動には目を見はらせるものがあった。

蔵田のこうした多面的な活動を可能にした要因は、かれが地付きの侍・領主層とはちがって、伊勢・京都という全国経済・政治の中枢地帯にひろく人脈・情報網をもち、大名領国の存立に欠かすことのできない対外（領国外）外交・貿易活動にきわめて適合的な存在であったところにある。

同時に他方では次のような事情も作用していたかも知れない。この時代の戦国大名の課題は大まかにいって、⑴農民支配、⑵家臣団―軍事組織の編成、⑶商業・通貨・財政問題といった三分野に区分されるであろう。これらの三側面を、上杉の場合についてみると、⑴⑵の面は阿賀北衆をはじめとする越後国人領主層の自立的割拠性の根強さによって、後北条氏の場合などと比較してみると明らかに立ちおくれていた。[30] 国人領主の反復的な反乱、農民支配のための検地の困難、税制システムの統一性の欠如等はそれを示している。

そうした中での謙信の関東出兵のくりかえしは農民経済を疲弊させ、その窮乏や人身売買を抑止することができなかった。[31] 謙信・景勝は、そうした事態に対して、開発と農作の安定をはかる積極的な農政を打ち出すことはほとんどできず、窮乏状況に対しては、徳政令[32]を発して当面の負債を一時的に救うという形の糊塗的対応策に終始していた。その点は、上杉領国財政を、領国内生産力強化策によって安定させる道を不可能とし、青苧に対する流通課税に代表的に見られるような流通支配・領外交易への依存を強めざるをえなくした。戦国大名はいずれの場合も多かれ少なかれ中央地帯と経済的・政治的に結びつくことなしには存立できなかったが、上杉の場合、そうした傾向はとりわけ重要であった。

蔵田五郎左衛門が上杉領国を舞台とする青苧商人にとどまらず、短期間のうちに領国の経済・外交の核心をにぎる立場にまで経上っていった一面の事情は、おそらくこうしたところにもあったであろう。

(1) 『実隆公記』大永五年閏十一月二十七日条に「蔵田苧公事減少之儀有申旨、一向不叶事也」とある。
(2) 「歴代古案九」所収、天正十年三月朔日、蔵田五郎左衛門宛上杉景勝安堵状に「青苧座之事、祖父五郎左衛門以由緒拘来候条、国中不嫌入不入幷御師山伏等不可有赦候、無如在可相調者也」とある。
(3) 三条西家の青苧役収取については、小野晃嗣「三条西家と越後青苧座の活動」(同『日本中世商業史の研究』法政大学出版局、一九八九年)がある。
(4) 三条西実隆自身の記すところでは、同人の日記『実隆公記』文明十一年九月六日条に「自坂本月輪院、苧課役年貢運送之」とあるのがもっとも早い関連記事である。
(5) 『越佐史料』文明十八年五月二十六日条および『実隆公記』一〇、文明十九年四月紙背文書に収める。
(6) 小野晃嗣(前掲論文)は、これを越後苧商人の行為と見ているが、脇田晴子はこの座商人を天王寺本座商人と見ている(同

『日本中世商業発達史の研究』御茶の水書房、一九六九年、三七三頁)。脇田に従うべきである。
(7) この請取の案文は『実隆公記』大永八年二月七日条に載せられている。
(8) 「毛利家文書」「上杉家記」一二、所収。
(9) 『越佐史料』三、三〇八。
(10) 『実隆公記』大永三年八月六日条。
(11) 右同、大永三年八月二十九日条に「若州苧船四艘」、同三年九月三日条に「若州舟十一艘着岸各留置之、右京亮有申旨」などと見える。
(12) 御師の商業活動については豊田武が『中世日本商業史の研究』(岩波書店、一九五二年)の随所で言及している。
(13) 大熊備州については明らかでないが『新潟県史』中世史料編一、一九一号文書の注によれば、名は政秀、永正～享禄の頃の守護所の財務担当吏僚であったらしい。
(14) 『新潟県史』中世史料編一、四七〇号文書。神余実綱は『実隆公記』にも「越後雑掌」としてしばしばその名が見える。
(15) 『小田原衆所領役帳』職人衆。
(16) 右同、小田原衆。また永禄九年五月二十二日、宇野源十郎宛北条氏康朱印状(『小田原市史』史料編中世Ⅱ、六四四号)など。
(17) 永禄五年二月二十七日、蔵田五郎左衛門宛、上杉輝虎書状(「聴濤閣集古文書」『越佐史料』同日条所収)。
(18) (年欠)四月四日、本誓寺同宿中宛長資・実綱書状(『新潟県史』中世史料編二、二三〇二号文書)。「実綱」はその名からすれば在京雑掌神余実綱であろう。
(19) 『新潟県史』中世史料編二、二一九七号。
(20) 「伊勢古文書集二下」『越佐史料』天正十一年五月十二日条所収。
(21) 同前『越佐史料』永禄十二年二月二十九日条所収。
(22) 「蔵田文書」『越佐史料』永禄四年卯月二十七日条所収。
(23) 「歴代古案四」『越佐史料』永禄七年三月四日条所収。

(24)「伊佐早文書」『越佐史料』天正六年五月三日条所収。

(25)永原慶二「伊達京上使の経費報告」(同『室町戦国の社会』吉川弘文館、一九九二年、一三一〜三頁)参照。

(26)「上杉古文書一六」『越佐史料』天正十年九月五日条所収。
なお戦国大名の「倉」の機能については、阿部浩一「戦国大名領下の〝蔵〟の機能と展開」(『史学雑誌』一〇三―六)が優れた考察を行なっており、貸付の問題にも言及している。

(27)今川氏の財政運用については、永禄九年十月二十六日付の今宿商人宛今川氏真判物(「友野文書」)に「毎年各江売渡絹布以下」とあるところからもその一端が窺われる。

(28)永原慶二「伊勢商人と永楽銭基準通貨圏」(日本福祉大学知多半島総合研究所『知多半島の歴史と現在』5、一九九三年、本書第Ⅱ部第二)。

(29)『上杉家文書』二、六五四号。

(30)永原慶二「上杉謙信の経済政策」(同『中世動乱期に生きる』新日本出版社、一九九六年)所収。

(31)天正十八年卯月二十七日付上杉氏宛秀吉朱印状に「人を売買仕候由言語道断」(『上杉家文書』二)とあり、同卯月二十九日、真田安房守宛秀吉朱印状に「東国習ニ女童部をとらへ売買仕族候者、後日成共被聞召付次第、可被加成敗候」(「真田文書」真田宝物館所蔵)などとあることから、十分推定できる。

(32)たとえば天正十一年七月、上杉景勝は越後国内に徳政令を発している(『上杉家文書』三)。それは御館の乱による民衆の疲弊への対応策と見ることができる。また永禄四年三月十一日に上田・妻有・藪神方面に発した徳政令(『上杉家文書』三)も、謙信の越山のための負担救済を目的としたものと解せられる。

第六　戦国期の都市と物流——研究史的検討

一　戦国期都市研究の諸潮流

近年、日本の中世都市をめぐる研究は活況を呈している。それにはいろいろの理由をあげることができるだろう。一般状況として日本社会における農業、農村の比重が低下し、都市の比重が急激に高まるとともに、さまざまの都市問題が噴出しているという、現代社会の問題状況が多くの歴史研究者の関心を都市史に向けさせているということがある。

学問的には、中世都市研究に新しい視点と方法にもとづく多彩な成果が次々にもたらされ、そこから中世社会像全体を見直す途がひらかれつつある、という状況が多くの研究者の目を中世都市にひきつけているということがある。

そうした状況の中での研究の新しい動きは、ごく大まかには、次の三つの潮流に分類することができるように思われる。

第一は、越前の戦国大名朝倉氏の一乗谷城館遺跡や瀬戸内海の港町草戸千軒遺跡調査に代表されるような、考古学的アプローチである。前者は国と自治体の協同による遺構の本格的な発掘・調査・復元事業が既に長期にわたって継続され、戦国の城館遺跡の全貌がそっくり掘り出された稀有のケースである。後者は広島県芦田川河口近くの中洲にかつて繁栄した中世の港町が、洪水によって完全に水没した遺構の発掘である。その中洲が芦田川の氾濫因となることから、これが大型土木事業によって除去されることとなり、これまた長期にわたる徹底した事前調査によって、多くの成果が挙げられた。調査はすでに完了し、遺構のある中洲は除去されたが、広島県立博物館(福山市)に遺構が縮尺で復元され、往昔の繁栄・中世都市生活の実相をつぶさに看取することができるようになった。

考古学的方法による中世都市の発掘調査はこれにとどまらず、鎌倉・京都・博多などをはじめ、十三湊・平泉・清洲・堺・尾道以下、中世の諸時期・諸地域にわたって推進され、その成果は直接人びとの視覚に訴える形で明らかにされている。

第二は、「無縁論」「非農業民」論を論拠とする中世都市研究である。その主唱者網野善彦の論旨を要約するなら、中世都市あるいは宿・市などそれに準ずる都市的空間は、中世地域領主の支配領域の外部に存在する「無縁」の地である。そしてそこを活動の場とする「非農業民」、すなわち商人や手工業者は、地域領主の身分制的支配の直接的対象である農民と基本的に区別される性格をもつ。割り切っていえば、農民は「縁」=領主制的隷属の下におかれている存在であるのに対し、「非農業民」は「無縁」=「中世的自由」の世界に存在する。中世都市の「自由」はこうした都市的な場そのものの「無縁」性と、そこを活動の舞台とする人びとの社会的存在形態の「無縁」性とによって規定される、というのがその骨子であろう。

網野はこれによって、人間と空間の両面から中世都市を中世農村から画然と区別し、それによって従来の社会分業論的視点からする立論とは異なる中世都市の社会像を描き出そうとした。この論は、中世都市の領主権力から分離した〝自由〟〝自治〟を直截明快に説明しやすく、また都市的空間としての「市」の「無縁」性がしばしば「河原」のような空き地に開設される事実から説明されるため、多くの共鳴者を得て、今日中世都市論の有力な一潮流となっている。

第三は、小島道裕(1)や市村高男(2)の戦国城下町研究に代表されるように、文献史学・歴史地理学・城郭研究などの方法を総合的に駆使しつつ、中世、とくに戦国期の都市景観論に新たな照明を加える研究である。それは従来の研究成果をもっとも地道に受けとめつつ、都市景観の復元によって、中世都市像を具体化する方向を打ち出している。この研究はとくに第二の研究動向と直接対立したり排他的関係にあったりするものではないが、前者が「無縁」というような、より社会原理的な問題に重点をおいているのに対し、これは戦国城下町の具体像の追求を通じ、その都市構造の歴史的特質を明らかにしようとしている。小島等の研究によって、戦国諸城下町は、その個別の姿をこえて共通する基本的構造原理をとらえる道が切り拓かれつつあるといってよい。

以上三つに要約されるアプローチを通じて、中世都市研究の今日の水準は全体として大きく引き上げられることになった。そして同時に、多くの中世史研究者の関心もそこにひきつけられるようになった。その結論的認識はごく大まかにいえば、中世都市の形成・展開水準を、従来イメージされていた以上に高度なものとし、それと不可分の物資流通・水陸輸送等の水準もまた予想以上に高いのではないかというところにある。それはかならずしも厳密なデータによって実証的に十分裏付けられているというものではないが、大筋としては多くの研究者が受け入れる共通理解となりつつあり、さらにそれを重要なファクターとして日本中世史像を再構成しようという試みも進められだしている。私自身は以前から室町戦国期の経済発展を積極的に評価し、中世前期と後期とのあいだに横たわる経済水準の相違を重視する立場にあったため、そうした理解はそれなりに受けとめやすい。しかしそれだけに現時点においては、右のような研究の諸動向と中世都市像の再検討がその経済・都市の「発展」の内容をめぐってとくに重要である。発展面を余りに強調することによって中世後期の状況を近世のそれに引きつけてしまうことは適切でない。流通の在り方にせよ、都市にせよ、両者のあいだには重要なちがいがある。以下この点を念頭において、戦国期の都市と物流に関する問題を考えてみることとしたい。

二　戦国期城下町と港津都市

中世、とくに戦国期の都市については、古くから戦国大名の城下町、港津都市、寺社門前町および寺内町、宿駅市場町などといった類型化が行なわれている。それらにとくに問題があるわけではない。しかしその類型化が都市形成の系譜を示すだけに終って、都市の経済的・社会的・政治的な性格上の差異という、より本質的な問題の解明にまで進まないならば、類型化という試み自体の歴史学的意義はそれほど大きいとはいえないだろう。

戦国期の都市の代表的タイプとされることの多い戦国大名の城下町は、およそ以下のような特殊性をもっていた。そのモデルとして城下町の具体像をもっとも確実に知らせてくれるのは越前朝倉氏の一乗谷遺跡である。長期にわたる大規模な発掘・調査によって南北両側の山に囲まれ、上下の「城戸」によって区画された足羽川支谷の空間に、朝倉館と上級家臣たちの多数の屋敷とが一乗谷川をはさんで建設され、「下の城戸」に近い部位には鍛冶屋以下多数の職人の居宅ないし仕事場も発見された。またそれに接する地域には数多くの寺院も創設され、全体として、①大名・侍屋敷、②職人・商人居住地区、③寺院空間という、三つの構成要素が統合され、大名城下町の骨骼が形成されていたといえる。(3)

しかし、「城戸の内」は、見方によっては、城下町というより「城塞都市」といった方がよいのではないか。一乗谷は地理的には「下の城戸」の外部は足羽川によって福井平野に出、北国街道と交わり、さらに三国湊にも連なるし、「上の城戸」を南西に抜ければ北国街道と国府の町武生に通ずる点で、越前支配という戦略的視点からも重要な位置といえようが、「城戸の内」そのものは、地域的な交通、交易の拠点としての宿駅、市場をその内部にもつものではなく、城郭の「総構」の範囲内にあたると思われる。その内部に居住する職人群も領国をひろく商品市場とするようなものではなく、大名・家臣の直接的要求に対応するお抱え職人的なもの、小島道裕のいう「直属職人」と見られるものである。小島は戦国都市一乗谷の市町といらべきものは、「下の城戸」の外側、足羽川に接した安波賀地区あるいはそれより足羽川下流部の中毘沙門辺にあったと推定する。[(4)] 安波賀は「下の城戸」の外側に接しており、永禄八(一五六五)年時点で「安波賀蔵」の存在も確認でき(「真珠庵文書」)、「城戸の内」=「総構」の構築につれて市町が次第に発達したとも考えられる。しかし中毘沙門であれば、場所から見て一乗谷ともともとは別個に展開してきた市町といわざるをえない。現在のところ安波賀の市町の実態は十分明らかにされていないことを考慮すれば、一乗谷の「城戸の内」は外部の市町と一体化して、都市的展開をとげていたかどうかはなお慎重でなくてはならない。

大名・国人等戦国の地域領主にとっては、自己の直接管理が及ぶ城下に市を立て商人を招致することが、兵糧以下の諸物資の調達の面からも、年貢等の収取物の売却の面からも、さらに民衆の生産物販売と銭貨獲得の機会をつくるなどいずれの面からも必要だった。しかし軍事的拠点としての城塞は、地理的に市町とはじめから一体的に占地建設されるわけではない。すでに小島や市村高男がいくつもの事例によって明らかにしているように、城の「総構」と市町とは本来別個に発達してきたこと、また領主の側が市町の取り込みのために、「新宿」「新町」を「本宿」「本町」と「総構」の中間的場所あるいは「総構」に接して建設する努力を進めていることが、各地に共通する事実として認められるのである。

その意味で戦国大名・国人領主の城下は、当初から一定の都市的展開をとげていたり、統一的な都市プランをもって、商人・職人を強制的に移住させたりしていたわけではない。戦国城下は第一義的には城塞そのものである。従ってそのような城塞が都市として展開するためには、何よりも家臣団の多くが「総構」の内部および「山の根」「根小屋」などと呼ばれる「総構」に接続する空間に、本領から本格的に移動、集中することが必要である。一乗谷の場合、上級家臣の屋敷が朝倉館と道をはさんで数多く建設されたことは事実であるが、彼らがその本領から軍役衆たる多くの兵士(足軽)を率いて一乗谷に本格的に引き移ったとは考えにくい。また、家臣たちは一乗谷に止宿している期間も食糧以下の諸物資の相当部分はおそらく自分の本領地から搬入してきたであろうから、一乗谷とその周辺農村とのあいだにおける商品売買関係は本格的な市場関係を発展させる条件をもっていなかったはずである。一乗谷の市町部分がこれまでの調査研究でもなお鮮明にその姿を現わさないのは、むしろそのような、「総構」の内側およびその隣接地区への家臣団の移住・定住度の低さと深くかかわっているからと思われる。

後北条氏の本城下であり、全国的に見ても屈指の戦国城下町と見られる小田原においてもそうだった。小田原は東海道が足柄道よりも箱根道を主とするにつれて宿町として南北朝・室町期から発展した。宿町の中心は海岸沿いの古新宿から宮前(松原神社門前)の辺りであり、街村として成立した。

一方、大森氏の小田原城は八幡山本曲輪の辺りで、現地形でいえば東海道線の北西の山側である。この両者は本来一体のものでなく、宿町と城砦はそれぞれ別個に成立していった。従って北条氏綱が小田原城を本城として以降、本丸は八幡山古曲輪より現存する近世本丸に近い部位に移され、氏康以降、二の丸・三の丸外郭が街道・宿町に向けて構築され、とくに三の丸外郭の構築によって宿町と城館がほぼ一体的に接近する。そして秀吉の攻撃を受ける直前、発展した都市部分が大々的に構築された延長九キロメートルに及ぶ大外郭によって、城と町とは完全に一体化された。その歴史過程を見れば、宿町と城とは別個に誕生し、本来初発から城下町としての都市プランの下に建設されたものでないことは明らかである(永原慶二執筆「戦国都市小田原」『小田原市史』古代中世通史編、第九章、参照)。

こうした城下町と比べると、港津都市は大きく異なる経緯・性格をもって成長してきた中世都市といえるのである。その代表的事例は、やはりもっとも徹底した発掘調査の行なわれた草戸千軒であろう(5)。芦田川河口の中洲に形成されたこの町は、右岸の丘上に立つ明王院の門前町的位置にあるともいわれるが、基本的には大名・国人領主の軍事的・権力的拠点という性格をもたず、交通・交易の要地としての経済機能を主たる契機として商人を中心に発展してきた町であるといえる。

長期にわたる精密な発掘調査はこの町の発展の諸画期と住民の性格、生活文化の具体相を見事に解き明かしてくれたが、それはすぐれて民衆的都市世界である。芦田川の舟運によって中流域までの米をはじめとする生産物がここに積み下ろされるとともに、中国産の陶磁器をはじめとする東アジア地域の諸物産も直接間接当地にもたらされたはずである。中国陶磁器も高級品でなく日用雑器であることは交易の民衆性を示している。出土した木札や陶磁器類、さらに他に類例がない程に多様な生活用具、炊飯器具等がそうした活発な内外交通・生活文化の展開を裏書きしている。

中世の港津は、草戸千軒のみならずしばしば軍事的・権力的な関係から一定の距離をおいた都市的空間として発展した。伊勢の大湊が、廻船業者（問丸）を中心に「公界」とよぶ都市運営の中枢機関を組織し、入港する大小の船舶から積載品に応じて入津料を徴収していることは、この港津都市が発生史的にも大名・国人領主の直接的権力支配によって町立てされたものでないことを示している。桑名・大湊・堺などに代表されるいわゆる「自治都市」は大まかにいえばほぼこの類型に属するものである。

しかしもとより、大湊にしても、領主的権力からまったく別天地に、〝無縁的自由〟を維持しつづけたということではない。大湊はそもそも伊勢神宮の御厨年貢米等の揚陸港であったし、戦国末期には北畠・織田・九鬼等の領主権力が浸透しており、それらの要求（廻船サービス・関銭等）に応ずることでその権力の傘の下に、〝自治〟という形が一定の範囲で生きのびていったのである。

この点は越後の代表的港津都市柏崎の場合ではいっそう明白である。柏崎は上杉領国内にあり、春日山城から至近距離にある直江津とともに、上杉領国経済の心臓部といってよい地位をもっていた。だが都市成立史の視点からいうなら、柏崎は上杉領国の形成に先行して港津都市として独自の展開をとげてきたに相違ない。越後の代表的物産の一つである青苧は魚沼郡を中心とする山間部を主産地とし、魚野川・信濃川の舟運で小千谷・蔵王堂に積み下ろされ、そこから陸路柏崎に運ばれ、「越後船」「若狭船」などで小浜に海上を送られた(6)。他方、戦国期に入ってその需要が急激に拡大した「くろがね」＝鉄地金は、出雲の宇竜津などから日本海沿いに小浜、さらには直江津・柏崎などに運ばれた。宇竜側の史料では、同港に「但州船」「北国船」なども少なからず入っている(7)。

さらに柏崎の港津としての重要性は柏崎以北の米をはじめとする日本海側物産を輸送する多数の船舶の寄港地でもあり、その点では東北と南西からの海上交通の接点であった。柏崎の港津都市としての繁栄は『梅花無尽蔵』に「市場之面三千余家、其他深巷凡五六千戸」（長享二年十月）と記されていることからも窺われ、それが謙信期の上杉権力による都市建設によってはじめて発達したものでないこと、従ってそこには町年寄を中心とする町人的「自治」があったことは十分推定できるのである。

上杉の権力はそのような歴史的事情からする自治的性格の濃厚な柏崎を、いわばその外部から権力的に保護するとともに上から掌握してゆくのである。永禄七（一五六四）年四月二十日付柏崎町中に宛てた謙信の制札案は(8)、「当町江諸商売ニ附而出入之牛馬荷物等、於近辺所々、新役堅停止之事」「於青苧役者如所々（前カ）厳重可究済事」「当町之事、先年再興之処、前々在町人専自由、構居所於方々、于今不還住云々、甚以曲次第也、所詮当宿江早速可帰住、但領主依抑留、至于遅滞者、以交名注進之上可成其届事」以下計六箇条を定めている。一面では商人たちの町への自由な出入りを保証し、町の周辺での新役賦課を禁止するとともに、他面では重要商品としての青苧流通への賦課、町人の還住等をきびしく規定している。「当町之事、先年再興」ということの具体的内容は明らかでないが、そうした機会をとらえて上杉大名権力が柏崎の町支配に本格的に乗り出しているのである。この制札案には末尾に「荒浜屋宗九郎」という押紙が貼付されている。おそらく制札の実際の交付先であり、柏崎の町を代表する町人頭であろう。制札が荒浜屋に宛てて発給されていることは、大名権力が歴史的に形成されてきた〝自治〟的町人組織を解体するのでなく、むしろそれを認めつつ、包みこむ形で大名側の権力意志を貫いてゆく方式をとっているからであろう。

上杉謙信の町掟にはこの柏崎町中制札に先立って、永禄三年の府内町人宛の条目がある。[9] これを柏崎制札と比べてみると、府内の方が、鉄役と青苧役を除く外臨時之課役・清濁酒役・麴役等の諸賦課免除、以後五年間の地子免除等、その規定内容がより具体的である。春日山膝下の府内の場合、大名権力の掌握が柏崎に比べて強化されており、地子収取もきびしく行なわれていたと判断される。大名権力と都市との関係の仕方は、本来一律、また一体のものでなく、徐々に掌握度を強めてゆくことが知られるが、港津都市の場合、大名領国内にあっても都市の自治的性格はその存在の基底部において生きつづけているのである。

以上のように、戦国期の都市は寺社門前を除けば基本的には城下都市と港津都市の二類型に集約することができるが、後者こそが中世都市の基本的性格をもっともよく示すものと思われる。この他都市として本格的発展をとげていないが、水陸交通の要地に出現する宿・市も多かれ少なかれ都市的性格を帯びてくる。多くの場合宿が市をもつからこれを一括して「市町」とし、それを第三の類型とよぶことも可能であろう。

ただ市町の場合は、その性格を一元的に規定しにくい。市町の中には生産力の上昇、人と物の移動の拡大という経済発展につれて自ずからに形成されてきたものもある。しかしむしろ多くは大名・国人領主等が意図的に取り立て、商人招致策・開発政策を採用してその成立・維持を計っているものである。前者のケースは後北条氏の支城武蔵松山の城下町の発端に認められる。ここでは「町人さばき」とよばれる「町人」の自治的都市運営が、支城主上田長則・憲定の発する町掟のもとで行なわれていたことが知られている。[10] それはおそらく、上田氏の支城領支配に先行し、市町の成立と「町人」による自治的運営が成立していたため、支城主側もその歴史的経緯の上にこれを認めることになったのであろう。そうした点で、市町の基本的性格は権力による取立てのケース（実際はこれが多いが）を別とすれば規模は小さくともやはり「町人」による自治的運営にあったわけであり、港津都市と共通の側面を認めてよいこととなるであろう。

三　戦国期の物流——銭納と兵糧の問題

ところで戦国期の都市の性格を規定する重要な要素として物流の問題がある。ここで「物流」というのは、民衆レベルの「商品生産」をふまえた「商品流通」にかぎらず、年貢・兵糧米の輸送のような非商品的諸物資の輸送・流通を併せて考えなければならないからである。

以下、この時期の物流の問題を、(1)いわゆる貫高制年貢と物流、(2)兵糧米の確保・輸送、という二つの面から検討してゆこう。

1　貫高制年貢と物流

周知のように、荘園年貢も大名・国人領主の収取も十四世紀頃から貫高で表示されることが多くなってゆく。しかしそれは個々の年貢負担者が、自己の生産物を市場で換金し、直接銭貨をもって納入することと同義ではない。

貫高表示年貢収取をもっとも統一的に推進し、これを知行宛行・軍役の基準数値とする貫高制を領国統治の根幹的制度とした小田原北条氏の場合、個々の年貢負担者=百姓が、どのようにして領主への年貢を納入したのか、その換貨過程、それにともなう年貢米の処理等の具体相は必ずしも明らかでない。しかし年貢の基本部分を百姓が個別に換貨したとは考えられず、おそらく郷村の蔵、支城・本城等の蔵に納入された年貢米が、代官・蔵奉行等によって随時売却されたであろう(本書第Ⅰ部第三)。

元亀元(一五七〇)年、「行憲」なる人物が武蔵の井草百姓中に宛てて発給した次の文書[11]はその問題にかかわるものである。

井草之郷午之蔵納所之事
　五貫文　代物にて納
　仁貫四百七十文　籾大豆麦にて納
　五貫文　田口外記御給分に引之
右之所納御検地之上拾仁貫四百七十文之分御書出之辻、
田口外記為取次皆納之所実正也、仍如件、
　庚午十二月廿八日（元亀元カ）　　行　憲（花押）
　　井草百　姓　中

　これは井草郷のおそらくは後北条氏側の役人であった行憲が出した年貢の請取である。検地高辻貫高のうち、五貫文は銭で、二貫四七〇文は現物で納められ、五貫文は給分として田口外記に与えられている。その際銭納の五貫文は、おそらく田口外記の「取次」過程で換貨されたものであろう。大名側の収取の基準数値は貫高で表示されているが実際の収納は、農民は現物で納め、代官・現地給人等のレベルで換貨され、銭と現物の混合で大名の手に渡ったようである。おそらく貫高制は当初はすべて年貢負担者による銭納であったというものではなく、このように、年貢物が時・場所・状況により部分的に換貨されて銭納、他は物納という形で行なわれていたであろう。

　この点はやはり貫高制を採用している甲斐の武田領国でも、ほぼ共通する事実がある。別稿（本書第Ⅰ部第二）でもふれたように、武田領では、年貢賦課耕地のうち、田地年貢は「米地」として米納であり、郷村ごとに納入集積された年貢米は、武田直轄領では、御蔵前衆とよばれる代官の手によって商人に売り払われるのが普通の形であった。(12)

　武田御蔵前衆の一人として知られる末木新左衛門は八田村（現石和町）の有力住人で代官＝御蔵前衆となり、笹本正治の研究によれば天文年間既に自から金融業・商業にも関係していたらしく、永禄二（一五五九）年には「甲信之内一月馬五疋口諸役免許」を認められている。「馬五疋」というのは必ずしも実際の運搬馬が五疋だけということでなく、五疋分無役という特権の数値にちがいない。このことからすれば、末木氏は御蔵前衆として年貢米の処理に当たる仕事から、やがて自から商人化していったと見ることが出来るわけである。年貢米は通常、其の地域の市場に巡回してくる商人に売り払われるであろうが、末木氏が右のように「分国中一ヵ月馬五疋」の「無役」を認められているところからすれば、かれ自身商業活動を行ない、年貢米の売却にもかかわっていた可能性が大きい。

類似のことは常陸佐竹領の場合も「大和田重清日記」によって知ることができる。重清は佐竹氏の算用方を勤めた人物であるが、佐竹氏蔵入地の年貢米を、各地の御蔵にいったん収納し、時機を見て売却するのである。日記の中に「宝積寺ノ御コク放候金」とあるのがそれである(13)。宝積寺・泉両村は佐竹氏直轄領であるが、重清は宇都宮に赴き、その地の商人に売却換金している。買取った商人は代価を「金」で支払っている(文禄二〔一五九三〕年)。

駿河の今川氏の場合は駿府に米商人がいて米座を結成していた。当地は古来国府であった上に守護所となり、さらにそのまま戦国大名城下町となったという沿革から、都市としての歴史が長く、全国的にも有数の地方都市としてにぎわっていた。ここで米座の存在と性格が知られるのは、永禄九年東国の不作のため伊勢から関東に多量の米を買付け輸送する必要が生じたとき、その米取引を商人司の友野氏が扱うのか、米座が扱うのかという問題に関わってであった(14)。買付け・輸送に当ったのは友野であったが、米座はこれに対抗し、米の扱いは米座の独占に属するとして今川氏に訴えた。裁決では通常の米商売とちがうという理由で、友野の主張が認められた。友野は伊勢・関東の中継的位置にあって広域にわたる商業活動を展開していたから、その実績が認められたものと思われる。

他方、駿府の米座がどのような形で米商売を行なっていたのかは明らかでないが、おそらく駿府に店舗をもって問屋・小売を営むというだけでなく、今川氏の年貢米を各地に売り捌いたり、大名が随時に必要とする兵糧米の調達に当ったりするという点では友野氏とさして異ならないスケールの米商売を行なっていたのではないだろうか。支城下をふくめ領国内各地の市場で売却される年貢米は、在地の商人・市場巡回商人の手だけによって処理できるとは思えない。相当部分を城下・港津都市などのほか海辺漁村や鉱山などに搬入・売却するとともに、敵対関係にない他領で、合戦・不作等の事情から米の需要が大きい場合のそれへ向けての売却もあった。そうした米の複雑な流通関係のカナメの役割を果したのが米座商人であろう。大名が座を認めるには、半面では座役銭(公用)を徴収するという目的があるが、基本的には領国の米の流通を状況に応じて敏速に切りまわしてゆくという課題が大切であったからであり、米座商人の特権はそのために認められたものというべきであろう。

ところで、そのような戦国期の米の流通形態は、近世の幕藩体制下の米の流通構造とは大きく異なっている。幕藩体制下の年貢米は、十七世紀後半期にその市場・流通構造が成立してくると、城下町を中心とする藩内消費分と、近隣地域の鉱山を始めとする需要地への供給および大坂もしくは江戸への廻米分とが漸次固定化してゆく。加賀藩では西廻海運と全国市場のカナメとしての大坂市場が本格的に機能する十七世紀後半には、二〇万石近い米が大坂に回米・売却され、それによって江戸の経費をふくむ藩の財政支出がまかなえるようになる。[15] そうした在り方に比べると戦国期の大名領の年貢米の流通形態はまだ安定したサイクルを形成していないのである。

文禄四(一五九五)年のことであるが、若狭小浜の豪商組屋源四郎は浅野長吉(長政)の指示によって、津軽の豊臣蔵入地年貢米二四〇〇石を金一枚につき二四〇石替で買い集め、そのうち一〇二六石を南部に搬送して六月七月に金一枚に一〇八石替で売却、さらに八月に南部で七二〇石を金一枚一二〇石替で売却、残り六〇〇石を若狭に送り、船賃二〇〇石を差引いて四〇〇石を小浜の蔵に納入した。[16]

小浜は日本海側各地の物資が畿内に搬入される窓口として物流の心臓部的位置を占めており、組屋はその地の豪商として豊臣政権の年貢米・兵糧米の処理調達を担当し、津軽の米を南部に運び、買代金のほぼ倍額の値段で売り捌き、巨利をあげて秀吉の奉行浅野長吉に納めているのである。このような大型の米取引はもとより秀吉のような統一権力の存在なしには困難であるという事情はある。情報の入手といい、輸送・売却の安全といい、どの点をとってもローカルな領主・商人ではおそらく不可能であろう。しかしこのように地域間の需要を随時に判断し、敏速に売却したり備蓄場所もえらんだりする取引・流通形態は、戦国期のそれの延長線上のものである。大名権力と緊密に結びつく城下町・主要港津都市豪商の巨利獲得の可能性と共存する営業の危険性は、この種の流通形態に根差していた。

2 兵糧米の確保・輸送

戦国期の物流の不安定性の要因の中でとりわけ大きなものは、合戦に伴う兵糧米の確保・輸送である。兵糧米はその性質上臨時的・緊急的な性質をもつ。一定の兵糧は通常本城・支城・郷村などの蔵に備蓄されているが、合戦の場合、武将・軍役衆は地元の市で追加調達したり、沿道や戦場で農民・商人が売りこむものを買付けるのが普通であったが、それらを別として、緊急の大量調達・輸送はどのように行なわれたのであろうか。

永禄四(一五六一)年上杉謙信が関東に侵入、三月小田原城を包囲、このため北条方は危機に陥った。籠城によって兵糧の欠乏が深刻だったが、このとき「伊勢船」の積載する米穀を緊急に買付け、これを「津端」に廻送させた(17)。「津端」は伊豆東海岸の伊東か相模川河口平塚市津端かと推定(おそらく前者)されるが、なぜそこに送らせたのかはっきりしない。小田原が包囲されているのでやむをえずひとまず近傍の港に送らせたのではないかと思われる。この「伊勢船之兵糧」は、史料の文言からすると、「伊勢廻船中・問屋中」が商品米として東国方面に向けて輸送中のものを非常買付けしたように読めるが正確な事情は判断しにくい。しかしいずれにせよ「伊勢廻船中・問屋中」所管の大量の米が伊勢から東国に向けて送られていたのだと思われる。大湊廻船のような有力商人は米穀の大規模な隔地間取引を行なっていたと見てよいであろう。

また永禄七年〔推定〕六月、北条氏康は、品川で銭一五貫文分の米穀を、奥津・桜井両名に命じて五日のうちに調達させている。[18] この年一月、氏康は里見義弘と下総国府台で戦っているから、これもそれとかかわる兵糧調達であろう。品川は東京湾に面する主要港津で都市的発展が顕著な場所であるが、奥津・桜井の両氏は品川の米商もしくはそれとかかわり深い代官的立場の人物であろう。品川は伊勢大湊からの廻船が入港するとともに、関東内陸から江戸川(太日川)・荒川・多摩川等の川船によって津下しされた米穀以下の物資が集まってくる場所でもある。そうした物資集散拠点は大名も当然戦略的に重視していたはずである。伊勢大湊の代表的商人角屋は織田とも小田原北条氏とも緊密な関係をもっていた。[19] また秀吉は先にふれたが腹心の浅野長吉を小浜において、組屋のような豪商の掌握に気を配っていた。[20] 品川もおそらくこれらと同じような性質をもっていたと思われる。

信長は別稿(本書第Ⅱ部第一)でふれたように、天正二(一五七四)年武田勝頼が遠江高天神城に家康方を攻めたとき、これを救援するため、尾張津島の佐治氏に命じ、その地の米商人に兵糧米を緊急調達させ、伊勢湾・遠州灘経由で高天神城に搬入させた。[21]

秀吉の全国統一過程になると、その軍事力はケタちがいに大きくなり兵糧米調達・輸送もそれ以前とはスケールのちがうものとなった。秀吉の天下統一の最終戦争としての小田原城包囲は、動員兵力およそ二〇万という大軍で、しかも長期戦を辞さないという方針であった。実際の戦いは、天正十七年十一月のいわゆる両者の「手切れ」=秀吉の宣戦布告から、翌天正十八年七月の落城までであり、とくに秀吉の小田原着陣はその年四月だったから、籠城軍の抵抗はそれ程長期にわたったわけではない。しかし「碩田叢史」所収の秀吉条書や『太閤記』の載せる史料では、長束正家以下の兵糧奉行を任命し、伊勢・尾張・三河・駿遠方面で、黄金一万枚分の兵糧米を買付けさせ、海上を小田原に向けて輸送させたという。その記述は史料的には疑問を残すところもあるが、状況からすればそれに近い事実があったであろう。[22]

そうした大量の米穀の調達が可能であったのは、とくに伊勢・三河湾沿岸平野部の高い生産力、木曽三川・矢作川・豊川などの河川舟運による内陸部産米の津下し、それを前提にした河口港津都市の発達とそこにおける米穀商人の成長等を前提としなければ理解できないことである。戦国期物流の特徴はそのような全国的戦乱期特有の条件に大きく規定されていたわけであって、そうした物流・貨幣流通は、個々の直接生産者の連続的・安定的な商品生産・流通と厳密に区別する必要がある。

秀吉はその後、周知のように朝鮮侵略出兵にふみ切るが、その時の諸大名に命じた大動員は、同時に兵糧を始めとする軍需物資の名護屋への廻送・集積と不可分であった。天正二〇＝文禄元（一五九二）年と推定される二月九日付、組屋宛浅野長吉の覚書によると、「九州へ遣候八木之事、平右衛門《（浅野次吉）》手前分二千石、久三郎《（浅野）》手前分千石、合三千石、最前申遣候、然者宮津にて与一郎殿《（細川忠興）》ゟ八木相渡候間、請取次第右三千石之内相残し、宮津の八木と都合三千石なこやへ可遣候」「大豆千石中郡代官方ゟ請取可申事」「右之米大豆請取次第小浜蔵々ニ入置、舟ニつミ可申事、船之事七八百石つみ候舟可然候」「せんちんの事、千石ニ付而弐百石此方ゟ可遣候事」などとある。[23] 小浜の浅野長吉が指揮して、組屋に兵糧米を名護屋に輸送させているのである。平右衛門・久三郎は浅野長吉の下で若狭に在り、与一郎すなわち細川忠興は丹後を領して宮津にいた。それらの領主の調達した米穀をまず組屋が受取って小浜の蔵々に納め、そこから七、八百石積の大船でまず三千石を二割の運賃で名護屋に送った。組屋は商業輸送にだけ当ったのか、平右衛門・久三郎・与一郎等から受けとる段階ですでに商取引関係があったのか明らかでないが、大筋で見れば、丹波領の米が小浜に、丹後領の米が宮津に向けて津出しされ、それが組屋によって買付けられ、輸送される、という二つのプロセスがあったことはたしかである。

以上戦国期における米穀の流れを、(1)貫高制年貢と米の流れ、(2)兵糧米調達と輸送、という二つの角度から検討した。それらを通じていえることは、貫高制の下でも、農民は年貢の主要部分を本城・支城・郷村の蔵など、いったん領主の倉庫に現物で納入し、それが代官ないし奉行などの手によって売却されるのが普通であること、[24] その際、江戸時代のように五里の内の運搬は農民負担である、といった慣行は確定的な形では成立していないらしいが、現物の蔵納ないし市場への搬出は、やはり農民の納入義務のうちであったと見られる。農民の直接的商品販売ではないのである。そして、そのような手続きで各地の倉庫に集積された米穀は、おそらく領内の市々を巡回する領国内商人(例・武田領国の末木氏)と主要港津・本城下を中心に領内外、いわゆる広域＝隔地間取引に活動する特権有力商人との連繫のもとに、戦争・飢饉その他、戦国期の特殊な事情が生み出す流動的な需給関係に対応して、随時・随所への売買・輸送が行なわれたであろう。それは物流という点ではそれ以前に比べて著しく拡大され、活発化されたものといいうるが、反面、市場構造的視角からすればきわめて不安定な流通であって、近世幕藩制的米穀市場・流通構造とは明瞭に異質のものといわなくてはならない。

四 市町の交易と巡回商人

次に視点をかえて各地の市町に即してみると、そこには多彩な民間的物資の流通と商人の移動が認められる。第一はその地域の特産物商品の流通である。

後北条領国の支城、武蔵の松山の城下で、その「本郷」は「本郷宿」「本郷之市」として文書に現われ、「本郷商人」が定住し、「松山根小屋足がる衆」と共に市町を形成していた。元亀二(一五七一)年の本郷町人宛「就致詫言定之事」という北条氏朱印状写には、「ぬり物役幷炭役之義、宿中之者ニ計者尤指置候事」とある。[25] 本郷宿の「町人」の訴願によって、塗物と炭の商売役を「宿中之者」に限り免除するというのである。この場合、塗物・炭という二つの商品はおそらく当地域の産品であり、地元の「町人」が取り扱うという性質上、宿中「町人」に限り商売役を賦課しないこととしたのであろう。このことから、本郷宿の市には周辺地域の産品が商品として売り出され、宿中「町人」のみならず、それ以外の商人(「市之日来候商人」)もそれら商品の売買にかかわっていた事実が読みとれる。

同じように地元産品の売買に商売役が免除された例としては、弘治二(一五五六)年相模畑宿(箱根町)の源左衛門・九郎左衛門・孫右衛門三名に宛てた北条氏朱印状が「於在々所々地頭代官こき商売役取事」を禁止しているケースがある。(26)「こき」は「合器」である。木地加工は今日に伝わる箱根の伝統産品である。地元畑宿の源左衛門等三名に対してそれらの産品に関するかぎり商売役の賦課が免除されているわけである。これらによって地域民衆はその在地条件に応じ一定の商品を生産し販売していることは明らかであるが、いずれも生産性が高くかつ需要に一般性がある商品といえないものが多い。

第二は、塩のような領外からもたらされる生活必需商品である。これらについては、課税が行なわれた。天正八(一五八〇)年と推定される長谷部備前守宛北条氏邦朱印状には「栗崎五十子仁手今井宮古島金窪かんな川境訪尒ニ取之候、然者深谷御領分榛沢沓かけ井あなし十条きりてしほ荷おさえ候事かたく無用候」とある。(27)長谷部備前守は北条氏邦の支配する鉢形領の土豪であろう。「訪尒」は「傍示」で境界であるから氏邦は長谷部の賦課権行使の範囲を指定しているのである。氏邦としては長谷部に徴収させたそれら役銭の一定部分を上納させるのである。

反対に領国の産品で領外に移出されるものもある。駿河における木綿はその例である。天文二十二(一五五三)年、今川義元は友野二郎兵衛尉を駿河商人頭に任じ、木綿役を江尻・岡宮・原・沼津で徴収させ、大名へ馬番料として木綿二十五端の進納を義務づけた。(28)木綿の栽培・織布は十六世紀に東海地方では発展しはじめたと見られるから、これは駿河産の木綿を江尻などの港津から移出する際賦課する流通課税であると考えてよい。今川氏が駿府の代表的商人友野氏にこの徴収権を付与していることは、駿河においても木綿が重要商品としての地位を占めるようになったことを意味している。友野氏の扱う商品は米・酒・胡麻油・茜以下多種にわたっているが、これはそれらの雑多な商品とはちがい、領国全体に広く流通する木綿に対する賦課権である。

同様の例としては、別に述べたように(本書第Ⅱ部第五)越後上杉領国における青苧がある。永禄三(一五六〇)年、越後府内に向けて発せられた上杉家老臣連署条目で、越後府内町人の窮乏を救うため、諸役地子五ヵ年免除が定められた。それによって、清濁酒役、麹子役、鉄役、茶役等についての町人の負担義務は免ぜられた。しかし青苧役は例外で賦課対象とされた(29)。ついで永禄七年には柏崎町中に制札が出され、柏崎への出入商人に対して近辺所々で新役を徴収することがきびしく禁じられたが、「於青苧役者如前(前)所々厳重可究済事」とされた(30)。

青苧役は京都で三条西家が「公用」課役賦課権を行使しており、越後からも一定額の青苧役の納入を要求していた(31)。上杉氏はそうした要求を名分=梃子としてかねて京都・越後で青苧商売に深くかかわり、三条西家とも交渉をもっていた蔵田五郎左衛門を商人司に登用し、「越後青苧座」からの座役という形で青苧への流通課税を強化しているのである(32)。

このように、駿河の木綿、越後の青苧は、その国の主要な特産品であり、領外移出によって領国に富をもたらすものであった。衣料の商品化の程度は商品生産・流通における中世と近世とを区別する指標ともいえる性質をもっている。近世においては木綿・麻・絹いずれも商品生産が進展しているのに対し、中世では、戦国期に至るまで国産木綿はまだ存在しないし、麻織物の商品化の水準も低い。青苧という糸績み前の中間材料の形での流通もさ程大きなものでなかったのではないか。「在家苧」という百姓に対する年貢公事型の賦課方式が全国的に広く見られるのがそれを示唆している。三条西家の青苧役収取が本格的に開始されるのもさほど古いことでなく、応仁・文明前後からと推定される(33)。その意味で戦国期は木綿と青苧という二大衣料商品が本格的に登場しはじめる重要な画期であり、大名はいちはやく塩等とともにそれらの流通に対する役銭収取の体制をととのえているのである。

第三は領外商人、とくに中央下り商人のもたらす高級商品である。「大和田重清日記」を見ると、佐竹氏の城下水戸には、境(堺)衆・宮衆・伊勢衆・京都商人など「旅人衆」と一括される領外商人が訪れた(34)。「境」は泉州堺、「宮」

は宇都宮であろう。これら領外商人の中心は大名やその家中の侍相手の呉服商人であったらしい。「重清日記」によると衣料関係ではシジラ(織物)、上々ノ染物、紫、アカネ、アカネモンメン、嶋もんめんなどが商品として扱われている。大名、上級の侍が中央商品としての呉服を珍重していたことは事実である。伊勢射和(松阪市)出身の富山氏は天正十三(一五八五)年小田原に進出して呉服商売を行ない、小田原落城後は江戸に移って豪商となった。[35]

一方、駿府商人松木与三左衛門は「京都上下して奉公」しており、[36]武田領の小薗八郎左衛門尉も「於京都絹布已下之用所一人ニ申付」けられていた。[37]上杉では、神余隼人祐実綱が「在京雑掌」として京都に駐在し、唐織物・備後砂・烏帽子といった特定商品の調達に当っている。[38]

こうした形での中央商人の大名城下への往来、また中央と城下を上下する大名城下商人は、大名領国の発展とともに数を増した。中国から渡来し京都に定住した陳外郎氏の被官が小田原に下った外郎宇野氏は、薬種商売のみならず、小田原今宿代官などにもなった。[39]奈良の商人紙屋甚六は天正十六(一五八八)年「相州ヨリ上トテ来、国紙三帖持来、十二年不帰ト申、久事也」と『多聞院日記』にあるように、小田原に十二年在留して紙取引で活躍した。[40]『言継卿記』には弘治二(一五五六)年言継が駿府の今川氏の許に赴くとき、「下辺之者小池与左衛門・前野与介・河合孫四郎等相州へ下之間、予可供之由申」とある。[41]下京の者三名を同行させているのである。これも小田原へ下る商人であることはまず確かであろう。

このように見ると、戦国期の諸物資の流通とその担い手としての商人の活動は次のような諸形態に整理できる。すなわち、地域が生み出す産品には、地方の市で取引き消費される日常的なものから、青苧・木綿・紙のような領外市場向けに広く移出されるものまであった。ここではふれなかったが、出雲を中心とする中国山地のタタラ鉄、美濃・尾張・常滑・備前・越前・珠洲などに代表される窯業製品も広域流通商品であった。さらに畿内の市場が求める材木も有力商品で、これは海上輸送との関係で瀬戸内・四国・紀伊などが主たる供給地であった。それに加えて中央地帯や中国等からの輸入品である高級織物・陶磁器・武具・工芸品等に対する大名・国人領主の需要は活発である。そうした各種物資の取引の場としての城下や市町は、地域農民の剰余物資の販売と非自給物資の購入といった民衆的交易の範囲だけにとどまらない多様な交易の場としての性質をもっていた。

この点を商人の類型という角度から見直せば、(1)京下り・堺・伊勢商人、あるいは大名と結ぶ海賊商人のような中央的商人、(2)城下および領内の中心的港津に定住し、大名権力と密着して領外・領内に広い営業活動をくりひろげる蔵田(越後)、友野・松木(駿河)、宇野・賀藤(小田原)、組屋(小浜)のような政商(商人司)タイプのもの、(3)支城下・市町に本拠をもち年貢米の換金や輸送にかかわるとともに、大名から領国内での営業活動について、「一ヵ月馬何疋諸役免除」のような形の特権を受け、六斎市を巡回する甲斐の末木氏のようなタイプの商人、(4)連雀役の対象となる(3)よりも小規模な巡回商人や市町の小規模店舗商人、などに区別できるであろう。しかし実際には(1)(2)のような有力商人も、大名領国内の営業については(3)とほぼ同様の行動をとるのである。

その意味で、ここで(3)のタイプとした大名から一定の諸役免許をえて市町を巡回する商人は大名領国制下の物流を多角的に担当する商人の重要な形態であるといって差支えない。かれらは領内巡回商人とはいえ、自己の本拠をいずれかの市町にもち、そこでは領内の代官・御蔵米衆となり、あるいは問屋・宿屋を営み、伝馬管理にもあたっている。そればかりか蔵本として金融活動にもひろくかかわっている。代官・御蔵前衆として、年貢米納分(=納税者側)に対する立替・貸付を行なうと同時に、領主側に対する銭貨の融通や大名資金の預り・運用も行なっていた。この頃、大名・国人領主は収納した銭を領内商人・民衆に貸し付けたり、米・絹などを市場に売り出すのが普通であった。代官・御蔵前衆型の商人はそうした金融・御蔵管理にかかわることが多いのである。六斎市の巡回商人というと、ローカルで民衆的な性格をイメージしやすいが、じつはこれこそ領国経済のネットワークを支える重要な商人群であり、それによって戦国社会特有の経済循環関係が形成されていったのである。

これら市町巡回商人の活動は、商品の売買と輸送とが未分離であったところに特徴がある。そこでは近世都市における問屋のように、集荷にせよ荷受けにせよ、問屋が店舗・倉庫をもって営業し、荷物の輸送は専門の廻船業者・馬背運送業者等に行なわせるという形が明確に分離されていない。馬何頭という形のキャラバンを率いる商人が自から商品を搬送して売買の巡回を続けるのである。

武田領の御蔵前衆で商人となった末木土佐守は天正十四(一五八六)年「百石積船一艘」の「分国中諸役免許」を受けている。(42) この時点では武田氏は既に滅亡し、安堵者は徳川家康であろう(文書は本多正信の奉じた家康折紙印判状の写)。末木氏は先述のように八田村を本拠とした八田氏であり、現に天正十一年は、八田新左衛門が家康から、一月に「如先規馬五疋諸役免許」を受けている。八田新左衛門と末木土佐守が同一人物か否かは断定できないが、両文書とも現在も八田正恕家(石和町八田)に現蔵されているから、別人としても近縁の人物であることは疑いない。(43) 興味深いのは、この末木=八田氏が、馬五疋のみならず一〇〇石積の船についても諸役免許を受けていたことである。船が利用されたのは、場所柄、笛吹川の可能性が高い。笛吹川は石和から甲府盆地を貫流し、市川大門に至り鰍沢辺で釜無川と合流して富士川となり、駿河湾に出る。明治・大正に至るまで富士川舟運は河口から石和まで達していた。末木土佐守の船が一〇〇石積であったことは川舟としては大型(海船としては小型)である。富士川を河口まで上下したかどうかは不明だが、少なくとも石和と市川大門との間を上下して荷物の輸送に当っていた可能性が高い。

その推測が当っているなら、八田=末木氏は、自から馬と船とをもって領国一円にわたる商売をしていたことになる。しかも同家がもともと武田氏の代官=御蔵前衆の身分にあり、かつ同家所蔵文書の宛所を見ると、「市佐」「東市佐」「市丞」などとあるものが散見し、(44) 文禄三(一五九四)年十二月二十九日付浅野長政の屋敷年貢免除文書(黒印状正文)でも宛所は「八田村土佐同市丞」二名となっているところから見て、「市」を所管する商人であり同時に屋敷地年貢を免除(「扶助」)された「軍役衆」と共通する扱いを受けていたのである。当時の商人は侍的性格をもち、馬・船を保持し、被官人をキャラバンに編成して領国を広く巡回するという形をとっていたのである。

なお駿府商人松木与三左衛門も「奉公」に対し今川氏真から「歳役酒役幷諸商売役」を「給恩」として免ぜられ、「京都上下ノ時ハ荷物三駄諸関渡役停止」の権利を認められていたが(45)、武田信玄が駿河に侵入し今川氏を追うと、元亀元(一五七〇)年には同氏から「船一艘役御免」を認められ、さらに天正二年には信玄のあとを継いだ勝頼から「一月馬二疋宛之役御分国中免許、船一艘之役御致免」を認められている(46)。松木氏は今川・武田の時代、海・陸にわたる独自の輸送手段によって京都上下をふくむ手広い商業活動を展開していたわけである。

以上、戦国期の大名領国経済を特徴づける市町の簇生とそれに対応する商人群の多様なタイプについて考えた。市町の商業の特徴は、そこに問屋・宿屋や一定の定住的町屋が存在するにしても、基本的には六斎市商業であること、そして、それら六斎市を巡回する商人たちは、自己の保有する馬・船などの輸送手段によって商隊を組み、領主からはさまざまの特権を認められるとともに、身分的には侍に近いものあるいは侍そのものであったのである。

五　都市と物流の評価をめぐる問題

最後に戦国期の都市と物流の在り方の特徴をどうとらえ、どのように評価すべきかという問題を研究史との関連で考えて結びとしよう。

第一に、初めに述べたように、中世都市、とりわけ戦国期の都市についての近年の研究では、輝かしい発掘成果などに支えられて、その発展水準を既成の理解よりもいちだんと高く評価する空気が全体的に強まっている。たしかに有力な大名城下町(小田原・駿府、あるいは山口等々)と主要な港町(堺・桑名・大湊・小浜・敦賀・柏崎等々)の都市的発達は顕著である。しかしながら大名・国人領主の城下が、一般にそうであったのかといえば、一乗谷の場合ですら「総構」の内と市場とが空間的にも社会経済的にも一体化し、都市的定住人口もどれだけ擁していたか、またそうした「都市」と周辺農村部とのあいだに商品交換、社会分業関係が形成されていたかという点になると、その評価は消極的にならざるをえない。近世幕藩体制のもとでは領知高一〇万石につき城下町人口はおよそ一万という傾向的数値(たとえば、一〇〇万石の加賀藩で金沢の人口ほぼ一〇万)が従来から指摘され、藩領年貢米は城下町および浜方・山方を中心とする藩内市場と大坂・江戸廻米による中央米穀市場がほぼ安定的に成立するわけであるが、戦国期の場合にはそのような市場構造は、なお未成立あるいは異質という他はない。

都市の成立にとって一般に不可欠と考えられる手工業者も、かならずしも戦国城下町に集住していたわけではない。後北条領国の場合、「小田原衆所領役帳」には二六人の職人衆が記載されているが、その内訳は、(1)伊豆の三島四人・奈古谷七人・多田四人、(2)相模の平塚一人・藤沢一人・玉縄一人・鎌倉五人、(3)武蔵の江戸二人・河越一人という形に分散していた(47)。三島は三島神社、藤沢は清浄光寺、鎌倉は鶴岡八幡宮に所属する御用職人として以前から存在したものが北条氏に掌握されてゆくわけであるが、それらの大部分を小田原に集住させるという政策がとられたとはいえない。皮革業者や鍛冶・番匠のような職人の場合も広く領国内に分布しているものに対して一定の製品(各種皮革・槍先など)納入の義務を課したり、領主側の作業場に召し出し作業させたりしているのである。その点で小田原は北条領国における手工業品生産の中心となっていたとはいい切れず、むしろ中世を通じて形成、展開してきた各地の職人の分布をそのまま前提としつつ編成、賦課の態勢を整えているのである。戦国城下町の「都市」としての限界はここでもはっきりとしている。

第二は、右の点と不可分のことであるが、戦国期の物流を特徴づけるのは、大規模な合戦の続発に対応する大量の兵糧米や頻発する自然的社会的災害に起因する地域間価格差をねらった投機的米穀売買・輸送である。小浜の豪商で秀吉の御用商人が、秀吉権力を頼りとして津軽米を南部に運んで巨利をあげているのがそれである。「伊勢船」の兵糧米の海上輸送・取引も同じ性質のものであった。

市町特有の巡回商人は、そうした港津の有力商人・問丸の物流ルートと結びつきながら、広く領国一円に活動した。港津の有力商人の場合も商取引は船頭が操船責任者であると同時に取引責任者として廻船ごとに独立の商業活動をした。市町の巡回商人も取引と運輸とが未分化の形で、商隊を組んで行動した。この形はその未分化性においてプリミティヴな形ではあるが、戦国期特有の不安定で流動的な市場に対応しやすい形であったといえる。市町商業が戦国期において活況を呈しながらも、市町が都市としてそのまま近世に引きつがれるケースはむしろ稀で、多くの場合、近世に入ると衰退ないし消滅していったのも、戦国期市場構造の不安定性に由来するであろう。

第三に指摘しておきたいのは、「無縁」論的都市・商人観にかかわる問題である。その論によれば、都市・市町はすべて基本的には「無縁」的な場に成立し、商人・職人はそこに市を開き自由な営業活動の舞台とする存在ということになる。伊勢大湊のような港津都市の場合、都市運営が有力商人(廻船業者)の集合体である「公界」によって行なわれていたことは、一見そうした「都市の自由」を示すかのようである。桑名や堺などもそのように見える。しかし港津都市でも直江津や柏崎のように大名権力が掟法によってこれを掌握支配する方向が早く進められる場合もある。市は以前から領主の市目代によって管理され、北条領国の場合、市の開設は大名の朱印状によって認可される必要があったのであり、〝無縁〟の河原に〝自由〟に市を開いていたのではない。大湊・堺へも信長権力が浸透した。しかしどの場合も権力と商人の対抗がある。領国の城下にしても、商業的自由と権力の競合の場であったことは変わりない。商人は本来ひとつの権力の支配領域を越える広域的世界を営業の場とせざるをえず、権力の側も領外商人をふくめ多数の商人を城下・市町に集住させることが、自己の権力の存立にとって欠かせない。それゆえに一つの権力が一商人を一〇〇パーセント身分制的に支配掌握することはありえないのが戦国期には通常の姿である。どの大名領でも商人頭といった御用特権商人型の存在は限られており、他国商人の往来をふくめ、大名側は、関銭・入津料のような交通・取引税賦課を行ない、場合によってはその賦課を免除するという形の範囲で支配したのである。

それだけに商人の活動スケール・資本力や地域的価格差によって手に入る利潤は手工業者に比べて圧倒的に大きいのが普通である。商人は、しばしば被官・馬・船等を独自に所有し、一定の武力をも保有した。紀伊・伊勢の海賊＝水軍はしばしば同時に商人であり武士であった。市町巡回商人にしてもその身分は侍そのものであったり侍と紙一重であった。権力との結合も当然である。その意味では、領主・農民は「縁」の世界、すなわち身分制的支配隷属の関係、「非農業民」は「無縁」の世界にあって、中世的「自由」の身分であるとすることは一面の強調にすぎ、実像をかえってとらえにくくしている。

商人と手工業者とを「非農業民」として一括的にとらえることは、この点で適切でない。「非農業民」というのは、本来荘園制下の百姓身分に属するものでありながら供御人などの身分になることを梃子に商業活動を行なうものを念頭においている。つまり「非農業民」という言葉は農民と同じレベルの社会層で農業以外の生業にたずさわるものを、語感としてもっている。網野が「百姓は農民だけではない」ということをいく度となくくりかえし述べているのもそのためである。しかし、それでは商人と手工業者との本来的にもつ性格差が曖昧にされ、それぞれの実像を追求しにくくするばかりか、既述のような戦国期の商人の諸類型を市場構造・物流の固有の在り方と関連づけてとらえる視点を欠くことになるのではないか。

前近代社会において、工業は分業をともなう工場制的生産様式をとりえないから親方徒弟的小経営を基礎とせざるをえず、建築・窯業、鉱山やタタラ生産のように多数の労働力を動員した大規模経営と見えるものでも、親方に率いられた概して小規模の生産者集団の集合体という性質をもつのが普通である。それにくらべると商業は前近代社会においても商業資本の蓄積、活動の大型化、隔地間価格差をとらえた巨利の追求が可能であった。そうした商工間の基本的性格の差異を実証的にも理論的にも深めてゆくことが必要である。戦国期は十五世紀以来の経済発展を基礎として物流の発展が著しく、商人活動は、荘園制的枠組みでは到底とらえ切れない展開をとげる。「無縁」論的都市・市場論、商人職人一括の「非農業民」論は、その意味で少なくとも戦国時代については両者の性格差を曖昧にし、たとえばこの時代、商人がなぜしばしば侍身分もしくはそれに準ずるものであったかといった問題を考えにくくしている。

以上、私の基本的な考え方と結論的意見として強調したいのは、戦国期は都市と物流という視点からも顕著な発展期であることは疑いないが、その固有の発展水準と特質をとらえるという点では研究の現状はなお多くの問題を残しているということである。社会分業や交易・物流・貨幣流通の発展を中世前期から一面的に強調し、中世後期、とくに戦国期の都市と村落の性格を近世に引きつけ、直接それに連なるものとして一線上に位置づけようとする見解も有力である。しかし私は戦国期の都市と物流の在り方はこれまで述べてきたように近世のそれとはなお大きく異なるものがあると考える。近世におけるような農民レベルでの小商品生産の展開を、戦国期において確認することは困難である。京都・奈良周辺における農産物加工品生産などで見られるのが戦国期の商品生産としてはもっとも先進的であるが、それが社会全体の経済・市場構造を左右するほどには至っていない。戦国期では既に述べたようにその物流・市場構造は基本的にはなお不安定性の強いものであった。それがいかにして近世的なそれに改編され発展してゆくか。そこに都市・物流史における変革をふくんだ中世から近世への移行の基本問題があると思われる。

（1）小島道裕「戦国期城下町の構造」（『日本史研究』二五七、一九八四年）。同「織豊期の都市法と都市遺構」（『国立歴史民俗博物館研究報告』第八集、一九八五年）。同「戦国・織豊期の城下町」（高橋康夫・吉田伸之編『日本都市史入門』東京大学出版会、一九九〇年）。
（2）市村高男『戦国期東国の都市と権力』思文閣出版、一九九四年。
（3）福井県立朝倉氏遺跡資料館から毎年報告書『一乗谷朝倉氏遺跡』が発行されている。
（4）小島道裕、前掲「戦国期城下町の構造」他。
（5）広島県草戸千軒町遺跡調査研究所編『草戸千軒町遺跡発掘調査報告書』（Ⅰ以下）が出されている。

(6)「越後舟」は『実隆公記』大永三年八月六日条、「若州舟」は同大永三年八月二十九日条、九月三日条などに見える。

(7)タタラ鉄積出港としての出雲宇竜浦には、永禄六年五月二十三日尼子義久判物によって、北国船、因州船、但州船、唐船などの入津があったことが分かる。それらについては、「日御碕神社文書」(『新修島根県史』古代中世史料編)に関連史料がある。

(8)永禄七年卯月二十日、上杉氏柏崎町中制札案(『上杉家文書』一、四九六号)。

(9)永禄三年五月十三日、上杉家老臣連署条目(『上杉家文書』一、四七六号)。

(10)天正九年九月晦日、上田長則制札写(『新編武州古文書』上、比企郡、七六号)。戌(天正十四)二月晦日、上田憲定制札(同前、七九号)。

(11)辛未(元亀二)十二月二十八日、行憲判物(『新編武州古文書』上、比企郡、四号)。

(12)笹本正治「武田氏の商人支配」(『日本歴史』三七六、一九七九年)。

(13)「大和田重清日記」文禄二年霜月二十八日条。

(14)今宿商人等宛今川氏真判物(「友野文書」五号、『静岡県史料』三)。

(15)永原慶二『日本経済史』岩波書店、一九八〇年、一八六~七頁。

(16)文禄四年十一月二十日、組屋源四郎米売却覚(「組屋文書」『小浜市史』諸家文書編一)。本書第Ⅱ部第五。

(17)永原慶二「小田原北条氏の兵糧米調達」(『おだわら』4、一九九〇年)。

(18)同前。

(19)織田が関東派遣の大湊廻船中に用意させたこと、北条が関東に下った大湊廻船に関係者を便乗させ大湊に送らせたこと等から、大湊廻船中が、複数の大名権力とそれぞれにかかわっていたことは明らかである。

(20)浅野長吉が小浜の代官であったことは「組屋文書」から確認できる。

(21)永原慶二「戦国期伊勢・三河湾地域の物資流通構造」(『知多半島の歴史と現在』6、一九九五年、本書第Ⅱ部第三)。

(22)同前。

(23)前掲「組屋文書」。

(24) 阿部浩一「戦国大名領下の『蔵』の機能と展開」(『史学雑誌』一〇三―六)。
(25) 元亀二年六月十日、本郷町人宛北条家印判状写(『新編武州古文書』上、比企郡、八二号)。
(26) 弘治二年三月十九日、北条家朱印状(「相州古文書」『小田原市史』資料編中世Ⅱ、三四九号)。
(27) 辰(天正八カ)十二月朔日、長谷部備前守宛北条氏邦印判状(「長谷部正富氏所蔵文書」『戦国遺文後北条氏編』三、二二〇二号)。
(28) 天文二十二年二月十四日、今川義元判物(「友野文書」『静岡県史料』三)。
(29) (9)所引文書。
(30) (8)所引文書。
(31) 『実隆公記』大永五年閏十一月二十六日条など。
(32) 蔵田氏の活動については、永原慶二「上杉領国経済と蔵田五郎左衛門」(神奈川大学常民文化研究所『歴史と民俗』一二、一九九五年、本書第Ⅱ部第五)。
(33) 『吉田家日次記』永徳三(一三八三)年九月十四日条所収の吉田神主宛前内大臣三条実継書状に「抑苧課役事、以使者令申之趣猶難達候」とあることからして、もとは三条家が苧課役賦課権を保持ないし主張していたらしい。三条西家は三条実継の子公時から出、その四代目が実隆に当る。『実隆公記』では、文明十一(一四七九)年九月六日条に「自坂月輪院、苧課役年貢運送之」とあるのが古い記載である。この賦課権は三条家から三条西家に継承されたらしい。なお小野晃嗣『日本中世商業史の研究』法政大学出版局、一九八九年、一三九〜四〇頁参照。
(34) 「大和田重清日記」文禄二年霜月二十一日条に「境衆ノ宿」「宮衆三人」「伊勢衆」と見える。また同一一・九条に「京ノ材木や源四郎」が見える。
(35) 永原慶二「伊勢商人と永楽銭基準通貨圏」(『知多半島の歴史と現在』5、一九九三年、本書第Ⅱ部第二)。なお『小田原市史』史料編原始古代中世Ⅰ、五八五号に史料を収める。
(36) 永禄四年十一月二十八日、今川氏真判物(「矢入文書」『静岡県史料』二)。
(37) 永禄二年三月二十日、武田家諸役免許書出(『新編甲州古文書』一、八三一号)。

(38) (享禄三)二月二十六日、神余実綱書状(『新潟県史』資料編中世一、四七〇号)。
(39) 宇野(外郎)氏については中丸和伯「陳外郎宇野家と北条氏綱」津田秀夫編(『近世国家の成立過程』塙書房、一九八二年)。
『小田原市史』史料編原始古代中世I、五〇四~五〇六号。
(40) 『多聞院日記』天正十六年五月十一日条、同十三日および十四日条、同六月二十七日条。
(41) 『言継卿記』弘治二年九月十一日条。
(42) 天正十四年三月十六日、徳川家印判状写、八田正恕家文書(『新編甲州古文書』二、一二六八号)。
(43) 同前、一二六七号。
(44) 同前、一二五九号~一二八四号に散見される。
(45) 永禄四年十一月二十八日、今川氏真判物(「矢入文書」『静岡県史料』三)。
(46) (天正二)十一月晦日、武田家朱印状(「矢入文書」『静岡県史料』三)。
(47) 杉山博「後北条氏の職人支配」(同『戦国大名後北条氏の研究』名著出版、一九八二年)。

第Ⅲ部　大名・天皇・天下人

第一　応仁・戦国期の天皇

はじめに

ここで考えようとするのは、応仁・戦国期という、日本歴史上でも権力の分散と統一的政治秩序の衰弱がもっとも顕著に進行した時代における、天皇の存在形態とその政治的意味の問題である。いいかえるなら、中央政権の実力が極限まで小さくなった時期において、天皇はどのような意味合いをもって政治的・社会的に存在しつづけたのか、また天皇の側はその生命を保つためにどのような動きをとったのか、といったことがらをめぐる問題である。

本稿でこの問題を考える際の年代的な上下枠は、いちおう応仁の乱(一四六七〜七七)から、織田信長が足利義昭を擁して入京(一五六八)、いわゆる「織豊政権期」へ移行するまでのほぼ一世紀である。しかしそれはあくまでおよその目安にすぎない。関東では、応仁の乱の勃発に先立って、一四五五年、鎌倉公方足利成氏が古河に走った時点から、その政治的統合力がほとんど失われてしまったとともに、室町幕府中央の力も及ばなくなっており、すでに応仁・戦国期にふくまれる政治・軍事状況に立ちいたっている。

また時代的下限についても、戦国期の割拠的地方権力は、一五六八年を転機として統合に向うことは事実であるが、戦国大名のなかでも屈指の存在であった中国地方の毛利氏が秀吉と妥協し、これに服属するのは信長の死(一五八二)以後のことであり、東の雄後北条氏が秀吉に敗れ去るのは一五九〇年のことであるから、戦国期の終幕は、当然そこまでを視野に入れないわけにはゆかない。その意味で、割拠的大名権力の側に視点をおくか、織豊統一権力の側に視点をおくかによって、おのずから異なってくると思われる。

ところで、応仁・戦国期の天皇の在り方については、古来「皇室式微」論が有力であった。全国的戦乱のなかで、ほとんどの皇室領は地方領主層に侵犯され、天皇は極度の財政難に陥って、権力のみならず権威をも失った側面を強調する見方である。それは周知のように、後土御門天皇の即位後ほどなく応仁の乱が勃発し即位にともなう大嘗祭を行なうことができず、その他多くの朝儀も停止を余儀なくされた事実や、戦国期に内裏の築地塀が破損したまま修理もできず、庶民に御所のなかまでのぞかれたといった巷間の所伝の類を念頭においた一種の常識論であった。

しかし、そうした理解については、すでに太平洋戦争期に奥野高広がその著『皇室御経済史の研究』正・続[1]で反論を展開した。奥野は室町―戦国―江戸期の皇室の財政収入を、所領荘園・率分関・供御人および大名らの献金等の面から多角的に検討し、「式微」論が強調するほど皇室財政は窮乏したものではなかったと主張した。

またごく最近、脇田晴子は「戦国期における天皇権威の浮上[2]」という興味深い力作を発表した。脇田は、この時期の天皇の政治的機能・役割を、官位の授与と勅願寺の指定、地方土着神への権威授与とそれらの伊勢両宮への系列化、伊勢両宮御師のかすみ場(一種の営業活動テリトリー)の編成等の諸側面から多角的に検討し、戦国期の天皇が、幕府・将軍の権力・権威の衰退のなかで、逆にその権威を強めてゆくと指摘した。

さらに、今谷明も『戦国大名と天皇[3]』において、〝天皇権威の浮上〟の問題を、脇田とはやや異なって天皇側の権威復活へ向けての積極的諸行動、武家への反撃の側面などから追求した。今谷はそのなかで、義満の時代に天皇が権力的に無力化するとともに廃絶した「治罰の綸旨」(叛乱者や私的な軍事行動を起こした者等に対する天皇の追討命令)が、応仁以降復活したこと、戦国大名等の官位要求が、とくに大内氏における大宰大弐のように本人の支配・利害地域に即した〝実利的〟地位を要求するかたちになったと見て、天皇の権威の復活を強調した。

今谷によれば、幕府の無力化とともに、戦国大名は守護職には意欲を示さず、国司（守）の官途名（受領名）を求めるようになった。しかもそれも毛利の場合の陸奥守というような現実の支配領域とかけ離れた名目的なものでなく、大名自身の領国の国司名をのぞむ傾向が見られるというのである。一方、天皇も場合によっては武家＝幕府の要求や口《く》入《にゅう》を退け、独自の叙任権を行使することによって、その権威は、いわば武家に対する〝王権の逆襲〟として浮上強化された、というのが今谷説の新しい主張である。

たしかに、戦国期において、天皇は権力・権威ともに衰弱の極地に達したと見るだけでは、この時代の天皇の存在意義を積極的に明らかにすることにはならない。その意味で、脇田・今谷両氏の最近の所論は、戦国期の天皇をめぐる研究史に一時期を画する注目すべき労作であるといえよう。

しかし、さらに具体的に見れば、応仁の乱以降の一世紀を、両氏が特徴づけたようなかたちで一括することには問題がないわけではない。応仁の乱を発起点として、全国的戦乱が進行する十六世紀前半、天皇でいえば後土御門（在位一四六四～一五〇〇）・後柏原（在位一五〇〇～二六）・後奈良（在位一五二六～五七）天皇の時期と、十六世紀後半の正親町（在位一五五七～八六）・後陽成（在位一五八六～一六一一）天皇の時期とでは、事情はかなり大きく異なると思われる。

政治状況からいえば、前者は室町幕府を核とする国家の支配体制が統合力を失い、分権化と統一的秩序の喪失が進行する時代である。それに対して後者は、戦国争乱がいわば煮つまってゆく時期で、大名間の争覇戦は規模を大きくし、権力の分散は深刻化してゆくように見えるが、必ずしもそうとだけはいえず、むしろ有力な戦国大名が、領国＝地域国家を発展させ、それぞれに地域の「公」的支配体制を構築する時期である。さらにいえばそれら有力大名がいずれも「天下」を意識しはじめる局面である。

有力戦国大名の官途要求をはじめとする天皇への接近は、むしろこの後者の時期にいちだんと積極さを増してくる。

そうした意味で、ここでは、応仁・戦国期を一括して「天皇権威の浮上期」として見るのではなく、二段階的にその変化を追うことが必要だと思われる。それはたんに考察を細密にするというだけのことではなく、天皇権威といわれるものの実体と歴史的性格を解明するために有効な視点と考えられるからである。

やや結論先取りのいい方になるが、私見では、天皇の官位叙任や寺社支配を通しての権威は、戦国大名が自己の権力自体を「公儀」として位置づけ、さらに「天下」を指向する局面で、彼らの側から積極的な意味を与えられるようになったと思うのである。同時に民衆サイドの天皇権威に対する認識も地方寺社の格付けや本末関係の編成などを通して一定の広まりをもつようになる。その意味では、天皇の権威をそれ自身一定の実在的なものとしてあらかじめ論の前提におくことには慎重でなくてはならないと思われる。

以下こうした点を念頭におきつつ、具体的な考察に進みたい。

一　応仁・戦国期の「禁裏」

1　「禁裏」と「天皇」

戦国時代の「天皇」・「朝廷」の具体像をもっとも鮮明にイメージできる言葉としては、「禁裏」を挙げることが適切と思われる。

もともと、「天皇」という言葉は、古代専制国家の形成過程において対外関係を意識した高度に政治的な呼称として用いられるようになったもので、日本律令国家の枠組みともっとも対応的な性質をもっていた。したがって律令国家の変質が内政・外交をふくめて進行した平安期貴族社会では、「天皇」をさす言葉として国内でひろく用いられたのは「みかど」であった。「みかど」は古代においてもすでに用いられているが、そこでは皇居の門をさす用例が多かった。その意味で用法自体の変移が見られるわけであるが、院政が始まり政権が天皇家の家長としての院に集中し、院庁が政務の中心となると、「みかど」はしばしば幼帝であって、それ自体の存在感は希薄となり、専制国家の権力者としての王というイメージとは違うものとなった。しかし鎌倉時代を通じて、「みかど」と「院」は相補的な関係で、なお王権の機能を保持ないし再生させつづけていたから、「みかど」という言葉には「王朝国家」の王としての特定の政治的色合が濃厚につきまとっていたといえる。

その後南北朝内乱を経て足利義満の時代に入ると、天皇とそれを頂点とする「王朝国家」体制、すなわち諸寮司・検非違使庁や国司・郡司を通ずる中央・地方の支配機能と機構とは急速に衰退し、事実上武家単独政権の段階に入った。

この時期以降、天皇も院も政治権力としての実体を失った。院政というかたちも、後小松上皇の院政(一四一二～三三)につづいて後花園院政が短期間(一四六四～七〇)行なわれたのを最後として消滅した。その結果、天皇は政治的世界における権力的主体としての生命を失った。そのことを物語る一つの事実として、室町中期から織豊期にいたる歴代天皇の在位・退位事情を通観してみると表Ⅲ-1-1に見られるような特徴的事実がはっきりと認められる。

表Ⅲ-1-1　歴代天皇の在位・退位事情

天皇名(生没)	在位期間	年数(年)	即位年齢(歳)	退位年齢(歳)	事由
後花園(1419～70)	1428～64	36	9	45	譲位
後土御門(1442～1500)	1464～1500	35	23	58	死去
後柏原(1464～1526)	1500～26	26	36	62	死去
後奈良(1496～1557)	1526～57	31	30	61	死去
正親町(1517～93)	1557～86	29	40	69	譲位
後陽成(1571～1617)	1586～1611	25	15	40	譲位

すなわち、応仁の乱前の後花園の即位から、江戸初頭の後陽成の譲位まで、一八〇年余りの間の天皇はわずか六代である。しかもここではかつての院政～鎌倉時代とちがって、幼少のうちに即位し成人すると若くして譲位するといった形はまったく見られない。

譲位の事情も死去または老齢が多い。鎌倉時代の一四七年間で天皇一五代をかぞえるのと比べると、そのちがいは歴然としている。鎌倉時代の天皇の在位期間は一代平均約一〇年であるが、室町中期〜織豊期では一代平均三〇余年というわけである。

このいちじるしい相違の理由はさらに具体的に検討する必要があろうが、大筋としていえば、鎌倉期の天皇・院は、まだ現実に中央権力を保持すると同時に、八条院領・長講堂領をはじめとする厖大な皇室領荘園・国衙領(知行国)群を擁し、朝幕関係や公家社会内部の抗争など、いずれの面でも高度に政治的性格をそなえていた。大覚寺、持明院両統の分立と皇位の争いも、朝幕関係や皇室領荘園・国衙領の帰趨とからんで激化されたのであり、その結果が天皇交替を促進したのである。

これに対して表Ⅲ-1-1に見られるとおり、後花園以下の六代の天皇は、いずれも通常の成人のほぼ一世代にわたる長期間、皇位を保ったばかりでなく、後花園と後陽成以外の後土御門・後柏原・後奈良という戦国期の三天皇はみな退位と死去とが同一年で、正親町天皇も死没以前の譲位とはいえ、六九歳の高齢であったから、これも退位すなわち死去の場合と性質上異なるものではない。

さらにまた、後土御門は後花園の第一皇子、後柏原は後土御門の第一皇子、後奈良は後柏原の第二皇子、正親町は後奈良の第一皇子、後陽成も正親町の子誠仁親王の第一皇子、というようにほとんどが父子直系、長子継承である。これらのことは、応仁・戦国期の天皇の地位や皇位継承には特別の波瀾がなく、年齢的にもごく自然の状態での代替りがおこなわれたことを暗示している。

こうして、応仁・戦国期の天皇が、政治的・権力的世界から切り離されて、皇位とそれをとり巻く環境が無風状態にあったことと、天皇・朝廷をさすときもっとも多用された語が「禁裏」であったこととは相互に深くかかわっているように思われる。

当時、天皇の居所ないし天皇に対する呼称が何であったかを示してくれる手掛かりとしては、内蔵頭を家職とした山科家の『言継卿記』がある。これによるとたとえば巻頭の大永七（一五二七）年正月一日の条に「今夜禁裏に平座あり」、同三日条に「今晩禁裏御祝に祗候候」とある。以下同様に「禁裏」の語が多く用いられている。

時代をさかのぼっておなじ山科家の『教言卿記』を見ると、「自禁裏黒管御笙被下」（応永十二年六月十七日条）、「自禁裏定秋安居頭役神馬事申之」（同七月六日条）などとあるように、十五世紀初め頃でもやはり「禁裏」の語が用いられている。また「禁裏様御不豫」（同十一月十一日）というように、天皇を「禁裏様」と表記している。ただし、同時に「内裏ヨリ御返し（返礼）、殊勝御扇・絵青海波」（同八月九日条）、「内裏泉殿被立、目出」（応永十三年八月八日条）などとあるように、「内裏」もほとんど「禁裏」と区別なく併用されている。

しかしそれ以前の公家の日記では大分様子がちがう。南北朝内乱期の大外記中原師守の日記『師守記』では「今日雑訴御沙汰廿六日分被引上、是　主上自明日可有御服薬蒜酒之故也」（貞治元年十一月二十二日条）というように天皇をさす場合「主上」の語が用いられている。もちろん公家といっても筆者の地位・立場などによって天皇に対する呼称の仕方も異なることは考慮しなくてはならない。中原氏は大外記を家職としており、山科家より地位は低いが、ともかくここでは「禁裏」「禁裏様」という表現は見られない。

さらに時代をさかのぼって鎌倉時代ではどうか。勘解由小路（藤原）兼仲の日記『勘仲記』では、「今日京官除目也……事了人々帰参内裏」（建治二年十二月十五日条）、「今日天皇於内裏二条殿有御元服事」（建治三年正月三日条）という表記がおこなわれている。建治二～三（一二七六～七七）年といえば、文永の蒙古襲来の二、三年後である。当時、律令制的大内裏は安貞元（一二二七）年四月焼亡して以後再建されなかった。しかしまだ、公式行事関係記事であるが「内裏」「天皇」の表記が用いられていたところに、国政の頂点に立つ王権を正式に示す語が生きていたのである。

さきの『師守記』の「主上」も、右引用のとおり、朝廷で「雑訴沙汰」すなわち所領紛争裁判の評定が行なわれているときの記事であり、天皇がなおそのような「公」的性格、役割を保持している状況と無関係ではあるまい。鎌倉時代では天皇はさらに確実に王権としての「公」的性格・機能をもっていたから「天皇」と記されたと思われる。もちろんはじめにふれたように、すでに律令体制下の「天皇」からはその性格を大きく転化させているが、元服のような公的性質の強い朝儀の場合、やはり「天皇」の呼称が生きつづける客観的条件が存在していたのである。

このような傾向的事実に注目すると、公家社会における天皇とその居所の呼び方は、平安・鎌倉―南北朝・室町―戦国期を通じ、大体の流れとしては、天皇・みかど・内裏―主上・内裏―禁裏様・禁裏というように推移していったといえるのではないか。天皇の現実的権力が失われ、伝統的な「内裏」という施設・空間が失われるにつれて、天皇・「みかど」・「内裏」・「主上」などという表現は次第に現実感を失うとともに、「禁裏」が多用されるようになるのである。「禁裏」とは、本来、一般の人が立ち入ってはならない場所というほどの意味であろうが、当時の土御門内裏は荒廃し、正殿たる紫宸殿とそこでおこなわれる「仗議(陣定)」以下の政治的機能・儀礼は影を薄くし、伝統的な「表《おもて》」の形式が機能的にも空間的にもほとんど予定されていない状況にあった。「禁裏」はその意味で清涼殿、すなわち天皇の日常政務とプライベートな生活空間が結合した場中心となっていた。

戦国時代の天皇は、現実の政治的世界から切り離され、そのような私的空間に閉じこめられ、孤立した存在という性質を色濃くするなかで、その外部の人びとからは「禁裏」「禁裏様」という表現がもっとも自然なものとなっていったにちがいない。

2　天皇の官位叙任・寺社格式称号授与

では、「禁裏」の呼称がもっとも一般化した応仁・戦国期の天皇・朝廷の実態はどのようなものであったか。

よく知られているように、平安京の大内裏は、本来皇居にあたる内裏のほかに、朝堂院・豊楽院をはじめ太政官八省以下の諸官司をもその内部に配置するものであった。しかし安貞元（一二二七）年四月の炎上以後、大内裏はついに再興されず、いわゆる「内野」となり、それも応仁の乱以降荒廃した。諸官司の事務は、次第に縮小、有名無実化するとともに、その官司の所管を家職とする公家の家々においておこなわれるようになり、大内裏型の中央官司の集合空間は消滅した。それとともに、天皇の日常居所としての清涼殿と、いわゆる「神器」を保管する内侍所（賢所）、それらに奉仕する女性たちの詰所としての「御湯殿上」などを中心とする、私的性格の色濃い「禁裏」の形が創出されてゆくが、それはいわば〝大奥〟に当る性質に近く、実際「室町殿」（将軍邸）を模して造られたものといわれる。

この禁裏に止宿奉仕するとともに後宮としての性質をもつ女性たちは、『御湯殿上日記』によると「一条くわんのん（観音）へ女中こと〴〵くすゑ（末）の物（者）まで卅三人まいらせらる〻」（天文十七年五月十一日条）とあるところから見て、下働きまでふくめてほぼ三〇人程度だったと思われる。[4]

「令」の規定では後宮には内侍司以下一二の司があり、「宮女」がそれぞれ所属するとともに、各司の宮女の身分は尚侍・典侍・掌侍の三階と定められていた。しかし内侍司・殿司・掃司以外の諸司は早く消滅したらしい。「令」制では内侍司だけで、尚侍二人、典侍四人、掌侍四人、女孺一百人という厖大な人員規定であったから、それと比べれば、戦国期ころの規模の三〇人程度というのは、おどろくばかりの縮小である。

戦国期でも内侍司に属した「上﨟」（尚侍にあたる上位者）・典侍・内侍は天皇に近侍し、内廷的諸事に当った。大まかにいえば、(1)「奏請」「伝宣」のような「令」制にもあったいわば表（＝「公」）と奥（＝「私」）との取り次ぎの仕事、(2)「陪膳」以下天皇の衣食住の日常的奉仕、(3)禁裏所領等からの収入および支出の管理、がその主な仕事である。

以下、禁裏のこの種の日常機能がどのように運営されていたかを、天文四（一五三五）年の一年間の実態に即して検討してみよう。この年をえらんだのは、まだ戦国争乱の真只中で、天下統一への展望がはっきりと見えていない段階であるのと同時に、『後奈良天皇宸記』と『御湯殿上日記』（二月分を欠く）との両者の記述がそろっているからである。[5]

両者に記載されている諸事項のうち、本章の視点から注目しなくてはならないものを若干の例を示しつつ分類整理してみると次のようになる。

A　公家の官位昇叙

①正月三日、右近衛権少将藤原季遠申権中将、頭兼秀申、勅許也（『後奈良天皇宸記』。以下『奈』と略記）

②正月二十日、申従五位上従五位下藤原晴秀、右大弁宰相子也頭弁申、勅許（『奈』）

③三月二日、こか（久我）のそく（息）、しゆ四ゐ（従四位）上の事申さるゝ、ちよつきよあり（『御湯殿上日記』。以下『湯』と略記）

④三月二日、在富卿加級事、（従三位→正三位）去年度々申、中五年也、勅許、光康朝臣正四位下之事申、不許也（『奈』）

⑤六月三日、右少弁宣治申、日野右中弁晴光四品之事、武家執奏、勅許、使者頭弁也、曲事之至極也、雖然如此次第也（『奈』）

この種の公家の官位昇叙や、その子弟の新規の叙位任官は、頻繁におこなわれている。叙位任官は、古くは京官を任命する司召除目、外官を任命する県召除目に区別され、後者は一月、前者は十一月または十二月に行なわれていたが、この時期では、そのように定期的に行なわれることなく、主として当事者自身の申請を頭弁などが随時受け付けるかたちがとられていたらしい。①②はそれを示す。その場合、慣習的な範囲の申請であれば、ほとんど問題なく「勅許」された。③のように公卿の子弟の官位も同じである。しかし④の在富の加級のように度々申請してようやく「勅許」となるケース、また光康の正四位下申請のようにただちには「勅許」にならないこともあった。

これに対し⑤は公家の日野晴光を四位とする件である。これは普通の場合とちがって「武家」＝幕府からの申し入れを頭弁が仲介して天皇に願い出たケースである。これも「勅許」されている。だが後奈良天皇の日記の筆致ははっきりと不満・批判にみちたものとなっている。武家の執奏だから「勅許」やむなしだが、これを取り次いだ頭弁は「曲事至極」というのが後奈良の本音であった。

このように公家の官位昇叙等は、形式上公家集団の頂点に立つ天皇の表向の行為として、この時期でもさかんにおこなわれている。しかしその申請は公卿等による公式の評議にはかけられず、直接天皇の単独の判断によって可否が決せられたらしい。それは天皇の専制的権力の強大さによるのでなく、官位がそれに対応する現実の支配機能・権力から乖離し、形骸化していたために、公家としても直接現実的な権力行使や利害関係に結びつけて実質的な評議をする必要が乏しくなっていたためと思われる。

B　武家の官途

①六月八日、申従四位下源尹隆《細川ムツノカミト云々》従五位下也、雖然武家者如此云々、自武家被申之由兼秀朝臣申、勅許(『奈』)

②七月二十一日、のとのしゆこ(能登守護畠山義総)しゆり(修理)の大夫を申、(任官願い出(『湯』)) 御たる(樽)の代(礼金)千疋しん上申

③十二月二十二日、入夜右大弁宰相祗候、大内左京大夫内々大宰大弐望之由申(『奈』)、同二十七日、大内左京大夫、大宰大弐勅許(『奈』)、同二十八日、大内大宰大弐之事、旁以不可然之間、昨日出所之女房奉書取返事也(『奈』)

天文五年一月十六日、按察大納言、去年大内左京大夫御免之大宰大弐之事被召還、不可然之由相国以書状申間心得之由被仰(『奈』)

武家の場合、この年に官途申請したのは記載のかぎりではこの三件だけである。細川・畠山・大内という守護大名のなかでもとくに大きな勢力をもっていた人物である。『御湯殿上日記』には①③に関係する記事が見えない。なぜ記載されなかったかはっきりしないが、逆に②にかかわる記事は『後奈良天皇宸記』では七月二十一日に「濃(能の誤り)州大夫以万里小路中納言、修理大夫口宣案事申、御礼千疋進上之由、以惟房披露也」と記されている。この畠

山義総の「修理大夫」要求は万里小路中納言を仲介として申請しているが、天皇に対する「御礼は」「千疋」すなわち銭一〇貫文とされている(『宸記』も「御礼」のことに関心を寄せて落さず書いている)。これは事実上の官職の売買としての性質をもっているためであろうが、官途といっても一般にはせいぜいこの程度の相場＝評価だったわけである。

しかし大内義隆の「大宰大弐」は、これに先立つ天文四年一月三日の後奈良天皇「即位惣用二〇万疋進上」(『奈』)、九月三日「大内左京大夫義隆内々申、日花(華)院(門カ)御修理(さきに大風で倒れた)以青密《ママ》百疋進上也」、という特大の献金・奉仕に対する大内側の代償としての意味をもっている。天皇はさんざん迷いいったん出した「勅許」の「口宣案」を撤回、それに対して「相国」から書状でそれはよろしくないと注意され、しぶしぶ「心得」たと補任を承知しているのである。

なお①の場合も、従五位下細川尹隆を、一階飛ばして従四位下に昇叙してくれという武家の要求に対し、天皇は納得いかなかったが武家の要求だからということでやむなく承服している。総じて武家の要求は慣習を無視して強引であり、天皇は内心不同意ながら、結局おし切られているというのが現実であった。

C　寺社の格式・称号等の要求

①二月二十五日は、丹後国龍－寺住持禅師号申、四辻前大納言取申、勅許(『奈』)

②三月四日、はりまの国時光寺のちうち(住持)からゑ(香衣)の事申さるゝ、勅許あり(『湯』)

③三月二十日、此間度々惟房申心如ト云上人号事、不可然思所、余切々申間無力心得之由被仰、御礼引合(ひきあわせ＝紙)十帖・御扇進上(『奈』)

④四月十一日、自大慈院去年被執申、伊勢国無量寿寺勅願寺可被成之由望申、勅許(『奈』)

⑤五月一日、自知恩院末寺ツクシ国サイハウ寺、ジヤウトウ寺紫衣之事、依曲事被出女房奉書(『奈』)

ここに見られるのは、寺の格式としての勅願寺(④)、寺僧の地位としての禅師号(①)、上人(③)号あるいは紫衣(⑤)、香衣(②)の勅許などである。そうした申請をおこなう場合は、①では四辻大納言、③では惟房のような公家を仲介者としており、あるいは④の大慈院、⑤の知恩院のように、本寺が末寺の資格を申請するかたちが多い。寺院の本末関係の結成はこの時代にとくに急速に拡大するが、それにはこのような寺格・僧侶の地位等の引き上げの利益がかかわっていた。なおこの年の事例を欠くが、神社の場合は、脇田晴子がすでに指摘しているように、地方土着神に「大明神」号を付与してもらうというかたちが多く見られる。

日本では古代中世を通じ、仏教の世俗化に対応し、僧位・僧官制度や、門跡寺制度などに見られるように、寺社・僧侶・神官などの格式称号も、天皇によって授与・認承されるという、聖俗関係における「俗」としての天皇の優位が一貫して存続した。これらのケースもそうした伝統を引きつぐものといえる。

以上A・B・Cの諸ケースを通じて、位官の叙任と、寺社および僧侶・神官に対する格式・称号等の授与が、この時代における天皇の主要な機能であったことを確認できる。

しかしそれらはもはや直接に支配権能や実利的意味をもたないから、その申請に対する可否はとくに問題のないかぎり天皇の判断に委ねられていたといえよう。大内義隆が求めた大宰大弐のような官途は、一見すると、今谷明がいうように、「実利」性があるかのようであるが、この時点で大宰大弐の公的権能が、天皇の編成・掌握する国家支配の体制・機構によって保障され、作動しており、その官職につけば、私的な軍事力を核とする実力によらずとも、機構として存在する権力やそれにともなう得分を掌握できるというわけではない。義隆は大宰大弐といういわば伝統的地位を表わす称号を認められることによって、九州における彼の実力的軍事・政治活動がなんらか有利になるかも知れないというだけのことであろう。いかに天皇から大宰大弐に任ぜられても、義隆の現実の力は封建的主従制にもとづく実力が基本であるから、これを「実利的官職」といって、あたかもそれをふくむ国家機構が現実に本来の支配力を維持・作動させているかのように見ることは妥当でない。

この種の官位叙任、あるいは格式・称号授与等は、直接、国家体制上の権能とそれに見合う収入の保障という意味で「実利」だったのではない。名目的にもせよ、天皇から叙任・授与されたという形式、「権威」が、虚偽的であるにもかかわらず一定の政治的意味をもった、というかぎりで「実利」なのである。実利という点ではむしろ、天皇と申請の口入人となる公家や、上級武家・本山などの方が直接の経済的受益者である。天皇も仲介者も申請当事者から礼銭・礼物を受けることは当然のこととされており、申請の時点で礼銭額を明示している場合も少なくない。

『後奈良天皇宸記』『御湯殿上日記』を見るかぎり、多少とも公的性格をもつ天皇の権能はこうしたことおよび公家の知行についての若干の「勅裁」にかぎられており、他の日常は、法会・供養、連歌・碁などの宗教行事、文化的遊楽、近臣との宴会・面会・雑談等に時間をさいていた。もちろん天皇も、右のいくつかの引用文からも認められるように、武家からの強引な叙任要求には反発感情を強め、寺社・僧侶・神官の要求にも理非・秩序の筋を通そうとしていた。また『宸記』七月一日条には、「如意輪五大尊行法」に当り「諸願成就……朝儀再興」と記しているように、「朝儀再興」による天皇・朝廷の権威の再生指向は根強かった。しかしそれは後奈良天皇にとってはあくまでも叶わぬ願いにとどまっていたのである。

3 禁裏の財政

では、禁裏の権能や現実が右のようなものであったとすれば、それと表裏の関係にある禁裏の財政はどのような状態であったろうか。

禁裏の財政収入は大別すると、

(1) 禁裏所領からの年貢・公事収入

表Ⅲ-1-2　天文4年(1535)禁裏所領よりの年貢収入関係記事

月日	『後奈良天皇宸記』	月日	『御湯殿上日記』
2. 29	備前鳥取荘に御使下向(年貢催促).	3. 1	舟木の御れう所2,500疋まいる.
3. 1	近江舟木荘2,500疋運上. うち2,000疋は借銭の由.	3. 2	けさ, 少納言とゝり(鳥取)の御れう所へ御つかひに下る.
3. 7	若狭上吉田, 当年分2,000疋運上. うち1,500疋青蓮院へ渡す.	3. 7	わかさの上よし田の御れう所ことしのぶんにて昨日, 2,000疋まづまいる.
4. 5	武家より, 丹波山国荘代官万里小路中納言下地に対し申事あり, として改善要求来る.	7. 17	かうかのたによりおぼしめしよらず4,000疋進上す, 御所女中たちにたぶ(賜わる).
7. 5	舟木御料所1,000疋進上.		
7. 14	伊勢栗真御料所10,000疋進上.	8. 29	のとより一の宮の御料所2年のぶん6,000疋まいる. 2,000疋にしの宮に御ほうがにまいらせらる.
7. 16	上吉田御料所代官, 鮑100進上.		
9. 1	濃州一色之公用去年当年分6,000疋.	11. 6	はいかた(山城・灰方)の御いわゐとしとしのごとくあり.
10. 18	栗真荘に勧修寺大納言入道明日下向(年貢催促).	12. 21	ゑちぜんの御れう所3,000疋まいりて御しはい(支配)あり.
12. 29	栗真荘より(万疋タンセン)5,000疋, 勧修寺大納言上洛進上.	12. 29	舟木3,000疋まいる, 御しはいあり.

(2)　各種叙任等に対する礼銭およびその他の献金

(3)　率分関の関銭および供御人公事銭等

ということになろう。これらについては奥野高広・小野晃嗣の研究が包括的であるが、ここでは当事者たる天皇および官女の日記について検討してみよう。

(1)　禁裏所領からの年貢・公事収入

まず前と同様に『後奈良天皇宸記』と『御湯殿上日記』の天文四年分を整理して示すと表Ⅲ-1-2のようになる。二つの日記の記載は、本来一致してよいはずであるが、官位叙任等の場合と同じように、多くは一致するものの、一致しないものもある。したがって二つの資料はいずれも完璧なものとはいえないが、禁裏財政をとりしきっていたのは、長橋局(勾当内侍)であるから、『御湯殿上日記』にはすべてといわないまでも主要な収入があれば記載されるのが普通と考えてよいだろう。また天皇も『宸記』の記述を見ると、財政収入には大きな関心を示しているから、これも必ずしもごく一部だけを思いつき的に記載したとは見られず、結局両者とも一部というより主たる上納はだいたい記したと見た方がよいであろう。

このことを念頭において表Ⅲ-1-2の「記事」を見ると、「御料所」としてこの年年貢銭が納入されたのは、鳥取荘(備前)、舟木荘(近江)・上吉田(若狭)・栗真荘(くるま・伊勢)・能登一の宮(多気神社)料所・越前料所(河合荘カ)・濃州一色田・灰方荘(山城)などである。

そこで記載の年代をもう少し広げて見ると、後奈良の即位した大永六年から享禄四年(一五二六―三一)にかけての年貢収入状況は表Ⅲ-1-3のとおりである。表Ⅲ-1-2の天文四(一五三五)年には見られなかった横田荘(出雲)・一青荘(ひととう・能登)・上村荘(丹波)・千酌荘(ちくみ・出雲)・軽海郷(加賀)・鞍馬(山城)などが姿を見せている。このうち、一青荘については、文安三(一四四六)年十月十五日後花園天皇綸旨(伊与どの宛)に「若宮御料所」とする旨の記事がある(「宮内庁書陵部文書」)。伊与殿は若宮(のちの後土御門天皇)の生母である。したがって伊与殿領から禁裏領になったものである。また軽海郷は鎌倉・南北朝期には武蔵の称名寺領であった(「金沢文庫文書」)。

これらの年貢高を集計してみると、毎年五万五五〇〇疋~一万五〇〇〇疋のあいだで移動している。五万五〇〇〇疋は五五〇貫である。荘園公領制が安定している時期では一反当り三〇〇文程度の年貢額となろうから、五五〇貫は一八三町歩程である。あくまで目安にすぎないが、この程度の面積は畿内型の小規模荘園でも、せいぜい数荘程度、畿内の外縁部の大きい所領なら一~二荘程度である。しかもその年貢収入は、年々不安定で、禁裏から直接年貢催促の公家が使者として現地に下り、相当な長期間をかけて現地の武家代官等と交渉し、ようやく取り立てているのである。院政期には、皇室領荘園群の一ブロックである八条院領だけで二二〇余荘を数えた状況と比べて、その衰退ぶりは、もはや同じレベルのなかの多少というようなものではないというべきであろう。

(2) 各種礼銭・献金

公武の官位叙任や寺社僧侶神官への格式等授与の礼銭は、所領収入の壊滅的事態のなかでは、けっして少ないもの

表Ⅲ-1-3　大永6－享禄4年(1526-31)禁裏所領と年貢等収納状況

荘　名	大永6	大永7	享禄1	享禄2	享禄3	享禄4
鳥取荘(備前)	4,000疋	25,000疋	5,000疋	15,000疋		11,000疋
横田荘(出雲)	19,000	13,000	5,000			
栗真荘(伊勢)	5,000	15,000	16,000	14,400	15,000	
一青荘(能登)	3,000・きぬ		9,000			10,000
舟木荘(近江)	5,000	2,000		1,000		1,500
上村荘(丹波)			8,200	900	いささか	
山国荘(丹波)		薪	地子・5袋	鮎	薪	薪
河合荘(越前)				2,000		
千酌荘(出雲)			きぬ	きぬ	きぬ	
上吉田荘(若狭)			5,000			
軽海郷(加賀)	1,000	500				
多気(能登)			3,000			
鞍馬(山城)	10,000					
灰方(山城)			新穀	新穀	新穀	
計	47,000	55,500	51,200	33,300	15,000	22,500

表Ⅲ-1-4　天文4年(1535)禁裏への礼銭・献金

月日	献金者	金額	事由	出典
1. 3	(武家)大内義隆	20万疋	即位惣用	『奈』
4.12	長松寺(備後)	200疋	香衣勅許礼	『奈』『湯』
6. 6	れう光寺(伊勢)	100疋	ふらく門院香でん	『湯』
6. 7	談国寺(上野)	200疋	院号申請礼	『奈』『湯』
6.15	日野新中納言	500疋	旗の事，礼	『奈』
6.21	(武家)能登守護畠山義総	1,000疋	任修理大夫礼	『奈』『湯』
9.21	(武家)大内義隆	3,000疋* 1,000疋	当年御礼 親王分	『奈』
9. 2	土佐一条	2,000疋	かれいの物	『湯』
11. 1	(武家)越前朝倉	10,000疋	即位諸費用	『奈』『湯』
11. 5	土佐一条	10,000疋 (但し不受)	大将叙任礼	『奈』
12.22	(武家)大内義隆	10,000疋	大風で倒れた日華門再建費	『奈』
計		238,000疋		

* 『湯』では300疋.

でない。表Ⅲ-1-4に見られる天文四（一五三五）年分では、即位費用として大内義隆の二〇万疋、越前朝倉氏の一万疋、この二口計二一万疋という特別のものがあるがそれを除き、さらに土佐一条氏の「大将」任官の礼銭で受け取らなかった一万疋を除いても一万八〇〇〇疋＝一八〇貫に及ぶ。公家・寺社の昇叙・格式授与の礼銭は一件としては小額だが件数が多く、この表に現われたもの以外にも相当な額に及ぶものがあったと推定される。その意味でこの時期の禁裏収入のなかでは所領からの年貢収入に比肩できるものとして、この種の礼銭・献金があったと見てよいだろう。礼銭は仲介した公家も別に受けとった。

（3）率分関関銭・供御人公事銭等

禁裏収入の第三の源泉は関銭と供御人公事銭等である。これらは土地所領からの年貢収入の激減を補足する意味で、中世後期に入って次第に重要な意味をもつようになった。

禁裏の財政機能と日常消費を担当したのは古くから内蔵寮、内膳司・御厨子所、主殿寮などである。そのうちとくに重要なのは天皇の装束や年中行事に必要な物品、諸社奉幣の料物等の確保・調達に当った内蔵寮である。

内蔵寮に関する重要な史料としては元弘三（一三三三）年「内蔵寮領等目六」（宮内庁書陵部蔵）があり、小野晃嗣が詳細かつ的確な検討を加えている。[6] それによれば、同寮収入は、(イ)内侍所毎月朔日供神物月宛国々（一～十二月および閏月分が、毎月一〇石程度一つの国に割り宛てられる。したがって一三カ月分。この時点では月三貫程度の代銭納）、(ロ)御服月料国（月別御服費用負担の国。かつては現物納、この時点では銭納）、(ハ)御殿油月宛国々、(ニ)御服紅花国々、(ホ)寮領（二〇カ所余り）、(ヘ)率分関（東口四宮川原率分・長坂口率分）と御倉町地子、(ト)各種供御人（生魚供御人など一五種）公事という構成であった。

この内蔵寮の長官たる内蔵頭は、中世後期には山科家の家職として世襲され、他の諸寮司領もそうであったように、同家の家領化された。それにともなって、これらは禁裏直領とは区別され、山科家が契約した武家代官から納入された収入を山科家が収得し、そのうちの一部が禁裏に納入されるかたちが多くなっている。

率分関は右の元弘三年では東口・四宮川原・長坂口にすぎなかったが、その後粟田口・大原口・木幡口・大津口・坂本口、鞍馬口・西口・南口・淀口・朽木口（近江）、楠葉（河内）などにも設定された徴証がある。京都を王城の地とすれば、それへのあらゆる出入口に率分関を設ける権利は天皇にあるという論理が根底にあったと思われるが、現実にはもとより幕府の承認が必要で、実際の管理も武家代官が当ることが多かった。

したがって一つの率分関の契約額、すなわち代官が山科家に納める契約関銭は、さきの元弘三年の「寮領等目六」でも「一、長坂口率分毎月二貫五百文、見参料三貫文、但為武家近年被止之畢」とあることからもうかがわれる、せいぜいその程度のものであった。しかも、室町戦国期を通じてつねに右に示した諸関が確実に関銭を納入したわけではないから、この率分関収入は、山科家にとっても必ずしも安定収入源ではなく、まして禁裏にとってそれが有力な財源と見ることはできない。内蔵頭山科言継の日記（『言継卿記』）の永禄十一（一五六八）年の部分の挿紙に「内蔵寮率分役　毎月一日　禁裏三献目調進、正月十五日　同十八日十本三毬打、九月九日菊之綿白・紫・黄三色」とあるところからするとわずかにこうした儀礼の公事的なものにとどまっていた可能性が大きい。(7)

また供御人の納める公事も禁裏収入のなかで大きな比重をもつものではあるまい。「寮領等目六」に見られる供御人は戦国期になれば、多く商人として自立したり離散したりしている。『御湯殿上日記』や『後奈良天皇宸記』では、紙公事、丹波栗作郷の供御人が栗（享禄元）、近江粟津の供御人が「やまぶき・松」（享禄三）を納めている記事などが散見する。明徳三（一三九二）年九月の「蔵人所丹波国栗作御園供御人等言上状」（山科家古文書）によると、(8)その頃になって栗の売買が行なわれるようになるとともに、西七条で駄別銭を課されるようになったらしい。このことからすると、栗供御人はむしろ、その賦課を免れようとして、この頃新たに供御人身分を得たのかも知れない。供御人も古くからの在り方を変え、禁裏直属の身分というより、商人が特権や便宜を得る手段としてかたちのうえで供御人となったと見る方が事実に近いであろう。それだけに供御人の納入する公事といっても一種の営業礼銭のようなものと見られるのである。

以上のような諸事実をふまえて、応仁・戦国期の天皇の基本的在り方を整理すると次のようにいうことができる。

第一に、律令国家のもとで成立した「天皇」の古代専制国家の帝王としての諸権能とそれを行使するための統治諸機関は中央・地方をふくめ、南北朝内乱を経て室町期には全般的に解体し、応仁・戦国期の「禁裏」は、ごく限定された範囲の儀礼の場という以外は、現実的権力からは隔離された、「大奥」的空間を主とするものに転化した。

第二に、この時期の天皇の広義における政治的行為の主なものは、公家武家の位官要求に応ずる叙任行為と寺社および僧侶・神官への格式授与・認定等の行為であった。それらは個別に口入者(上級の公家・武家・本末関係の本寺社など)を介して出願し、それを天皇が判断=「勅許」するしくみとなっており、これらは集権的官僚制の実体をもつ朝臣の定期的昇任とは異なり、一種の名目の授与以上のものではない。その際、「勅許」を得た出願者は個々に天皇と仲介に当った口入者に「礼銭」を贈るのが慣行であった。これは官職制でなく、一種の儀礼的名称に近く、たとえてみれば家元制における「名前」の授与=「名取り」「名取り料」と似た性質をもっている。

したがって、たとえば大内義隆が大宰大弐に任ぜられても、前述のようにそれは「大宰大弐」の職権が国家機構として機能していることを前提として、それにともなう権益を受けることではない。大内義隆という封建領主が、その名儀=伝統的官職=「公」の名目を受けることによって、自らの実力の行使、支配を名分上有利にするにすぎない。その意味で、「守護職」よりも「国司」などの〝実利〟的な朝廷官職を求めた、といってしまうことは正確でなく、誤解を招きやすい。国司などは、本来の実利的権能・生命を遠い以前に失っていることはいうまでもない。

第三に、この時期の禁裏の財政収入は、直領年貢、礼銭・献金、率分関銭・供御人公事などを含めてみても、少額かつ不安定なものであった。奥野高広や今谷明は、通常いわれるほどに窮乏していない面を強調している。しかし、歴史的には、それはかつての厖大な皇室領荘園群・国衙領の集積とそれからの収入と比較すべきであり、その比較という点では、同じレベルでの多少などというものではない。たとえ荘園の数を挙げ得ても、収納の実態は前記のとおり乏しいものであって、ようやくかつての中流一公家の家産収入に及ぶかどうかといった程度ではなかったろうか。だからこそ、『後奈良天皇宸記』や『御湯殿上日記』に頻々と記されているとおり、禁裏直領からの年貢納入があると、その都度すぐにこれを禁裏の奉仕者たちに「支配」＝配分しているのである。後奈良天皇は天文四(一五三五)年三月七日、若狭上吉田の御料所から二〇〇〇疋の納入があったのを大いによろこび「珍重々々」としながら、このうち一五〇〇疋を青蓮院に差し引かれたことを残念に思った。しかし、もともと上吉田が自分の生母(豊楽門院)の知行地で、この年貢を引き当てに弟の青蓮院門跡から借りていた分の返済にまわしたのであることが分かると、「兎角異論、外聞実儀不可然、唯閉口々々」(もしとやかく異論を述べればまずいことになる、沈黙にしかず)と記している。天皇にとってもわずか二〇〇〇疋＝二〇貫文が切実な意味をもっていたことがうかがわれる。

ところで、天皇権力がこうして歴史上極端に小さくなったにもかかわらず、公家・武家・寺社いずれもが、名目化した位官・格式等を、なんらかの「権威」と認め、礼銭等の経費を支払ってもなお強く希求したのは、どのような意味においてであったか。

この解答は、やはり天皇が伝統的な最高権威の保持者であるとか、武家の権威が衰退したので、より上部の究極的権威源泉としての天皇が浮上した、あるいは天皇の側の武家に対する〝巻き返し〟があった、というだけでは十分であるまい。私はこの問題についての解答をひきだすには二つのアプローチがあると考える。ひとつは、この時代に分立した大名領国が、それぞれに「公儀」性を高め、地域国家としての性格を強めるにつれ、[9]さらには有力大名が「天下」を指向するにつれ、その権力・支配の正統性の根拠として、彼らの側から天皇権威の再生と推戴がはかられる方向である。そしてもうひとつは、天皇と一体化することによって存続してきた公家と中央本寺(本山)的な寺社勢力が、その命運をかけて天皇権威の擁護と地方・下層への滲透をはかっている方向である。前者は後に検討することとして、ここで後者について多少ふれておこう。

公家は伝統的には諸寮司の官職・地位を家産化することによって、その寮司付属所領や所管業務にともなう利権的得分を私的に収得した。しかしそうした権能と利権も、大勢としては天皇の無力化と同様の道をたどった。天皇と公家とは不可分の共生関係にある。中央寺社も伝統的に天皇と結びつくことによりその地歩を確保してきたから、彼らの性格・立場は根本的には公家とちがいがない。

それゆえに、主要な公家や中央的寺社の上層の僧侶・神官は、禁裏に対して、日常的に親近性を保持しており、四季折々の食べ物・花木などをくりかえし贈進している。また彼らはひんぴんと禁裏を訪れ、天皇に会ってもいる。『後奈良天皇宸記』『御湯殿上日記』はその状況をかなり詳細に記録している。それ自体は直接に政治的な行為ではなく、むしろ遊興と贈答を中心とした宮廷生活そのものであった。

しかし、こうして結び合わさっている天皇・公家・中央的寺社集団は、一条氏・姉小路氏以下若干の公家をのぞけば、応仁・戦国期にも地方に移住することなく、伝統的な貴族文化の独占者集団としての性格を保持しつづけているのである。

それればかりか、彼らはこの時期に、進んで伝統的な家職として所管にかかわる各種職能者を本末関係的な形で組織化していこうとした。公家の真継氏が家職として管下におく鋳物師の全国的組織化に乗りだし、営業特許状を発給することによって礼銭や公事銭を入手しようとしたのと類似の行為は、宮地正人(10)や高埜利彦(11)が示したように公家社会で広くおこなわれた。それは直接には所領からの土地収入に期待できなくなった公家たちが礼銭を得るための窮乏対策であったが、地方の各種職能者や土着的地方寺社を求心的・本末的に組織化することを通じて、究極の「本所」としての天皇の権威的存在を改めて認識させる効果をもったにちがいない。このことは天皇の権威の自前の力による再生を意味するものではないが、失墜しつつある天皇権威に歯止めをかけ、あるいはなにがしかの再生的効果を演じたことは確かであろう。

二　戦国大名と将軍・天皇

ここで視点を広域にわたる公的権力として成長した戦国大名の側に移し、彼らと既成の権力・権威であった将軍・天皇・公家とのかかわり方について考えよう。

この時代はいうまでもなく、大勢としては各地の戦国大名の室町幕府体制からの離脱の進行期であるが、そうした離脱と領国支配の自立的側面を重視するか、逆に中央への断ち切りがたい求心的動きの側面を重視するかについては、研究史上はかならずしも意見の一致を見ているわけでない。後者の立場からは、藤木久志が強調するように[12]戦国大名がいかに自立的な動きをとっても、半面ではたえず彼らが、室町幕府の支配体制の一環たる「守護職」の獲得に執心する側面や、国郡制という律令制以来の旧行政単位が彼らによっても前提され、否定し去られなかった側面が重視される[13]。そうした見方に従えば、将軍の権力喪失と分権化の進行局面においても、天皇の権威は、ますます重要な求心的契機として政治的な重みを増してくるという展望が打ち出されるであろう。

しかし戦国大名の歩んだ途は、領国形成過程において、守護職が本来「職」として不可避的に内包していた守護職権の限定的枠組みを否定し、「職」秩序に支えられた「不入」を破り、その領域を自らの手によって一元的に支配する方向であった。その際、戦国大名にとって将軍・天皇の中央権威は自らの領国支配と矛盾するものではない。彼らは自らの領国支配に有効なかぎりでそれを国制の形式としては尊重していたのである。したがって彼らにとって中央権威は「職」のような実体的な存在として彼らの権力を規制するようなものでなく、彼らの政治目的によって、彼らの手で再生されているものといった方が適切である。半面、守護大名から戦国大名への推転の実体の指標として、室町幕府—守護の統一秩序・体制からの離脱がもっとも重要であるといわれるのもその意味で妥当である。

一例を示すなら、越後守護職を獲得した上杉房能は、明応七(一四九八)年、「国中御内・外様、近代号不入違背御沙汰上、令停止役者之綺条、太以奸謀也」(『上杉家文書』一、一七四号)と宣言し、領国内で寺社・国人等が「不入」特権を主張し、房能の派遣する「役者(役人)」の立ち入りを拒否することを一切禁止した。これは一見すると、守護の立場からの主張のように見えるが、実際は逆である。彼が従来の守護「職」の枠をのりこえて領国大名化を指向し、寺社・国人等の「不入」特権の主張を無効としたものにほかならない。その意味では、戦国大名は上部の権力を絶対不可欠の前提とはしておらず、自らの権力を究極のものとしているのである。戦国期を通じ、後北条・毛利などの戦国大名が、前にふれたように領国における自らの政治的立場を「公儀」と規定し、その支配領域を「国」としているのもそれを示す。室町幕府体制のもとでは、将軍は「公方」とよばれ、幕府の体現する政治的立場が「公儀」であった。したがって守護大名もその幕府体制の一環に位置することによって「公」の立場を確保し、管国一円に一定の範囲での領国支配権を行使することができた。それに対し、戦国大名は、室町幕府体制から離脱することによって、独自に地域的な「公儀」としての立場を確保しようとした。

戦国大名は「公儀」権力として、領国全般にわたって寺社・国人等の「不入」特権を否定しようとしただけでなく、検地、知行宛行、年貢・役銭等の賦課、検断・裁判権力の行使、商人職人と市場・交通統制、寺社統制などを強化し、法を定め独立の地域国家とよんで差支ないほどの諸権能を集中的に行使しようとした。そのためには、その権力行使が、国内各地に在地している国人・土豪層や民衆に受容される必要がある。それゆえにこそ戦国大名の領国政策は荘園領主の支配にくらべて、実体的にもイギオロギー的にも領国経済の安定と発展、「治国安民」的善政を強く指向したのである。

しかし戦国大名の領国統治の実体は、どこまでも、封建的主従制の強化を梃子とする権力的支配である。その支配に「公儀」性をもたせ君臨するためには本来私的に形成されてきた主従制を統一的・公的秩序として性格づけ、位置づけることが不可欠である。戦国大名が官途・受領名を現実の支配とかかわりないにもかかわらず自ら求めたり、あるいは重立った従者の叙任のために口入したり、さらには自らこれを授与したりするのはすべてそのためである。

大内義興（一四七七～一五二八）は、周防・長門・安芸・石見・豊前・筑前の守護職を併せもつとともに、足利義稙を擁して入京、これを将軍に復位させ、「管領代」として中央に進出、遣明船派遣の実権を握った。ついで子の義隆（一五〇七～五一）も、さらに中央接近の動きを強め、六ヵ国守護職を保持したまま天文二（一五三三）年には後奈良天皇に申請して「周防介」「筑前守」を望み、自分の建てた寺を勅願寺に指定し、宇佐八幡宮を自分の支配下にある筑紫（筑前）にも建立することの許可を求めた。

天文四年正月には後奈良天皇に「即位惣用二〇万疋」を進献、また同年九月には「当年為御礼」太刀銘宗光・馬代三千疋を進上した。そして同年十二月には従来の官途「左京大夫」に加え「大宰大弐」への補任を出願、朝廷側のこれを不可とする動きをおし切って、結局「勅許」を獲得した。

そればかりか義隆は下位の同盟者として傘下においていた毛利元就の叙位任官にも肩入れし、元就の従五位下右馬頭叙任を実現した。『御湯殿上日記』天文二年九月二十三日条には「大内申もと《（マヽ）》（「と申すもの」カ）国のものとて大江のなにがしといふ物（者）一くわん（官）事申、御心えのよしおほせらるゝ、もともと応永のたび（度）申たる口宣の案けさん（見参）にいるゝ」とある。この「大江のなにがし」が、大江広元の末流に属する元就である。応永度の口宣が応永二十一年五月二十五日称光天皇口宣案（『毛利家文書』一、二五号）をさすことは疑いなく、このとき「大江備中守光房」が「右馬頭」に任ぜられている。

元就の右の叙任は彼自身の強い希望であったこともたしかであろうが、義隆がこれを推挙し、天皇および官務小槻伊治・大外記中原師象および広橋・庭田等天皇側近の公家への礼銭も、義隆経由で調進した。後奈良天皇からは女房奉書で、太刀二振代二千疋・馬二疋代二千疋（計四〇貫文）進納に対する謝礼が頭弁広橋兼秀経由で、元就の手許にとどけられた（同前二六七号）。大内義隆はこの元就の叙任の口ききで、天皇・公家に多額の礼銭を進納するとともに、自分も元就から太刀・馬・銭一〇貫文という礼物銭を受けている（同前二七八号）。元就叙任は、天皇・公家にとっては礼銭受領が大きな目的であり、義隆としては元就に推挙を通じ、京都に対する自らの影響力の大きさを誇示し、下属的同盟関係を強固にしようというねらいがあったに相違ない。

その場合、元就にとって叙任はどのような意味があったか。元就はこの叙任の一〇年前、大永三（一五二三）年、毛利の本宗を継いで本拠地吉田荘の郡山城に入ったが、大内・尼子・山名という三大勢力にはさまれ、その存立はきわめて不安定であった。しかも家中や安芸国人層に「毛利をよかれと思うものは一人も居ない」と元就自身が嘆いたような状況であったばかりでなく、毛利家中でも後に元就が誅伐した井上のように、隙あれば元就の支配の転覆をねらうものが少なくなかった。この時点で元就はまだ独自の大名国家を形成しえているとはいえない。

そうした状況のなかで、元就は自己の立場を強化する手段として、大内氏との下位の同盟ないしそれへの服属を進めるとともに、位階・官途の叙任に執心したと思われる。元就の子隆元の「自筆重書目録」（『毛利家文書』一、三二二号）では、家伝の文書類は「系図袋一つ　にしき、先祖代〻重書類可入袋一つ　とんす、元就任官綸旨等可入袋一つ　とんす、御内書可入袋一つ　とんす」以下のかたちで整理されている。「任官綸旨等」が将軍御内書に先んじて記載されているのも、元就・隆元がこれを重要視していた証拠であろう。

しかしここでもこの叙任、すなわち五位・昇殿・右馬頭といった任官等の本来的権限によって、元就が領国支配上、なんらかの現実的権能＝〝実利〟を直接手にしたわけではない。彼はただ位官を得ることによって、家臣や周辺国人とは区別される公的・権威的立場を主張したり、相手にそう思わせたりする可能性を手にしただけである。それが

〝実利〟の内容である。大内義隆の大宰大弐も基本的には異ならない。

だから大内にせよ毛利にせよ、彼らが無力化した将軍や武家所職に見切りをつけて〝実利的〟な公家的位官に乗り移ったなどという今谷明の説明をそのまま受け容れるわけにはいかない。毛利隆元は永禄三(一五六〇)年、将軍足利義輝から安芸守護職補任の御判御教書(『毛利家文書』一、三一四号)を獲得、ついで永禄五年には、備中・備後・長門・周防守護職に補された(同三一五〜三一八号)。毛利にとって公家官位も武家官職も天皇・将軍という中央権威から与えられるという点で自己の政治的立場に有利に作用すると見なされていただけである。あえていえば守護職の〝実利〟性の方がいくぶんの実体をもったであろう。

では東国の戦国大名の場合はどうか。小田原を本拠として伊豆・相模・武蔵・下総を中心に大領国を築き上げた後北条氏は、二代目氏綱以来、「左京大夫」を官途名乗りとした。天文二(一五三三)年三月十二日付、里美義豊宛氏綱書状に「左京大夫氏綱(花押)」とあるのが初見である(大庭文書)。氏康の発給文書に官途名乗りが見られるのは希で、その判物・書状等はほとんど「氏康(花押)」とだけあるが、永禄三(一五六〇)年と推定される八月八日付の伊達晴宗宛書状(仙台市博物館所蔵伊達家文書)では「左京大夫氏康」と署している。

この「左京大夫」の官途は大内義隆がとったような手つづきを経て、「勅許」を得たものかどうかは断定できない。その可能性は十分あろうが、もうひとつ、鎌倉北条氏を継承する意味で、氏康が家督を氏政に譲った後も自分の手に

表Ⅲ-1-5 小田原衆所領役帳に見られる北条給人の受領名

衆	姓　官途名	知行高
		貫　文
小田原衆	松田筑前守	103. 11
	大草加賀守	391. 420
	高麗越前守	95. 0
	石巻下野守	321. 0
	長田但馬守	189. 600
	神尾越中守	60. 0
玉縄衆	間宮豊前守	698. 122
江戸衆	遠山丹波守	2,048. 435
	小菅摂津守	90. 804
	中条出羽守	312. 430
	興津加賀守	64. 216
	上原出羽守	116. 280
	細谷三河守	17. 500
	梶原日向守	51. 0
	後藤備前守	194. 829
	新藤下総守	63. 229
松山衆	太田豊後守	592. 922
伊豆衆	笠原美作守	457. 150
津久井衆	井上加賀守	65. 750

〔他国衆以下省略〕

表Ⅲ-1-6　北条氏邦発給文書に見られる受領名の人々

文書年月日	姓　官途名	出　　典
（永禄 10）	大森越前守	武州町田文書
永禄 12.7.11	朝見伊勢守	武州文書
元亀 2.卯.7	山口上総守	山口文書
（元亀 4）3.20	長谷部肥前守	武州文書
（天正 3）2.14	長田石見守	武州 〃
（　〃　）3.2	四方田土佐守	武州 〃
（天正 5）10.9	吉橋和泉守	武州 〃
	高柳因幡守	武州 〃
（天正 8）3.22	山口下総守	山口文書
（　〃　）12.朔	長谷部備前守	武州文書
（天正 9）極.24	新木河内守	宇津木文書
（天正 13?）9.3	阿久沢能登守	阿久沢文書

留保していたと思われる「相模守」の受領名は、「勅許」によって入手した可能性が乏しいと思われる。それでも、もっとも発達した大名領国を構築した北条氏にとってさえも官途は無視できないものだったのである。

永禄二（一五五九）年、氏康は「小田原衆所領役帳」を作成したが、そこに登場する給人＝家臣のうち、受領名をもつものを、知行貫高とともに示すと表Ⅲ-1-5のようになる。

このほか小田原衆の筆頭で一七六八貫一一〇文の松田左馬助は、老臣松田憲秀でのちに尾張守の受領名を名乗っている。また氏康の子、八王子・滝山城主北条氏照は陸奥守、武蔵鉢形城主北条氏邦は安房守、その弟氏規は美濃守を名乗った。さらに氏邦の発給文書を見ると、その支城支配領域に属すると見られる表Ⅲ-1-6のような人びとも、受領名をもっていた。

これら多数の人びとがみな「勅許」によって、官途名乗りを許されたのかどうかは疑わしい。北条綱成（道感）の発給文書に、

受領事
和泉守
元亀四年癸酉三月十三日　　道感（花押）
松原和泉守殿
（『新編相模風土記稿』）

という官途授与文書がある。綱成は支城玉縄城主だから、これが一般的動向の一端を示すものとすれば、本城主・支

城主は傘下の家臣にそれぞれ受領名を認可する方式をとっていたと解せられる。

同様の方式は下総の小規模な戦国大名結城氏の場合でさえもたしかめられる。たとえば、

受領之事、被成之也、

きのへさる

七月廿一日　　　晴朝

長田対馬守殿

（「長田文書」）

というように、大名がやはり受領名乗り「対馬守」を長田氏に認めている。これに先立ち、天正四（一五七六）年晴朝は長田氏に対し「治部少輔」の官途授与をおこなっている（同前文書）。結城氏の官途状はほかにもいくつか認められるし、結城氏の下位の同盟者というべき地位にあった多賀谷重経も家臣に「将監」などの官途名を与えている（秋田藩採集文書、天正十七年一月二十日、多賀谷重経朱印状）。

こうした諸事実からすれば、東国の大名たちのあいだでは、その家臣に対して受領名・官途名を自ら独自に授与することがひろく行なわれていた可能性が大きい。小田原北条氏の例で見ると、受領名をもつものは知行貫高一〇〇貫クラス、すなわち知行規模で中位以上の者に多い。なかにはわずかの知行高の者も見られるが、それは少数である。律令制以来の官位相当関係でも多くの官途名より上位の受領名を中・上位の家臣に与えたと思われる。

その際、北条本城主が相模・武蔵守をおさえるかたちで、他がこれを名乗ることを許さず、一族の氏照に陸奥守、氏邦に安房守を名乗らせたことは、ねらいとしてはおそらく北条領国の政治構想にかかわる重要な意義をもつものと思われる。しかし他の人びとの場合は、領国支配と直接にはほとんどかかわりないと見ざるをえない。小田原本城主および各支城主（一族）は、それぞれの家臣の身分秩序づけの外形的手段としてこうした受領・官途名を与えているにすぎないというべきだろう。

してみると、受領・官途名は、すくなくとも東国の場合、すべてが直接天皇から補任されるものでなく、いわば大名・家臣の領域支配が、公儀的性格をもっていることを領内にひろく示すためのひとつの手段であると同時に、家臣間の階層的秩序を伝統的官職に即して示すものとしての意味をもっているのである。その公儀的支配のシンボル、家臣間の身分階層秩序が、天皇を頂点とする律令制以来の官職制によって表現されるところに天皇の権威の投影があると解されるのである。

しかし半面、ここで、本来天皇の手に専一的に属していた官位叙任の権限がしばしば無視され、個々の大名が独自に、これを領国支配・家臣間秩序の編成のための一手段としていることは、むしろ天皇固有の大権が無視されたことであり、天皇権威の失墜を意味しているということも否定できない。現実にはその側面の方がはるかに大きな意義を持っているというべきであり、その点では東国大名たちは天皇権威を実質的には無視していたともいえる。

大内義隆は京都に進出して中央政権のなかに自己を積極的に位置づけようとしていただけに、将軍・天皇への接近は、他のどの大名よりも積極的であり、それだけに中央官職がいくら空名化していても、それを直接天皇から受けること、つまり「勅許」に特別の意味をおいていた。しかしこれもあくまで、義隆の政治判断に出るものであって、天皇権威がそれとして独自に強まってきたり、新たな展開を見せたわけではない。

私は戦国期における天皇の権威は、将軍権力と結合し、一体化していることによって、一定の生命をもったにすぎないと考える。この点は地方大名の位官要求の大部分が将軍を仲介して「執申」される関係にあったことからも理解される。陸奥の伊達次郎は永正十四(一五一七)年「御字並官途事望」んで許され、「御字」は将軍義稙が「御筆染」められて偏諱を賜り、「稙宗」となり、官途も「左京大夫」に補任され口宣案を賜った(『伊達家文書』一、六三号)。このことにつき稙宗は、将軍(公方様)・管領細川高国をはじめとする武家方、後奈良天皇(「禁裏様」)・上卿・長橋御局をはじめとする公家方に莫大な礼銭を贈ることとなり、翌年使者頤神軒存奭が上京した。[14]

こうして中央との結びつきを強めた稙宗は、その後「陸奥守護職」の補任を受け、稙宗の子は義稙に代わって将軍となった義晴から「晴」の偏諱を受けて晴宗となり、「陸奥探題」に補任された(『伊達家文書』一、一〇一・一七九・一八二号等)。伊達氏は「公方様」から武家官職としての「陸奥守護職」・「陸奥探題」と併行して天皇から「左京大夫」などの官途を受けているのである。ここでも将軍権力・権威が失墜したために、天皇権威への乗りかえが行なわれたのではなく、天皇権威は将軍によって保護され、将軍の補任者という立場にあるがゆえに、その権威性が強調されているのである。(15)

将軍と天皇の関係については、将軍も、天皇から補任を受けるということから武家も官職制秩序を重んぜざるをえず、天皇と武家の一体化指向は、義満に典型的に見られるようにつねに存在した。将軍は、形骸化していることを前提としつつ、官職制秩序を大名以下の武士たちを制御するひとつの手段として尊重した。将軍義晴は、享禄二(一五二九)年大納言に昇進すると間もなく「武家之御判」を改め「武家やう(様)の御判」を用いるようになった。将軍においても、官位昇進にともなって将軍の位階をこえれば、公家様花押を用いるのが当然という、国制秩序の認識があったのであろう。

武家政権出現以後の天皇の問題を見るとき、「公家」という集団はこれと切り離すことのできない特別な意味をもっている。「公家」は律令国家体制のもとでは、中央集権国家の官僚として、太政官八省・諸寮司以下の職務を分掌した。しかし武家政権の発展と分権的封建領主制の進展のもとで、それら官僚制的国家統治機構の役割は事実上解体した。彼らは家職として代々管掌した官司付属の領田を事実上の家領化しつつ、その収入の一部を禁裏に上納する関係で、天皇と一体化して生きのびた。官職制は生きた統治機構としての実体を大部分失ったが、公家集団によって形式的には存続させられ、武家もそれに結合することによって、国家的な〝公〟=「公儀」の立場を形式的に整えた。そのかぎりで、官途名・受領名は、その取得者が、〝公〟の立場であることの形式・儀礼的な証しであり、天皇の独自の権威というより、公的支配の正統性の保証機構として、それ全体が現実的に国家権力を掌握する勢力によって権威たらしめられたのである。それは直接的な実力とは異なるが、それなりに支配のため、被支配者側の〝合意〟確保のための力ではあった。

そこでさらに、次の問題としてはそのようにして再生・維持された権威は、民衆にどのように受けとめられたのかも問われなくてはならない。

この点で興味深いのは被支配階級たる百姓層においても、村落社会における「おとななり」がしばしば「官途成り」を内容としていたことである。一例を示すなら、京都東郊の山科諸郷では、「おとななり」という儀礼があった。「老《おとな》」というのは村落共同体の指導的年齢・身分層グループに入ることである。ここでは、「おとななり」に際して「二郎九郎三十疋持来候、おとななり候、二郎衛門と申也」（『山科家礼記』文明三年十一月二十六日）、「東庄彦七おとななり候とて……七郎左衛門なり候歟」（同文明十二年十一月二十六日）などというように、その際挨拶料を共同体に出すとともに本人は「衛門」のような官途名を名乗るのである。

官途名を名乗ることは、その意味で村の生活秩序のなかで立場・格式を示すものだったのである。山科では延徳三（一四九一）年「東庄老衆・中老・若衆公事出来、座ノヲトナナリ出銭事之由也」（同三年二月二十日）というように、おとななりに当っては村共同体に対し「出銭」（挨拶金）を出すのが慣習であったが（同三年二月二十日）、このときその金額が高すぎるということでもめごととなり、結局「おとななり三貫五百文もとは五貫二百文」と引き下げられた（同三年八月二十三日）。三貫五百文としても農民にとってけして少額とはいえない金額である。「官途成り」は村落生活のなかで年齢・格式・地位を意味するばかりでなく、共同体の〝公〟をとりしきる人の立場を示すにふさわしかったのである。

この事例は、山科郷という京都の隣接地であり、かつ内蔵頭山科家が「（山科）七郷成敗」の権利をもっていたという事情から「衛門成り」が特別の意味を与えられていたと見ることもできようが、元来、兵衛尉・衛門尉のような官途名は平安後期以後、大番役で上京した各地の侍身分層が、その勤務に対する報奨として広く手にした官途名である。したがって地方の侍層の名乗りとして、兵衛・衛門の官途名はもっともポピュラーであり、それだけに百姓的階層も、それが在地的世界におけるもっとも身近な権威的な名乗りとして、広く認識していたといえる。彼らに天皇や朝廷の存在や権威というべきものが認識されていたとすれば、それはこうしたかたちで直接日常生活の場において、なんらか感得できるものとして存在した場合である。ちなみに、その官途名乗りは、後に明治維新政府によって、禁止された。すなわち明治二年七月「今般官位御改正ニ付、従来之百官并受領被廃事」として「百官名・国名・大夫・輔・亮・祐・助・介・丞・允・進・正・右衛門・左衛門・兵衛」の名乗りの禁止を通達した（静岡県『小山町史』近現代資料編、三八五号）。このことは、維新政権が、官途名乗りを否定し、官位叙任権を天皇のもとに集中し、天皇権威の恢復を目ざしたことを意味するが、半面では官途名乗りが天皇とは乖離して広く流布していたことを物語っている。

しかも、こうした天皇権威の認識の媒介契機は、官途以外にもさまざまのかたちで存在した。脇田晴子が指摘したように、僧侶に対する紫衣・香衣等の授与、勅願寺の指定などを通じて、それら資格授与の究極の権威として天皇が存在することを地方に知らしめた(16)。さらに寺院の本末関係の編成の推進も、本山寺院が天皇家子弟の入寺、門跡寺などのかたちで、天皇権威に通じていることによって、地方寺院や僧俗の人びとの権威指向意識を強めた。神社の場合、地方の地主神を祀る土着的カミにも「明神」「大明神」号が与えられるといったかたちで、天皇への本末関係型の結びつきが拡大推進されていった。戦国期では封建的主従関係が重層的に社会の末端にまで滲透し、農民上層も個々に上部の領主と被官関係を結んで地侍化した。支配関係が錯綜した畿内では「主を持たざる百姓」は存在しないとまでいわれるような状況が展開した。戦国期における本末関係の進展は、そのような封建的主従制の滲透による社会のヒエラルヒッシュな編成に対応するものである。

こうして戦国期の社会では、官途授受・本末関係・主従制の複合的展開などを通して、社会の階層的編成の頂点に天皇が存在するという認識が広められる条件が存在した。その状況のなかで、公家貴族もそれぞれ家職として形式的とはいえ、ともかくも管掌する諸機関のもとに下属する商人・職人・芸能者あるいは神官などの編成を目ざした。天文・暦・陰陽道を職とする人びとを管轄した土御門家、全国の社家・神職関係の人びとを官途・受領名の授与を通じて全国的に編成しようとした白川家・吉田家などはその代表的なものとして知られるが、これらも右のような社会動向の一環であり、所領からの年貢の多くを失った公家たちが、礼銭というかたちで収入をはかったばかりでなく、禁裏・公家の権威をよび戻そうとする懸命な試みでもあった。

しかしこれら一連の動きも、これまで述べてきたように、戦国大名の権力がそれ自体独自の権威的性質を強めていたから、ただちに〝天皇権威の復活〟というような状況をもたらすものではない。甲斐の武田信昌は、文明十九(一四八七)年十一月日付で妙亀山広巌院に寺領山の寄進状を発給しているが(山梨県一宮町広巌院文書)、この年七月二十日、「長享」に改元されているから、改元後四ヵ月を経てもなお新元号を用いていなかったのである。このことは、国家支配の権威的象徴である元号に対して、地方の戦国大名が天皇の政治的権威性に関心を失いつつあったことを意味しているといってよい。

さらにおなじ武田領では異年号も用いられていた。武田信虎が海の口に朱印状(長野県南牧町海の口、津金元衛氏所蔵文書)は、「命禄元年八月二日」の日付をもっている。「命禄元年」は天文九(一五四〇)年に当る異年号である。信虎発給文書にはこのほかにも甲斐上黒駒神座山権現社宛「命禄元年十一月二十七日付諸役免許印判状(写)」もある。これらから見れば、甲斐の守護家であった武田氏においては、中央の定める元号への関心はいちじるしく低下していたとさえいえるであろう。下総の小戦国大名結城政朝も私年号「弥勒」を用いている(「高橋神社文書」)。

それに先立って暦の混乱も空前の事態となっていた。応仁の乱の勃発によって、「都鄙の暦、閏を異にす」という事態が発生したのである。『大乗院日記目録』には「閏十二月也、依大乱京都暦博士難安堵之間、不及暦奏、於南都幸、徳井三位（友重）以私料箇造暦之間、閏月可為十月歟云々、然而其後京都新暦出来閏十一月也、仍十一月朔日冬至也」とある。またその頃、「西方ニモ有年号云々、其文字不分明云々」（『経覚私要抄』応仁二年五月三日条）といわれ、東西両軍はそれぞれに別の元号を用いるかもしれぬという分裂状況が深刻化した。戦国期に入って異年号の使用例が多く見出されるようになるのはこうした事態から見て、当然の成りゆきであった。

以上考察してきたことをふまえて見れば、戦国期において天皇の権威は、天皇やそれを支える公家集団自身の行動によって独自に強められたということはできない。天皇の権威が実際に多少とも強まったと見られるのは、戦国期というより、足利義昭と信長とが対立、ついで義昭が追われ、室町幕府が解体して以後といった方がよいのではないか。

信長は永禄十三（一五七〇）年一月二十三日「公方」義昭をおさえこむことによって、「天下之儀何様にも信長に被任置之上者不寄誰々、不及得上意、分別次第可為成敗之事」（条書）と宣言することによって事実上「公方」の権威に依存する論拠を失わざるをえない。その年、浅井・朝倉・本願寺（一向一揆）等の挟撃にあって絶体絶命に陥った信長は、正親町天皇の勅命といったかたちで講和、からくも危機を脱出したが、これは公方の権威に代わるものとして天皇の権威をひきだすほかなかったことを鮮明に示すものである。将軍＝公方の消滅後は自らを神格化してそれ自身を究極の権威とするか、天皇の権威を、信長が政治目的に従って再生させ、利用するほかなかったのである。

信長の死後、秀吉が天下人への道を急速にのぼりつめてゆく過程では、天皇権威の再生のたくらみと利用がいちだんと明確に推進される。天正十六（一五八八）年、秀吉は聚楽第に後陽成天皇を迎え、諸大名に天皇と秀吉への忠誠を一体的に誓約させ、つづく小田原北条氏討伐に当っても「北条事、近年蔑公儀、……背天道之正理……逆勅命」（天正十七年十一月二十四日、秀吉条々）とその軍事発動の理由を述べているように、「天道の正理」と「勅命」とを重ね合わせることによって天下人の全国支配の正統性を主張している。

このような事実から明らかなように、戦国争乱が最終局面に達するなかで、天下を目ざす人びとが、その全国支配の公儀性・正統性の根拠を形式的にととのえる目的で、天皇の権威を政治的に「浮上」させているのである。正親町天皇・後陽成天皇の政治活動や権威恢復の努力といわれるものも、その動きのなかではじめて可能となったのである。そうした理解に立てば、天皇権威の根源を、伝統的な天皇の官位叙任権に直接的に求めることは妥当でない。

戦国時代においてもこれまで見てきたように、たしかに天皇から官位叙任を受けようとする動きは根強く存在した。しかし、一方ではそれが天皇の専権に属するものであることを無視し、自称する動きは、社会諸層にまで拡大していた。家康はそのような勝手な動きを否定し、武家の天皇への官位申請を一手に掌握することによって、官位叙任を将軍の大名・侍の身分制的統制の手段とした。これらのことは、天皇が官位叙任権をもっていたことが権威の根源であるとする理解だけではなお不十分であることを示している。天皇のその形式的権限が、封建的主従制秩序とどのように接合されるのか、後者によってどのように政治利用されたのかという実体を問うことなしには「叙任権」を権威の源泉と見ることは許されないのである。

(1) 奥野高広『皇室御経済史の研究』正・続、畝傍書房、一九四二・四三年。
(2) 脇田晴子「戦国期における天皇権威の浮上」上・下(『日本史研究』三四〇・三四一、一九九〇・九一年)。
(3) 今谷明『戦国大名と天皇』福武書店、一九九二年。
(4) 奥野高広、前掲書、正、五〇〇頁。
(5) 『御湯殿上日記』については、脇田晴子「宮廷女房と天皇――『御湯殿の上の日記』をめぐって」(同『日本中世女性史の研究』東京大学出版会、一九九二年)。
(6) 小野晃嗣『日本中世商業史の研究』法政大学出版局、一九八九年。
(7) 奥野高広、前掲書、正、三七四頁。
(8) 小野晃嗣、前掲書、二八五頁。
(9) 勝俣鎮夫『戦国法成立史論』東京大学出版会、一九七九年、とくに第二部五章。

（10）宮地正人『天皇制の政治史的研究』校倉書房、一九八一年。
（11）高埜利彦『近世日本の国家権力と宗教』東京大学出版会、一九八九年。
（12）藤木久志『戦国社会史論』東京大学出版会、一九七四年。
（13）山口啓二・永原慶二「対談・日本封建制と天皇」(『歴史評論』三一四、一九七六年)。
（14）永原慶二『室町戦国の社会』吉川弘文館、一九九二年。
（15）富田正弘「嘉吉の変以後の院宣・綸旨」(小川信編『中世古文書の世界』吉川弘文館、一九九一年)。
（16）脇田晴子、前掲「戦国期における天皇権威の浮上」。

［付記］　戦国織豊期の武家官位制については、本稿と同一書物に発表された池享「織豊政権と天皇」が問題を本格的に検討している。

第二 天下人

一 「天下」観念の旋回

「天下」の語は、古くは「あめのした」と訓じ、たとえば「泊瀬の朝倉の宮に天の下知らし召し天皇」(『万葉集』)などの用例が示すように、統治の対象としての国土・国家を意味していたと思われる。『日本書紀』では、「天下」とともに、「宇宙」「国家」「普天之下」「普天率土」をも「あめのした」と訓じているから、それはたんなる国土・国家の意味ではなく、やはり「外国」「化外」までをふくむ「全土」「すべて・あまねく」というほどのニュアンスをふくんでいたようである。そして、平安時代に入ると、「天下にいみじき事」(『源氏物語』)、「天下の顔よし」(『宇治拾遺物語』)などの用例が示すように、世の中全体とか、すべてという意味の強調のときに用いられることが多くなっていったと思われる。

しかし、古代末期から源平争乱を経て鎌倉時代に入ると、「天下の乱れん事を悟らずして民間の愁ふる所を知らざつしかば」(『平家物語』)というように、「天下」は支配・統治といった政治的ニュアンスを改めて強く帯びるようになる。源頼朝は文治元(一一八五)年十二月、いわゆる守護地頭設置の要求につづいて、義経支持の公卿の解任などを要求した後白河院への上奏文の中で、自らの政治・軍事行動を「今度天下草創也」と表現した(『吾妻鏡』)。それは伝統的に天皇の統治の対象であった「天下」を、自らが動かしつくりかえようとする意気込みを示すものであると解してよいだろう。

ついで著名な用例としては、建武政権のもとで、その新政を揶揄した「二条河原の落書」に「天下一統メヅラシヤ」の一節がある。頼朝以来「天下」の統治が公武分裂の状態におかれてきたことに対し、幕府の否定、天皇による公家と武家の一元的統率が指向された状態を「天下一統」とよんでいるのである。

しかしこの「天下一統」はほとんど実を示さないままに終わり、長い南北朝の分裂期に進んだ。その混迷を抜けだして、足利義満が武家中心の国家統合に成功したとき、義満は自らの権力・統治者の立場を「日本国王」として位置づけたが、この時期には、「天下一統」のようなシンボル的用語はとくに登場しなかったらしい。その理由は分からないが、ただ「天下」と内容的には深いかかわりをもつと見られる「公方」という言葉が、義満の時期に、在地の側からも将軍に対して用いられていたことは見逃せない。義満死去の直前にあたる応永十四(一四〇七)年十二月二日付の東寺領丹波国大山荘の代官喜阿弥の書状のなかに、「権門方にても、公方様へにても一歎き申し沙汰すべく候由」と見え、幕府=将軍を「公方様」と呼んでいる。(1)「公方」という言葉はこれより以前、鎌倉後期以降、将軍に対して用いられるようになっていたが、それは武家社会内部でのことであった。他方また在地では荘園本所をそう呼ぶこともあり、室町期には年貢の収取権者を一般的に「時之公方」と呼ぶ用例も知られている。しかし「公方」は元来公権力としての性格を表わすものであるから、将軍が「公方」と呼ばれるケースが、在地にまでひろがり定着しつつあったことはやはり注目に値いしよう。その後、将軍を公方と呼ぶことは室町末期にいたるまで一貫しているが、それは将軍が武家の棟梁にとどまらず、天下を管掌する者としての性質を備えるに至ったことと不可分だと見てよいだろう。

この間、「天下」を統治するものは天皇であるという観念が自明とされるような状況は確実に遠ざかっていった。かつて『愚管抄』の著者が「国王ト云フハ天下ノサタヲシテ世ヲシヅメ民ヲアハレムベキ」ものと規定したような、また吉田定房がその「奏上」において「王は万民の父母也、天下を以て家と為し、民庶を以て子と為す」(「醍醐寺文書」）と述べたような観念をあとづける実体は、もはや天皇に期待すべくもない。それにともなって、「天下を奪う」といった用語が登場するようになる。今川了俊が「終に天下に有益の人出来て天下を奪はば……」（『難太平記』）といっているのがその一例である。「天下」は固定された王者のものとする観念から、奪い、奪われる関係のものへとその理解を旋回させてゆくのである。それは元弘・建武以来「天下擾乱」（「暦応雑訴法」）を体験してきた人々がおのずからに抱くようになった歴史的実感であった。

その後、戦国動乱の中から台頭してきた織田信長が、著名な「天下布武」印を用いはじめたのは、永禄十（一五六七）年、岐阜に進出した頃からのことであるが、これも単純に武名を天下にとどろかすといったことではなく、全国統治権の掌握の意図を示そうとするものであり、「天下を奪う」に通ずるものであった。信長は、「天下布武」印を用いだした翌年、足利義昭を擁して上洛、さらにその一年余り後の永禄十三年一月には、「義昭信長条書」を定め、将軍権力をきびしく制約した。その一条で「天下の儀、何様にも信長に任せ置かるるの上は、誰々に寄らず、上意を得るに及ばず、分別次第成敗たるべきの事」と述べているのは[2]、信長が、形こそなお将軍の下にあるが、事実上、義昭の独自的支配権能を否定し、天下統治の実質を自ら掌握することを主張したものである。「天下布武」の帰結は「天下を奪う」ことに他ならなかったのである。

信長は義昭追放の決定的局面に至るまで、その発給文書において将軍をつねに「公方様」といい、「公方様」の権力・立場を「公儀」と呼んでいた。この段階では「公儀」の権力は「天下」を統治すべきものとされていて、「公儀」と「天下」とは一体的関連においてとらえられていた。ところが、元亀三（一五七二）年九月の義昭宛「十七ヶ条異見書」になるとその関係は一変する。その第一〇条には「元亀の年号不吉に候わば、かいけん《（改元）》然るべきの由、天下執沙汰仕り候に付て、禁中にも御催の処、聊かの雑用も仰せ付けられず、今に遅々候、是は天下の御為に候処、此の如き御油断然るべからず候事」とある[3]。元亀の年号は不吉ゆえ改元すべきだという声が天下に高まっているため、禁中でも改元の旨を仰せ出されたが、義昭はそのための経費の調達もせず引きのばしている、天下の御為であるこのことをおろそかにするのは以ての外だ、という意味であろう。この「異見」の冒頭でも、信長は義昭を引きつづき「公方様」と呼んでいるが、ここでは「公方様」と「天下」は切り離され、対置されている。「天下」は一見、世上一般をさしているかに見えるが、「天下執沙汰」という世上の義昭批判を代表しているのは他ならぬ信長自身であり、したがって「天下の御為」はすなわち信長のためと同義的、一体的な関係で位置づけられているのである。さきの一五七〇年の条々で、「公儀に対し奉り忠節の輩」というとき、「公儀」はなお形式的には義昭と信長の一体化した権力という形をとっており、その上で「天下の儀、何様にも信長に任せ置かるる」というように、「天下」支配の権威源泉は公方義昭から委任されたというところに求められていた。その論理と「異見」の論理との間には決定的な変化がある。

こうして「天下」観念は、天皇の天下から公方＝将軍の天下へ、そしてさらに公方を突き放して与奪の権を握った実力者の天下へと旋回する。それは天下統治権の移転の承認であり、さらにつきつめていえば、反逆・放伐の承認でもあった。そのような新しい観念は、とりわけ南北朝動乱以降の下剋上的政治社会状況の中で形成されてきたことは明らかであるが、反逆・放伐が社会的に承認されるのは、実力だけでは不十分であった。そこにはその事実を政治的に正当化する論理が必要である。

それはすでに丸山真男が指摘しているように、天道の観念をおいては他になかった(4)。天道もしくは天命の観念は、政治原理としては有徳者君主思想となり、暴君放伐の「革命」論となるものである。そこでは有徳者の仁政安民が君主への反逆を正当化する。現に信長の「異見」は「諸事に付て御欲にふけられ候儀、理非にも外聞にも立入られざるの由其の聞え候、然らば不思儀(議)の土民百姓にいたる迄も、あしき御所と申しなし候由に候」「或は非分の公事申し次がれ候事、天下のほうへん沙汰の限りに存じ候事」と、義昭の不徳に対して秋霜烈日の言葉をもって弾劾を加えている。ここで義昭は不徳の故に天道に背き、君主としての資格を喪失したことが宣告されているのである。

もとよりこの信長の場合においても、「革命」の目標は公方義昭に向けられているのであって、直接天皇に向けられたものではなかった。けれどもさきにふれたように、すでに義満の段階において、王権の実力的部分は将軍の側に移転していたのであるから、この「革命」の主張はやはり画期的な意味をもっていた。信長の登場してくる戦国末期という時代において、天道思想がどれだけの理解と広まりをもって展開していたかはさらに検討される必要があるだろう。しかし、「天道」「天命」が無条件に帝王・主君(将軍)の具体的人格と一体的に観念されるような時代はすでに終っていた。勝俣鎮夫が鋭く指摘したように、すでに戦国大名の領国法は、主君の一方的権力意思によって制定されたものではなく、家臣・人民とともに、制定者たる大名もそれを遵守しなければならない共通の規範であった(5)。そこでは、天命・天道は法に体現されているのであるから、もし法を破れば主君といえども家臣・人民から弾劾されなくてはならない、という関係が自覚的にとらえられているのである。

こうして、有徳=仁政安民の原理への忠誠が、帝王・主君の具体的人格への忠誠から切り離され、前者の後者に対する優位が思想的に承認されるとき、「天が下しろしめす天皇」から出発した天下観念は、決定的旋回を遂げており、その意味において天下人の登場の道が開かれたといって差支えない。

二　一揆・国家・天下

ところで、天下人登場のための条件は、右のような天下観念の旋回だけにとどまるものではない。天下を一つの権力が統合し、統治することがとくに切実な意味合いをもたされるようになる歴史的前提には、「一揆」と「国家」の割拠・分立という当時の切迫した政治社会状況があった。

周知のように、十五〜十六世紀の一揆は、民衆の蜂起形態というよりも、多様な社会層・社会集団の半恒常的な自律的結集体という性格を基本とするものであった。十五世紀後半、数年にわたって地域の自治的権力を維持した山城国一揆は国人・百姓の結集体としてその性格をもっともよく示す事例であるが、各地の国人一揆はもとより、一向一揆もまた同様の性格をもっていた。さらに一揆よりもいっそう日常的社会結合としての性格が濃厚で、かつ広範に形成された村落・都市(とりわけ畿内地域に広く見られる群小の町)共同体の惣も、自律的結集体という点では共通の性質をもっていた。これらの一揆・惣は、多くの場合、主要構成員の水平的協議にもとづく掟の類をもって集団の規範を定めていたが、在地徳政や自検断に示されるように、債権債務関係をめぐる紛争処理や、検断行為などにわたって、その権能は上部の支配権力のそれと競合的な分有関係にあった。

しかも、一揆・惣のこの種の自律的諸権能は、支配権力の側にあるものを奪取したとばかりは見ることができない。それらは本来、共同体の内部に保有されていた秩序という性格をもっており、中世の上位支配権力はその種のものまでを完全に自己の掌中に吸収しきっていなかったと見る方が事実に即しているようである。ただそれにしても、中世後期の経済発展を基礎とする民衆の力の伸長が著しい状況のなかでは、支配権力にとってはそれらを極力吸収、掌握してゆくことが欠かせないことであった。権力の側からすれば、民衆的な一揆・惣の解体と再編が自己の存立基盤の安定のためにさしせまった課題となっているのである。

そうした状況に直面した地域の支配諸階層は、主従制結合の拡大と重層的編成を通じて階級的な結集を推進するとともに、その結集した権力の公的性格を名目的にも実質的にも強化することによって、惣・一揆の解体再編を推し進めようとした。そうした結集の発達した形が戦国大名の領国制権力であった。安芸国人一揆の一員から出発した毛利氏が、元就の代に、自立性が強く主君を軽視しがちであった有力家臣井上一族を誅伐することによって、主君権を強化し、二〇〇名余の家臣の誓約によって、主君権力を「公儀」として確立したのはその好例である。ここで主君の立場は「公儀」、個々家臣の立場は「私」として画然と区分されるが、領国支配という立場からは、「公儀」は実質的には毛利氏を頂点とする家臣団の共同組織＝権力といってもよい性質をもち、在地性・割拠性の強い家臣相互間の対立を調停し、その結集した力をもって領民支配にのぞもうとするものであった。多くの戦国大名が、領国法典を制定し、それを大名・家臣・領民がともに守るべき規範とすることによって公権性を強めようとしたのは、そのような方向をもっともよく示すものである。

こうして戦国大名の領国支配は、主要な関心を地代収取に集中していた荘園制支配と異なって、土地・人民支配のみならず、領域内の社会諸階層間の関係をはじめ流通・信用関係等にいたるまでを全体として調整しつつ自己の権力意思に適合的に編成し、「国家」としての体制をととのえることを指向した。その結果、先進的な大名領国は、貫高制にもとづく知行地宛行と軍役賦課・軍事編成、また不徹底にもせよ検地にもとづく年貢・夫役・段銭などの収取体制、市場・宿駅などの編成による流通・交通路支配の体制などを整備し、それらを総括する領国法を制定、さらには外交までを独自に行なうことさえあったのである(本書第I部第一)。

こうした方向の進展のなかで、戦国大名の領国は文字通り「国家」とよばれることが多くなった。永禄十(一五六七)年に制定された「六角氏式目」は、重臣らと主君父子の両者の起請によってその遵守が誓約されているが、重臣らの起請文の一節には「親類他人の訴論に限らず、非拠を知り乍ら執り次ぎ申す儀、之れ在るべからず、諸篇御国御家の為め然るべからざる儀、執り申すべからず」とある。ここでは主君の「家」と「国」とが別にとらえられている。もともと在地領主の家父長制的「家」権力から発展した大名権力そのものは、ここでもなお「御家」と表現されているが、それと別個に「国」が自覚的に「家」と対置されていることに注意しなくてはならない。すなわちここでは「家」権力と異なる次元において存在する主君を頂点とする家臣団の結集体、さらには領国全体が「国」とされているのである。「六角氏式目」では、「公儀」という表現も用いられており(第一〇条)、これは主君六角氏をさすのであるが、その場合は、「国」の権力を代表する公的立場における六角氏の意味をもつもので、一人格をさすものではない。その意味で、「六角氏式目」の世界においては、「家」（主家）「公儀」「国家」について、それぞれの意味内容が明確に区別されるまでに至っており、家父長制的な「家」権力にとどまっていた在地領主権力とは、もはや大きく異なる歴史段階に到達しているといわなくてはならない。

こうした意味での「国家」という表現は、他の戦国大名領国においても用いられた。小早川隆景は天正十三（一五八五）年、林就長宛書状のなかで、「去年以来打ち続き辛労仕り候事、我人存知候と雖も、誠に国家一大事の儀に候」と述べている。[6] この場合の「国家」も、小早川氏の「家」と領国全体を意味する「国」との両方を併せたものと解することができる。

また後北条氏は、武田氏の侵攻に備えるための緊急の動員令と見られる文書の一節で、「そもそもか様の乱世の時は、さりとては、その国にこれある者は、罷り出走廻らずして叶わざる意趣に候」（原漢文）といっている。[7]「国にこれある者」は緊急時には誰といわず動員されるという論理は、「家」権力の論理とは異なっている。「国にこれある者」はすべて「国家」の保護の対象であると同時に動員の対象ともなるという考え方は、「家」を超えた「公儀」権力にしてはじめて可能であったと思われる。後北条氏はさらに天正十五年、秀吉の小田原進攻を予期した局面でも、領国に対して緊急動員のための定書を発し、「当郷に於て侍凡下を撰ばず、自然御国御用の砌、召し仕わるべき者撰び出し、其の名を記すべき事、但し二人」（原漢文）と命じた。[8] さきの「国にこれある者」と「侍凡下を撰ばず」とはほぼ同義である。「国」とは多様な身分の人々を包みこむ広域の世界であるとともに、それらすべての人びとに対して一定の状況＝「御国御用の砌」においては緊急動員令を発しうるような、公権性と権力意思とを備えた組織体であった。

さらに豊臣期の領国法としての「長宗我部元親百箇条」の場合、事情はいっそう明らかである。その第八七条には「国家の為め、大小の事に寄らず、悪事申し扱う者之れ在らば、其の身は是非におよばず、同座に之れ有る者も同罪に行うべき事」（原漢文）とある。これは法廷にかかわる規定であろうが、「国家」は熟語として用いられており、その意味するところは、大名国家そのものである。この領国法は箇条が多いばかりでなく、内容的にも対象は家臣団以下百姓・職人など諸身分にわたり、領国国家の秩序を広く規定しようとするものである。それは個々家臣団＝「領主」を結集し、その上位に君臨する長宗我部氏が「公儀」を体現するものとしてはじめて規定しうる統一的な制度・秩序であって、「国家」の基本法というのにふさわしい豊富な内容をもっている。それは当時における「国家」とは何かという重要な問いに対して、具体的に解答を示してくれるものといってよい。

こうして戦国大名の領国は、急速に「国家」としての実質・性格を強めつつあった。それは基本的には伝統的な中央政権からの自立を強めた地域公権力といってもよい。応仁の乱を契機に室町幕府の解体ないしは畿内政権＝地方政権化が進行する中で、領国国家は、中央政権との何らかの形での結びつきを名分上期待することはあっても、領国支配体制そのものについては、中央的上位権力との実質的かかわりをもたず、独自に編成されていた。その意味で、「日本国」ないし日本列島社会は、多数の地方的下位「国家」を生みだしてゆく道を歩んでいた。

けれども、このことはただちに、「大名国家」が国家としての自己完結的な存立条件をそなえ、体制的安定をそれぞれ独自に確保しえたことを意味してはいない。右にふれたような「国家」形成のための諸政策は、実際には各種の一揆・惣の自立的な動きや抵抗に直面して、たやすくは推進することができなかった。大名がそれを推進しうる有力な梃子は、しばしば隣接の「国家」に対して軍事行動をおこすことであった。大名はそれをきっかけに領国内の軍役動員を強化し、百姓を農兵として組織したり、全領にわたる棟別銭・段銭などの徴収を強めたりした。しかし、それはつねに内部からのきびしい反発を伴うと同時に、敗戦・滅亡の危険をもさけられない性質のものであった。

「大名国家」はそうした内外の不安を抱えながら、その権力・支配体制を強化しようとした。その際、大名による「国家」支配の正統性を根拠づけるものは、その「公儀」性に他ならない。その内実は国家領域の秩序と平和、諸構成員の安全といった徳政＝仁政安民の政策、別言すれば領国規模における公共的職務機能の遂行であり、それを裏付ける名分とイデオロギーの獲得に他ならない。だが、それらを大名独自に完全な形で実現することは不可能であったから、大名は半面では、それから離脱自立したはずの、伝統的「日本国」の国家機構や秩序、とりわけ天皇・将軍に結びつき、その認証によって自己の公儀的立場を名分的・政治的に有利にみちびく試みを反復する。それは一面、矛盾という他ない性質のものであるが、内部的抵抗と「国家」間の弱肉強食の危険にさらされつづける「大名国家」としては、どうしてもさけるわけにはゆかないことであった。

このように見ると、戦国の「大名国家」は、厳密な意味における国家としての自己完結的条件をもちえていたとはいえない。「大名国家」の支配の正統性がたえず中央権威への連繫の中で追求されざるをえないといった名分的・政治的次元における非完結性ばかりでなく、現実の社会経済的諸関係においても、「大名国家」の非完結性は否定できなかった。「大名国家」の領域は軍事的に急速に形成されたもので、元来、一定の自立性をもつ経済領域としての再生産諸条件を独自に確保しているものではない。大名は政策的には領国経済圏の形成を意図しているが、米・塩・苧・麻・油・木材・鉄・武器などをはじめとする主要商品は、ほとんどの場合、一つの「国家」領域をこえた流通構造を形成していた。したがって、「大名国家」は、その面からも国家的自立と安定に必要な程度の自己充足性をもつ経済領域を構成しえず、とりわけ多様な商品の生産・集中地である畿内や濃尾・伊勢など先進的生産力地帯との結びつきを必要とした。「大名国家」はこの点でも、いわば複合構造をもつ「日本国」の下における〝半国家〟もしくは〝下位の国家〟という性格にとどまっていたといわなくてはならない。それは先述のような、「大名国家」の割拠的・分権的方向と矛盾しあうかのごとくであるが、そのような矛盾を内包した事態こそが、「天下」一統がとくに現実的意味合いをもって追求されてゆく要因であった。

すなわち、その局面では、「天下」はもはや漠たる「天が下」ではない。分立割拠する諸「大名国家」を包摂・統合する現実的な政治的世界なのである。戦国期に至って「天下」が新たな政治的意味合いをもってくるのは、先述のような「天下」観念の旋回とともに、一揆・惣の分立と「大名国家」の割拠と抗争が進行し、支配階級の存立という面からも、また社会経済的諸条件の確保という面からも、危機的状況が深刻となったからである。それを克服する道は、「天下」の統合しかない。天下はたんなる〝国盗り〟の対象ではなく、惣・一揆や「大名国家」が個々の秩序をもちながらも、全体としては秩序を失った政治社会状況を克服してゆくための現実の政治世界なのである。

三　天下人の登場

織田信長が岐阜進出の直後から「天下」支配をその視野に入れ「天下布武」印を用いだしたことは明らかであるが、それがいちだんと現実味を帯びてくるのは、先にふれたとおり、永禄十三(一五七〇)年一月二十三日、「条書」を将軍足利義昭に突きつけ、(9) 義昭の権限を公然と制約しようとした時からといってよい。信長はここで、「天下の儀」は信長に任せられていることを主張するのであるが、同時に、義昭に対し、信長の了解をえない内書の発給を禁じ、従来の「御下知」いっさいを破棄させるとともに、禁中への奉仕の怠慢を責め、かつ公儀に忠節あった人々に対する信長の知行宛行権を主張した。すなわち、義昭の「公方」としての存続は否定しないが、その独自の裁判権や知行宛行権を大幅に制限したのである。

ついで元亀三(一五七二)年の「異見」によって、信長と義昭との決裂は最終局面を迎える。(10) このとき信長は義昭の不徳・不条理を一七か条にわたって告発・弾劾するが、前記のように、「不吉」な「元亀」の年号の改元を義昭が引きのばそうとするのは「天下の御為」に許しがたいと、とりわけ「天下」を強調し、自ら「天下」を代弁する形をとっている。同様に、「天下のほうへん沙汰の限」とか、「諸事に付て御欲にふけられ候儀、理非にも外聞にも立入られざるの由其の聞え候、然らば不思儀(議)の土民百姓にいたる迄も、あしき御所と申しなし候」などと、天下の人々ことごとくが義昭を非難しているという形をとって、自分の立場を普遍的意思を代理するものとして位置づけるのである。そして、その翌年七月、義昭が京都を脱出し、挙兵した折には、信長は毛利輝元宛書状で「天下捨て置かるるの上は、信長上洛せしめ取り静め候」と述べた。(11) まさしく「天下」は信長の管するところとなったと宣言したのである。

だがもとより、これによってただちに信長が現実に天下を掌握しえたわけではなかった。安土進出さえなお三年後のことであるから、これはむしろ天下掌握に直接ふみ出した時点というべきであろう。それ以後、信長が死力をつくしたのは、伊勢・近江・越前・摂津などをはじめとする一向一揆との戦いであり、それは天正八(一五八〇)年の本願寺顕如の石山退去に至るまでつづけられた。その前後にわたって、浅井・朝倉打倒、毛利領国に向けての出兵などのことはあったが、主力が、一揆・惣との戦い、それらの解体に向けられていたことは明らかである。

この間、信長は自分の地位を、天下人にまで高めるために腐心し、さまざまの試みを進めた。義昭追放のすぐあと、信長は正親町天皇に譲位を迫り、ついで勅封の正倉院重宝の香木「蘭奢待」の一部切り取りを強行したのは、天下の掌握が伝統的な天皇の王権とその秩序に対する挑戦なしには実現しえないものであることを広く示そうとしたからであろう。「蘭奢待」切り取りは、天皇以外では、将軍の春日社参詣の折にだけ許される慣行とされていたから、信長としては自らを将軍に擬するための必要な行為と考えたのかもしれない。その後、信長は急テンポで官位昇進し、正二位右大臣にのぼる。しかし天正六年四月、にわかにそれら官位を返上する。かれの真意は断定できないが、大名たちの「国家」群に君臨する地位として征夷大将軍を要求していたにもかかわらず、退位をせまられていた正親町天皇の反発からそれを実現できなかったことに対する抗議と解せられる。

信長はその後、天正九年には、五畿内・若狭・美濃・尾張・伊勢などの「大名・小名・御家人」を京都に召集し、大規模な「馬揃」と呼ぶ軍事パレードを実施、さらに翌年本能寺で斃れる直前の時期には、武田勝頼を討って甲斐・信濃・上野にまで出兵、東国征討の実をあげた。武田領国は東方の有力「大名国家」であったから、信長はこの打倒を通じて、諸「大名国家」への優位を実証したことになる。そのためこれまで信長の将軍就任要求を拒否しつづけていたと見られる正親町天皇も、安土に帰還した信長に使者を送り、太政大臣、関白、征夷大将軍のうち「いか様の官にも」補任しようと申し入れた。その意味で信長の「天下人」への歩みは、まさにこの時点から本格的にふみ出されるはずであったが、直後の六月、本能寺の変によって万事は終った。

しかし、かりに信長が生きつづけたとしても、「天下人」への道にはなお多くの困難が立ちはだかっていたといえよう。生前、信長の寺院勢力に対する方式は、比叡山焼打(一五七一年)、安土宗論による法華宗徒圧服(一五七九年)、一向一揆の殲滅と石山本願寺打倒(一五八〇年)、検地指出を拒否した和泉槙尾寺の焼打(一五八一年)などに示されるように、もっぱらむきだしの力による圧服・打倒であった。そのことは、一面からいえば、信長が寺社勢力をかれの天下構想の中にどのように位置づけるかについての具体的なプランをもちえていなかったことを示すものである。寺社の位置づけは、かつて武家出身の「日本国王」足利義満がもっとも苦心したところで、比叡登山・興福寺社参などを通じて南都北嶺勢力を威圧・懐柔するとともに、他方で五山禅院を育成してこれと対抗させるなどの方策をとったが、最終的には武家王権の体制・秩序の中に全寺社勢力を位置づける論理と制度的構想をもちえなかった。この点は信長の場合もほぼ同様であって、自己の体制の中に位置づけ、とりこみえなかったからこそ、焼打・殲滅のような暴力的手段しかとりえなかったと見なくてはならない。

さらにまた、信長の場合、天皇を頂点とする伝統的国制との関係についても、かならずしも明確で一貫した姿勢がとりつづけられたわけではない。官位の昇進、将軍職要求といった事実に注目すれば、信長もまた伝統的国制の権威によりかかり、その枠内での政権構想を追ったという他はないが、半面、右述のように突如いっさいの官位を辞し、他方自らの神格化をはかったという側面に注目すれば、逆に伝統的国制拒否の意思が強かったともいえる。ルイス・フロイスによれば、信長は彼自身生きた神仏であり、彼の上には万物の造主はないと語っていたといわれ、安土につくられた総見寺は信長自身が生きた神仏として尊敬されたかったからだという。(12) 自分自身を神格化しようという発想は、伝統的国制の頂点に位置する天皇・将軍などと無関係に自らを絶対者と位置づけることであって、天皇を支配の正統性や権威の源泉とする考え方とはっきり異なっており、そこに天下観念の旋回に裏付けられた信長の天下人構想の特徴を見出すことができる。

これに対して秀吉の場合は、信長の達成を前提としているだけに、実際に天下人の地位にのぼりつめることにほぼ成功した。すでにふれてきたように天下人の課題は、第一に天皇‐将軍を頂点とする伝統的国制・権威に対する「革命」性の確保、第二は一揆・惣の解体、第三は諸「大名国家」の自立化傾向に対する規制、それらをふまえた全国統合ということであった。この三つの課題のうち、第二の問題はすでに信長が直接武力的に半ばまで解決していたから、秀吉としてはそれをふまえて、むしろ基礎的社会関係への働きかけによって、惣・一揆勢力を自己の支配基盤への編成替えすることであった。太閤検地と兵農分離という秀吉の統一政策の中核をなすものがまさしくそれである。

第三の課題たる諸「大名国家」の服属と統合の問題は、信長としてはまだ半ばにも達しない程度で終っていた。これらについて秀吉は、天正十三(一五八五)年長宗我部元親、天正十五年島津義久を服属させ、天正十八年北条氏政・氏直を討ち、東方最大の「大名国家」を完全に滅亡させることによって、諸他「大名国家」をも戦わずして従属させた。この過程は軍事的実力行使と政治的妥協の組み合せで推進されたわけであるが、基本的には二つの意義をもっていた。すなわち、一つは秀吉が諸大名に対して知行宛行・軍役賦課権を核とする封建的主従制にもとづく主君権を確立することである。二つは、戦国大名相互の戦いを私戦として禁止し、「大名国家」の自立性を規制し、それらの統合の上に秀吉の「天下的国家」を確立することである。この後者の問題は、封建的主君権と異なって、国家の諸機能全般にわたって、「大名国家」と上位の「天下的国家」とのあいだの諸関係を再編成しなければならないものだったから、容易ならざる事業である。この点は次節でやや立ち入って考えることとしよう。

ただあらかじめ、秀吉の「天下的国家」支配にも大きな不安と限界が存在していたことには注意しておく必要がある。「天下的国家」支配の前提には、諸大名に対する秀吉の主君権確立が欠かせない条件であるが、そのこと自体もけっして容易なことではなかった。征服地に対する「国わけ」はある程度実施したものの、毛利・島津・大友・長宗我部・上杉のような中世以来の有力大名は、服属後もほぼそのまま旧来の所領に居すわっていた。また知行および軍役の基礎数値となる石高の確定についても、島津領国のように、秀吉が直接検地竿入した場合もあったが、毛利領国のように大名側の申告をそのまま承認した場合もある。[13] まだ、個々の大名との在来からの関係を配慮しなければならず、画一的な原則による知行高・軍役高の確定は不可能だったのである。

したがって諸大名の統合をひとまず実現したとはいえ、果してかれらが真に秀吉の要求する軍役にかならず応ずるか否かも直接確認できないという不安が残っていた。天正十六年四月、後陽成天皇を聚楽第に迎え、諸大名に天皇への忠誠と秀吉への臣従をワンセットで誓わせた著名な事実の背後には、そのような事情があった。このとき二通の起請文が提出されたが、一通には前田利家・宇喜多秀家・豊臣秀次・豊臣秀長・徳川家康・織田信雄が連署し、他の一通には長宗我部元親以下二三名の大名が連署した。前者がこの時点における秀吉の権力中枢を構成するものであり、後者はその外延部をかたちづくるものである。[14] 後者の中には、里見義康・大友義統など遠隔地の大名もふくまれているが、上杉・伊達・島津・小早川・毛利輝元などの主要外様大名の名は見えない。

さらにまた文禄四(一五九五)年七月、秀吉は諸大名から拾丸(秀頼)への忠誠を誓う起請文をとったが、このときの起請文のうちの一通は小早川隆景・毛利輝元・徳川家康の三名の連署、[15] 一通は前田利家・宇喜多秀家の二名の連署、他の一通は長宗我部・島津・最上・上杉などをふくむ二八名の連署であった。計三三名中、織田信雄(常真)と家康の家臣井伊直政を除いて他はすべて羽柴姓を冠している。[16] 一門形式をとることによって秀頼への服属を形として強めようとしたものであろう。

この二回にわたる起請文にともに加わらなかった大名もなお存在するが、秀吉がこうした形で豊臣政権＝「天下的国家」への諸大名の従属的結集を進めようとしたことは疑いない。そこにおける秀吉の立場は天下的な「公儀」であったが、その地位を承認し、そのもとに従属的に結集した支配者集団に加わった大名たちが、天下支配における広い意味での公儀を支持・構成するものであったのである。

しかしそうした試みにもかかわらず、全大名の服属、主従制的編成が現実に確立しえたかどうかは、秀吉のもっとも不安とするところであった。朝鮮侵略出兵はその意味で諸大名が秀吉の軍役命令に応ずるか否かを確認しうる絶好の踏絵的機会であった。朝鮮出兵の真意がどこにあるかについては論議の余地が大きいが、秀吉とすればこの出兵によって諸大名の忠誠度と所定の軍役負担能力を確認することも有力な目的の一つといえぬことはない。家康のように渡海しない大名までを名護屋の本営に詰めさせたことも、それを示すものといってよいだろう。

主従制の面でさえこうした不安が少なくなかったのだから、天下支配のための機構・制度という面での不安はいっそう大きかった。秀吉政権の中枢機能を担当し、一般に五奉行と呼ばれたのは前田玄以・浅野長政・石田三成・長束正家・増田長盛という秀吉子飼いの家臣＝大名であったが、かれらは概して秀吉の直属軍事力や直轄領管理を中心とする家産官僚的性質が濃厚で、天下支配の機構、組織の運転者としての中央官僚とはいいにくい性質をもっていた。たとえば「天下的国家」の中央機構として欠かすことのできない中央政務の評議機関とか大名間紛争の調停などにあたる裁判機関、また知行宛行＝論功行賞や軍役賦課をはじめとする諸大名の主従制的統轄機関、あるいは都市・鉱山・交通路などの管轄と財政担当機関など、いずれも個人を超えた明確な機構としては成立していない。もとより、太閤検地の実施・御前帳の作成といったこと一つを例にとってみても、そうした官僚機構が皆無だったと見ることは不当であろうが、伝統的な朝廷中心の統治機構とも、室町幕府の統治機構とも別個の、独自に形成された天下支配の機構が、なおはなはだ未成熟で不整備のままに秀吉の専制によってカバーされる状態におかれていたことは否定できない。

秀吉は、このような豊臣政権の主従制および統治機構の弱さを、信長とちがって、徹頭徹尾天皇と結合することによって補強しようとした。秀吉は官職の面では、明智光秀を倒した山崎合戦後、従五位下左近衛権少将に任ぜられたが、翌天正十一(一五八三)年の柴田勝家討滅を経て、天正十二年十一月には早くも従三位権大納言にのぼった。ついで十三年三月には正二位内大臣、七月には近衛前久の猶子となって藤原姓を名乗り、従一位関白に任ぜられた。さらに十四年十二月(前年九月の説もある)太政大臣となり豊臣の賜姓、というように急テンポで公家最高位にのぼりつめてゆく。この間、十二年には正親町天皇の譲位の意向を受けて仙洞御所の造営に着手したのをはじめ、天皇・皇室への接近には特別の努力を重ね、十六年には聚楽第に後陽成天皇を迎えた。そうした歩みには、信長の場合のような曲折がなく、一貫して伝統的国制の枠組の中で、天下人の立場を固める方向をえらんだといってよい。

さらにまた、秀吉は、主要な軍事行動にはつねに勅命を受けるという形をととのえた。柴田・長宗我部・島津・後北条に向けての軍事行動はすべてそうであった。代表的事例として、後北条討伐の際にその名分を示した秀吉の主張を見よう。「一、北条の事、近年公儀を蔑《ないがしろ》にし、上洛する能わず、殊に関東に於て雅意に任せて狼藉の条、是非に及ばず……」「一、……此の外諸国の叛者之れを討ち、降者之れを近づけ、麾下に属せざる無し、就中秀吉一言の表裏之れ在るべからず、此の故を以て天道に相叶う者か、予既に登龍揚鷹の誉を挙げ、塩梅則闕の臣と成り、万機の政に関わる、然る処氏直天道の正理に背き、帝都に対し奸謀を企つ、何ぞ天罰を蒙らざらんや、古諺に云う、巧訴(詐)は拙誠に如かず、所詮普天の下勅命に逆らうの輩は、早く誅伐を加えざるべからず、来歳必ず節旄を携えて進発せしめ、氏直の首を刎ぬべき事、踵を廻らすべからざる者也」というのが秀吉の北条に対する宣戦布告文(原漢文)である。(17)

すなわち、ここで秀吉は、自らの立場を「公儀」とし、「塩梅則闕の臣」=太政大臣として国政の万機にかかわっていること、また「一言の表裏」もない有徳の行動をとることによって、「天道に相叶う」者であることを強調している。と同時に、北条氏直は「天道の正理に背き」「勅命に逆らう」者であるから、当然「天罰」を蒙らなくてはならない者だ、ときびしく弾劾しているのである。

ここに示された秀吉の論理は、基本的には天道思想にもとづいている。秀吉は「天道に相叶う者」、氏直は「天道に背く者」というのがそれであり、その限りでは、「勅命」が絶対的根拠というものではない。天道は本来それとかかわりなき天の意思というべきものである。ところが、それと同時に氏直を「勅命に逆らう輩」ともきめつけている。ここで、「天道に背く」と「勅命に逆らう」とは、どのような関係においてとらえられているのか。文脈では、両者は併記的であって、かならずしも一体的なものとはいえない。「天道に背く」のが第一の理由であり、「勅命に逆らう」のが第二の理由のようにも見える。だが、秀吉の意図としては両者は一体的にとらえられていて、「天道」は「勅命」として具体化されるものという論理に立っているのではなかろうか。先述のように、「天道」は本来、伝統的な国制の枠組とは異なる場において存在するものであり、それゆえ天道に叶う有徳者は、伝統的国家体制に対して「革命」的立場に立つことができたのである。ところが秀吉の場合、一方では天道思想をふまえながら、「天道」と「勅命」とは対立するものとしてではなく、一体的なもの、あるいは勅命は天道を現実世界において体現するものとしてとらえられていると思われる。こうして秀吉は天道＝勅命一体の論理によって、自己をオーソライズしているのである。ただ注意すべきことは、それは伝統的国制の頂点に立つ天皇を旧来のままに単純に絶対視しているのではなく、天下人を権威の面において認証する天道の体現者として、天皇に新たな意味づけを与えているという点である。

ところで右文書に先立ってこの年(天正十七)七月、奥州の伊達氏が、芦名氏と私戦を構えこれを討ったことにつき、秀吉の意を受けた施薬院全宗の書状は、「私の儀を以て、打ち果され候段、御機色然るべからず候、天気を以て一天下の儀仰せ付けられ、関白職に任ぜらるるの上は、前々に相替り、京儀を経られず候わば、御越度たるべく候条」と伊達を非難している。[18] ここで秀吉の立場は、「天気」すなわち天皇によって「一天下の儀」を仰せつけられた関白である。したがって、前々とは事情が異なり、「京儀」を経ないで私戦を行なうことは越度である、というのがその論旨である。「京儀」は一天下を仰せつけられている関白秀吉の意思を意味している。私戦禁止＝惣無事令の根拠を一天下の儀を仰せつかった点においているのである。

この場合、秀吉の「一天下の儀」を宰領する権限は、有徳→天道という筋でなく、直接「天気」＝天皇から委ねられたものとされている。したがってここでは天道思想は表面にはあらわれず、天皇に直結することによって自己の天下支配の正統性を説明しようとしているのであり、そこには天道思想の「革命」性を見出すことはできない。天正十七年七月段階で秀吉はこのような論理をとっているのであるから、その年十一月の後北条討伐宣言が天道思想を表面化させているとはいえ、「天道」即「天気」ととらえていたと見る方が自然である。この点、秀吉は、信長とちがって、すでに現実に天下人としての実質に到達していたため、伝統的国制との関係ではより現実的な道をえらんだと思われるのである。

四　天下支配の条件

さて、それでは、天下の支配は、現実にはどのような条件を充たすことによって可能となるだろうか。すでにふれたようにそれには大別して二つの側面がある。一つは地方的諸「国家」の〝王〟である大名のすべてを、天下人を主君とする主従制的秩序にとりこむことである。もう一つは割拠的な諸「国家」の領域支配によっては処理・解決しえない広まりをもつ社会的諸機能の統轄権を天下人に集中することである。

第一の天下人と諸「国家」の地方的〝王〟との間に主従制的秩序を貫徹させる問題は、全国土についての授封権＝「国わけ」権に基づく知行宛行と軍役賦課が核心である。秀吉の軍事的全国統一は、後北条討滅をもって完了したが、それに先立つ島津との関係も、後北条討伐にともなう伊達以下の東北諸大名との関係も、みな軍事的対決を回避した政治的妥協による服属関係であった。また徳川家康との関係も小牧・長久手合戦後、辛うじて臣従の形をととのえ、後北条討滅の後、その遺領への移封を強行したとはいえ、秀吉にとっての家康は主君信長の同盟者であるという歴史的性格をたやすく克服し去ることができなかった。

太閤検地という、新たな丈量単位・石高制に基づく統一的検地原則をふまえた知行宛行は、大名に対する天下人秀吉の主君権を決定づけたかに見える。しかし島津領に対しては奉行石田三成の手による直接的竿入が現実に行なわれたが、土佐の場合は長宗我部の手による検地であり、毛利領の場合も検地の実施は毛利の手にゆだねられ、その結果をそのまま承認したものである。すなわち、太閤検地もいわば教科書通りの原則で一律に実施されたわけではなく、石高による新たな知行宛行といっても、戦国大名の貫高知行宛行と全く異なる水準に一挙に到達したとはいえなかった。島津領の太閤検地にしても、文禄の朝鮮侵略軍役に対し、領内で梅北一揆が勃発し、島津が秀吉の軍役要求に十分な形で応じえなかったという事実をきっかけとして初めて実施しえたものであった。

また、これに先立って天正十五(一五八七)年十二月、秀吉は関東奥羽の諸大名に対して、いわゆる「惣無事令」＝私戦禁止令を発しているが、そのこと自体は、かりにそれを無視した大名に対して天下人が所領没収や討伐の軍事行動をおこした場合でも、それは天下支配の一方的主張に立つものにすぎず、主従制に基づく家臣の処分と同義とはいえない。主従制という点では、大名の全所領が、天下人から封建的知行として与えられたものであるか否か、その知行宛行の反対給付として軍役義務が絶対的なものとなっているか否かが決定的指標である。秀吉は諸大名への知行宛行に際して功労や力関係を配慮して大名ごとに無役高を認め、その比重を弾力的に設定したが、このことは、諸大名に対する秀吉の主君権がなお均質的かつ絶対的でなかったことを示している。またこの点とかかわることとして、全大名・公家衆に対する知行宛行の朱印状が初めて全面的に発給されるのが、元和三(一六一七)年の徳川秀忠のときまで降る事実も注目すべきであろう。
ただそれにもかかわらず、天下人と諸「大名国家」の〝王〟との対抗は、究極的には支配階級内部の矛盾であったから、大名の側でも、秀吉と決定的に対立するのではなく、むしろそれに服属することによって、領内の各種の一揆などの動きを抑制し、自己の権力を強化しようとした。すなわち秀吉からの軍役賦課という至上命令をふまえて大名は自領内の給人・百姓の軍役を強圧的に徴収し、それを通じて領内統合を推進することができたのである。その意味で、天下人を頂点とする封建支配階級の結集と統合は、「大名国家」の側からも求められていた、という事情を見逃すべきではない。[19]

つぎに、「大名国家」の領域支配をこえた社会的諸機能の総括統御の問題は、多様な内容をふくんでいる。それらを整理すればおよそ以下のようになるだろう。第一は知行(封建的土地所有)宛行の大前提でもある全国土に対する上位の支配権・授封権である。それは天正十三(一五八五)年、諸社寺・公家衆に所領の指出を徴したとき、すでにその一歩は示されたが、[20]さらにより一般的には全国的実施を目ざした検地権として具体化される。大名に宛行った知行地の領域内における荒蕪地・山野などの無高地を、無条件に大名のものと認めず、「天下」に帰属するものと見なす天下人の論理は、それをもっともよく示している。[21]山野無高地内において新たに発見された鉱山が「天下の山」とされたり、大名知行領域内における「荒田」が天下人に没収されたりするのもそのあらわれである。この問題は幕藩制下までもちこされ、藩領内の無高地の帰属をめぐり、幕藩間で紛議がひきおこされた場合もある。[22]天下人は全国土の封建的土地所有権を自ら直接独占するものではないが、それらを配分・調整する上位機能＝授封権をもつのである。

第二は流通およびその担い手としての商人の統轄と交換手段としての貨幣発行の問題である。この段階における流通はもとより多様な展開を示しているが、多くは、「大名国家」の領域をこえる性質が強く、かつ荘園公領制以来の長期にわたる歴史を通じて形成されてきた求心的流通構造に規定されて、京都およびその外港的性質をもつ周辺諸港津などを拠点とする商人群の遠隔地取引型商業がもっとも重要な比重をもっていた。天下人はそうした全国流通の基幹部分を掌握しなくてはならない。信長が堺の有力商人今井宗久を特権的御用商人化し、淀川諸関の自由通行を保障し、代官に登用したのがその先駆的ケースであるが、天正十三年、秀吉による小浜商人木下和泉入道や組屋の登用もそのいっそう明確な事例である。[23][24]

しかし天下人による流通支配の特質は、むしろ国人・大名・寺社などの割拠的支配をおさえて交通路・港津などの統轄や関銭徴収の規制などを通じ、全国流通の基盤的条件を保障することであり、統一的な貨幣の鋳造もその不可分の一環であった。[25]天正十二年、「長浜惣中」宛に「当所に於て新銭鋳の由、曲事に候、自今以後堅く停止すべきもの也」と令しているところからすれば、当時貨幣鋳造は商人らの手によっても随所で行なわれていたと見られ、秀吉による貨幣鋳造権の独占は、流通諸関係の発展の中で貨幣需要が高まっていただけに、全国性をもつ経済的社会的機能を天下人に集中するという積極的な意味をもった。[26]

第三は、検断および裁判権にかかわる問題である。中世後期を通じて、各層の惣・一揆によって形成されてきた自律的諸集団の掌握する諸権能の中核は、紛争の調停および検断であった。それに対しては戦国大名もそれら諸権能の吸い上げ、掌握をめざしたが、天下人はとりわけ、畿内を中心になお強力に存続していた寺社の検断・裁判権能やさまざまの実力行使の否定と、大名相互間紛争に対する裁判権の確立に力を入れた。天正十三年六月、秀吉は高野山に対し「自今以後兵具等悉く停止せしめ、偏えに国家安全の懇祈、仏事勤行を専らにすべきの旨、満山一同血判を以て誓紙出し置き候」という形で、その完全な武装解除を強行した。[27]それは軍事力の否定であるとともに、それを背景として展開されてきた不入的世界の解体でもあった。

一方、大名間紛争に対する天下人の裁判権の確立は、すでに応仁以降少なくとも一世紀にわたって室町幕府が守護大名・国人層間の紛争に対する調停機能の大半を事実上喪失していた歴史の中では、けっして容易なことでなかった。

しかし前述のように秀吉は、天正十五年十二月、関東奥羽諸大名に対していわゆる関東奥羽惣無事令を発し、大名間紛争調停・裁判権確立に向けて大きくふみだした。(28) そして天正十七年、伊達政宗が会津の芦名義広を打倒したことに対し、これを「私の儀」と見て「京儀を経られず候はば、御越度たるべく候」ときびしく非難した。(29) ここで秀吉は天下人として「大名国家」の国境たる「境目」の確定、それをめぐる「私戦」の全面禁止の権限が全一的に自らの手にあることを主張しているのである。ただしかし、その権原根拠を「天気」によって「関白職」に任ぜられた点においていることは、天下人の独自性・絶対性がなおいちじるしく不安定・未成熟な状況にあったことをも同時に示していると見なくてはならない。

第四は、諸「大名国家」に貫通する身分制秩序を確定し、天下人をそれら諸身分の頂点に位置づけるという課題である。諸大名の国家もそれなりに身分制秩序の独自的形成を指向していたが、天下人の場合、次の二つの点で、「大名国家」の立場とは決定的に異なっていた。すなわち、一つは「大名国家」の場合にはほとんどその対象外においていた公家衆と中央寺社の僧侶神官らをも、直接その体制内身分に編成することである。他は、下剋上状況の止揚の決め手として侍と百姓の両身分を分離固定するとともに、後者を「公儀の百姓」として大名・侍の独自排他的な支配関係から切り離すことである。それは在地領主制を原点とする中世的領主‐農民関係の抜本的編成替えを意味するものであるが、それを実現しないかぎり、諸「大名国家」に対する「天下」の優位を現実的関係として確定することはむつかしかった。

公家や寺社を武家王権の体制内にとりこむ試みは、すでに南北朝期以来推進され、とくに足利義満において顕著に見られた。しかし義満の場合、それを確定することはなおできなかった。秀吉はこの武家王権の懸案を、文禄四(一五九五)年、関白秀次を追放した直後に発した「御掟」「御掟追加」によって解決しようとした。それは徳川家康ら六名の年寄衆の連署という形をとって発せられた秀吉の最高施政方針というべきものである。その「追加」第一条は

「諸公家諸門跡家々の道を嗜まれ、公儀御奉公を専らにせらるべき事」、第二条は「諸寺社の儀、寺法社法先規の如く相守り、修造を専らにし、学問勤行由(油)断あるべからざる事」と記し[30]、公家・寺社に対し、そのあるべき基本的姿を規定した。一言でいえば、公家・寺社の独自の政治的軍事的活動を禁止し、その本来の職能において「公儀」に仕えることを定めたのである。ここで「公儀」というのは、たとえ「天気」を背景としているとしても、具体的には連署した家康以下トップクラスの大名六名によって支えられた秀吉政権に他ならないから、武家政権としては初めて公家・寺社を、天下人を頂点とする武家王権に下属させることを原則的に宣言したものということができる。

また百姓と大名・侍の身分的分離の問題は、検地・刀狩・人掃などを主要なステップとして推進されてゆくが、慶長三(一五九八)年、上杉景勝の会津国替えに際して発した「今度会津へ国替に付て、其方家中の侍の事は申すに及ばず、中間小者に至る迄奉公人たるもの、一人も残らず召し連れらるべく候、自然罷り越さざる族之れ在るに於ては、速かに成敗を加えらるべく候、但し当時田畑を相拘(抱)え、年貢沙汰せしめ、検地帳面の百姓に相究る者は、一切召し連れ間敷く候」(原漢文)という指令は[31]、その問題のもっとも完成した形を示すものである。「奉公人」として一括される侍・中間・小者などは、すべて支配身分に直接属するかそれと人的に結合するものと見なされて、国替えによる移転が強制されるが、百姓身分のものは、大名や「奉公人」の私的隷属民ではなく、「公儀の御百姓」として逆にその土地に固定されるという原則は、ここに明らかである。この原則によって、天下人は他の諸大名とは異質の立場を確立しようとしているのである。

このように、天下支配は、諸「大名国家」の領域支配をこえた、あるいは領域間にかかわる諸秩序に対する天下人の役割の不可欠性を明確にすることによって、その支配の正統性を客観化していった。封建支配階級が領主制という支配方式によって全国の土地・人民支配を確実に実現するためには、分割された封建的所領において、個々の領主制的支配が遂行されるだけでは十分でなかった。天下人の役割は、個々の地域的領主制的支配者では解決できない社会的諸問題を調整し、統御することを通じて、支配階級の結集を実現するとともに、その結集した力によって、領主制的土地人民支配の体制を総体として組織化し、強化するところにあったのである。研究史の上では、前者を「主従制的支配」、後者を「統治権的支配」という形でとらえる見解もある。封建制社会では、土地人民支配が、重層的に構成された封建的主従制にもとづく権力によって実現されるから、「主従制的支配」というとらえ方も理解できないことはないが、それと併列的に「統治権的支配」という二つの支配体制概念を設定すれば、両者の構造的関連は不明確にならざるをえないであろう。そこでは「統治権的支配」と呼ばれるものの支配の歴史的・階級的性格についての論理が欠落させられるおそれがある。重要なことは、右に述べたような形で、封建的土地・人民支配は、諸「大名国家」と「天下」の構造的な結合関係でしか完成しえないという点である。その意味で「統治権的支配」と見られるものも、その基本的性格においては領主制支配と別個のものでなく、それを天下的規模で安定させるための封建的階級の結集の組織に他ならないと考えられるのである。

さらにまた、天下人の統治権的支配と呼ばれるものを、たとえば人掃などが国郡別に行なわれたり、検地帳が「御前帳」として国別にまとめられ天皇に提示されたりしたことから、これを領主制と切り離し、異質視して、そこでは天皇を頂点とする伝統的な国郡制的支配原理が存続しているかのように見ることも歴史の本質的な理解とはいえないのではないだろうか。たしかに「御前帳」が天皇に提示される形をとったことの政治的意味はそれとして重要であるが、だからといって天下支配の本質が、封建的領主制支配と別個の性格をもつということはできない。歴史上国郡制が現実に機能しえたのは、なお封建的領主制が未成熟であった段階である。したがって、封建的領域支配が高度に発展すると同時に、各種の惣・一揆的な下からの結集体の成長と、商品流通・交通的諸関係の拡大によって、強力な天下人の登場が必然化し、その手によって、天下支配の機能が遂行される際の一つの政治的単位としてそれが再生させられた国郡単位とは、歴史的性格が異なるのである。その点を厳密に区別しないままに天下人と国郡制、さらには天下人と天皇との不可分離性を強調することは、かえって天下人が本質的にもつ〝革命的〟側面と、その権力の基本的性格を見あやまらせる危険があるだろう。

五　天下人をめぐる制度と人格

以上見てきたように、天下人としての秀吉権力は、基本的には伝統的国家体制に対して革命的性格をもちながら、現実には地域的諸「大名国家」の〝王〟たる大名に対する主従制的側面においても、「国家」を超えた「天下」的政治社会諸機能の統御の側面においても、なお多くの弱さと不安を抱えていた。そして、その弱さの故に、秀吉権力は、その基本的性格からすれば明白な矛盾であるはずにもかかわらず、一貫して天皇権威への接近、その取りこみによって、自己権力の正統性を保障する道を歩みつづけた。それはもとより、天皇権威や伝統的国家体制への単純な妥協・屈服を意味するものではない。それは自己権力に公家・寺社など旧支配勢力をも屈服させることと平行的に行なわれたから、天皇への接近といっても、その実質は、天皇の存在を旧勢力から切り離し、その性格を変質させつつ、天下人の全国王権の金冠＝権威部分に変質させようとしたのである。この段階で伝統的な天皇の権威といっても、すでにそれ自体が衰弱していたから、こうした実力者による再生の操作なしには生きつづけることはありえないであろう。そのような天皇の性格変化を正確にとらえないで、秀吉の天皇への接近や「綸命」の重さだけを強調することは厳密な歴史認識ということはできない。

だがそれでもこの天下人の政権は、国制の次元においては、十分かつ安定した機構・組織を創出しえていなかったことも認めなくてはならない。秀吉ははじめ征夷大将軍就任をねらって流亡中の足利義昭に交渉したが、拒否されると、関白・太政大臣の道に進んだ。その後、後北条を倒して国内統合に成功した翌天正十九(一五九一)年には、関白を秀次に譲り、太閤と称し、さらに文禄四(一五九五)年、秀次を追放して権力を集中した。この過程は、秀吉が征夷大将軍＝武家政権型の道をあきらめて、形式上はいったん関白・太政大臣という公家政権型の道を進んだのち、太閤といういわば「隠居」＝無官の「天下人」として、最終的に自己の政権を確定しようとしたことを示している。この点は足利義満が、征夷大将軍を辞して太政大臣となったのち、わずか半年でこれも辞し、出家して「日本国王」政権を樹立したことと相通ずるものがある。伝統的な支配階級である公家・武家・寺社勢力を一括して支配するとともに、とくに対外的にも自己の立場を王権として明らかにするためには、将軍では不適切であったが、関白・太政大臣でも不適切であったのであり、それをこえた形は、いったんその地位を経たのち、既成の制度の権威を背景としつつ、それから離れた自由な立場に身をおくことが必要だったのである。

こうして秀吉が伝統的国制の枠の中に入らない立場で天下を支配し、海外の他国にのぞもうとする場合、「天下的国家」の機構はおのずからに、独自に組織されたものでなくてはならないはずである。だがそれにもかかわらず、秀吉の「天下的国家」の組織・機構は、先述のように、なお幼弱なものでしかありえなかった。秀吉はその幼弱さをカバーするために、天皇権威の取りこみをはかる一方、自己の人格的カリスマ性を強めるさまざまの試みを推進した。後北条氏遠征の前年、諸大名に対して大量の金銀を配分贈与したいわゆる金賦《くば》りもそれである。「惣配分の金銀、金は六千枚、銀は弐万五千枚」といわれ、その理由は、「人の死生定むべからず、其の終りに臨まば、病苦死苦前後を知らざるの事之れ在り、故に先ず御配分有るべし」というように[32]、「御遺物」配分という形をとった。だがもとよりそれは表向きのことで、真意は、秀吉が金銀財貨という点でも諸大名には及びもつかない巨富の持主であることをデモンストレートするところにあったろうし、さらにいえば、たんなる財力の誇示にとどまらず、無限の金銀にとりかこまれた通常人とは異なる異常性ともいうべきものの表徴をねらったと見て差支えないだろう。大坂城中に設けられた茶室が、内装・調度などことごとく黄金づくりであったことは「宗湛日記」の記すところであるが、これも同じような意味合いをもつと思われる。

さらに秀吉が、対外書翰の中で、くりかえし、自らを日輪の子とするいわゆる日光感生譚を吹聴したことも、自身のカリスマ性を意図的に誇示しようとしたものといえるだろう。天正十八(一五九〇)年、朝鮮使節に与えた書翰、文禄二(一五九三)年、フィリピン総督に宛てた書翰、同年の高山国(台湾)宛書翰には、それがくりかえし語られている。(33)

そうしたカリスマ性、神権性の強調は、秀吉が自らを内外に向けて天道に支持された絶対者として位置づけようとする意図に照応するものである。秀吉の天下人権力が、独自の権力でありながらなお現実には不安定だったとすれば、自らの個人的人格をこのようにカリスマ化しようとすることも当然のなりゆきであったといえる。それは王権神授的イデオロギーを指向するものといってよい。

だが、すでに指摘してきたとおり、秀吉は一方では一貫して天皇の「綸命」によって自己の行動を正統化しようとしていた。「太閤」にしても、一面では隠居・無官的立場を意味し、そのかぎりでは伝統的国制から自由な存在といえるのであるが、半面からすれば、それは元来「関白」を前提とする称呼であるから、伝統的国制の積極的否定を意味するものでない。くりかえしいうように、この点に天下人のかかえた明白な矛盾があった。秀吉権力が、実質的には支配権力の独占、伝統的国制の否定という歴史的意義をもつ存在でありながら、なお独自の新しい国家体制を創出しえず、かつまたそれを下支えする封建的主従制さえ安定的に確立したとはいえなかったかぎり、異常なほどのカリスマ的自己顕示と同時に、伝統的存在としての天皇の権威をもとりこむことをさけることができなかったのである。

終りに、家康についても付言すれば、関ヶ原合戦・大坂の陣を経ることによって、諸大名に対する家康の主君権・軍役賦課権は完全に確立した。同時にそれをふまえて、その「天下的国家」の公儀権能も飛躍的に強化され、機構的・官僚制的支配への道も推進された。家康も死後東照神君として神格化されるが、神格化や人格的カリスマ性を媒介としなくとも、その天下的国家の王権は、それ自体として安定度を高めた。家康は「禁中竝公家諸法度」において、

「武家の官位は当官の他」としながらも、なお、諸大名を伝統的国制の官職秩序の中に位置づけようとした。しかし、それはどこまでも封建的主君権と「天下的国家」の王権を独自に確定したうえでの補強剤にすぎないのであり、天皇の位置づけ方は、秀吉の場合とでは大幅に異なっていると見なくてはならないだろう。

(1) 「東寺百合文書」ノ三四〜四〇。
(2) 奥野高広「成簣堂文庫所蔵文書」(同『織田信長文書の研究』上、二〇九号、一九六九年)。
(3) 「尋憲記」元亀四年二月二日条(同前、三四一号)。
(4) 丸山真男「忠誠と反逆」(『近代日本思想史講座』六、筑摩書房、一九六〇年)三九二頁。同論文は、のち『丸山真男集』八、岩波書店、一九九六年、所収。なお、織豊期の政治思想については、石毛忠「戦国・安土桃山時代の思想」(石田一良編『体系日本史叢書二三 思想史Ⅱ』山川出版社、一九七六年)を参照。
(5) 勝俣鎮夫『戦国法成立史論』東京大学出版会、一九七九年、一五三〜一五七頁。
(6) (天正十三年)五月二十三日、小早川隆景書状(『萩藩閥閲録』一三四)。
(7) 午年二月二十七日、北条氏印判状(旧今泉村名主舜次郎所蔵文書、『新編相州古文書』一、大住郡、一二七号)。
(8) 丁亥七月晦日、北条氏印判状(旧栢山村民俊助所蔵文書、同前、足柄上郡、一五号)。
(9) 前掲注(2)所引足利義昭・織田信長条書。
(10) 前掲注(3)所引文書。
(11) (天正元年)七月十三日、織田信長書状案、「太田荘之進氏所蔵文書」(前掲『織田信長文書の研究』上、三七八号)。
(12) 朝尾直弘「幕藩制と天皇」(『大系日本国家史三 近世』東京大学出版会、一九七五年)一九五頁。なお信長の自己神格化の問題は、朝尾「『将軍権力』の創出」(二)(三)(『歴史評論』二六六・二九三号、一九七二・一九七四年)に詳細に論じられている。両論文とも、のち同『将軍権力の創出』岩波書店、一九九四年、所収。
(13) 池享「戦国大名毛利領国における重層的領有構造」(『歴史学研究』四五六号、一九七八年、のち同『大名領国制の研究』校倉書房、一九九五年、所収)。
(14) 『聚楽第行幸記』(『群書類従』帝王部)、朝尾直弘、前掲「幕藩制と天皇」二〇一〜二〇二頁。

(15) 文禄四年七月、家康・輝元・隆景連署起請文前書案(『毛利家文書』三、九五八号)。
(16) この点は、二木謙一「秀吉政権の儀礼形成」(桑田忠親編『豊臣秀吉のすべて』新人物往来社、一九八一年)に指摘されている。
(17) 天正十七年十一月二十四日、北条左京大夫宛豊臣秀吉朱印状写(『伊達家文書』一、四五二号)。
(18) (天正十七年)七月二十二日、片倉小十郎(景綱)宛、施薬院全宗書状(『伊達家文書』一、四二八号)。
(19) そうした関係については、「天下のもとで国を治め、天下の軍役に従うことで天下の権力の構成部分となる」という事情を、佐竹領について解き明かした山口啓二「藩体制の成立」(同『幕藩制成立史の研究』校倉書房、一九七四年、とくに二一三~二二三頁)を参照。
(20) 『兼見卿記』天正十三年五月十三日、十四日、十五日条など(『大日本史料』一一編之一五)。
(21) 領内の未墾地は給人知行地内でも基本的には大名の支配に属し、新開は大名の許可に従って行ない、それにともなう検地増分は「大途」(大名)のものとする論理、処置は、すでに戦国大名後北条氏の場合にも行なわれていた。
(22) 杉本史子「近世中期における大名領知権の一側面」(『日本史研究』二六二、一九八四年)。
(23) (天正十三年)五月二十八日および六月十三日、木下和泉入道宛羽柴秀吉書状(「集古文書」七二)。秀吉はここで佐々成政追討準備のため、木下和泉入道に加賀へ五〇〇〇石の米を廻送させ、残りを石見などで売却換金させている。
(24) すでに指摘されているように、東北地方の秀吉蔵入地米の処理や、朝鮮出兵に必要とした廻船・諸物資の調達と名護屋への廻送などに組屋は大きな役割を果した(「組屋文書」)。(本書第Ⅱ部第四)。
(25) 天正十五年六月、島津討伐の際、「博多津定書」を発し、「日本国津々浦々におゐて、当津廻船自然損儀雖有之違乱妨不可有之事」としているのも、博多商人の全国的活動に対する天下人として初めてなしうる保障といってよい。
(26) 天正十二年八月十八日、秀吉朱印状(「南部文書」六)。
(27) 天正十三年六月八日、秀吉朱印状(「高野山文書御影堂文書」『大日本史料』一一編之一六)。
(28) 藤木久志『豊臣平和令と戦国社会』東京大学出版会、一九八五年、三八頁以下。
(29) (天正十七年)七月十三日富田一白書状(『伊達家文書』一、四二五号)、(同年)七月二十一日前田利家書状(同四二六号)、

（同年）七月二十二日施薬院全宗書状（同、四二八号）など参照。引用は四二八号。

（30）『浅野家文書』二六五・二六六号。三鬼清一郎「御掟・御掟追加をめぐって」（『日本近世史論叢　上』吉川弘文館、一九八四年）。

（31）慶長三年正月十日、秀吉朱印状（『上杉家文書』一、八六三号）。高木昭作「所謂身分法令と一季居禁令」（前掲『日本近世史論叢　上』）参照。

（32）『鹿苑目録』天正十七年五月二十日条。

（33）石毛忠「思想史上の秀吉」（桑田忠親編『豊臣秀吉のすべて』新人物往来社、一九八一年）。北島万次「豊臣秀吉の「日輪」神話」（『ＵＰ』一九八六年、五号）。

あとがき

私の三冊目の論文集であるこの書物に収めたもののうち第Ⅰ部のもっとも古いものは一九七〇年代の中頃に執筆しているから、今日まで既に二〇年の時が経っている。その頃は大学や学会の仕事に追われた年齢期ではあったが、それにしても随分と時を費やし、ようやくここまでたどりついたという思いが深い。

前の二冊は、主として荘園制や領主制・中世村落等に関する研究であり、対象とする時代はだいたい平安後期から室町期にかけてであった。今回のものは、それに続く時期としての戦国期を対象とするものである。大きな時代区分としての中世の最終段階であり、近世への移行過程に当る。

私がこのテーマに取り組み出した七〇年代前半頃の研究状況では、この時期は中世史研究と近世史研究の谷間のような位置におかれ、両者の研究関心の差異から、それを一つの時代として構造的にとらえ、長期的な日本の歴史展開の中に位置づけることが必ずしも十分でなかった。その意味で、私としては、十六世紀を、中世の最後ではあるが独自の構造をもつ一つの歴史段階としてとらえ直すことによって近世への移行の性格を明らかにしてみたいという気持がとくに強かった。

顧みると私の戦国期へのかかわりは、遠く学生時代にまで遡る。日本歴史上でも稀な激動と転換の時代としての戦国期は、歴史研究を志した若者にとって魅力ある研究対象であった。私の学生生活は戦争のため短かかったが、当時懇切な指導をいただいた相田二郎先生から研究テーマとして「小田原衆所領役帳」に取り組むことをすすめられた。まだ活字本のない頃で、史料編纂所の謄写本を手写するところから出発した。その手稿は戦火をくぐって今も私の手許に残り、見るたびに先生の励ましを受ける思いがある。戦国期研究は私の初心であった。

一九七〇年代に入ってこの時期の研究に本腰を入れるようになった直接の契機は、日本歴史の通史シリーズの一巻として『戦国の動乱』(小学館版『日本の歴史』14、一九七五年刊)の執筆を引き受けたことと、一九七一年から七二年にかけて文部省の科学研究費(「戦国期大名領国制の総合的研究」)を受けたことにある。研究費のおかげで、同学の友人と一緒に、各地の戦国大名関係の史料・史迹を調査しその地域の研究者と交流することが出来た。また『戦国の動乱』の執筆の準備を通じて多くの問題を考えることも出来た。

ちょうどその頃から、勤務していた一橋大学では、それまでつづけてきた地主制史研究の大学院ゼミナールに区切りをつけ、戦国時代史研究を新しいテーマとした。そのとき院生として中心になったのが池上裕子さん(現在成蹊大学)や池享君(現在一橋大学)等であった。このゼミナールに参加した両君をはじめとする人びととの議論から受けた刺激と教示は限りなく大きい。

八〇年代に入ってから、この論集に収められた論稿は一篇を除いて書けなかったが、それは『講座日本技術の社会史』(一九八三年~八五年、日本評論社)の編集や、『日本経済史』(一九八〇年、岩波全書)、『新・木綿以前のこと』(一九九〇年、中公新書)、『日本中世の社会と国家』(増補改訂一九九一年、青木書店)などの著作に取り組んでいたからである。しかしそれらもみな私の頭の中では戦国時代史研究の一環に連なるところが少なくなかった。

そして幸運なことに一橋大学での停年とともに、青木美智男氏の熱心なお誘いもあって勤務することとなった日本福祉大学では、間もなく新設された知多半島総合研究所の研究活動に従事することになった。第Ⅱ部に収めた論稿はすべてその中で生み出されたものであり、これには若い研究員斎藤善之君のエネルギッシュで創造的な仕事から受けた刺激が大きな力となった。その間、私は本務を和光大学に移したが、同大学は私に日本福祉大学の客員教員を兼務することを許された。第Ⅱ部の仕事が出来たのはもっぱらこの二つの大学のおかげである。第Ⅲ部の論稿はそれぞれ別個の講座に載せたものであるが、どちらも本書でとりくんだテーマの国家史的側面にかかわるものとして収録した。

以上のような次第でここに収められた諸論稿が生み出された。どの稿もがそれぞれの時期の同学の人びとの教示や励ましに連なっている。自分の年齢を考えるとこうした形の論文集を世に送れるのは多分これが最後であろう。この機会に学恩を受けた先輩同学の方々、また出版にあたって御世話になった編集者の方々に厚く御礼を申しあげる。

また私事にわたって恐縮であるが、妻和子はほとんど五〇年に近い間、暮しの上の私の心身の負担を極力小さくしてくれた上、自分の日本近代女性史に関する勉強を通じて、私に快い精神的刺激を与えつづけてくれた。改めて感謝の言葉を記すことを許していただきたい。（初校を終えた一九九六年十二月三十一日記す）

各論文発表年次・収載書誌名

第Ⅰ部

第一　大名領国制の構造　岩波講座『日本歴史』中世4、一九七六年。

第二　大名領国制下の農民支配原則　永原慶二編『戦国期の権力と社会』東京大学出版会、一九七六年。

第三　大名領国制下の貫高制　永原慶二、J・W・ホール、コーゾー・ヤマムラ編『戦国時代』吉川弘文館、一九七八年。

第四　大名領国制の史的位置——研究史的検討『歴史評論』三〇〇号、一九七五年。

第Ⅱ部

第一　伊勢・紀伊の海賊商人と戦国大名　日本福祉大学知多半島総合研究所『知多半島の歴史と現在』4、一九九二年。

第二　伊勢商人と永楽銭基準通貨圏『知多半島の歴史と現在』5、一九九三年。

第三　戦国期伊勢・三河湾地域の物資流通構造『知多半島の歴史と現在』6、一九九五年。

第四　戦国織豊期日本海海運の構造『知多半島の歴史と現在』7、一九九六年。

第五　上杉領国経済と蔵田五郎左衛門　神奈川大学常民文化研究所『歴史と民俗』12、一九九五年。

第六　戦国期の都市と物流——研究史的検討　東京学芸大学『史海』42、一九九五年。

第Ⅲ部

第一　応仁・戦国期の天皇　講座『前近代の天皇』2、青木書店、一九九三年。

第二　天下人『日本の社会史3 権威と支配』岩波書店、一九八七年。

■岩波オンデマンドブックス■

戦国期の政治経済構造

1997年4月9日　第1刷発行
2015年11月10日　オンデマンド版発行

著　者　永原慶二《ながはらけいじ》

発行者　岡本　厚

発行所　株式会社　岩波書店
〒101-8002　東京都千代田区一ツ橋2-5-5
電話案内　03-5210-4000
http://www.iwanami.co.jp/

印刷／製本・法令印刷

ISBN 978-4-00-730306-7　　Printed in Japan

索　　引

（地名の括弧は国名の略記）

あ 行

か 行

さ 行

た 行

な 行

は 行

ま 行

や 行

ら 行

わ 行